江工业大学化学工程学院学术文化史

柔韧不怠 盛德日新

浙江工业大学老教授协会化学工程学院分会 编

浙江工商大学出版社 | 杭州
ZHEJIANG GONGSHANG UNIVERSITY PRESS

图书在版编目（CIP）数据

精韧不怠　盛德日新：浙江工业大学化学工程学院
学术文化史 / 浙江工业大学老教授协会化学工程学院分
会编 . — 杭州：浙江工商大学出版社，2023.9
　　ISBN 978-7-5178-5545-3

　　Ⅰ.①精… Ⅱ.①浙… Ⅲ.①浙江工业大学化学工程
学院—校史 Ⅳ.① G649.285.51

中国国家版本馆 CIP 数据核字（2023）第 120891 号

精韧不怠　盛德日新：浙江工业大学化学工程学院学术文化史
JINGREN-BUDAI　SHENGDE-RIXIN: ZHEJIANG GONGYE DAXUE
HUAXUE GONGCHENG XUEYUAN XUESHU WENHUASHI
浙江工业大学老教授协会化学工程学院分会 编

出 品 人	郑英龙
策划编辑	王黎明
责任编辑	张　玲
责任校对	韩新严
书名题签	周　旭
封面设计	望宸文化
责任印制	包建辉
出版发行	浙江工商大学出版社
	（杭州市教工路 198 号　邮政编码 310012）
	（E-mail:zjgsupress@163.com）
	（网址:http://www.zjgsupress.com）
	电话:0571-88904980,88831806（传真）
排　　版	浙江大千时代文化传媒有限公司
印　　刷	杭州宏雅印刷有限公司
开　　本	787 mm × 1092 mm　1/16
印　　张	26.5
字　　数	579 千
版印次	2023 年 9 月第 1 版　2023 年 9 月第 1 次印刷
书　　号	ISBN 978-7-5178-5545-3
定　　价	99.00 元

本书编委会

顾　问：刘化章

主　编：姜一飞

副主编：毛信表

编　委：沈立晟　莫卫民　程　榕　陈银飞　史鸿鑫

　　　　倪哲明　单伟光　单　尚

部分校、院领导，顾问，编委，作者合影

前排左至右: 朱锦忠　俞晓梅　张九渊　刘化章　陈　杰(校副书记)　李小年(原校长)
　　　　　　　胡　伟(校副书记)　郑华均(副校长)　沈立晟　朱良天　姜一飞
后排左至右: 褚有群　潘再法　许响生　王　雷(院书记)　陈银飞　单伟光
　　　　　　　徐之超　史鸿鑫　王建国(院长)　毛信表　朱英红

高从堦院士

李小年教授　浙江工业大学校长（2017 年 7 月—2023 年 6 月）　长江学者　加拿大
工程院院士

徐振元教授　省特级专家

刘化章教授　省特级专家

许丹倩研究员　省特级专家

王建国教授　院长　国家杰出青年科学基金获得者

纪红兵教授　长江学者　国家杰出青年科学基金获得者

化工学院部分退休教师合影

前排左至右：朱锦忠　项　斌　李　欧　蔡守信　罗明耀　孙碧琇
　　　　　　赵忠睦　单　尚
后排左至右：徐之超　董鸿昌　沈立晟　张九渊　何海兰　蒋祖荣
　　　　　　姜一飞　项菊萍　王　萍　倪燕南　卢慕书　王丽丽
　　　　　　唐蔼淑　郦觉先　金胜明　王定海　来虎钦

20世纪50年代：杭州化学工业学校校门

20世纪60年代：浙江化工学院校门

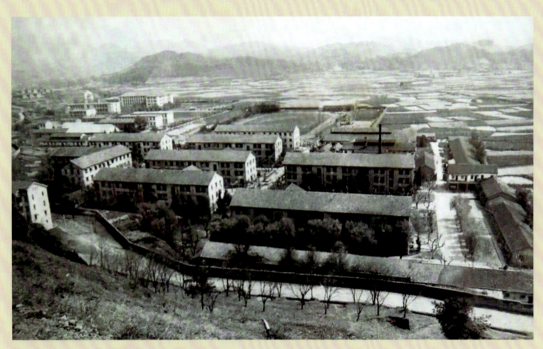

20世纪70年代：浙江化工学院校区俯瞰

20世纪80年代：浙江工学院的拓工桥，
其前身是一座简易竹桥

20世纪90年代：浙江工学院朝晖校区大门

进入21世纪：浙江工业大学朝晖校区大门

21世纪10年代：浙江工业大学屏峰校区西大门

21世纪20年代：浙江工业大学莫干山校区鸟瞰图

浙江工业大学莫干山校区全景图

浙江工业大学莫干山校区图书馆

浙江工业大学莫干山校区化学工程学院（一）

浙江工业大学莫干山校区化学工程学院（二）

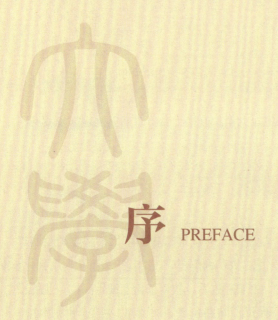

序 PREFACE

今年是浙江工业大学建校 70 周年，也是化学工程学院成立 70 周年。70 年来，伴随着国家发展的跌宕起伏，学校经历了艰难的初创期、高等教育大调整、"五年三迁"、改革开放、开拓创新。化学工程学院教职员工在十分困难的条件下，不忘初心，坚守大学的底线，肩负对教育事业的责任，大力开展教学改革的实践与探索，在办学困境中以务实图强谋求新生，在高等教育恢复发展中寻求自我价值的突破，在积淀深厚文化底蕴的基础上为国家培养了大批听党话、跟党走、有理想、有本领、敢为化工奉献的高素质人才。

大学与大学文化如影随形，大学文化是大学的阳光和空气，直接影响师生的思维模式和行为方式，犹如血液一样，浸润营养并循环于大学整个肌体的方方面面。大学文化传承能够彰显大学价值观，培养健全人格，并熔铸大学精神。

学院前任领导单伟光书记深知大学文化的重要性，积极倡导编写学院发展史。在学校领导的关心支持下，学院组织人员，成立编委会。编委会成员经过几年的共同努力，终于完成了本书的编写。

本书内容包括 4 个部分。

第一部分 校、院篇

主要阐述学院院史伴随学校校史发展及变迁的文化内涵，以校史发展为参照，学院发展分为以下 4 个阶段：

（1）1953 年 7 月—1960 年 2 月：杭州化学工业学校从中专到大专的 7 年奋斗。

（2）1960 年 3 月—1980 年 8 月：在曲折动荡中艰苦办学 20 年的浙江化工学院及化工系。

（3）1980 年 9 月—1993 年 10 月：在改革开放后重获新生、鼎新奋进 13 年的浙江工学院及化工系。

（4）1993年11月—2023年：升格上台阶以后跨越腾飞30年的浙江工业大学及化学工程学院。

在改革开放前，学院一直是学校发展的主导力量，升格上台阶以后仍然是学校发展不可或缺的主力军。

第二部分　学科、专业篇

主要阐述各学科、专业的发展与变迁，学院的专业发展顺应国家化工产业的发展趋势：从最初的"三酸二碱"普通化工，到以化肥、农药为侧重，石油化工大型化、系列化，再到有机化工精细化，绿色合成，定向合成。改革开放后，教育部借鉴国外高校专业的设置方法，将高校专业按宽口径、大专业进行大规模撤并、多层次调整，将20世纪80年代初的1300个专业调整压缩到90年代末的249个。2022年，根据现代科技发展需求，高校专业恢复到771个（不含各校自设专业）。一些传统老专业或改名或消失，许多新学科、新专业也随之诞生，如化学工程学科、工业催化学科、应用化学学科、绿色化学与技术学科、化学学科、化学工程与工艺、精细化工、安全工程、能源化学工程……

第三部分　学者篇

教师是大学教育的主体，是大学文化的创造者、承载者和传播者。特别是名师，更是学生的精神偶像和学校的精神象征，是知识的化身、人格的楷模、效法的榜样，对学生做人、做事、做学问起到潜移默化的作用。化工学院之所以成果丰硕、人才辈出，就是因为在教学、科研第一线，有一批吃苦耐劳、不断进取、默默耕耘的优秀教师。

第四部分　校友篇

学院在70年的发展历程中，培养了一大批获得社会认可和赞誉的优秀人才。他们在社会各个领域做出了突出贡献，书中列举了部分校友在创新创业中取得斐然成绩的故事。校友们的一个个创新创业故事，宛如一把把明亮的火炬，照亮越来越多在校师生和毕业校友创新创业的前行之路。同时，校友的精神和经验也将成为在校师生探索创新创业路径的动力，让更多的青年学子在佩服这些校友的勇气和精神的同时，用心去体悟他们的思想、言行、经验，学习他们的毅力和精神，从而放飞青春，挥洒奋斗汗水，演绎出更多创新创业的精彩篇章，让青春在实现伟大的中国梦中绽放异彩。

建校70年来，从早期的筚路蓝缕到21世纪的快速崛起，历届师生在党的坚强领导下勠力同心，坚韧不拔，努力奋斗，积极向上，追求卓越，每一步都平凡而扎实，一点一滴地累积起无数的成绩，铸就了今日的非凡成就。书中仅选择了部分校友辛勤耕耘的事迹，望能"窥一斑而知全豹"，以展现学校"艰苦创业、开拓创新、争创一流"的精神传统。在70年的发展中，学院师生逐渐形成了一股积极向上、追求卓越的精气神，这是大学文化最耀眼的特质。有理想、有志气、有目标，才能有昂扬斗志，有聚力方向，才能吸引高水平人才，所以这种特质无疑极其可贵。编写这本书的目的就是总结经验，使这些文化特色继续传承下去。

　　浙江工业大学建校70周年的庆典即将到来，本书是全院师生献给建校70周年大庆的一份礼物。征程万里风正劲，重任千钧再扬鞭。力争进入国家建设"双一流"战略计划的浙江工业大学正处在历史发展的新阶段。全院师生在习近平新时代中国特色社会主义思想指引下，为实现中国梦，凝心聚力、砥砺前行，而这必将助力浙江工业大学在新征程上创造更大奇迹！

目 录 CONTENTS

第二部分　学科、专业篇

第四部分　校友篇

第一部分

校、院篇

浙江工业大学发展简史

姜一飞

　　浙江工业大学已经有 70 年的发展历史了。70 年的发展，主要经历了四个阶段：杭州化工学校、浙江化工学院、浙江工学院、浙江工业大学。每一个阶段都有许多艰苦创业、精彩纷呈的办学故事。

　　她萌芽于 20 世纪初中华大地兴办新学的热潮中，初创于中华人民共和国成立时的工业化需求中，伴随着共和国成长的风雨历程，勃兴于改革开放的新时期，如今已昂然于全国高校的百强行列。她的成长历程非常坎坷、非常典型。回顾她的历史、研究她的文化，可以感悟到从单科性的中专、大专院校到多科性的工科院校，再到综合性的地方大学这几个不同阶段各具特色的奋斗历程、办学模式和文化特质，也可以从一个侧面展示我省乃至我国教育和文化事业的发展过程。

一、杭州化工学校

　　中华人民共和国成立初期，为适应第一个五年计划建设事业发展的需要，国家对全国高等学校和中等专业学校进行了大调整。其中确定，各类中等专业学校逐步划归相关业务部门领导，按照国民经济各领域的需要及专业化的原则培养人才。因此，重工业部决定在华东地区新设一所化学工业学校。浙江省工业厅与教育厅以主动提供部分校舍等优惠条件，积极争取到化工学校在杭州办学。重工业部根据中央财政委员会和高等教育部对华东地区工业性质的中等技术学校的调整方案，决定将温州工业学校、杭州工业学校化工科、苏州高级工业技术学校化工科合并，成立杭州化工学校，归重工业部化学工业局领导。1953 年 7 月 3 日，重工业部化学工业局发出《关于成立杭州化学工业学校筹备委员会及 1953 年设置专业的通知》。9 月 14 日，在杭州拱墅区观音桥（现文一路打索桥西）校址举行开学典礼，校名为"中央人民政府重工业部杭州化学工业学校"。

温州工业学校的历史可以追溯到创办于 1942 年 2 月的私立毓蒙工业职业学校；苏州高级工业技术学校的历史可以追溯到创办于 1927 年的江苏省立松江高级应用化学职业学校和苏州工业学校；杭州工业学校则是中华人民共和国成立后，为适应经济建设需要，而在集中全省工业教育优质办学资源的基础上，建立的省属多科性的工业干部学校，其历史则可以追溯到创办于 1910 年 3 月的浙江中等工业学堂和创办于 1912 年 3 月的宁波公立中等工业学校。

苏州高级工业技术学校化工科并入杭州化工学校时，来了 27 名教职工和 238 名二、三年级学生。温州工业学校并入杭州化工学校时，全校有 74 名教职工和 417 名学生，其中有 17 名教职工和 164 名学生于 1953 年先期来到杭州，其余的留在温州暂作为分校，次年全部迁至杭州。杭州工业学校化工科并入杭州化工学校时，带来了 27 名教职工和 144 名学生，以及相应的图书仪器设备等。

1953 年 9 月 14 日，新建的化工学校举行了首次开学典礼，这时全校共有学生 835 人，教职工 160 人，设置分析化学、无机物工艺、化工机械三个专业。当年未招新生，1954 年招收新生 440 人，1955 年招收新生 500 人。从提出办这所学校到正式开学，只用了半年时间来筹备。这半年，经历了办学方案的筹划，经历了在上海、南京、杭州等地选择校址，最后定位杭州，经历了三校的合并、搬迁和重组，以及新校舍的基建、教学计划与大纲的编制、教学用具和仪器设备的采购与准备、师生生活设施的安排等等。近千名学生的学校这么快就进入秩序井然的教学活动，其困难和艰辛、其努力和效率可想而知。

1953 年建校时，从三校四地调集的教职工共 160 人，其中专任教师 60 人。教师中 90％以上毕业于浙江大学、上海交通大学、南京中央大学、北洋工学院、大同大学、沪江大学等院校，具有 10 年以上教龄的老教师有 17 人，占教师人数的 28％。当时任命担负各专业科主任和学科主任的教师，都具有较好的学术背景和丰富的教学经验，从而确保了教学质量的提高和对年轻教师、助教的培养。

生源充足并且质量较高，是办学的重要条件。建校之初，重工业部教育司为学校确定的学生规模，规划为 1500 人。三校合并时，便有学生 835 人，分为 19 个班级。当年没有招收新生，一年级学生由 27 名复读生和 36 名浙江省工业技校转来的学生组成。1954 年招生 440 人，设置化工机械、分析化学、无机物工艺等 3 个专业。1955 年以后每年招收新生 500 人。新生入学经过严格的考试选拔。由于当时学生对从事工业建设事业普遍很向往，加上入学后的学费全免，还有生活费津贴，因而吸引了大批家境贫寒而学业优秀的生源，报考人数与录取人数的比例高达 27：1，有些考点甚至更高，挑选优秀学生的余地很大，这就为学校实施高起点的教学计划创造了良好条件。

从 1957 年开始，我国掀起了全面建设社会主义的热潮，高等教育和中等专业教育也开始了新的快速发展阶段。在这个背景下，已经具有比较扎实的办学基础和五年办学实践的杭州化工学校，也迎来了新的发展机遇。

在 1956 年 9 月召开的中共八大上，刘少奇所作的《政治报告》中提出："第二个五年计划要求高等学校学生增加一倍左右，中等专业学校、高级中学和初级中学的学生也有相应的增加。"在中共八大通过的《关于发展国民经济的第二个五年计划（1958—1962 年）的建议》中，也明确提出"要努力发展高等教育和中等专业教育"。与此同时，全国掀起了向科学进军的热潮。党中央倡导多快好省地发展教育事业，动员一切积极因素，发挥中央和地方两个积极性办学。为此，将大部分高等院校和中等专业学校从中央部委所属下放给省市管理。当时，浙江省政府以加快浙江工业发展的迫切需求为由，与化学工业部协商，最终决定杭州化工学校自 1958 年 6 月起下放给浙江省政府管理，同时继续担负支援华东、华中、华南协作区建设新的化工学校的任务，并规定近期毕业生的 60％—70％归化学工业部分配。浙江省重工业厅拿到杭州化工学校的管理权后，决定将它提升一级，增设大学专修科，自 1958—1959 学年起正式招收大专新生。为体现学校的这一提升，浙江省政府决定将"杭州化工学校"更名为"浙江化工专科学校"。从此，我校办学层次由中专升级为大专。

1958 年下半年，根据浙江省经济建设的需求，我校增设了一批新专业，扩大了招生规模，招生人数达到 2081 名，为建校以来历届招生人数之最。根据学校的具体情况，学校分设大专和中专 2 个办学层次。大专设有基本化学、化学肥料、化学工程、化工机械、有机合成等 5 个专业，学制为 2 年制（高中起点）、5 年制（初中起点，后来改为预科制）两种，次年又将 2 年制改成 3 年制。中专的专业设置为无机物工艺、基本有机合成、化学工厂装备、分析化学、炼油工程、炼油工艺、有机化学等 7 个专业，学制分为 4 年、3 年两种。

1959 年底，随着浙江经济发展对工程技术人才的迫切需求，尤其是始建于 1958 年的浙江第一个大型化工联合企业衢州化工厂的快速发展，浙江省委又有了新的设想：以浙江化工专科学校为基础，在衢州化工厂附近新建一所浙江化工学院，并把省化工研究所也迁过去，在衢州构建一个衢州化工厂、浙江化工学院、浙江省化工研究所"产学研三结合"的大型化工基地。

"产学研三结合"是当时一个响亮的口号，表达了一个被社会广泛认同的理念。化工方面浙江有自己的优势，因而集中全省化学工业优势资源，在衢州组建一个"产学研三结合"的试验区，成为浙江省委的一个重大战略部署。1959 年 12 月 28 日至 1960 年 1 月 1 日，省委在衢州化工厂召开了相关各方参加的会议，研究落实这一战略部署，浙江化工专科学校校长刘亚东等 5 人参加了会议。1960 年 2 月，浙江省委下达文件，正式决定成立浙江化工学院。作为建校第一步，浙江化工专科学校被一分为二：大专部迁到衢州建设新校区，由此开始了我校长达 20 年的"浙江化工学院时期"。中专部仍留在杭州继续办学，直到 1970 年搬迁到衢州并入浙江化工学院，最后结束其使命。

20 世纪 70 年代初，浙江省石化厅根据需求，又新建了另一所杭州化工学校，除校长从我校调配过去外，与原先的杭州化工学校全然无关。20 世纪 90 年代调整后，该校并入杭州商学院（现在的浙江工商大学）。

二、浙江化工学院

1960 年 2 月，浙江省委下达文件，决定以浙江化工专科学校为基础，在衢州化工厂附近新建本科层次的浙江化工学院，院址定于衢州城南 12 千米的烂柯山下、乌溪江畔，原衢州化工专科学校并入浙江化工学院。

原衢州化工专科学校，是由衢州化工厂按照"学校办工厂，工厂办学校"的指示精神主办的学校，为自己培养所需的专业技术人才，设置有 1 个大专专业，3 个中专专业，有教职工 62 名、学生 506 名（含大专生 70 名）。

浙江省委当初之所以坚持要把浙江化工学院办在烂柯山下，据说是时任省委第一书记江华的意见，他要让浙江化工学院与衢州化工厂隔江相对，再把省化工研究所（省化工研究院前身）也迁到衢州，最终在衢州形成衢州化工厂、浙江化工学院、浙江化工研究所"产学研三结合"的新型化工基地。"产学研三结合"是当时一个响亮的口号，被认为是符合"教育与生产劳动相结合"方针的行之有效的新理念。浙江在化工资源方面有一定的优势，集中全省化学工业优势资源，在衢州组建一个"产学研三结合"的试验区，是浙江省委的一个重大战略部署。在当时"三面红旗"的大背景下，作为浙江省的"三朵红花"（新安江水电站、衢州化工厂、浙江化工学院），有两朵落户衢州，因此时任省委第一书记江华特别重视，每年都要数次亲临衢州指导工作。在以后的多次高校调整中，浙江化工学院得以留存而没有被调整下马，这是重要原因。那时省里的规划是：要把衢州化工厂发展成有 15 万产业工人的"综合化工托拉斯"，在周围形成一个常住人口达 80 万人的化工城，如果隔岸有一个大学文化区，企业就会有更深厚的文化底蕴，更有利于"产学研三结合"，可以成为全国工业发展的一个新型典范。

为此，省委把衢州化工厂的党委副书记张庆三调来任浙江化工学院党委书记，任命周学山为党委副书记、刘德甫兼任院长、李寿恒为副院长，后来又增加一位副院长刘亚东。根据浙江经济发展的需要编制的浙江化工学院建设规划，浙江省计划基建投资 400 万元，征地 400 亩，预定 1962 年建成；学生规模为 6000 人，近期 4000 人（本科学生 3000 人，中专学生 1000 人）；设置无机化工、有机化工、化工机械 3 个系，下设无机物工学、化工机械、基本有机合成、氟化学、电化学、化学纤维、炼油炼焦、高分子工学等 8 个本科专业，另设有 5 个大专专业、7 个中专专业。

20 世纪 60 年代初，国家正经历困难时期，学校又是在偏僻农村白手起家，办学条件的艰难与简陋可想而知。为了使衢州新校园能于 1960 年 9 月如期开学上课，在建造一批学生宿舍、机械楼等永久性建筑的同时，还建了 8 幢共 3064 平方米用毛竹搭建的草棚作为临时教室和辅助用房。经过半年多的基建和师生们分批参与的艰苦劳动，新校园初具规模。为了迎接浙江化工学院第一届新生的新学期开学，于 8 月 6 日成立了迁校指挥小组，由周学山任指挥，李寿恒、钱序勋为副指挥。8 月 14 日由党委办公室副主任姒承家带队的第一批干部 30 名，由杭州迁往衢州，在新址建立办公机构，立即开展新学期的各项准备工作。终于在 9 月 13 日成功举行了首届开学典礼。不过节外生枝的是，在开学前的 8 月 23 日，当时的浙江省省长周建人签发了浙江省人民委员会人字 517 号通知："为了适应大规模的文化革命和技术革命的需要，经 3 月 25 日省人民委员会第十六次会议讨论决定：建立乌溪江化工学院……"于是开学时的校名由浙江化工学院改为乌溪江化工学院（直到 1962 年，才回复到浙江化工学院的名称）。

在 1960 年 8、9 月间，共有 2500 余名师生迁入新校园（包括本科新生 523 人）。开学后，继续组织师生分批参加建院劳动，至 1961 年底，因政府财政困难而停止基本建设，师生们的建校劳动遂告结束。

当时教师队伍的结构是新教师多、年轻教师比例高，新教师教学热情高而教学经验少。针对此特点，学院积极开展了年轻教师培训、以老带新，加速师资队伍的建设。时任副院长的李寿恒教授，到任后的第一件事就是抓师资队伍建设，亲自兼任师资训练班的班主任。李寿恒是我国著名的老教育家、一级教授、中国化工教育的奠基者，他在长期的办学实践中素有重视教师队伍建设的好传统，强调教师必须具备扎实的"三基"（基础理论、基础知识、基本技能）、熟练的教学方法、高尚的师德、严格的教学要求，这样才能保证有较高的教学质量。他多次邀请省内外的教授、专家来校讲课或做学术报告，开展学术交流活动的同时，充分发挥老教师在教学上和学术上的带头作用，安排校内老教师轮番给新教师上课，还在校内经常组织多种形式的讲座、经验交流会等活动，显著提高了教师的总体水平。

从 1961 年开始，全国高等教育由大发展转入大调整。1961 年 3 月，化工学院党委根据中央八届九中全会对国民经济实行"调整、巩固、充实、提高"八字方针的决定和省委电话会议的精神，研究部署了整编工作，决定在 1961—1962 年期间做较大幅度的调整。

一是调整办学规模。本科学生由 3000 人调整为 800 人，后又进一步调整为 600 人，每年招生规模缩小到 120—150 人。相应调整基本建设规模，由原来规划的 7.5 万平方米调整为 4.5 万平方米，原计划中的化工实验楼、教工宿舍等工程均告停顿，征地也削减为 270 亩。

二是调整专业，压缩机构。本科专业由 8 个调整为 4 个，后又进一步调整为无机物工艺、基本有机合成工艺、化工机械 3 个基本专业，并将无机化工系和有机化工系合并为化工系，将科研生产处、设备处改编为教务处下设的科级建制，校办的化学试剂厂并入机械厂，在杭州的化工学院分部划归省化工厅，恢复成杭州化工学校建制。

三是动员部分学生回乡务农、务工、参军，精减教职工。2 年内共有 406 名学生离校，其中 102 人回乡务农，179 人回原单位工作（工农预科班），62 人去衢州化工厂当工人，63 人应征入伍。减少了教职工 267 人，占教职工总数的 32%，其中回乡支农的 93 人，外调企事业单位的 148 人，退休的 26 人。

化工学院的上述调整，仅是全国高等院校调整的一个缩影。在那期间，全国先后停办 800 多所高等院校，占 1960 年高校总数的 68%。浙江省 50 所高等院校调整至 12 所，学校数减少了 76%，在校学生数减少了 39%，并连续 5 年负增长。根据高等工科院校实行

5 年制的要求，经过 1 年多的努力，经教育部批准，学校从 1962 年起招收 5 年制本科生。

1962 年 7 月，省委批转教育厅党组《关于进一步调整本省教育事业和精减学校教职工的报告》中决定：乌溪江化工学院恢复浙江化工学院的校名，今后的学生规模为 480 人，这意味着每年只能招生 120 人。原因就是浙江省的办学经费十分紧缺，省教育事业费的拨款从 1960 年的 127.5 万元减至 1962 年的 48.35 万元、1963 年的 47.07 万元，学校几乎是"苟延残喘"。

现实的难题和学校的前途命运，引起了化工部和浙江省委的重视。化工部部长彭涛和副部长、我国著名化工专家侯德榜非常关切这所最初由化工部创办的学校的命运，先后亲自到校考察办学情况。浙江省委第一书记江华和省委副书记陈伟达也分别到校视察，召开教师座谈会听取意见。当时，浙江省因为经济困难、教育经费紧缺，有意向改变浙江化工学院的隶属关系，学校领导就抓住时机积极向化工部领导反映情况，争得化工部的关注。1963 年 6 月，化工部教育司派员到校了解情况。7 月，浙江省委正式提议将浙江化工学院上交化工部管理。8 月，化工部教育司司长马恩沛专程到校考察，认为在烂柯山麓办学的外部条件太差，投资大、见效慢，不利于人才培养，提出迁回杭州办学的意见，并随后提出了具体方案。浙江省委书记办公会议同意了迁校杭州的方案。10 月 25 日，国务院发文批准："同意将浙江化工学院改由化学工业部直接管理。"

1963 年 11 月，迁校工作启动，首批将 129 名一年级学生从衢州迁入杭州文一路原浙江化工专科学校校园上课。1964 年初新学期开始之时，全部学生都在杭州校园里上课了。化工部接管后，还采取了一系列改善办学条件的措施，调入了 10 余名教师和 50 余名 1964 届本科毕业生充实教师队伍，增拨了办学经费，增添了一批教学仪器设备，并租用部分附近楼宇以缓解校舍短缺，同时决定扩大招生人数和地域范围，开始招收上海、江苏等地的新生，教学工作和学生实习也都纳入部属院校的计划。这使得学校较快地恢复元气，进入了新的发展时期。

1963 年，国家通过对国民经济的调整，逐渐走出了经济困境，开始进入较快恢复增长期。1964 年，在编制第三个五年计划中提出了"三线建设"（又称战略后方建设），化工部计划在西北地区办一所万人规模的"西北化工大学"，地点打算设在西安临潼。化工部的计划是：以浙江化工学院为基础，并入青岛化工学院、北京化工学院的一些保密专业，组成西北化工大学的班底。所以化工部同意在 1964 年把我校收为部属院校，并从衢州完全搬回杭州。

根据化工部的计划步骤，浙江化工学院于 1965 年 3 月着手西迁的准备工作。为此，学院党委副书记周学山、副院长刘亚东等一批领导跟随化工部有关领导去西安考察新校址，他们在西安临潼看到的是大片不毛之地，心都凉了。西北地区与南方相比，本来就差距很大，西安远郊就更显荒凉，远不如衢州烂柯山下。学校领导们觉得那里的办学环境实在太差，都不愿去。正好浙江省委对浙江化工学院西迁也持不同意见，认为浙江化工学院是姓"浙"的，不同意外迁。省、部之间一番争议，省里占了上风，化工部不得已而将浙江化工学院归还给浙江省。

1965年11月20日，化工部发函给高等教育部，提请转报国务院批准将浙江化工学院和杭州化工学校移交给浙江省管理。国务院于1966年1月8日批复："同意将浙江化工学院由化学工业部交由浙江省直接管理。"然而，等不及国务院的批文下达，1965年8月浙江省委就以"备战需要"为由，强势下令浙江化工学院在1966年1月前迁回衢州原址办学。学校领导虽不愿离开杭州，却更不愿北去西安，只好执行省委的指令，立即着手再次迁校，到1965年底就全部迁回了衢州烂柯山麓。1966年1月2日，浙江省委第一书记江华信守自己的承诺亲临浙江化工学院视察，目睹烂柯山麓艰难的办学境况，同意增建一幢化工实验楼，并由衢州化工厂拨出一幢宿舍楼作为化工学院的教工宿舍（实际仅一个单元，也难解校舍严重不足的困难）。

这，就是浙江化工学院时期著名的"五年三迁"的历史。

1966年5月—1976年10月期间，浙江化工学院在烂柯山麓这样一个比较闭塞的环境下，同样经受了与全国高等院校相似的冲击。在这10年中，从1966年开始停止高考招生，到1977年底恢复高考招生，中间停顿了11届，但实际上学校里的大学生一直没有断过档。1966年，因学校在1962年招生时学制改成5年制，因此没有毕业生；1967年123名毕业生，1968年131名毕业生，统统延期到1969年寒假才分配工作；1969年161名毕业生和1970年157名毕业生，则一起到1970年下半年毕业。而1970年下半年开始，又连续几年招收了一些工农兵学员。在这期间，学校还开办过多种形式的短训班、试点班，作为"教育革命的探索"。如此这般，学校一直在艰难地运转，师生员工们在十分困难的条件下，始终坚守着大学的底线和对教育事业的责任，认真地开展教学改革的实践与探索，勉力进行着有限的科学研究，还积极筹建新专业。

1970年8月，根据中共中央《关于北京大学、清华大学招生（试点）请示报告的批示》，招收了首届工农兵学员154名（学生11月进校）。1970年7月27日，浙江省革命委员会发出"关于调整大专院校的决定"，提出"从社会主义革命和社会主义建设的需要出发，根据中央有关指示精神，结合本省实际情况，确定省属大专院校6所：浙江大学、浙江农业大学、浙江医科大学、杭州大学、浙江化工学院、浙江美术学院。各校校址，除浙江化工学院已在衢县外，浙江农业大学、浙江美术学院迁至农村，其余学校必须加强后方基地的建设，积极创造迁往农村的条件"。同时，决定将杭州化工学校并入浙江化工学院。如此，浙江省高等院校又经历了一次大折腾，师范院校被全部停办。1971年，全国又停止招生一年，对1970年第一批招生中存在的问题进行总结和改进。1972年，又开始恢复全国招生。1973—1974年间，根据生产部门的需求和有关厅局的意见，我校新办了化工分析、化工设备防腐蚀2个专业。1975年，受化工部委托，筹办农药生产及应用专业培训班，从举办农药技术培训班着手，开展农药研究工作，编写教材、培训师资，使学科快速成长，为农药化工专业面向华东地区招生创造了良好的条件，较好地适应了社会对该专业人才的需求。

与此同时，广大教师以极大的学术热情与志趣，在科研设备条件十分困难的情况下，从实际出发选择产学研相结合的途径，1970 年 10 月成立了催化研究室，开始从事氨合成催化剂的研究。在当时学术氛围日趋活跃的校园文化中，许多教师纷纷投身科学研究。徐崇嗣等化学工程教研室的教师，于 1972 年开始进行多降液管筛板塔技术的开发研究，并在实验室研究成果的基础上，先后到浙江、江苏、山东等省的化肥厂推广使用。韩玉生等金相教研室的教师，于 1973 年开展了国产新钢种及配套焊条耐腐蚀性能的研究，把实验装置建在衢州化工厂的生产车间旁，利用工厂生产现场的条件开展研究工作。他们不仅完成了冶金部、燃化部下达的多种新钢种的研究项目，而且成功开发了具有独创技术的高压管件弯制工艺，成为日后创办校办化工设备厂的基础。张康达等化机教研室的教师自行设计研究并建成了国内第一套压力容器疲劳试验装置，于 1974 年开展了成系列的疲劳断裂研究，还承接了来自企业生产装置新结构的疲劳失效试验研究项目，其研究成果被列入化工部、石油部和机械工业部联合制订的《钢制石油化工压力容器设计规定》中。濮阳楠等防腐教研室的教师于 1976 年开始与上海化工设计院合作，开展了硬聚氯乙烯塑料的耐腐蚀性能研究，还受化工部委托开展了杀草丹生产设备防腐蚀材料的研究，攻克了杀草丹生产的关键性难题。还有沈德隆等教师开展了农药新品种及新剂型的研究，田冰式等教师开展了农药废水处理技术的研究，等等。

这些研究课题都是生产上迫切需要解决的技术难题，通过产学研相结合的途径进行研究，最终科研成果又能及时推广应用到生产中去，产生了良好的社会效益和经济效益，这就是当时我校科研工作的特色和成功之道。科研工作有力地促进了学科建设和新专业的成长，并为学校发展创造了良好的条件。

在这一时期，主持学校全面工作的周学山发挥了重要作用。周学山于 1957 年从外交部调入我校，历任杭州化工学校党总支书记、浙江化工专科学校党委书记、浙江化工学院党委副书记。1966 年 5 月，学院党委书记张庆三调任国家对外文化联络委员会工作，由周学山接手主持学院党委工作。在随后的"文化大革命"中，他曾两次受到错误的撤职处分，被长期关押。1976 年底复出之后，重新主持学校工作，1978 年出任党委书记兼院长。他虽然吃苦蒙冤，但一旦恢复工作，就以极大的热情和责任感，不但重建教学秩序，而且运筹学校的未来发展，富有远见地提出了从单科性向多科性办学目标发展的崭新思路。他的举措就是以增设专业来逐步突破化工类单科的办学模式。在恢复高考制度的 1977 年，浙江化工学院不仅恢复了原有的本科无机物工艺、基本有机合成、化工机械 3 个专业，而且增设了工业分析、农药化工、工业企业电气自动化和机械制造等 4 个专业，后 2 个专业突破了化工类的专业范围，开启了向多科性工科院校发展的方向。1978 年，又增设了化工设备防腐蚀专业。1979 年，开始举办企业管理专科班（3 年制），培养地方企业管理人才，以服务于地方经济发展与企业管理改革的需求。

1977 年，全国高校恢复了统考招生，中国教育的春天来到了。当时教育部提出的发展方针是"恢复、调整、整顿、提高"，各高校纷纷开始拟订各自的发展规划。此时，远在衢州的浙江化工学院已偏处山沟18年，长期积累的各方面矛盾日益凸显，交通不便、信息闭塞，设备简陋、生活艰苦，文化氛围不浓、学术交流贫乏，单科性学院难以扩展、教职工许多具体困难难以克服，导致情绪普遍低落。如何才能在这个春天里改变困境、谋取新的发展？大家已有共识——迁回杭州，拓宽专业！

这一场由群众自发掀起的民间呼声，在学校党委的运筹引导下，逐渐演变成由校党委书记周学山带领的有组织、讲谋略、充分反映群众心声与智慧的重大兴校举措。周学山再三强调，首先要做好本职工作，把学校办好，扩大社会影响；与此同时积极主动地向上级及有关部门反映师生的呼声，寻求学校发展的新途径。随后就发生了一连串事情：学校向省委书面陈述《关于进一步办好浙江化工学院的几种设想》，派代表向省委有关领导汇报办学体制和发展方向的打算；多次向化工部反映要求改变办学体制；第二机械工业部来浙江考察浙江化工学院并有意接手，等等。在持续2年不懈反映诉求的同时，我们仍积极提升自己的办学实力，又借助高等教育恢复发展的大趋势，加上二机部有意接手浙江化工学院、新建的浙江工学院举步维艰等情况的刺激，浙江省委终于动心了。1979年8月6日，省教卫部领导按省委副书记薛驹的指示，接见了我校去杭州请愿的12名处级以上干部，详细听取意见。17日，薛驹又亲自接见了我校在杭州的党委委员与处系干部，听取汇报后表示：省委决心要办好浙江工学院；工学院建校要以化工学院为基础；如何进一步办好工学院，你们回去后发动大家积极提出合理化建议。

1978年全国科学大会召开以后，教育界迎来了大发展的新机遇。浙江省委乘势而上，决定在杭州新建一所省属的工科大学——浙江工学院。那时，浙江化工学院已多次向省委提出迁校杭州办学的要求，并建议参与到创办浙江工学院中去。这次薛驹副书记代表省委的接见和指示，不但赋予了浙江化工学院新的生机，也开创了浙江工学院建校的新坦途。

浙江工学院于1978年2月开始筹建，先按3000名学生规模设计，1979年4月破土动工，至1980年8月就建成了约5000平方米的校舍，并陆续从各地调集了约180名教职工。但是2年多的筹建实践表明，办一所新大学十分艰难，创办工科院校就更难。薛驹接见我们以后，浙江省政府上报国务院的《关于以浙江化工学院为基础办好浙江工学院的报告》于1980年5月获国务院批准，8月4日，省委决定建立浙江工学院临时党委会，由周学山任书记。9月10日，教育部下达了《关于同意浙江化工学院并入浙江工学院的通知》。9月21日，浙江工学院和浙江化工学院合并后的第一次干部会议在杭州米市巷招待所举行，会议由临时党委书记周学山主持。从此，浙江化工学院成为浙江工学院的办学基础，衢州的原浙江化工学院校园作为浙江工学院的分部。随着化工学院原有的学生逐年毕业，化工学院也逐年搬迁至杭州，我校进入了浙江工学院的发展时期。

三、浙江工学院

20 世纪 70 年代后期，国家百废待兴，渴求大量人才。我国高等教育终于迎来了重新焕发生机的春天。1977 年 8 月，邓小平主持召开科学和教育工作座谈会，提出我们国家要赶上世界先进水平，必须从科学和教育着手。2 个月以后，中断 10 年的高等学校招生统一考试制度便恢复了。1978 年 2 月，五届人大一次会议的《政府工作报告》中提出，要充分发挥现有高等学校的潜力，积极扩大招生人数，同时加速建设新的高等学校。3 月，邓小平在全国科学大会开幕式上讲话指出，四个现代化，关键是科学技术的现代化，而科学技术人才的培养，基础在教育，并提出要使教育事业有一个大的发展和提高。稍后，邓小平在 4、5 月间举行的全国教育工作会议上又指出，教育事业必须和国民经济发展的要求相适应。

粉碎"四人帮"以后，我省的国民经济得到了迅速恢复和发展，1977 年、1978 年年，全省工农业总产值平均每年递增 20.9%。而与此同时，科技人才不适应经济建设发展需要的问题也凸显出来，许多行业科技人员比例很低，专门人才青黄不接、后继乏人。据 1980 年初的统计，全省机械、纺织、建材、轻工、食品五大行业中，全民所有制工业企业的工程技术人员、科技人员占职工的比重，最高的机械行业也仅有 5.6%，其余 4 个行业分别为 1.4%、1.9%、1.7%、1.2%，二轻系统（集体所有制）仅为 0.61%，经营管理人才则更为缺乏。

浙江的教育事业跟不上本省现代化建设的需要，高等教育规模小是一个最主要的问题。"文革"期间，浙江高等学校一度由 13 所减少到 6 所，到 1976 年恢复到 11 所，在校生也仅有 10369 人。位于浙江的工科大学仅有浙江大学、浙江化工学院、浙江丝绸工学院 3 所，而其中的浙江大学已划归中国科学院（1978 年 8 月国务院正式批准浙江大学归属中国科学院和浙江省双重领导，以中国科学院为主）。为了加快培养本省的工业技术人才，浙江省委决定创办一所专业较齐全的省属工科大学，定名为"浙江工学院"。

浙江工学院的筹建工作于 1978 年 2 月启动，5 月 12 日省革委会正式向国务院呈报《关于创办浙江工学院的请示报告》。报告提出，工学院的任务主要是为我省培养农业机械化和工业技术人才；初期拟设置 4 个系、14 个专业（地质系，先设采矿、选矿、勘探 3 个专业；机械系，先设农业机械制造与维修、拖拉机制造与维修、机械制造及设备、内燃机、铸造、船舶设计与制造 6 个专业；电机系，先设工业企业自动化、工业仪表、发配电 3 个专业；土建系，先设工业民用建筑和水利水电 2 个专业）。当年 12 月 28 日，经国务院批准，教育部发出通知，全国恢复和增设 169 所普通高等学校，其中工科院校 46 所，包括浙江工学院。

1978 年 7 月，教育部通知还没有发，省委就未雨绸缪，正式组建了浙江工学院筹建领导小组，任命省委常委、省革委会副主任冯克为组长，宁波地委常委、组织部部长藏效美，省交通厅副厅长姜羲，省委组织部干部二处处长胡本斋为副组长，组员有浙江农业大学农机系党总支书记赵学廉、省公安厅劳改局局长江巩等。

首先要解决的问题之一是，未来的浙江工学院落址何处？因为这将直接影响到学校近期的建设速度和未来的远景发展。

杭州市基本建设委员会提出了3个备选校址：西湖区的转塘、古荡西面的新凉亭、半山的杭州市牛奶公司所在地。1978年9月，筹建小组的同志们顶着烈日，对这3个备选校址逐一进行实地勘察调研，大家认为，转塘离杭州市中心较远，用水用电一时难以解决，会影响近期的建校速度；新凉亭离市区较近，但只有七八十亩土地，对于一所几千人的大学来说面积太小，会影响学校的远景发展；半山杭州市牛奶公司所在地靠近浙江省肿瘤医院，每日进出大量病恹恹的人群，会影响青年学生的生理、心理方面的健康成长，因此得出结论：这3个地方都不适宜建校。

筹建领导小组将考察结论汇报给杭州市基建委，这时有人提出：杭州无线电工业学校西面有一块700亩大的土地，可以考虑作校址。筹建领导小组立即去现场勘察，觉得那里靠近杭州无线电工业学校、浙江丝绸工学院和省委党校，在那里建浙江工学院确实比较理想，于是立即向省革委会报告，建议将浙江工学院的校址选在教工路和文一路交叉路口西南面。省革委会将报告批转到省基建委征求意见，省基建委又将报告转回杭州市基建委征求意见，然而杭州市基建委返回的意见却是：浙江工学院还是以建在半山杭州市牛奶公司所在地为好。市基建委的明确意见令筹建组十分无奈，但如照此方案实施，杭州市牛奶公司就必须马上搬迁，因而杭州市基建委立即向杭州市委负责农业的领导汇报，没想到这位领导坚决反对搬迁牛奶公司，这反而使市基建委自己陷于两难，于是市基建委领导直接向省委冯克、薛驹两位领导汇报了浙江工学院选址的一系列困境。

有道是"山重水复疑无路，柳暗花明又一村"。就在这次汇报会上，市基建委一位工程师提出：浙江省军区干休所东面、上塘河沿岸，有一片土地（上塘公社的潮王大队、东新大队一带）可以考虑作为建校用地。于是筹建小组又立即前往勘察，发现这地方果真不错：依傍的上塘河是京杭大运河的古河道，区块离主城区不远，向北可延伸至现在的德胜路，对面是规划中的德胜新村；向南跨过上塘河是一片数百亩的开阔农田，毗邻即将开发的朝晖新区；交通方便、水电都有保障。就在当地一户农民家的堂屋，相关领导现场拍板决定：浙江工学院就定址在这里了！考虑笕桥机场的航线就在上方，高校科研高频用电会不会影响飞机航线？所以还征求了机场的意见，得到他们首肯以后，最终确定了新学校的大体布局：上塘河以北的东新区块可建学生生活区，教学科研区则建在上塘河以南的潮王区块。1978年11月初，杭州市基建委正式发文，同意浙江工学院定址在西湖区上塘公社潮王大队、东新大队（这2个区块现分属杭州市下城区和拱墅区），具体规划用地面积430亩。1979年3月8日，省委副书记薛驹等领导听取了筹建领导小组选址问题的汇报。3月22日，省革委会批准了这个选址方案，浙江工学院的建设随即展开，4月4日即破土动工，次年8月就建成了约5000平方米校舍。

筹建组建立之初（1978年9月—1979年11月），租用了栖霞岭大华饭店分部的两个房间办公。刚从外地调进来的几位干部教师无处安家，为了节省住宿费，有的同志晚上就在办公室里打地铺，有的则租住在远离市区、房租低廉的笕桥、三墩。

1979 年动工之初，因还未来得及办理征地手续，学校决定先租用东新大队 3 亩多猪圈用地，建 2 幢二层的临时简易楼。为节省造价，墙体用多孔煤渣砖砌筑，楼板用预制的水泥多孔板，屋顶则采用预制的三合一水泥板加盖瓦片。几个月后简易楼建成（建筑面积 2115 平方米），筹建组人员终于可以告别大华饭店分部和三墩、笕桥的小旅馆，搬进聊以栖身的新居来过冬了。

这 2 幢简易楼都位于上塘河北岸，南北并列形成一个小院。南楼为"内走廊"，两面是单间，中间一条走廊横贯东西，各家就在走廊里做饭烧菜，是典型的筒子楼；北楼为"外走廊"，走廊朝南、房间朝北，每间内有套间，住户在自家门口的走廊上稍作遮挡，摆上煤饼炉就是厨房。2 幢楼都没有上下水和卫生设施，用水和如厕都得去楼西侧的公共盥洗间和公共厕所。盥洗间隔出了一间简陋的淋浴室，只有几个冷水淋浴头。浴室小、住户多，洗澡者往往得自带热水、早早地在门外用脸盆排队。南楼东头几间作为办公室及图书室，北楼东头几间则是一个小食堂。2 幢小楼虽然简陋，却是浙江工学院最初唯一的落脚点，老人们对它的回忆满是温馨和怀念。它们存活了 20 年，于 1998 年 11 月被拆除，原址上建起了女生宿舍 3 号楼。

因为急需人才，浙江工学院一创建就开始招生，边建校边教学。没有校舍，首届的 1979 级学生就分散在杭州钢铁厂等 7 个教学点授课，老师跑点上课，学生进车间实习，教学秩序难以建立。

1 年以后，1980 年 8 月底，赶在秋季开学前，简易楼东面建起了第一幢正式的教学综合楼（4056 平方米，后来成了学生宿舍 2 号楼），楼内容纳了土木、电子、机电 3 个专业 150 名新生的住宿与教学（楼有 5 层，上 3 层分别用作女生和男生宿舍，下 2 层作为教室和实验室），师生们就在简易楼的小食堂打饭，端回自己教室或办公室用餐。运动设施也付之阙如，就在简易楼北边的茭白地上垫上厚厚的石块、塘渣与煤渣，建成简易篮球场，成为唯一的运动场所。

1980 年秋天，上塘河沿岸的部分石坎砌筑完成，北岸的一排周转房交付使用，学校有了最初的校门、传达室、收发室，挂出了"浙江工学院"的第一块校牌。

1981 年 8 月，又建成了建筑面积 1655 平方米的第一食堂，大餐厅东头建了一个大舞台，师生们才有了开大会与看电影的场所（尚需自带凳子）。

20 世纪 80 年代初，国家还是计划经济体制，基建用的钢材、木料、水泥都有严格规定，按批准的基建项目下拨指标。比如，外墙门窗一律采用钢门钢窗，而内部木门窗的加工，须先到位于凯旋路的省林业厅审核，再安排到林业厅下属的木材加工厂加工。那时木材严重短缺，十分重视综合利用，门框多用短材拼接，木门用小木挡做内框再外贴纤维板而成。钢材也按指标供应，且要在指定的物资处采购。水泥供应也有指标控制，每年底由建设单位派人到环城西路的省物资局开会，落实水泥厂家与提货时间。由于大厂水泥供不应求，小厂水泥也被列入供货计划，但小厂水泥质量很差，于是大厂水泥成为市场争夺对象，有时往往要派人长驻大水泥厂监督催货。这些情况现在的年轻人是难以想象的。

随着建校工程逐步推进，许多教职工也陆续调入。简易楼很快住满，校区南面朝晖六区的浙工新村才刚动工，新来的教职工只好租用附近的农居。这些农居大多位于上塘河以南，而教职工们上课、上班却大多要到北岸，来回过河须借助生产队的小船摆渡，既不方便又很危险。1980年，学校在上塘河上架设了以钢管为骨架、毛竹片为桥面的临时竹桥，又在桥南面的农田中间修筑了一条连通潮王路的小道，大大方便了教职工的上下班。但一到雨雪天，桥面的竹片又湿又滑、田间的小路泥泞不堪，行人的艰苦和危险难以言状。直到1984年，上塘河南岸的教学主楼动工，1985年在临时竹桥旁边建成了钢筋水泥的拓工桥，1986年又把泥泞小路变成了水泥路，这种状况才得以彻底改变。

1980年浙江化工学院正式并入浙江工学院，具有两方面的意义，一方面，偏远冷僻的浙江化工学院获得了新生，不但实现了回杭办学的夙愿，也同时实现了拓宽专业面的更大理想。另一方面，艰难创建中的浙江工学院也实现了华丽转身，原化工学院的768名教职工和工学院筹建中陆续调集的180名教职工，汇成了浙江工学院全新的办学基础，工学院获得了新的发展动力，大大加快了建校步伐，展现出了全新的发展前景。

不过谁也没想到，这个合并却意外地让刚刚开建的浙江工学院（此时已建好了第一食堂和二号楼、四号楼）遇到了一个坎——杭州市规划局顾虑化工类专业的教学科研实验可能对环境带来不利影响，提出要工学院搬到地处远郊的祥符桥易地重建。这可真是节外生枝！易地重建意味着要另起炉灶，势必造成前期投资和物资的极大浪费，大大拖延建校的时间。至于后来工学院是如何有惊无险地迈过这道坎的，就不得而知了。

已初具规模的浙江化工学院要整体迁来杭州，华丽转身后的浙江工学院要加快建校进度、扩大了的招生规模要尽快走上教学正轨，这次的"三管齐下"规模更大、时间更长、工作头绪更复杂。然而，乘着改革开放大好形势的东风，这三方面的工作一直在有序地大力推进。

新组建的浙江工学院重新进行了专业规划，设置了化学工程、机械工程、电子工程、土木工程、轻工业工程、管理工程6个系，随即开始了1980级的招生。

古运河畔的朝晖新校区刚开始初建，衢州烂柯山麓的化工学院老校区就暂时作为浙江工学院的分部，承担了大部分新生的教学任务。1980级有6个系、11个专业，共招收610名本科新生，其中电子、土木2个系（3个专业）5个班的新生在杭州新校区上课，其余4个系15个班级的新生全部到衢州分部上课。

9月14日，1980级新生的开学典礼如期举行，省委副书记薛驹到会讲话。他指出：浙江工学院这所多科性的工业大学，是为适应浙江省"四化"建设需要而创建的，主要任务是为本省培养又红又专的工程技术人才。他号召同学们要艰苦奋斗、勤奋学习。

9月21日，举行了两校合并后的第一次中层干部会议，讨论了全新的专业设置、招生规模、基本建设计划等。9月26日，宣布了学校的新组织机构及各系、部门的负责人。

1981 年开始，新生全部在杭州报到，衢州作为分部开始停止招生，在读的学生陆续毕业，学校也陆续搬迁。

当时朝晖校区仅有少量的简易校舍，大量教室、实验室都是临时房子或租用农舍，教学和生活条件都非常艰苦。广大师生发扬了化工学院的艰苦办学的优良传统，克服各种困难，认真办学、刻苦学习，顺利地完成了各项教学、学习任务。

新建的浙江工学院应选择怎样的发展思路？当时曾一度出现过两种意见的激烈争论。一种意见认为：两校合并后，实力明显增长，学校要有宏图大志，要有全国视野，要按全国一流大学的方向来建设，甚至提出要赶超浙大。另一种意见则认为：工学院是省属院校，应主要服务于浙江经济建设，两校合并虽为学校发展创造了良好条件，但专业基础仍比较薄弱，应该首先夯实基础、拓宽口径、提高教学科研水平，按目前的能力，只能在全国省属院校中力争排名靠前。两种意见似乎各有道理，互不相让，甚至发展到学校领导权之争，眼看就会严重影响到建校、搬迁和日常教学。现在回过头看，前一种意见有些好高骛远，不太现实；后一种意见立足于自己的定位和实力，比较现实。省委及时出面协调，支持了第二种思路。1980 年 8 月 4 日，省委决定建立中共浙江工学院临时委员会，周学山任书记。1981 年 12 月 2 日，省委又转发了中共中央组织部通知：中央同意周学山任浙江工学院党委书记，李恩良任浙江工学院首任院长。同时，省委任命姒承家为党委副书记，姒承家、胡本斋、林正、赵学廉为副院长。新生的浙江工学院由此明确了思路，走上了稳步发展的坦途。

到 1985 年，衢州浙江化工学院的搬迁工作基本结束，原校区及其设施有偿转让给衢州化工厂，现在成了衢州高级中学的校园。

1985 年底，建筑面积为 28800 平方米的主楼（现在被命名为"存中楼"）竣工，教学科研功能区的建设随之逐步铺开，化工楼、机械楼、图书馆一一矗立，学校的各方面教学设施也在逐步完善，教学秩序和教学质量得到快速的恢复和提升，浙江工学院的发展逐渐进入了快车道，到 20 世纪 80 年代末，两校合并仅 10 年，就达到了浙江工学院一期规划的 3000 名学生规模。

四、浙江工业大学

进入 20 世纪 90 年代，国家进一步推动高等教育发展。新生的浙江工学院日益呈现良好的发展势头，"万事俱备，只欠东风"，就盼着有个机遇来实现进一步的升华，机遇也就真的降临了。

（一）捐资办学，一波三折

张子良先生是一位台湾实业家，祖籍浙江嘉兴，20世纪40年代去台湾经商办实业，取得很大成功。多年来，他一直心系家乡，希望能有机会用自己的力量报效国家、造福桑梓。虽然他自己只念过小学，但深知教育是影响整个民族的根本大业。所以从20世纪80年代后期开始，他就在嘉兴捐资办学并设立了奖学金，捐款数已达数百万美元。

1990年8月，他作为海峡两岸工商访问团的副团长访问北京、上海，得知祖国建设急需大量高级科技人才，而当时国内大学在校生总数仅107万人，平均每万人口中只有10人，于是萌发了捐资办大学的想法。他在致浙江省领导的信中说：

"办教育事业为国家社会造就一些将来必需的人才，实为（我）最大的愿望。人生在世，短短数十年，无论如何都必须告别，只是迟早问题，希望做一些对国家、大众有利而少人人做的事，方得心安。"

1991年夏，他又分别致函曾任嘉兴市市长、时任浙江省政府副秘书长的周洪昌和上海的老友徐振元先生（原永生金笔厂厂长），提出在杭州或上海办一所现代化的科技学院，为祖国造就高级科技人才的想法，请周、徐向浙江省、上海市政府的领导转达和联络。周洪昌接信后当即向省领导汇报，李泽民书记、葛洪升省长及时做出了批示。李书记的批示是："以省政府名义邀请张先生来访，提出在浙江工学院基础上建设浙江工业大学的方案与张先生协商。"时任上海市市长的黄菊也热情欢迎张先生到上海访问和办学。

1991年10月7日，张子良先生亲自带着他的智囊团，先到上海、再到杭州考察洽谈。在杭期间，与李德葆副省长、周副秘书长和省教委领导多次商讨在杭办学的问题，并实地考察了浙江工学院，留下了良好的印象，于是初步决定要在杭州实现他的心愿。

这对于浙江工学院的发展无疑是一个大大的利好机遇，然而却差一点失之交臂。

原来，张子良先生认为，要培养出高质量的人才，就需要有高水平的师资；为能引进优秀的教师，让他们能专心致志地从事教学，就需要提高教师的待遇，为他们提供良好的工作与生活条件；而这就需要有长期、稳定的资金来源，以弥补学校经常性经费的严重不足。他反复强调："办学的后续基金问题的解决，比一次性资金的投入更为重要。"为此他提出：在捐资1000万美元兴办大学的同时，要求当地政府提供土地，由他筹资建设一座"教育发展基金大厦"，交由一个教育发展基金委员会全权负责管理；其经营收入除必要的管理费用支出外，全部用作浙江工业大学的后续资金和支持其他教育事业的发展。这个想法确有远见，但也提高了操作的门槛。上海答应他提供浦东的土地，但张先生觉得自己是浙江人，前几年的捐资助学又都在嘉兴，他更希望把大学办在浙江。

10月13日晚，浙江省教委主任邵宗杰宴请张子良先生一行，参加宴会的浙江工学院洪起超院长赶到时发现，餐桌上气氛沉默而压抑，全无往日的欢快融洽。原来在下午的会谈中，浙江省回绝了提供建造"基金大厦"土地的要求，这使张先生深感失望，准备放弃在杭捐资办大学的打算，第二天就要离杭回台湾。洪院长没有参加下午的会谈。他发现气氛不对，问明缘由后，深恐这个大好机遇成为"泡影"，来不及回校商量请示，就硬着头皮大胆提出："我们学校在位于莫干山路和文一路交界处的'西接待寺'有一批五六十年代建造的教工宿舍，占地近10亩，可作为建造'基金大厦'的用地。"这立即引起了张先生的兴趣，省教委郑祖煌副主任、阮忠训处长也认为可行。洪院长详细介绍了西接待寺的情况之后，张先生当即要求取消明天上午的回程安排，先去察看西接待寺现场。第二天一早，张先生等在洪院长陪同下到西接待寺察看现场，又阅读了有关资料，深感满意，这一次即将失之交臂的机遇就这样又被我们"抓"了回来。

张先生回台后不久，于12月4日致函周副秘书长，明确表示接受在浙江工学院基础上兴建浙江工业大学的方案，并定于近日来杭再详细讨论具体细节。

12月13日，张子良先生一行五人抵杭，14日上午就在工学院会议室与李德葆副省长、周洪昌副秘书长以及省教委领导郑祖煌等进行会谈。听取了洪起超院长关于初步方案的介绍后，大家对张先生"在杭捐资办学、以浙江工学院为基础兴办浙江工业大学"的有关事项又进行了认真全面的协商，最终达成一致，形成了《张子良先生捐资兴建浙江工业大学的协议书》，其要点是：

（1）张子良为在浙江工学院基础上兴建浙江工业大学捐资1000万美元，省人民政府配套经费6000万元人民币。

（2）浙江工学院将更名为浙江工业大学，下设工商管理、职业技术教育和工程技术3个学院。

（3）浙江工业大学的建设分两期进行，1992—1995年投资数占总数的62.5%，1996—2000年投资数占37.5%，2000年完成。捐资接受单位为浙江工学院；更名后，接受单位为浙江工业大学。双方认为，如有可能，力争使上述计划尽快实施。

（4）建设项目分期的建设方案由浙江工学院（浙江工业大学）提出具体实施意见。

12月16日下午4时，双方在黄龙饭店举行了隆重的签字仪式，葛洪升省长亲自参加了签字仪式，代表浙江省政府签字的是李德葆副省长，出席签字仪式的还有各有关方面负责人鲁松庭、周洪昌、杨丽英、郑祖煌、冯裕德、阮忠训、洪起超等。

这一天还同时签署了《关于开发莫文路土地的协议书》。此后省、市领导对"基金大厦"也都给予了很大的关心和支持。后来，结合庆春路的拓宽改造，李志雄副市长代表杭州市提出，将庆春路35号地块（庆春路与建国路交叉口的东北角）划归"基金大厦"的建设用地，这样"基金大厦"的总建筑面积可增至5.6万平方米，预计年纯收益可达7000万—8000万元，收益的分配原则是：省、市政府和浙江工业大学各占1/3（另有口头协议：在省政府的分成中，浙工大占25%）。

当晚，葛洪升省长举行了盛大宴会，表示庆贺。

（二）群策群力，共铸丰碑

1992年3月16日，浙江省人民政府批准了浙江工业大学总体规划，学校规划用地500亩，在校生6000名，校舍总面积26万平方米。还组建了以省人民政府副秘书长周洪昌为组长、省市14个有关单位负责人为成员的浙江工业大学（筹）基本建设项目领导小组。学校也成立了浙江工业大学筹建领导小组，负责具体的筹建工作。时任杭州市市长的王永明也高度重视张子良捐资兴建浙工大的工程。1992年4月21日，在我校朝晖校区隆重举行了浙江工业大学"子良教科大楼"奠基典礼暨"文化体育活动中心"（现在的体育馆）的开工仪式，浙江省省长葛洪升、副省长李德葆亲自参加了奠基仪式，打下了建设浙江工业大学的第一桩。

从1991年张子良打算捐资办大学开始，浙江工学院就酝酿着更名，协议的签订使更名的条件初步具备。1992年下半年，浙江工学院正式启动更名工作。

那时国家教育委员会对大学的设置和更名控制非常紧，全省也就我们一家要更名，为此张子良先生还曾亲自致函国家教育委员会主任朱开轩。1993年夏，国家教育委员会计划建设司长亲自带队来我校实地审查。审查组对我校的基本建设和学科建设两大方面进行了全面、仔细、严格的审查，认为我校已具备更名条件，同意上报国家高校设置评议委员会评审。同年9月，经过高校设置评议委员会评审，全国有20所高校获准更名，我校也名列其中，并被列入第一批公布名单。之后，国家教育委员会以教计〔1993〕182号文正式批准我院更名为"浙江工业大学"。12月3日，我校隆重举行浙江工学院更名为浙江工业大学暨建校40周年的盛大庆典，浙江工学院终于实现了一次脱胎换骨的升华，跨上了一个全新的发展台阶。

（三）爱乡办学，造福桑梓，公可心安

1993年6月8日，在浙江工学院即将更名为浙江工业大学的前夕，张子良先生在来杭途经香港时突发心脏病，经抢救无效不幸去世，享年78岁。

本来按照约定，8月底前张先生要将当年的捐资200万美元支付给我院，但由于突然去世，他在台湾的财产被依法冻结，导致捐资计划无法如期实施。其夫人陈秀莲女士及子女为不负张先生的承诺，同意将张先生1992年6月花200万美元购置的170万股上海永生股票交由我院作为抵押，向银行贷款1200万元人民币，用作当年张先生的捐资款项，待股票上市出售后再行偿还银行贷款。后因该股票未能及时上市，故于1998年6月将该股票共计310.2585万股，悉数捐赠给我校，作为张先生的最后一笔捐款。

洪起超校长始终怀着对张子良先生的感激和怀念之情，他认为："张子良先生捐资兴建浙江工业大学不能光用他捐助的钱来衡量。"当时这笔钱对我校的建设发展起到了"雪中送炭"的作用。正是他的捐资，让浙江工学院的更名升格成为可能，也成就了今天浙江

工业大学在全省的地位和影响，他捐资的效应已经远远超出了金钱自身的价值。

20世纪末到21世纪初，我国的教育事业进入高速发展期，浙江大学、浙江农业大学、杭州大学、浙江医科大学四校合并给我校提供了新的发展机遇，我校不仅在省内高校的排名显著提升，而且在资源、生源、人才引进等方面也更为有利。

21世纪以来，浙江工业大学发展迅速，目前已成为国内有一定影响力的综合性的教学研究型大学，综合实力稳居全国高校百强行列。

2008年底，浙江省人民政府推荐浙江工业大学进入教育部共建高校行列。2009年3月，教育部同意省部共建浙江工业大学。6月8日，浙江省人民政府和教育部于杭州签订《浙江省人民政府、教育部共建浙江工业大学协议书》，学校成为以浙江省为主管理、教育部重点支持的"省部共建"高校。

2013年，长三角绿色制药协同创新中心进入国家高等学校创新能力提升计划（又称2011计划）。5月17日，正式认定为2012年度国家协同创新中心，学校成为首批"2011计划"高校。

生物工程学科1998年引进了被誉为"中国生物农药之父"的沈寅初院士后，加强了对浙工大科研团队的培养。沈院士一再说："老教师的责任或者主要任务是培养年轻人，要有这样的胸怀，要促进年轻学术带头人成长。这是学校发展的根基、学校发展的后劲。"因此在教学工作方面他秉承一位导师的风范：精益求精，传道授业，甘做人梯，为学科培养年轻人。在他的悉心指导下，生物工程涌现出一批年轻技术骨干。2017年11月他的学生郑裕国当选为中国工程院院士，这是起步于浙江化工学院、毕业于浙江工学院、任职于浙江工业大学的地地道道的"工大人"，是我校培养的第一位院士。

学校现有63个本科招生专业，学科涵盖哲学、经济学、法学、教育学、文学、理学、工学、农学、医学、管理学、艺术学、交叉学科等12大门类，设有26个学院、1个部。学校现已拥有9个博士后流动站；有一级学科博士学位授权点13个，博士专业学位授权点2个；一级学科硕士学位授权点30个，一级学科未覆盖二级学科硕士学位授权点3个；硕士专业学位授权点22个；具有硕士研究生免试推荐权和外国留学生、港澳台学生招生权。

在学科建设方面也是稳步推进，目前有药理学与毒物学学科、生物学与生物化学、计算机科学、化学、工程学、材料科学、环境科学与生态学、农业科学、社会科学等9个学科进入全球ESI前1%。

学校先后有800余项科研成果获国家、省部级科研成果奖，其中国家科学技术奖28项，教育部人文社科优秀成果奖11项。学校位居"2021中国高校专利转让榜单（TOP100）"第5位。2019年公布的全国科技创新高校30强，学校排名第15位。

学校广泛开展对外交流与合作，已与美国、德国、日本、加拿大、澳大利亚、西班牙、比利时等国家的著名大学和科研机构建立长期紧密的合作关系，在学生联合培养、科研合作、教师互访、引进海外智力、国际学术交流等方面建立了全面合作关系。

今天，在国家实施科教兴国战略、建设创新型国家的征途上，浙江工业大学将勇挑重担，努力建成区域特色鲜明的综合性研究型大学，必将为区域经济腾飞、社会进步和国家富强、民族振兴做出应有的贡献。

化工学院史话

朱良天

    浙江工业大学化学工程学院（简称化工学院）是我校办学历史最悠久的一个学院，其发展历程一般认为可以分为化工科时期、化工系时期和化工学院时期，其中科、系时期共计 42 年。这是一段艰苦创业、改革创新、开拓奋进的院史。为庆祝浙江工业大学建校 70 周年，化工学院计划出版一本回忆文集，本书编者约我写一篇文章，我怀着一种特殊的感情，沿着学校发展步伐，回忆我所知道的化工学院发展历程的沧桑与辉煌，主要回顾化工学院的科、系岁月。

一、杭州化工学校时期（1953 年 7 月—1958 年 6 月）

    新中国成立以后，政务院做出了对中等技术教育进行有计划、有步骤地整顿和发展的指示，并确定各类中等专业学校逐步划归有关业务部门领导，按照国民经济各部门的需要和专业化原则来培养干部。为适应第一个五年计划的需要，重工业部决定在华东地区建一所化工学校，这就是杭州化工学校诞生的背景。

    重工业部化工局根据中央财政委员会、高等教育部对华东地区工业性质中等技术学校调整方案，决定将温州工业学校、杭州工业学校化工科、苏州高级工业技术学校化工科合并，成立杭州化学工业学校，校址设在拱墅区观音桥。1953 年 7 月 3 日，重工业部化学工业局发出《关于成立杭州化学工业学校筹备委员会及 1953 年设置专业的通知》。三校化工科师生于 9 月 10 日前在杭州报到，9 月 14 日举行开学典礼，9 月 15 日正式上课。学校设无机物工艺（简称无机）和分析化学（简称分析）两个专业科。无机科下设无机物工艺、工业企业学科委员会、化工原理学科委员会、工业化学学科委员会。分析科下设无机物分析学科委员会、钢铁分析学科委员会、有机染料学科委员会、定性定量学科委员会。学校开创时共有 13 个班级、835 名学生，其中青年团员 166 人。1953 年没有招收新生，一年级学生由复读生和浙江工业技校转来，学制为 3 年，校名全称为"中央人民政府重工业部杭州化学工业学校"。

如果说杭州化学工业学校是为浙江工业大学之始，那么无机科和分析科（合称化工科）就是浙江工业大学化工学院之始。

这里还应该说明两点：第一，1953 年温州工业学校机械科改为化学工厂机械装备专业（简称化机），继续留在温州，称杭州化工学校温州分校。重工业部化工局曾发文，温州分校由化工局直接领导。1953 年 10 月，化工局来函准备将其调往东北，曾组团到大连、沈阳考察，后刘亚东与化工局协商，希望能留在杭州化工学校。1954 年 1 月，化工局来函决定不迁东北，暑期温州分校迁回杭州，杭州化工学校组建和调整结束。第二，这 3 所学校的办学历史最早可追溯到 1910 年创办的浙江中等工业学堂，这是浙江最早创办的官立工业学校。这所学校创办时设机械、染织两科，染织科不仅讲"染"和"织"，而且还开设染料制造课程。1918 年学校设立应用化学科。学校发展到浙江公立专门工业学校时期，我国著名化工教育先驱李寿恒先生于 1927 年春到校任教，并担任应用化学科主任。他认为学生必须学习化工生产共同规律，研究化工过程的开发、化工单元操作的设计等。为此，他向学校建议改应用化学科为化学工程科，得到校务会议批准，并被聘为化学工程科主任。后浙江公立专门工业学校（大专部）并入浙江大学工学院（第三中山大学工学院），他创办了国内第一个化学工程系，第一个主讲化工原理课。

杭州化工学校成立初期，由于师生来自温州、苏州、杭州等地，他们的语言和生活习惯各不相同，加上办学条件十分艰苦，引起师生的思想波动。学校以博大的胸怀强调"融三校优点于一炉"，重视思想教育和引导，使大家明确国家对人才的需求和自己肩负的责任，很快稳定了思想情绪和教学秩序。

学校加快了基本建设步伐，最早建成了 2040 平方米的实验馆，满足了化工学科的实验场地的需要。这个实验馆质量很好，时任浙江省委第一书记江华来校视察过，他在朝鲜慰问志愿军时还说了在杭州化工学校已经有了这样的实验馆。

教师队伍素质较高。开课后，教师从应用化学专业向无机物工艺和分析化学转变，强烈的责任感促使老师们查阅国外教材，刻苦备课到深夜。由于当时师资数量不足，许多老师每周要承担 16—20 节课。学校重视教师队伍的建设，号召"向科学进军"，还创造条件到其他高校进修，校内开展"以老带新""对口帮助"等活动，组织大家学习《教育学》，掌握教育规律。还组织老师到工厂企业参观、调研、实习，在生产实际中选定毕业设计题目，组织教师编写化工类中专教材，促进教师业务水平提高。

把人才培养列为压倒一切的中心任务。1954 年起，无机科和分析科开始全面学习苏联经验，制定了无机专业和分析专业的教学计划和各科教学大纲，选用翻译的苏联教材，改变考试方法和评分办法。当时基本搬用苏联模式，但在实践中也有要"中国化"的声音。教师认真备课、认真教学，在教学工作中，还强调理论联系实际、专业结合生产，重视实验、实习、毕业设计等实践性教学环节。学生勤奋好学，生活朴素，学风良好。

1954年8月，无机物工艺专业还承担了重工业部委托培养6名越南留学生的任务，后来其中3名于次年11月转入大连工学院继续深造。1957年8月，其余3名越南留学生学成回国。

1956年，学校划归化工部领导，校名改为化学工业部杭州化学工业学校。

杭州化工学校背负着理想，承载着历史和希望。开办5年间，教学质量和教学水平不断提高，办学条件得到改善，学校发展蒸蒸日上，社会声誉进一步提高，是全国同类学校中的佼佼者。学校为国家培养了1700余名毕业生，其中无机专业447人，分析专业604人，化工科合计1051人。他们分布于祖国各地，成为当时社会主义建设的骨干力量。毕业于无机物工艺专业的周光耀，在长期从事纯碱的设计与研究、开发与创新过程中做出了重大贡献，1995年当选中国工程院院士。

二、浙江化工专科学校时期（1958年6月—1960年8月）

1958年，学校下放由浙江省领导，同时确定杭州化工学校负责华东、华中、华南经济协作区支援新校建设的任务。1958年6月，浙江省政府改校名为浙江化工专科学校。学校设大学专修科，分为大专、中专两个部分。大专学制有3年、2年2种；中专学制有4年、3年2种。

中专部化工类专业在原有分析化学（学制3年）、无机物工艺（学制4年）的基础上，增设基本有机合成专业（学制4年），有机化学和炼油工艺专业（学制3年），后2个专业只招了一届学生，于1960年停办。大专部化工类设基本化学、化学肥料、化学工程、化工机械、有机合成等专业（学制均为2年）。1959年，基本化学、化肥专业改为无机物工艺专业，化学工程与有机合成两专业合并，成为基本有机合成专业（学制3年）。

浙江化工专科学校在学校发展史上停留了短暂的瞬间，这是激情燃烧的岁月，留给我们最深刻的印象是学校除了快速发展外，还积极贯彻教育与生产劳动相结合的方针，探索"教学、生产、科研"三结合的道路，主动服务地方经济建设。例如，无机专业三年级学生结合化工厂建设，分别参加车间设计、安装与生产，既进行了劳动锻炼，又达到教学的目的。分析科承接了浙江省化工研究所承担全省样品分析的业务，专门成立了"样品分析室"，与80多个单位建立了固定的联系，在教师指导下，三年级学生承担分析任务，教师讲授工业分析课，学生在接受任务前需做理论和技术准备，工作完成后须进行总结。还通过会议、师生共同研究等途径解决分析中遇到的困难和问题，如分析临安水泥厂黏土和石灰石，为建厂提供设计依据。由于全省化肥产业发展很快，每天送来的数十个样品要求立等数据，后研究了土化肥快速分析法，效率提高了5倍，成本降低了17%，学生写出了论文，浙江省委工交部十分赞赏，向全省做了推广。后来又完成硫酸盐快速分析法、钢铁快速分析法等项目，还为各县培养了快速分析人员。硫酸、盐酸等分析试剂，由校办化学试剂厂生产。1959年组织了近200名学生，以毕业设计形式进行的科研，完成了53个课题，包括省科委课题"矿石快速分析箱"，还试制了甲基红、氯化亚铜、无水硫酸锰等产品，填补了省内空白。那次毕业设计还修订了76个项目的分析方法，编印了5册材料，在内部发行。还编写了《工业分析》《仪器分析》《定性与定量分析》等3本教材，由化工部出版。

学校还积极开展社会服务。1958年，无机科承担了化工部委托开办的氮肥训练班，学员来自浙江、安徽、湖南、江苏、广东、广西、河南、福建等8个省，共计741人。其中本省245人，学制1年，学员文化程度参差不齐，高至大学文化，低至初中尚未毕业，年龄最大的40多岁，最小的18岁。福建送来的100名学员是高考生，后并入2年制专科。当时办学条件十分艰苦，教室不够就实行两部制，轮流上课；食堂不够，就把饭菜送到教室，圆满地完成了培训任务。1958年10月，接受浙江省委工交部委托，增设炼油专业，对73名学员进行培训。1959年8月，接受杭州市轻工业局委托，培训炼油专业学员70名。1959年11月，接受省化工厅委托，对100名化工企业干部进行业务培训。这一时间，分析科还为广东、广西、河北三地新建的化工学校培养教师5名。1960年初，分析科出席杭州市社会主义建设先进集体代表大会，同时还当选浙江省级先进集体；无机214班团支部代表乐大枫出席在北京召开的全国学生代表大会。

当时实行的"三结合"和教学改革，是以群众运动方式进行的，违背了教育规律；学生参加劳动和政治活动时间较多，冲击了教学；忽视了教师的主导作用，一定程度上影响了教学秩序和理论教学质量。1958年12月，教育工作会议明确了学校开展"三结合"应以教学为中心，逐步统一了思想认识，并贯彻在日后的教育、教学中。

浙江化工专科学校短暂的2年，学校办学层次发生根本性变化，从中等技术教育进入高等工程教育，化工类各专业在自己的发展征程中更上了一个新的台阶。

三、浙江化工学院时期（1960年9月—1980年10月）

为了更好地实现"教学、生产、科研"三结合，浙江省委于1960年2月决定浙江化工专科学校与衢州化工专科学校合并，以浙江化工专科学校为办学基础，在浙江衢县成立浙江化工学院（曾一度称为乌溪江化工学院）。1960年9月13日举行首届开学典礼。

学院开办之初，设置无机物工学、化工机械、基本有机合成、电化学、氟化学、炼油炼焦、高分子工学、化学纤维共8个本科专业，其中7个为化工类专业。设3个系：无机系、有机系、化机系。

大专部迁到衢县后，中专部仍留在杭州，称乌溪江化工学院杭州分部。1962年7月恢复浙江化工学院，划归浙江省化工厅领导。

为适应本科教学对师资队伍的需要，学院开办初期成立师资培训班，副院长李寿恒担任培训班班委会主任，还担任"化工原理""普通化学及无机化学"等化工基础理论主讲，无机系、有机系老师，尤其是青年教师踊跃参加听课。此外，还比较系统地进修了数学、物理、化学等相关基础课程（后来也开设过计算机、外语等培训班）。同时充分发挥老教师的作用，以老带新，加速青年教师的培养，强调过好"教学关"。在 1960—1961 年间，给本专科一、二年级学生共开设了 20 余门基础课，均由老教师主讲，新教师辅导。尚未开课的专业课教师派到相关院校进修，在专家、教授的指导下，加深并拓宽理论知识。1961 年组织一批教师参加有机物工学、化工原理、物理化学、分析化学、无机化学等教材的编写工作。

由于浙江省教育经费紧缺，有意改变隶属关系。1963 年 7 月，同意将浙江化工学院和杭州化工学校同时上交给化工部。10 月 16 日，化工部发文宣布将院校同时收归化工部领导，学校领导体制和归属关系再次变动，同时学院从衢县迁回杭州。1964 年 7 月，李寿恒教授任浙江化工学院院长。1965 年 8 月，浙江化工学院划归地方管理，征得化工部同意后，于 1966 年迁回衢县原址办学。这就是校史中"五年三迁"的故事。此时，杭州化工学校随之下放给省，由浙江省化工厅领导，院校再次分开。直至 1970 年 7 月，浙江省革委会决定将杭州化工学校并入浙江化工学院，11 月 23 日举办并校大会，杭州化工学校建制结束。

浙江化工学院开办之初，正逢国家困难时期，办学条件十分艰苦，没有自来水时吃的是黄泥水。搭浮桥、修马路、拉电线、装水泵、铺轻轨、挖土方、运石子、搬砖头等建院劳动，都有师生参加。分析科 200 多名师生在运输砂石中创造了日运 411 车的纪录，长距离运砖，日运三次，超定额 78.4%。由于基建跟不上需要，曾搭草棚当教室。为解决蔬菜供应，1960 年 9 月开展自力更生、大种蔬菜的群众运动，组织干部建设校办农场，还自养猪、牛、鸡、鸭，有机系、无机系师生在校园空地种植蔬菜，参加劳动。

1961 年，贯彻中央"调整、巩固、充实、提高"八字方针，办学规模缩小，部分教职工和学生回乡参加农业生产。1961 年 9 月，院务会议决定将无机系、有机系合并为化工系，专业从 8 个调整至 3 个，其中电化学、氟化学专业并入无机物工艺；高分子、化学纤维、炼油炼焦专业并入基本有机合成，直至 1965 年化工系一直保持着无机物工艺和基本有机合成 2 个专业。在贯彻八字方针过程中，还调整了专业教学计划与教学大纲，学制由 4 年改为 5 年，1962 年起招收 5 年制本科生。

1966 年 5 月，学院教学秩序受到严重冲击，停课闹革命，连续 4 年没有招生。在这一时期，化工系师生对"四人帮"的倒行逆施进行了抵制。1967 年 5 月，组织了教育革命小分队赴杭州电化厂、巨化合成氨分厂、义乌化肥厂进行教改探索，与工人结合编写了单元讲义。在义乌化肥厂举办短训班、试点班，开展技术革新等活动。1970 年，无机化工招收工农兵学员 44 名，有机化工（农药）招收 41 名，以后又增办了分析专业。当时教学还是以教育革命小分队形式，以典型产品带教学的方式进行，如张成荫老师等带领农药学专业教育革命小分队到杭州农药厂结合典型产品开展教学，一个人要承担多门课程，对学习困难的同学加强个别辅导，当时还强调不让一个学员掉队。1971 年以后，教学活动从工厂回归到教室。

在教学工作中，强调"基础第一""质量第一"，强调大学生首先要学好基本知识、基本理论和基本技能。此外，教学还注重与生产劳动相结合，强调真刀真枪中培养真本事。1974年无机化工毕业生为温岭化肥厂完成施工设计任务，1975年完成舟山化肥厂扩建改造任务，使其合成氨年产量达到一万吨，完成衢州化工厂扩建任务，使其合成氨年产量达到30万吨，为德清化工厂设计涤纶生产，为嘉兴绢纺厂科研项目承担有机分析。

这几年还举办钢铁分析、小氮肥工艺、农药工艺、工业分析等短训班或培训班。如：1975年受化工部委托，开办农药厂技术干部培训班，学员来自江、浙、沪的农药企业共28人，为期2年。

1977年恢复高考，学校组织教师开展教育革命调查研究，历时26天，根据浙江特点和经济建设需要筹建新专业、新学科。化工系在无机物工艺、基本有机合成基础上，增设工业分析和农药化工两个新专业，其中农药化工专业还面向华东地区招生，在校学生数不断增加。1960年全校大学生807人，其中无机、有机（化工系）专业582人；1979年在校大学生1286人，其中化工系958人。

学校十分重视教学质量的提高。恢复高考以后，化工系恢复了三段式教学体系，按公共课、专业基础课、专业课三段组织教学，增加了基础课学时数，加强了"四大化学"基础课的教学，拓宽了知识面，增强了适应性。学校计划中还安排选修课，增强学生学习自觉性，如开设计算机原理和应用等选修课，按全国统一的教学大纲进行教学，恢复考试、考查，改开卷考试为闭卷考试，强调实践环节。教师能严格要求，在第一线授课或指导实践性环节。

1979年，化学工程专业开始招收研究生，物理化学教研室洪瑞槎老师招了1名研究生，研究方向是化工热力学；1980年，化工原理教研室徐崇嗣老师招收了2名研究生，研究方向是传质过程及设备。研究生培养实行导师制，指导方式主要采用导师与教研室集体培养相结合的方式，安排研究生参加导师所在教研室政治学习、教育管理和教学活动。由于没有硕士学位点，因此毕业时要到浙江大学去申请硕士学位。徐崇嗣教授在回忆这段历史时曾说过："我们的化学工程学科还是有些长处的：第一，有30年进行化工教学的历史和经验，全国各地有很多优秀的校友；第二，有资深的一级教授李寿恒先生，他是创办浙大化工系的元老；第三，我们在化学工程学科几个主要方向，有几位学术带头人。"

科技工作坚持与生产实际相结合，同时也注重成果的推广应用。院、系两级对科研工作十分重视，各教研室老师以满腔热情与兴趣参加科技活动，据统计约占教师总数的三分之一，专业课教师参与的人数更多。化工系还成立了催化研究室、三废治理研究室等专职科研机构。科研项目、科研经费、科研成果不断增加。至1980年，化工系已有7项科研成果获国家和省部科技成果奖。例如化工原理教研室于1972年开始多降液管筛板塔技术开发的研究，在实验室研究的基础上，先后在浙江、江苏、山东等地化工厂推广使用，1979年获浙江省科技成果二等奖。又如催化研究室的A110-2型氨合成催化剂，既具有低温、高活性、易还原的特点，又具有优良的耐热性和抗毒性，其耐热性达到并超过国内同类产品的先进水平，其性能已达到国际先进水平，获省 1979 年度优秀科技成果一等奖，刘化章同志还出席了 1978 年 4 月召开的全国科技大会。此外，黄磷炉尾气中氢爆炸范围的研究，φ500 单管单环折流式氨合成塔内件、马拉硫磷废水处理等均获省科技成果奖。化工系的科技工作也促进了实验室建设和教师水平的提高。有些科研成果在校办工厂中开展新产品研发，氨合成塔内件的设计为校办机械厂的发展提供了支撑。

浙江化工学院是令人难以忘怀的。学院的诞生标志着学校进入本科教学阶段，毕业生普遍受到社会的欢迎。在 1970 年的全省高校调整中，原浙江省 13 所高校保留 6 所，浙江化工学院得以幸存。学院以艰苦奋斗、自强不息的精神滋养着精神家园，努力探索"教学、生产、科研"三结合的办学路子。这是不平凡的 20 年，这是艰苦奋斗的 20 年，有理想才有目标，强烈的责任感要求跨出新的步伐，改变当时的办学环境，多培养人才，培养高质量的人才，开展更多的科学研究，出更多的科研成果，更好地为经济建设服务。

四、浙江工学院时期（1980 年 9 月—1993 年 12 月）

为适应浙江经济发展需要，1978 年 2 月，浙江省委决定筹建浙江工学院。是年 12 月，经国务院批准，教育部同意设立浙江工学院，1979 年 4 月在杭州破土动工。筹建时原拟以浙江农业大学农机系和浙江大学面向浙江的本科专业作为办学的基础，但因这两所大学本身系科配套的需要，原计划调出的一些教学力量未能落实。

1980 年 9 月，经国务院批准，教育部同意，将浙江化工学院与浙江工学院合并，以浙江化工学院作为建校的基础。这一正确的决策既可加快工学院的建设，又能解决浙江化工学院长期在衢州农村办学给教学、科研工作带来的困难和师生员工生活上的不便。浙江工学院规划第一期至 1985 年达 3000 人，第二期 5000 人，边建校、边办学、边迁校，迎接改革开放的时代浪潮。

1980 年，以浙江工学院名义招收 11 个专业 610 名本科生，其中 5 个班级在杭州上课，15 个班级在衢县上课。9 月 14 日，浙江省委副书记薛驹在开学典礼上说："浙江工学院是为了适应浙江省四化建设需要而创建的，主要任务为本省培养又红又专的工程技术人才。"他希望同学们艰苦奋斗，勤奋学习。1984 年，原浙江化工学院迁校结束。

1981 年 1 月，浙江省人民政府批复，同意浙江工学院设电子工程、机械工程、化学工程、土木工程、轻工业工程、管理工程 6 个系，下设 14 个专业。化学工程系下设无机化工、有机化工、分析化学、农药化工等专业。1980 年 9 月，化工系曾一度改称化工轻工系，1981 年依托化工增设微生物专业，1982 年 12 月恢复化工系。1984 年，无机化工专业改为化学工程专业，农药化工专业改为精细化工专业。1988 年，增设电化学生产与工艺专业。至 1992 年，化学工程系设有有机化学、物理化学、化工原理、化工热力学、化工仪表、电化学生产工艺、腐蚀与防腐、精细化工、反应工程与工艺、有机化工等 11 个教研室及相应的实验室，2 个研究所（中心），以及系计算机房、系资料室、玻璃工厂等。

1985—1989 年，院系连续 5 年对浙江的工业结构、人才需求以及毕业生在社会适应性等进行跟踪调查、总结讨论，在 1990 年在校教学工作会议上通过了本科、专科的培养方案等一系列教学规章制度。强调培育创新精神和工程实践能力等要求。

在教学方面，牢固树立以本科教学为中心的思想。重视本科教学质量，开展了许多教学改革和创新，如学分制、学年学分制，对总课时、选修课、学分、各类选修课比例、选修课程学时等进行了具体的规定。

1987 年 5 月，省教委本科教学质量检查组来校检查近 5 年的本科教学，共抽查了 2 个系，化工系幸运抽到，检查组经过 3 天的检查（听课、召开各类座谈会、查看教学文件、察看实验室等），认为：办学方向、培养目标比较明确，以教学为中心的指导思想比较突出，本科教学质量较高，教学管理科学严谨，保持了优良传统，校风学风较好。检查组的肯定给予化工系师生莫大的鼓舞。

组织学生参加社会实践活动。1983—1987 年期间，学生社会实践活动由各系和团委组织。1988 年以后，学生的社会实践列入教学计划中，本科生为 5 周，成为必选课。社会实践以参加专业劳动和社会调查为主，如：专业考察、专业劳动、咨询服务，以及培训、设计、化验、勤工助学等有偿服务。1990 年，制定了《社会实践的规范》，提出学生社会实践活动需派经验丰富的指导教师下厂指导或设点指导。1991 年，提出学生社会实践增加科研体验。1992 年，开展以"我们在坚实的土地上成长"为主题的活动，内容有到革命老区、经济开发区考察访问，参加希望工程，建立稳定的大学生社会实践基地等。自1987 年以来，全校有 14 支小分队、17 名学生和教师被中共浙江省委宣传部、省委高校工委、浙江省教委和共青团浙江省委授予社会实践活动先进集体和先进个人。1987 年、1990 年、1991 年、1992 年校团委数次被中宣部、国家教育委员会、团中央和全国学联授予社会实践活动先进集体称号。

课程建设积极开展。1987 年 9 月起，化工原理课程列为首批重点建设课程，1992 年经评估检查确认建成一类课程。1993 年 9 月 25 日，化工原理课程建设通过国家教育委员会评估，取得优秀成绩。此外，教材建设也有效推进。

学位及研究生工作也取得较大成绩。1983 年 11 月，国务院学位委员会批准浙江工学院为硕士学位授予单位，有权授予硕士学位点的学科专业是化学工程。1985 年 7 月国务院学位委员会质量检查组来院对化学工程专业培养的硕士研究生的质量进行全面检查，并表示满意。1979—1992 年，化工系共招收硕士研究生 32 名，毕业 28 名，研究生导师 9 人。

1992 年，化工系共有在职教职工 161 名，教师中具有正、副教授等高级职称 49 名，在校学生 846 人，1953—1992 年累计培养中专生、大专生、本科生、研究生 8000 余名，毕业生普遍受到社会青睐，"用得上、干得好、下得去、上得来"是社会对化工系人才培养的肯定。

学科建设是全系的重点工作，贯彻"以学科建设为龙头，以科研工作为突破口"的办学思想。1989 年，精细化工学科列入浙江省属高校重点扶植学科，1990 年省教委又批准工业催化学科列入浙江省高校重点扶植学科。此外，化学工程是校级重点扶持学科。如：工业催化学科已获得重大科技成果 15 项，其中 10 项已获国家、省部科技成果奖，2 项获国家发明专利奖。精细化工学科自 1979 年以来，承担国家计划科研项目 19 项（其中国家"七五"科研攻关项目 7 项），横向合同 32 项，科研经费达 150 万元。

化工系的科研工作有声有色。其重点研究方向是：①多相催化及催化理论研究；②化学工程研究；③精细化工产品研究；④腐蚀与防腐研究；⑤工业分析研究（主要涉及色谱、电化学光谱分析等）。

化工系设 2 个研究所（中心）和 2 个研究室：

（1）工业化学研究所。成立于 1985 年，1992 年获浙江省教委批准。下设：①催化研究室，成立于 1970 年，其研究方向是合成氨、石油化工、煤化工催化剂及其工艺的研究与开发；②农药化工研究室，建立于 1985 年，研究方向是新农药、农药加工新制剂，以及农药中间体开发研究；③腐蚀与防腐研究室，建立于 1977 年 9 月。

（2）催化加氢研究中心。于 1992 年 5 月获浙江省教委批准，重点研究低压催化加氢还原技术，开发农药、医药、染料的中间体与新农药。

（3）2 个学科研究室是化学工程研究室、精细化工研究室。

1991 年 10 月，浙江省科委批准工业催化实验室为首批浙江省重点扶植实验室。1991 年，国家教育委员会授予我校化工原理实验室"全国高校实验室系统先进集体"称号。

化工系的科技工作面向经济建设主战场，累计科研成果 91 项，其中 36 项获部、省二等以上的奖励，正式发表论文 497 篇（其中发表于国外期刊、国际会议文集 80 篇），被国外期刊摘录或引用的超过 180 篇。例如，A110-2 型氨合成催化剂，继 1979 年获浙江省优秀科技成果一等奖后，1983 年获国家技术发明三等奖。1985 年 A110-2 型氨合成催化剂及氨合成塔内件的推广获省优秀科技成果推广一等奖。1987 年氨合成节能技术的综合开发获国家科技进步二等奖。1989 年 ZA-3 型氨合成催化剂的研制报告，获中国保密发明专利权，并获浙江省发明专利金奖。刘化章同志先后评为省、国家有突出贡献的中青年科技专家，1988 年被化工部授予为"我国小氮肥工业发展作出突出贡献先进个人"。1993 年 12 月 3 日，A301 型氨合成催化剂获化工部科技进步一等奖。1994 年 6 月 20 日，《人民日报》（海外版）刊登了题为《尊重知识、尊重人才，浙工大科技成果转化成效显著》的文章，介绍了 A301 型氨合成催化剂转化为生产力，成效显著的情况。又如在农药方面的相关研究也硕果累累。单甲脒水剂是一种高效低毒的杀螨杀虫剂，主要用于防治柑橘、茶叶、苹果、棉花，食用菌、中草药等多种害螨，该项研究成果获得国家技术发明三等奖，1988 年获浙江省科技成果一等奖，此外，双甲脒、杀螨脒及中间体的研制及应用获 1991 年国家科技进步二等奖；甲基托布津异臭味的脱除技术获 1986 年浙江省科技进步二等奖、1989 年获国家技术发明四等奖；氧化乐果生产工艺的改进获 1981 年浙江省科技成果二等奖；许多农药新剂型的诞生，多次获浙江省科技成果奖。1982 年，农药化工教研室获"浙江省劳动模范集体"称号。

1991 年 4 月，李寿恒、李恩良、邓汉馨、徐崇嗣、阮大文等获国家教育委员会颁发的"从事高校科技工作 40 年成绩显著"的"荣誉证书"，徐如玉被国家教育委员会授予"全国高校先进科技工作者"称号。

这是改革的年代，以改革促进发展是时代的主旋律。改革是全方位的，不仅体现在教学科研和学科建设，而且还体现在管理工作。1984 年开展了管理体制改革，改变了教师工作量制度，在此基础上进行定编，并与经济挂钩，还制定了定性与定量相结合的考核办法。1985 年，对教师职务评定进行改革，改双轨制为单轨制，提高了教师工作积极性，改善了教师队伍的结构。1986 年，实行系主任负责制，扩大了基层的职权。1985 年毕业分配改为自主择业。1986 年，实行教师职务聘任制、教师职务工资制。1992 年进行新一轮人事分配制度改革。

浙江工学院是一所省属多科性工科院校，工科专业相对齐全，肩负着为地方经济建设与社会发展服务的使命。这是改革开放充满机遇的年代，学院艰苦创业、改革创新、抓住机遇、开拓奋进，各方面工作都有新的起色，走在省属高校的前列，在社会上有良好的口碑，得到省委、省政府的高度重视。

化工系在浙江工学院这 13 年间取得了快速发展，许多是突破性的发展，在本科教学、学位点建设及研究生教育、科学研究、地方合作、社会服务、学科及带头人、重点实验室等方面都走在全院的前列，在国内化工系科中都有较大的影响。

五、浙江工业大学时期（1993 年 12 月—　　）

1993 年 11 月 26 日，国家教育委员会批复同意浙江工学院更名为浙江工业大学，12 月 3 日举行学院更名暨建校 40 周年庆典。

从此，学校的发展目标和定位出现了明显的变化：一是从以工为主的多科性大学向综合性大学转变，为学校进一步发展拓展了新的空间，在学科和事业的布局上注入了新的内容；二是从本科教学为主的教学型大学向教学研究型、研究型大学转变，在重视本科教学的基础上，更好地重视科研工作、学科建设、学位点建设和研究生培养，从而推进学校各项工作上层次、上水平；三是以地方工科院校作为学校发展的参照系转变为以全国高等学校整体水平作为参照系，对未来提出更新、更高的要求；四是学校综合实力从全国地方工科院校先进水平，向跻身全国高校 50 强转变。曾记否，"争创一流""上层次、上水平""进入全国百强""跻身全国 50 强""内涵发展、创新发展""建设国内高水平大学"等成为学校在不同时期发出的强音。

1995 年 4 月，学校批准化学工程系更名为化学工程学院。5 月 28 日，浙江工业大学化学工程学院揭牌成立。学院下设化学工程、精细化工、有机化工、工业催化、应用化学等5个系。

学院成立前（1994年），全系有教职工163人，其中专任教师130人，教师中具有正、副教授等高级职务48人，中级职务80人。科研实验用房7000平方米，已建成精细化工、工业催化、化学工程、应用化学4个学科，2个硕士点。学院在校生1107人，其中研究生7人。设有化学工程、有机化工、精细化工、工业分析、腐蚀与防腐、电化学工程、环境工程等7个本科专业，以及工业催化专业方向和精细化工专科专业。设有11个教学研究室和相应实验室以及9个研究所（室、中心）。

学院的成立为其改革与发展按下了快进键，教育科研、学科建设、内部管理、党的建设等各项工作都取得了令人瞩目的成绩。不仅化工学科得到快速发展，而且还孵化了生物化工、制药工程、材料科学、海洋技术、环境工程等相关学科，使它们发展成为浙江工业大学的一个个新学院。学院成立至今已有27年，这是一段不平凡的发展时期，值得回顾品味。这一段院史在化工学院的官方网站上有比较翔实的介绍，由于本文主要记述学院沿革的前期，这27年的许许多多故事理应由近些年更了解学院发展的同志来书写。

截至2022年底，化学工程学院在校生3000余人，其中本科生1400人，硕士研究生1700人，博士研究生200人。学院现有教职工300余人，其中专任教师227人，专职科研人员50人，有正高职教师64人，副高职101人，具有博士学位的教师210人，博士生导师69人，硕士生导师155人，拥有两院院士4人（含双聘），国家级人才20余人，省部级人才60余人。学院设有化学工程与工艺、应用化学、能源化学工程、安全工程4个本科专业，均入选国家一流专业。设有化学工程与技术、化学一级学科硕士点各1个，材料与化工专业学位硕士点1个，化学工程与技术一级学科博士点1个和博士后流动站1个。学院设有工业催化、化学工程与技术、化学等学科，其中工业催化学科是国家重点培育学科，化学工程与技术是浙江省重中之重学科，列全国第8位（5.56%），化学学科进入全球ESI排名前1.18%。化学工程与工艺专业进入教育部首批"卓越工程师培训计划"。学院建有国家重点实验室（筹）、国家化学化工实验教学示范中心以及省部重点实验室、科技创新服务等科技平台9个，拥有各类仪器设备价值近5亿元，科研、教学用房5万平方米。近年来，承担国家重点研发项目30余项，年到款科研经费近亿元，年发表SCI、EI论文350余篇，年授权发明专利300余件。

浙江工业大学化工学院秉承"团结、勤奋、钻研、贡献"的院训，坚持立德树人，改革创新，如一只展翅的大鹏，向着更高、更远的目标，谱写新的华章！

化工学院"五迁"院址的故事

——一位第一届本科生随化工学院走过六十五年的经历

刘化章

今年是浙江工业大学建校 70 周年，也是化学工程学院建院 70 周年。我是浙江工业大学第一届本科毕业生，是学校自己培养的土生土长的一位教师，在浙江工业大学学习、生活、工作、奋斗已整整 65 年，可以说见证了学校 70 年来发生的翻天覆地的变化，亲身经历了我院历史上难忘的"五易"校名、"五迁"院址、"四建"校园（554）的曲折、动荡的过程。本文中我只是从一名学生和普通教师的角度，回顾 1958—2023 年我院这段"554"的经历和学校发展的一个侧面。

1958 年 7 月，我初中毕业，被保送到浙江化工专科学校。9 月 7 日凌晨，我在父亲陪同下，肩挑铺盖和父亲为我特制的小书箱，历经三天三夜，于 9 月 9 日晚 11 点到达杭州文一路学校门口。传达室柴大爷不让我进去，说新生报到早已结束了，找不到人的。好说歹说，最后让我在学校门口右侧 14 号楼 4 楼教室里度过了在校的第一个夜晚。文一路校园是我校第一个校园，几经变迁，已经几乎荡然无存，唯有这座 14 号楼作为杭州市历史建筑，现在依然耸立在文一路旁。从这一天起，我就再也没有离开过工大，在这里学习、生活、工作、奋斗，已整整 65 年。

原杭州化工学校校门，右侧 14 号楼依然耸立在文一路 118 号

我院（校）前身为杭州化工学校，全称"中央人民政府重工业部杭州化学工业学校"，由温州工业学校、杭州工业学校化工科、苏州高级工业技术学校化工科合并组建而成，校址在杭州市文一路 118 号，副校长刘亚东。建校一年后，就接受重工业部的委托培养越南留学生。1956 年又为部属中等专业学校开办 5 个专业的师资班（3 年制大专班）。1958 年承担了化工部下达的支援华东、华中、华南地区建设新校的任务，成为部属中等专业学校中具有较大影响的学校。例如，这期间毕业的学生中，有 3 人后来成为院士：

徐光宪院士，著名物理化学家、无机化学家、教育家，1980 年当选为中国科学院学部委员（院士），2008 年，荣获国家最高科学技术奖。浙江上虞人，1936 年考入省立杭州高级工业职业学校就读，由于抗日战争，杭州高工停办，随后转学到宁波高级工业职业学校（浙江工业大学前身）完成学业。

干福熹院士，1980 年当选为中国科学院院士（学部委员）。曾就读于浙江省杭州高级工业职业学校（浙江工业大学前身）。

周光耀院士，1995 年 5 月当选为中国工程院院士。1954 年毕业于我校（院）无机物工艺专业。

1958 年，在"大跃进"背景下，高等教育事业大发展，一批基础较好的中等专业学校升格为高等专科学校，我院（校）也升格为浙江化工专科学校，划归浙江省人民委员会领导。学校设 2 年制专科和 5 年制专科，招收初中毕业生。其中，5 年制专科设化学工程、化工机械 2 个专业，共 8 个班。我在化工 1 班。

在那激情燃烧的岁月，我们进校后，并没有开始上课，而是到工厂参加 6 个月的劳动。当时学校办有化学试剂厂和机械厂，我被分配在化学试剂厂，在老师指导下，参与新型农药 2-4-D 的试验。

不久，5 年制专科改为 2 年制预科班。我们补习了语、数、理、化等高中主要课程一年半后，就集体升为本科。

一、第一次迁院（校）

1960 年 2 月，浙江省决定要在衢县城郊，与 1958 年开始建设的大型化工联合企业衢州化工厂，以及同时从杭州迁去的省化工研究所一起，共同组建"教学、生产、科研"三结合基地，并设想会同衢县当地政府在沿乌溪江两岸建设"共产主义试验区"，提出了一个充满美好理想的建设蓝图。这是一个十分具有想象力和诱惑力的构想。

校址选在衢县城南 12 千米的乌溪江畔、烂柯山下，1960 年校名为乌溪江化工学院，衢州化工厂厂长刘德甫兼任院长，厂党委副书记张庆三兼任院党委书记。1962 年 8 月更名改为浙江化工学院，张庆三任党委书记、浙江大学原副校长李寿恒任副院长。

1960 年 2 月 22 日，乌溪江化工学院校园建设破土动工。当年 4 月，我们预科班的同学，

我们添砖加瓦建成的机械大楼，依然耸立在烂柯山下

作为第一批建院劳动大军，开赴烂柯山下石室村，在那偏僻的山村，着手建造乌溪江化工学院校园，洒下了我们辛勤的汗水。我们的任务是，从乌溪江边通过翻斗车沿临时铺设的小铁轨运输砂石到建筑工地。我们添砖加瓦建成的机械大楼，现在依然耸立在烂柯山下、乌溪江化工学院校园内。

1960年9月13日，在衢县新校址举行乌溪江化工学院首届本科学生开学典礼。在那毛竹搭建的灯光昏暗的临时竹棚教室里，开始了我校第一届本科生的学习生活。

当时正值我国三年困难时期，粮食供应十分紧张，但国家依然保证大学生每月32斤粮食的供应。由于缺少副食品，特别是肉食的供应，32斤粮食依然不够，生活十分困难。我们常到烂柯山上采摘野菜，放在热水瓶里，插一支电炉丝煮熟，加点盐，分着吃。全院师生在党委领导下，自己动手，种菜养猪，摘野菜充饥，渡过难关，经受了艰苦的考验。由于缺乏营养，我得了浮肿病。

1958年离家时，母亲送我到村口，一直站在那里注视着我远去。当我即将翻过山顶见不着时，妈妈高声嘱咐我："章啊，一个人在外自己注意啊，6月天要盖好肚子！"我万万没有想到，这竟然是母亲留给我的遗言！这一别竟成永别！从1958年离开母亲到1962年的4年间，我因无钱没有回过一次家，直到1962年正月母亲去世也未能见上最后一面。

当年暑假，我决心回家给母亲烧炷香和纸钱，跪拜母亲并告诉她，不孝儿子回来看您了！我向化工系徐瑾主任借了5元钱回到家乡，见到我可怜的父亲吃的是番薯藤，睡的是稻草窝，比我童年生活更苦，不禁潸然泪下！我父亲更不可能有钱让我返回学校。我回不了学校了！我想回校，想继续读书，想念老师和同学们。无奈之下，我给同寝室的黄水根同学写了一封信，他把我的信转给了同寝室的另外4位同学，他们每个人都给我寄了5元钱（路费只要5元钱就够了），使我返回了学校。同学情谊无价，永远铭刻在我心中！我也是最早的"希望工程"救助的一名贫困学生！

根据我保存的"浙江化工学院学生成绩册"中记载的课程表，本科4年中共开设哲学、

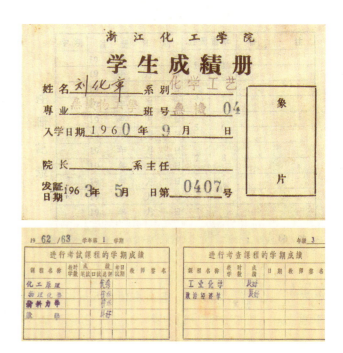

浙江化工学院学生成绩册

政治经济学、中共党史、体育、俄语（思政社科类），高等数学、物理、四大化学、理论力学、材料力学、机械原理及零件、制图、电工学（基础类），工业化学、化工原理、无机物工艺过程原理（专业基础类），无机物工学（专业类）等20门课程和4次生产劳动实习（实践类）等五大类课程。课堂教学中，强调掌握基本理论、基本知识、基本技能即"三基"。时任院长李寿恒先生倡导"三志""三基""教学与科研相结合"等一系列教育思想，制订并推行了一整套教学与行政管理规章制度，并亲自给我们上课。当时给我们讲授的化工科学刚刚形成的"三传一反"基本理论，至今铭刻在心，终身受用。李寿恒先生创办了我国第一个化工系，是我国著名化学工程学家、教育家，桃李满天下，而我们是李寿恒教授的关门弟子。

课程设计中每年都有一次生产劳动实习，分别是一年级的劳动实习、二年级的认识实习、三年级的生产实习和四年级的毕业实习。由指导教师带队，住在工厂，和工人同吃、同劳动，同"三班倒"。同时，每年夏天还要参加农村夏粮"双抢"（抢收、抢种）劳动。

当时的教学大纲课程设计中，思政社科类、基础理论类、专业基础类、专业类和实践环节类，层次分明，设计合理。虽然我们在本科所学的知识，可能只有现在高中生的水平，但"三基"教育为我们打下了坚实的基础，而货真价实的4次生产劳动实习，为我们培养了运用所学知识分析和解决实际工程技术问题的能力。在随后几十年的教学科研工作中，我和我们团队，一批那时培养的教师，在我们的非本科专业的催化研究领域，充分利用了扎实的化工工艺和工程技术知识，广泛开展了催化反应工程研究，创造性地解决了高效催化剂在原有工艺装置的使用技术。在实验技术、催化剂制造技术、新型反应器、应用技术、催化反应工程以及计算机模拟与优化计算等各个方面做出系统的创新。我们的成长足以证明，强调"三基"的教育是成功的。我认为，只要掌握了"三基"，虽然我们在本科所学的知识可能一时不够用，但我们一辈子也享用不尽。因为知识在膨胀，而"三基"是不变的。如热力学三大定律是宇宙的基本规律。因此，我认为，当年"三基"教育和工程实践知识教育方面的理念和成功经验，是值得工科高等教育，尤其是目前卓越工程师教育借鉴的。

在大学学习中，每年寒暑假，学校都给我提供了勤工俭学机会。记忆犹新的是为学校建在校门外田野中乌溪江边的学校供水泵房值夜班。深夜的田野四周无人，平静得令人害怕，好在有节奏的马达隆隆声犹如安眠曲伴我入睡。但赚的几毛钱依然常常买不起教科书，大多靠记笔记。我身上盖的被子、穿的衣服，里里外外都是学校给的，我用的脸盆是向同学借的，一条毛巾我要当作三条用（用破了剪开，再缝成两条），大三穿的第一双解放鞋是同学送的，我拍大学毕业照时穿的衬衫也是向同学借的。

为了我一个人读书，我妈妈贫病交加英年早逝，小妹妹夭折，5 个兄弟姊妹都成了文盲！现在我老了，经常怀念我苦难的母亲，可是母亲终生没有拍过一张照片，她那善良而可怜的容貌模糊了。然而，我却清楚地记得，在那饥饿的年代，有一次母亲偷偷地煨一碗大米饭放在衣柜里保温，等我回家看着我狼吞虎咽且含泪吃下去！可是她自己一生也没有吃过几斤米、几两肉，没有走出方圆十里……饥贫交加，仅仅一场感冒就夺去了她年轻的生命！只要有几分钱的抗生素就可以救她一命呀！

1976 年父亲唯一一次随我到杭州，我连一支雪糕也不舍得买给他吃，至今后悔莫及！1982 年 3 月，我接到出国留学的通知，我立即写信把这个喜讯告诉父亲。但还没有看到我的信，父亲因病不幸去世了！世上最大的悲哀莫过于"子欲养而亲不待"，养育之恩，无以回报，终生遗憾！这是我永远的痛！

二、第二次迁院（校）

20 世纪 60 年代初，为了克服经济困难局面，国家实施"调整、巩固、充实、提高"的八字方针，教育系统也不例外。1963 年 7 月，浙江化工学院又划归化工部领导。由于衢州校址外部条件差，投资大、见效慢，为改善办学条件，化工部决定将学校迁回杭州文一路校舍。当时，全校师生那种为摆脱办学困境，争得一个新的发展机遇而庆幸兴奋的心情，兴高采烈告别乌溪江的情景，至今仍然历历在目。

我们回到杭州后，在我校隔壁的杭州师范学院（现杭州师范大学）新建教学楼完成了全部学业。1964 年 7 月，我以全优的成绩毕业，成为我校第一届本科毕业生，并作为毕业生代表在毕业典礼上发言（小插曲：即将轮到我发言时，发言稿找不到了，把主持典礼的似承家副书记急得团团转）。荣幸的是，2003 年，学校 50 周年校庆时，我又作为全校教师代表在庆祝典礼上发言，只是从学生代表变成了教师代表。

在"到祖国最需要的地方去"的口号声中，奔赴祖国各地。我们 17 位同学留校任教，成为教师队伍的一员。

1964年初，全国掀起了"社会主义教育运动"（即"四清运动"）。当年10月我们参加了校党委书记张庆三为队长的萧山闻堰公社社教工作队工作，和农民同吃、同住、同劳动，开展"四清"工作。当时规定，不准带任何业务书和资料下乡。我的房东屋旁是一条小河，我们的饮用水就是这河水。每天早上就用河水刷牙洗脸，而在上游不远处，可能有人正在洗衣服、冲马桶。同行的一位青年女教师形象地说，当她拿起盛满河水的杯子时，看到杯子里都是虫子在翻腾，整个人都呆住了，怎么都不敢喝到嘴里，最后只好闭上眼睛，喝了进去。然而，这河水虽然确实不干净，但却是无"毒"的。我睡在草屋中间临时搭的床，房东养鸡的鸡笼就放在我床下。一天深夜，黄鼠狼来偷鸡，咬住鸡脚拖不出来，我被突然的鸡叫声惊吓，引起心跳过速，渴不可耐，房东大娘起来给我烧开水也来不及了，连喝三大碗冷水也止不住，从而落下了早搏之患。次日，工作队队长张庆三书记闻讯前来看望。早搏之患伴随我几十年，直至2008年，每日早搏高达2万次，被迫住院治疗，目前依然时有发作。

1965年4月，第一期"四清"工作结束后，学校为了培养青年教师，将我与王国榜、葛忠华、常家强、董谊仁、蒋祖荣等7位教师一起派往上海化工研究院，参加化工部组织的全国化肥"大会战"。我先后参加了云南磷肥厂的设计和上海化工研究院半循环法尿素生产工艺的工业化试验。

1965年10月，作为课题组长，与10多位教师一起被学校派往南通磷肥厂，承担了化工部副部长、世界著名的化工专家侯德榜先生提出的"三高一稀法"普通过磷酸钙的研究项目，从而开启了我校科研项目开发的先河。

三、第三次迁院（校）

为了贯彻中央的"八字方针"和《中华人民共和国教育部直属高等学校暂行工作条例（草案）》，谋求高等教育的新发展，1965年化工部决定将我校迁往西安临潼，以我校为主体，和北京化工学院（北京化工大学前身）一部分保密专业组建一所我国西部的重点化工大学"西北化工大学"。

1965年3月着手西迁的准备工作，党委副书记周学山、副院长刘亚东等人跟随化工部有关人员赴西安临潼考察选择校址。由于当时西北地区比较落后，看到一望无际的大片荒凉空地，参加考察人员认为那里还不如烂柯山下，都不愿去。正在此时，浙江省委领导对我校西迁持不同意见，认为浙江化工学院姓"浙"，不同意外迁，化工部只得把我校归还给浙江省。于是在1965年8月，省委当即以"备战需要"为由，责令我校在1966年1月前迁回衢州原址办学。至此，在1960—1965这5年中，学校经历了3次搬迁，这就是我校历史上著名的"五年三迁"。

1964 年我国与法国建立外交关系。国家决定向西方国家派遣第一批留学生。1966 年3 月，领导决定派我去法国留学（保密），把我从南通秘密召回，完成了出国考试，到杭州第一医院进行体检等手续，等待 10 月出国。1966 年"文化大革命"爆发，留学生在驻苏联等国大使馆闹事，派遣留学生工作被迫停止。"造反派"从强占的学校机要档案中发现了学校派我去法国留学的文件，这便成了我的一大罪名——"修正主义苗子"。改革开放后，1982 年我成为我校第一批教育部公派出国留学的 3 位教师之一（横滨国立大学）；1996 年，我 56 岁了，学校再次以高级访问学者身份派我出国（北海道大学）进修。学校对我的培养，我铭记在心！

1966 年 6 月，我们奉召从南通磷肥厂回校参加"文化大革命"。学校管理机构瘫痪，连续 4 年停止招生，我们的科研工作也由此中断 4 年。1969 年 6 月—1969 年 11 月期间，为接受工人阶级再教育，我被派往义乌化肥厂锻炼，1969 年 12 月接受了衢县化肥厂的设计。为了选择厂址，我跑遍了衢县的山山水水。该厂最终建在衢州市城北衢江北岸（现已撤销）。

1970 年 10 月衢县化肥厂的设计结束，回到学校，任氨合成催化剂课题组"触媒组"组长，开始了 50 多年的氨合成催化剂的研究。

四、第四次迁院（校）

对衢县这段历史，校党委老书记周学山曾有一段深沉而形象的回忆：浙西有一个地方叫衢县，衢县郊外有一座山叫烂柯山，有一条江叫乌溪江，山下江边有一个小村叫石室村，石室村有 3 个生产队叫第一、第二、第三生产队。1960 年，浙江化工学院来到石室村旁，于是石室村有了第四生产队！在生产队旁办大学，远离政治、经济、科技和文化中心，是不可能办好大学的。

1972 年，我参加在厦门召开的全国生物固氮学术会议期间，曾邀请南京大学著名化学家戴安邦、吉林大学著名理论化学家唐敖庆教授等路过衢州时，顺路到我校来参观、指导，都因"不方便"而不愿意中途过来。

我院（校）在烂柯山下乌溪江畔经过 17 个春秋的韬光养晦，又一次引起中央部委和浙江省委对我校命运的关切。粉碎"四人帮"以后，学校决心改变面貌，加快发展，并希望学校迁回杭州。1977 年 9 月 10 日，周小庭、林宝琨、刘化章、顾立晟、杨祖望、张新庆、马福廉和严德富等 8 人给省委书记铁瑛、陈伟达写信，提出 3 条建议：

（1）浙江省需要一所工学院。

（2）工学院应该以浙江化工学院为基础。

（3）工学院院址应该设在杭州。

省委于 1978 年 2 月在杭州已经开始筹建浙江工学院，但第二条建议还未被采纳。

1978 年 3 月，我去北京出席第一次全国科学大会，学校党委让我带去 3 封信：

（1）给邓小平副主席。我通过大会秘书处把党委的信转呈给邓小平同志。

（2）给化工部部长。大会期间，化工部邀请化工系统的全体代表到化工部参加座谈会，我把党委的信当面呈给张珍部长，并汇报了我们教师的愿望。

（3）给浙江省委书记陈伟达。陈书记是浙江代表团团长，和我们同坐据说是许世友司令员的专机回杭。在南苑机场贵宾候机厅，我把党委的信当面呈给陈伟达书记，并反映了教师的要求。

在化工部和浙江省尚未决定将我校迁回杭州期间，1978 年底，二机部表示愿意接收我校，并承诺校址从衢县搬到杭州留下。

在这样的背景下，1979 年 1 月 13 日，我们以浙江化工学院教职员工的名义，给省委书记铁瑛、李丰平写了公开信，强烈要求将浙江化工学院迅速迁回杭州。在学校党委的运筹引导下，由校党委书记周学山带领的有组织、讲谋略、充分反映群众心声与智慧的重大兴校举措，在全校干部群众的努力下，终于取得满意结果。1979 年 8 月，浙江省委决定浙江化工学院迁回杭州，作为浙江工学院建校基础。我们的第二条建议被采纳、实施。

1980 年 8 月 4 日，以浙江化工学院为基础的浙江工学院临时党委成立，学校开始了第三个校园的建设。在衢州原址设浙江工学院分部，564 名新生和 1276 名老生在分部入学。自 1981 年起，每年新生都在杭州入学，在衢州的教职工和图书、仪器、设备则分期分批迁来杭州。1980 级以前的在校生在分部培养，直至毕业。1984 年，1980 级学生毕业，学校搬迁完毕，衢州分部随之撤销。学校终于结束了 24 年"五易"校名、"四迁"校址、"三建"校园（543）的动荡的历史，迈入快速发展的道路。

学校整体搬迁回杭后，我们实验室的催化剂高温制备实验装置因杭州没有房子而仍然留在衢州。我们在杭州搞研究，然后带着配方到衢州去制备催化剂样品，再拿到杭州做催化剂性能评价，奔跑于两地之间，其困难是可想而知的。正是在这样的条件下，我们做出了世界一流的创新成果，而且我们几乎所有的创新成果都是在烂柯山下完成的。特别是 1985 年 12 月 3 日，我们在衢州的实验室发明了世界上第一个 $Fe_{1-x}O$ 基氨合成催化剂，山沟沟里飞出了"金凤凰"！

五、学校迎来 4 次发展机遇

在我校发展历程中，曾有过两次重大发展机会：1965 年化工部欲迁西安组建我国西部重点化工大学；1978 年，二机部同意接收。正如当时化工部部长感慨"强龙不压地头蛇"，只得把我校归还给浙江省。1984 年迁回杭州后，学校抓住了机遇，迎来了 4 次重大发展机遇。

（一）第1次机遇：迁回杭州（1984年7月）

1984年学校完成搬迁回杭州，终于结束了24年四迁校址的动荡的历史，回到了我省政治、经济、科技和文化中心，办学的外部环境得到了根本性的改善，从此迈入快速发展道路。

学校抓住了这一机遇，在朝晖建设了第三个校园（浙工大朝晖校区），学校得到了迅速发展：省计划与经济委员会所属浙江省经济管理干部学院、中国船舶工业总公司所属杭州船舶工业学校（之江学院）、省建材工业总公司所属浙江建材工业学校（假山）等3所学校先后并入我校。

（二）第2次机遇：台商捐资共建（1991年10月）

1991年10月，省政府开始和祖籍浙江嘉兴的台湾实业家张子良洽谈捐资共建浙江工业大学，要点是：

（1）张子良为在浙江工学院基础上兴建浙江工业大学捐资1000万美元，省政府配套经费6000万元人民币；

（2）浙江工学院将更名为浙江工业大学，下设工商管理、职业技术教育和工程技术3个学院。

1992年4月21日，子良教科大楼奠基，文化体育活动中心开工，开始打下浙江工业大学建设的第一桩。

1993年12月，国家教育委员会以教计〔1993〕182号文正式批准我院更名为"浙江工业大学"。

（三）第3次机遇：高等教育大发展（1998年— ）

乘高等教育大发展这股"风"，学校办学规模和空间得到了空前的、迅速的膨胀。2002年，开始屏峰校区建设。这是我校第三个校区。学校现有朝晖、屏峰、莫干山3个校区，占地面积3200余亩，61个本科专业，21个学院2个部。全日制学生3万余人，研究生5000余人，成人教育学生2万余人，留学生400余人。

（四）第4次机遇：省部共建（2009年7月— ）

我国高等教育先后提出三大计划：

（1）"211工程"：到2000年，建设100所重点大学。当时，我省浙大、浙农大和杭大列入"211工程"。1998年，这4所学校合并为浙大后，浙江省就只有一所"211

工程"大学了。与浙江的经济地位极不相称。但"211 工程"申报已经结束。

经浙江省和学校多年努力，2009 年，浙江省人民政府与教育部签订了共建浙江工业大学协议，是我校发展史上的第 4 次机遇。

"省部共建"吹响了浙江工业大学向高水平大学进军的号角。教育部对我校明确提出了"有特色，高水平，区域示范性"的办学要求。

（2）"985 工程"：是我国政府为建设若干所世界一流大学和一批国际知名的高水平研究型大学而实施的高等教育建设工程。现有清华、北大、浙大等 39 所"985 工程"大学。

（3）"2011 计划"：全称"高等学校创新能力提升计划"，是继"211 工程""985 工程"之后，中国高等教育系统又一项体现国家意志的重大战略举措。这次，我校又抓住了机遇，牵头的长三角绿色制药协同创新中心申报成功！

六、第五次迁院

紧跟学校 4 次快速发展的机遇，化学工程学院也随之发展壮大，先后衍生出 5 个新学院。为改善人才培养的知识结构，更新和拓宽专业面向，1994 年增设环境工程专业，1999 年增设制药工程专业，2001 年增设药物制剂专业。学校 2 次院系调整，先后共有 3 个新兴学科和专业（环境工程、制药工程、药物制剂）调出。化工学院为学校的发展做出了积极的贡献。

食品科学与工程学院起始于 1981 年创建的发酵工程本科专业。1987 年食品科学与工程本科专业开始独立招生，2002 年，化学工程学院开设了海洋技术专业。2009 年又成立了海洋系。2012 年设立了海洋化学与化工学科。2013 年 8 月成立海洋学院，食品科学与工程专业转入海洋学院。2019 年 12 月 10 日食品科学与工程专业从海洋学院分出成立食品科学与工程学院。

生物工程学院前身为 1981 年创建的轻工业工程系，当时为筹建轻工业工程系，依托化学工程系为主体，曾一度改称为化工轻工系。开始稳定招收本科生后与化学工程系分离，并从化工系中抽调了一批骨干教师为学术带头人，如虞炳钧、陈廷登等；轻工系的第一个专业是发酵工程，开设的微生物化学工程专业，1984 年按照全国统一专业目录更名为发酵工程专业，1993 年又曾改为生物化学工程专业，1998 年更改为生物工程专业。学院历经轻工业工程系、生物与环境工程学院，于 2015 年 9 月成立生物工程学院。

药学院是从 1995 年开始，在化工学院原精细化工专业的 2 个班级中，分出一个班搞"制药专门化"。2000 年，学校以沈寅初校长牵头，从化工学院抽调了胡维孝、单伟光、苏为科等骨干教师，成立了组建药学院筹备组。2001 年 11 月 28 日正式挂牌成立药学院。2013 年，依托学院为主体申报的"长三角绿色制药协同创新中心"入选首批国家"2011计划"。

环境学院是 1992 年，化工系抽调张嗣炯老师负责筹建环境工程新专业，并于 1994 年开始招收第一届环境工程专业本科生。1998 年因学校院系调整，环境工程本科专业并入轻工系，成立生物环境工程学院。2015 年 9 月，学校撤销生物环境工程学院，分别成立生物工程学院、环境学院。

材料科学与工程学院起始于 1973 年创建的腐蚀与防护专业，当时名称为"工业设备防腐蚀专业"，在 1978 年国家新颁布的统一专业目录中，改为腐蚀与防护（化工设备防腐蚀）专业。1984 年按国家教育委员会的全国工科专业目录调整为腐蚀与防护专业。1985 年腐蚀与防护专业停止招生，同时开设塑料工程专业。1988 年转入轻工业工程系。1993 年塑料工程专业更名为高分子材料与工程专业，并新开设材料化工专业。1998 年在学校机构调整中，高分子材料与工程专业转入化工学院，进入新的发展平台。为促进高分子材料与工程专业发展，化学工程学院增设了材料科学与工程系。2001 年，为适应材料科学发展，拓宽专业口径，将高分子材料与工程专业和材料化工专业合并为材料科学与工程专业。2003 年，化学工程学院更名为化学工程与材料学院（简称化材学院）。化材学院又经过了 10 年的历程，极大地促进了新材料及加工工程学科的成长与发展。2013 年，材料科学与工程学科独立出来，建立了材料科学与工程学院（化材学院又改回化工学院），标志着材料学科进入新的发展历程。

2016 年 10 月获批，浙江工业大学莫干山校区项目由浙江工业大学与德清县政府合作共建，总用地面积 66 万平方米（约 1000 亩），计划总投资 28.3 亿元。该校区是浙工大与德清县人民政府重大战略合作项目。2017 年 8 月正式开工。2019 年 10 月 18 日莫干山校区正式开园。2021 年 12 月 19 日，莫干山校区投入使用，开创德清与浙江工业大学全面合作新局面，推动浙江工业大学高端人才、优质教育、科技创新等优势资源全面发展。

莫干山校区入驻大化类 6 个学院，即化学工程学院、生物工程学院、药学院 – 国家 2011 绿色制药协同创新中心、环境学院、材料科学与工程学院、食品科学与工程学院。在校生规模 10000 人，包括本科生、研究生、留学生、国际合作培养学生。莫干山校区设有化学工程与工艺、应用化学、生物工程、生物技术、高分子材料与工程专业。

浙江工业大学拥有朝晖（414 亩）、屏峰（2150 亩）、莫干山（801 亩）3 个校区，占地面积 3365 亩，设有 26 个二级学院和 1 个部，另有独立学院——之江学院。

回顾我院（校）发展史的故事感到有点意思：1953 年我校始建于杭州市，位于凤凰山下、西子湖畔的文一街 118 号；1960 年学校搬迁到衢县郊外，衢州烂柯山麓下、乌溪江畔的石室村旁；1980 年学校搬回杭州，迁入杭州古运河畔的新校址朝晖校区，与大运河文化相融合。上塘河与烂柯山都曾有过辉煌的往昔，如今都融入了浙江工业大学的校园文化，为我校文化建设提供了厚重的历史文化积淀。

2016 年学校决定，化工学院搬迁到德清县近郊外，莫干山下、下渚湖畔。2020 年 9 月莫干山校区迎来第一批师生，到 2022 年 2 月 15 日完成全部搬迁，化学工程学院将要在这里开创一片新天地！

累积平凡之举，铸就伟大非凡
——浙江工业大学的崛起

姜一飞

国运兴衰，系于教育；百年大计，教育为本。教育是振兴民族的基石，是社会进步的根本，是促进社会经济发展的根本途径。

我国高等教育在教育事业中处于龙头地位，担负着发展科技文化，培养高级人才和促进社会发展的重任。中国是世界上最大的制造业中心，各种专业人才的紧缺给高等教育的迅速发展提供了良好的土壤。21世纪是知识经济的时代，在竞争日益激烈中，高等教育将成为各国的战略重点，国家竞争能力高低的标准，是高校教师的存在量及其优劣程度，其实质是人才和知识产出能力的竞争。高等教育是高素质人才的培养基地，与社会经济发展有着紧密关系。我国要在国际竞争中取得有利地位，必须发展高等教育，培养适应需要的各类高级人才。

浙江工业大学正是抓住了这种有利形势和机遇得以迅速发展而崛起，如今已昂然于全国高校的百强行列。回首历史往往轻描淡写，经历历史却是惊心动魄。

学校发展是国家发展速度缩影，建校70年来随着国家发展经历了风风雨雨，迎来了近些年的快速发展。从建校起到现在，在70年的时空里学校的每一步发展都打上了深深的时代烙印，各具特色，都有记忆，那么各个时期的学校发展是如何利用"累积平凡之举，铸就伟大非凡"的呢？

一、中华人民共和国成立初期：建校中专时代

中华人民共和国成立后，为迅速恢复经济，我国开始实施发展国民经济的第一个五年计划，摆在全国人民面前的任务是大张旗鼓地进行全面的经济建设。为此，国家急需大批工业技术人才，我校就是在这样的时代背景下应运而生的。

当时，全国高校只有181所，浙江省仅有5所；国家对全国高等学校和中等专业学

校进行大调整，确定各类中等专业学校逐步划归相关业务部门领导，按照国民经济各领域的需要及专业化的原则培养人才。重工业部根据中央财政委员会和高等教育部对华东地区工业性质的中等技术学校调整方案，决定将温州工业学校、杭州工业学校化工科、苏州高级工业技术学校化工科合并，成立杭州化学工业学校，归重工业部化学工业局领导。1953年7月3日，重工业部化学工业局发文《关于成立杭州化学工业学校筹备委员会及1953年设置专业的通知》。9月14日，在杭州拱墅区观音桥的校址举行开学典礼。校名为"中央人民政府重工业部杭州化学工业学校"。由此开始了浙江工业大学校史的元年。

当年，百废待举，办学经费与物质资源极度匮乏，办学条件十分艰难。然而，在艰苦的条件下创办一所高质量、有水平的学校，既是国家的迫切需要，也是学校所追求的目标。以刘亚东校长为核心的学校领导团队，依据当时我国工业教育的状况和布局，以及杭州的地域条件、可能争取到的办学资源等实际情况，以艰苦创业、务实图强的精神办学，一步一个脚印踏踏实实去推进办学目标。求真务实、开拓创新是浙江文化的内在价值和核心精神。我校在初创期8年中，以务实图强的精神办学，紧紧抓住历史的机遇，快速崛起，成为一所具有一定办学实力、广受社会好评的学校。

随着从1957年开始的我国全面建设社会主义时期的到来，高等教育和中等专业教育开始了一个新的快速发展阶段。这使已经具有5年办学实践和比较扎实办学基础的杭州化工学校迎来了新的发展机遇。

二、社会主义改造时期

在中共八大通过的《关于发展国民经济的第二个五年计划（1958—1962年）的建议》中，明确提出"要努力发展高等教育和中等专业教育"。同时，在这一时期，全国掀起了向科学进军的热潮。当时，浙江省政府以加快浙江工业发展的迫切需求为由，与化学工业部协商，最终决定杭州化工学校自1958年6月起下放给浙江省管理；与此同时，浙江省重工业厅决定杭州化工学校增设大学专修科，自1958—1959学年起正式招收大专新生。为反映学校办学情况的实际变化，浙江省政府又决定将"杭州化工学校"更名为"浙江化工专科学校"。

1959年底，随着浙江经济发展对工程技术人才的迫切需求，尤其是始建于1958年的浙江第一个大型化工联合企业衢州化工厂的快速发展，浙江省委设想以浙江化工专科学校为基础，在衢州建一所"浙江化工学院"，并且迁建省化工研究所，在衢州以衢州化工厂、浙江化工学院、浙江省化工研究所构建"产学研三结合"的基地。"产学研三结合"是当时一个响亮的口号，一个被社会广泛认同的行之有效的理念。1960年2月，浙江省委下达文件，正式决定成立浙江化工学院。从此，化工专科学校一分为二：大专部搬迁到衢州建设新校区，开始了学校长达20年的浙江化工学院时期。

学校地处衢州城南 12 千米的烂柯山下、乌溪江畔。在这一期间，学校为实现一个美好的"产学研三结合"基地建设蓝图而艰苦创业；在办学困境中以务实图强谋求新生，始终坚守大学理念与探索改革之道；在高等教育恢复发展中寻求自我价值的突破。广大师生员工在十分困难的条件下，不忘初心坚守大学的底线和肩负对教育事业的责任，开展教学改革的实践与探索，进行科学研究，并积极筹建新专业，以突破化工类单科的办学模式。在恢复高考制度的 1977 年时，不仅恢复了原有的本科无机物工艺、基本有机合成、化工机械 3 个专业，而且增设了工业分析、农药化工、工业企业电气自动化和机械制造等 4 个专业，其中后 2 个专业突破了化工类专业范畴，开启了向多科性工科院校方向发展。1978 年，又增设了化工设备防腐蚀专业。1979 年，举办企业管理专科班（3 年制），培养地方企业管理人才，以满足地方经济发展与企业管理改革的需求。

教师们还以极大的学术热情与志趣，在科研硬件条件十分困难的情况下，从实际出发选择产学研相结合的途径，纷纷投身于科学研究中。因此，学校在 20 世纪 70 年代产生了一批质量较高的科研成果，服务于社会。这些研究课题都是来自生产上迫切需要解决的技术难题，通过产学研相结合的途径进行研究，科研成果又能适时地推广应用到生产中去，产生了良好的社会效益和经济效益。科研工作有力地促进了学科建设和新专业的成长，并为学校发展奠定了良好的基础条件。

1977 年，全国高校恢复了统考招生，中国教育的春天来到了。当时教育部提出的发展方针是"恢复、调整、整顿、提高"，各高校纷纷开始拟订各自的发展规划。

此时，远在衢州的浙江化工学院已处偏僻山沟 18 年，长期积累的各方面矛盾日益突显：交通不便、信息闭塞，设备简陋、生活艰苦，文化氛围不浓、学术交流贫乏，单科性学院难以扩展、教职工情绪普遍低落。如何才能在这个春天里改变困境、谋取新的发展？大家已有共识——迁回杭州、拓宽专业！

三、改革开放时期

20 世纪 70 年代后期，国家百废待兴，渴求大量人才。我国高等教育终于迎来了重新焕发生机的科学春天。1977 年 8 月，邓小平主持召开科学和教育工作座谈会，提出我们国家要赶上世界先进水平，必须从科学和教育着手。2 个月以后，中断 10 年的高等学校招生统一考试制度便恢复了。1978 年 2 月，五届人大一次会议的《政府工作报告》中提出，要充分发挥现有高等学校的潜力，积极扩大招生人数，同时加速建设新的高等学校。3 月，邓小平在全国科学大会开幕式上讲话指出，四个现代化，关键是科学技术的现代化，而科学技术人才的培养，基础在教育，并提出要使教育事业有一个大的发展和提高。稍后，邓小平在 4、5 月间举行的全国教育工作会议上又指出，教育事业必须和国民经济发展的要求相适应。

粉碎"四人帮"以后，我省的国民经济得到了迅速恢复和发展，1977年、1978年，全省工农业总产值平均每年递增20.9%。而与此同时，科技人才不适应经济建设发展需要的矛盾也非常突出，许多行业科技人员比例很低，专门人才青黄不接、后继乏人。据1980年初的统计，全省机械、纺织、建材、轻工、食品五大行业中，全民所有制工业企业的工程技术人员、科技人员占职工的比重，最高的机械行业也仅有5.6%，其余4个行业分别为1.4%、1.9%、1.7%、1.2%，二轻系统（集体所有制）仅为0.61%，经营管理人才则更为缺乏。

浙江的教育事业跟不上本省现代化建设的需要，高等教育规模小是一个最主要的问题。"文革"期间，浙江高等学校一度由13所减少到6所，到1976年恢复到11所，在校生也仅有10369人。浙江省的工科大学仅有浙江大学、浙江化工学院、浙江丝绸工学院3所，而其中的浙江大学已划归中国科学院（1978年8月国务院正式批准同意浙江大学归属中国科学院和浙江省双重领导，以中国科学院为主）。为了加快培养本省的工业技术人才，浙江省委决定创办一所专业较齐全的省属工科大学，定名为"浙江工学院"。按照省委的最初设想，浙江工学院的筹建以浙农大的农机系、浙大的机械系（部分）和地质系为基础，但浙农大和浙大都不肯放弃这几个系，所以工学院创建2年多，还是举步维艰。

这时浙江化工学院师生们的呼声，在学校党委的运筹决策下，演变成由校党委书记周学山带领的有组织、讲谋略，充分反映群众心声与智慧的重大兴校举措。他们积极主动地向上级及有关部门反映师生的呼声，寻求学校发展的新途径。历经2年艰难曲折的不懈诉求，终于争取到了浙江省政府于1980年5月上报国务院的《关于以浙江化工学院为基础办好浙江工学院的报告》，以及经国务院批准，教育部于1980年9月10日下达的《关于同意浙江化工学院并入浙江工学院的通知》。

浙江化工学院正式并入浙江工学院，具有两方面的意义：一方面，地处偏远的浙江化工学院获得了新生，不但实现了回杭办学的夙愿，同时也实现了拓宽专业面的更大理想。另一方面，艰难创建中的浙江工学院也实现了华丽转身，原化工学院的768名教职工和工学院筹建中陆续调集的180名教职工，汇成了浙江工学院新的办学基础，工学院获得了新的发展动力，大大加快了建校步伐，展现出了全新的发展前景。

在20世纪80年代的前几年，两校合并后，招生规模的扩大，对学科类结构和专业设置做了较大调整，这一时期的改革以整顿提高和调整结构为主要特征。随着高等教育的快速发展，特别是1985年贯彻了《中共中央关于教育体制改革的决定》，这成为高等教育改革的转折点，国家高等教育管理体制改革带动了校内管理体制机制的改革。改革，是发展的动力，也是提升办学水平的重要举措。高等学校改革的成效，在很大程度上取决于办学理念和领导力。改什么，怎么改，把正确的办学理念变成广大师生的共识，对学校的建设与发展是至关重要的。

20世纪80年代校内管理体制改革主要为以下3个方面：一是招生和毕业生就业制度改革的逐年推进；二是进行校内领导体制改革的试点；三是校内管理体制机制的改革。当时浙江工学院成为浙江省高等学校综合改革的试点。

两校刚合并时朝晖校区仅有少量的简易校舍，大量的教室、实验室都是临时房子或租用农舍，教学和生活条件都非常艰苦。广大师生发扬了浙江化工学院艰苦办学的优良传统，克服各种困难，认真办学、刻苦学习，顺利地完成了各项教学、学习任务。衢州浙江化工学院的搬迁工作到 1985 年基本结束。进入 20 世纪 90 年代，国家进一步发展高等教育。新生的浙江工学院日益呈现良好的发展势头，"万事俱备，只欠东风"，就盼着有个机遇来实现进一步的升华，机遇也就真的降临了。

张子良先生是一位台湾实业家，祖籍浙江嘉兴，20 世纪 40 年代去台湾经商办实业，取得很大成功。多年来，他一直心系家乡，希望能有机会用自己的力量报效国家、造福桑梓。这对于浙江工学院的发展无疑是一个大大的利好机遇，时任浙江工学院院长洪起超及时抓住了这次机遇，在省市领导和教委领导大支持和推动下，达成了张子良先生"在杭捐资办学、以浙江工学院为基础兴办浙江工业大学"的协议。

从 1991 年张子良打算捐资办大学开始，浙江工学院就酝酿着更名，协议的签订使更名的条件初步具备。1992 年下半年，浙江工学院正式启动更名工作。

1993 年夏，国家教育委员会计划建设司司长亲自带队来我校实地审查。审查组对我校的基本建设和学科建设两大方面进行了全面、仔细、严格的审查，认为我校已具备更名条件，同意上报国家高校设置评议委员会评审。同年 9 月，经过高校设置评议委员会评审，20 所高校获准更名，我校也名列其中，并被列入第一批公布名单。之后，国家教育委员会发布教计〔1993〕182 号文，正式批准我院更名为"浙江工业大学"。12 月 3 日，我校隆重举行浙江工学院更名为浙江工业大学暨建校 40 周年的盛大庆典，浙江工学院终于实现了一次脱胎换骨的升华，跨上了一个全新的发展台阶。

从 20 世纪末到 21 世纪初，我国的教育事业进入高速发展期，浙江大学、浙江农业大学、杭州大学、浙江医科大学四校合并给我校提供了新的发展机遇，不仅省内高校排名有显著提升，在资源、生源、人才引进等方面也更为有利。

四、"三创"路上

进入 20 世纪 90 年代，随着改革开放的深入和经济体制的转变，中国高等教育的发展进入一个新的历史时期。1994 年 7 月，国务院颁发《关于中国教育改革和发展纲要的实施意见》，提出要进一步发挥高等学校在国家科学技术工作中的重要作用，实施"211工程"，面向 21 世纪。1998 年 8 月，全国人大制定并颁布了《中华人民共和国高等教育法》。

中国高等教育步入了高速发展时期。浙江工业大学始终与时代同步、与祖国同行，学校面向未来，遵循办学规律，主动把握趋势，科学谋划发展，其发展目标、战略思考、办学思路、定位与特色、重大举措、文化特质以及取得的成就等，集中沉淀在学校 3 个中长期发展规划及其实践中。

第一个学校中长期发展规划（1991—2000），详细分析了建校 30 多年的经验教训和全国 34 所地方工科院校的状况，认为今后 10 年是关系学校命运和前途的关键时期，做好这 10 年的工作，不仅关系到学校的发展和进步，也关系到前 10 年取得成绩的巩固和下一个世纪跻身更高的层次。第二个学校中长期发展规划（2001—2010），是在全面实现了第一个十年规划各项目标的基础上，为审时度势、抓住机遇，加快学校改革与发展，在深入分析中国高等教育发展趋势和广泛听取基层意见后制定的。第三个学校中长期发展规划纲要（2011—2020），确定了未来 10 年的发展目标：基本建成区域特色鲜明的综合性研究型大学，综合实力跻身全国高校 50 强，达到全国高校先进水平；提出了"四大发展战略"和省部共建十大专项计划，为建设高水平大学描绘了一幅新的发展蓝图。

这 3 个学校中长期发展规划是学校发展过程的战略构想和顶层设计，承载着学校的理想，背负着工大的希望和对未来的追求。催人奋进，给人力量。

有梦想才有目标，有希望才会奋斗。从以上 3 个中长期发展规划可见，这 30 余年来，学校的发展目标和定位出现了 4 个明显的转变：

一是以工为主和多科性大学向综合性大学转变，为学校的进一步发展开拓了新的空间，在学科和事业布局上注入了新的内容；

二是从以地方工科院校作为学校发展的参照系，转变为以全国高校整体水平作为参照系，对未来的发展提出了更新、更高的要求；

三是从以本科教学为主的教学型大学向教学研究型、研究型大学的方向转变，在重视本科教学基础上更好地重视科研工作、学科建设、学位点建设和研究生培养，从而推进学校各项工作上层次、上水平；

四是学校综合实力从全国地方工科院校先进水平或一流水平向跻身全国高校 50 强转变，吹响了进军全国高校先进水平的号角。这 4 个转变顺应了中国高等教育的发展，反映了浙江工业大学勇于争先的前进步伐和自强不息的进取精神。它也是浙江工业大学的优良传统。

前进的道路充满着挑战与竞争，但机遇总是带给有理想的人、有事业心的人、追求卓越的人、自强不息的人。浙江工业大学在实施自己的中长期发展规划中，在历任学校领导和全校教职工的共同努力下，把握规律、不失时机、积极作为、求真务实，抓住了推进学校快速发展的机遇，显著提升了浙江工业大学的社会影响力和办学实力，推进学校中长期发展规划的实施。

这种自强不息、勇于争先、追求卓越的进取精神，牢牢烙在浙江工业大学的基因里，支撑着学校 70 年的风雨历程；这种奋发向上的精神风貌奏响了希望的乐章，自信、责任、创新、奋进，激励着工大人以饱满的热情，为实现学校崇高的理想而奋斗。

21 世纪以来，浙江工业大学发展迅速，目前已成为国内有一定影响力的综合性的教学研究型大学，综合实力稳居全国高校百强行列。2008 年底，浙江工业大学进入教育部共建高校行列。2009 年 3 月，教育部同意省部共建浙江工业大学。6 月 8 日，浙江省人民政府和教育部于杭州签订《浙江省人民政府、教育部共建浙江工业大学协议书》，学校成为以浙江省为主管理、教育部重点支持的"省部共建"高校。2013 年，长三角绿色制药协同创新中心进入国家高等学校创新能力提升计划（又称 2011 计划）。5 月 17 日，正式认定为 2012 年度国家协同创新中心，学校成为首批"2011 计划"高校。

学校现有 63 个本科招生专业，学科涵盖哲学、经济学、法学、教育学、文学、理学、工学、农学、医学、管理学、艺术学、交叉学科等 12 大门类，设有 26 个学院 1 个部。学校现有 9 个博士后流动站；有一级学科博士学位授权点 13 个，博士专业学位授权点 2 个；一级学科硕士学位授权点 30 个，一级学科未覆盖二级学科硕士学位授权点 3 个；硕士专业学位授权点 22 个。具有硕士研究生免试推荐权和外国留学生、港澳台学生招生权。学校先后有 800 余项科研成果获国家、省部级科研成果奖，其中国家科学技术奖 28 项，教育部人文社科优秀成果奖 11 项。"十三五"以来，新增国家重点研发计划重点专项 13 项，获省部级科学技术一等奖 48 项，学校位居"2021 中国高校专利转让榜单（TOP100）"第 5 位，入选教育部首批高等学校科技成果转化和技术转移基地、科技部首批赋予科研人员职务科技成果所有权或长期使用权试点单位和国家知识产权局、教育部 2020 年度国家知识产权试点高校。

学校核心竞争力和综合实力快速攀升。办学声誉不断提升，学校在 U.S.News2020 世界大学排行榜中位列全球第 855 位；在 2019 软科世界大学学术排名榜中位列全球第 501—600 位；在 2019 ESI 全球高校工科排名中位列全球第 414 位、内地高校第 57 位；在最新的自然指数排名中位列全球第 286 位、内地高校第 45 位。人才培养佳绩频传，现有国家级一流本科专业建设点 38 个；在第五届中国"互联网＋"大学生创新创业大赛全国总决赛中获得季军，以及金奖 4 个、银奖 4 个，金奖数并列全国第三；成功承办第十二届全国大学生创新创业年会和第五届浙江省"互联网＋"大学生创新创业大赛；获评 2019 年度全国创新创业典型经验高校；入选教育部高校思想政治工作精品项目 1 项；2020 年本科毕业生继续深造率达 41.66%；2018 届毕业生"用人单位对学校满意度"和"毕业生对母校满意度"指标蝉联全省普通本科院校第一。学科建设稳步推进，药理学与毒物学学科、生物学与生物化学、计算机科学等 3 个学科首次进入 ESI 全球排名前 1%，加上原来化学、工程学、材料科学、环境科学与生态学、农业科学、进入 ESI 全球排名前 1% 学科数达 8 个。ESI 前 1% 的学科数位居省属高校第一。人才队伍建设成效明显，拥有中国工程院院士 4 人、双聘两院院士 4 人、浙江省特级专家 11 人、教育部长江学者特聘教授 3 人、国家杰出青年科学基金获得者 6 人、国家"万人计划"领军人才 11 人、国家级教学名师 3 人、教育部青年长江学者 4 人、国家优秀青年基金获得者 12 人、国家"万人计划"青年拔尖人才 3 人、国家级有突出贡献中青年专家 10 人、人社部"百千万人才工程"入选者 12 人、教育部"新世纪优秀人才支持计划"9 人、教育部创新团队 2 个、"全国高校黄大年式教师团队"1个、国家级教学团队2个，浙江省"万人计划"入选者34人、浙江省"钱江学者"特聘教授28人、浙江省有突出贡献中青年专家20人、浙江省杰出青年科学基金获得者64人。

学校间交流活动日趋活跃，与全球30余个国家和我国港澳台地区的100余所高校和机构建立了合作关系，在学生联合培养、教师学术交流和科研合作、海外智力引进、中外合作办学、来华留学生教育和对外汉语教学等方面取得了长足的进展。学校具备招收中国政府奖学金、孔子学院奖学金、浙江省政府奖学金来华留学生资格，共有来自100余个国家、地区的留学生来校学习汉语言、中国文化及攻读本科、硕士、博士专业课程。学校现有2所海外孔子学院，在册学生超过6000人，先后获得"全球先进孔子学院""全球示范孔子学院"等荣誉称号。

征程万里风正劲，重任千钧再扬鞭。力争进入国家建设"双一流"战略计划的浙江工业大学正处在历史发展的新阶段。全体师生员工在习近平新时代中国特色社会主义思想指引下，踏上全面建设社会主义现代化强国的新征程，为实现中国梦，凝心聚力、砥砺前行，浙江工业大学在新征程上必将创造新的更大奇迹！

浅谈大学文化传承与创新

姜一飞

文化是民族的血脉、人民的精神家园，教育是民族振兴的基石、社会进步的根本。"观乎人文，以化成天下"，中国先贤的文化概念生来就带有教育色彩，而高等教育更是优秀文化传承的重要载体和思想文化创新的重要源泉。近代以来中国现代高等教育从萌芽到发展、壮大，始终肩负着推进文化传承创新的光荣传统和使命。现代大学的本质是在积淀和创造深厚文化底蕴的基础上的继承，传承文化是现代大学的基本功能。高等教育作为科技第一生产力和人才第一资源的重要结合点，在推进文化传承创新建设社会主义文化强国进程中居于特殊的重要地位。

大学是以人才培养、科学研究、社会服务、文化传承与创新为主要功能的独特社会组织。因此，大学文化是大学在长期办学过程中经过历史沉淀、人文积累所形成的价值取向、信念目标、理想追求、善德导向和行为准则，是对学生进行人格塑造并影响其人生轨迹的精神财富的时空存在。大学与大学文化如影随形，大学文化是大学的阳光和空气，直接作用于师生的思维方式和行为方式；犹如血液一样，浸润并循环于大学整个肌体的方方面面。大学文化传承能够彰显大学价值，培养健全人格，并熔铸大学精神。每个生活于大学的人，都在接受大学文化的陶冶。这就是教育的最高境界——行不言之教。文化反映价值，价值体现文化，大学文化对大学师生的行为起着浸润、滋养、发酵、培植、导向、引领和示范作用。

大学传承的是文化，研究的是学术，崇尚的是真理，生产的是人才，塑造的是品质，萌发的是理想，培养的是能力，熔铸的是精神，服务的是社会。大学文化是由存在于大学校园内的多种文化构成，且每一种文化都有其存在的方式、理由、功能与作用。这些文化在大学师生的碰撞、交流中，构筑了多姿多彩的大学文化。大学是对大学生的精神雕琢，而精神雕琢的利器便是大学文化和大学精神。如果说大学文凭是进入主流社会的通行证，其实，大学文化才是对青年人生的一种再造和升华。人才培养是一个复合因素作用的过程，因而，人才必经多元文化的锻造，才能应对时代，立足社会，支撑人生。

文化传承与创新是时代赋予中国大学的特殊使命，是大学功能的新扩展。大学文化要引领社会发展，必须首先克服大学文化当前面临的来自社会不良风气的种种挑战。找回失落的大学精神，提高文化品位。素质教育、文化育人是大学文化传承与创新的最重要途径，必须高度重视。传统文化犹如一颗种子，早已在人们心中生根发芽，而且对于人们的工作、学习、生活方式都具有重要的指导作用，是价值观念与思想行为指导，传统文化不仅是一个时代的文化缩影，更是思想的升华，对于形成正确的"三观"具有重大的作用。当前在进行文化传承的过程中，不能应用"全盘吸收，拿来主义"的做法。文化中既有精华部分，也有需要摒弃的糟粕部分。所以，在传统文化的吸收上，要有选择地筛选。传统文化是在特定的环境之下产生，有些传统文化已经不能适应当前社会发展的进程，这就需要通过科学判断，应用创新的思维模式，根据当前社会建设的实际需要，既要能够借鉴还要加入主观的分析，从而更好地确定是应该使用，还是应该放弃。民族或国家的繁荣绝不是仅仅靠继承前代而构成的，更是要依靠后人在前者的基础上不断探索，持续突破。传承很重要，创新同样重要。就如同树木一般，没有创新，传承只能作为一颗种子深埋于泥土之中；没有传承，创新就是无根之木，经不起风雨。当前我国正在致力于经济建设，首要的工作便是利用创造性的思维，结合自身的实际情况，科学有序地开展文化传承与创新的工作。

　　全球化是当今世界局势中最引人关注的现象之一．全球化并不仅仅表现为经济市场的一体化。随着科技一体化，信息网络的发展，当经济科技的潮水冲破传统的国界和民族边界时，不同的文化价值系统也被推向了共同的世界舞台。全球化的时代背景下，对于回答和解决人类共同面临的许多困难与危机，中国传统文化有着许多积极和先进的元素值得人类吸收和借鉴，但也面临着传承和创新的挑战。

　　敢于突破，敢于创新，将传承与创新结合在一起，才能在平凡中创造非凡的力量。不仅要有效地继承人类知识，同时把世界最先进的科学技术知识拿到手，我们再向前迈半步，就是最先进的水平，第一流的科学家。大学是能将不同文化置于同一平台，使差异得以展示，了解得以进行，沟通得以实现，融合成为可能的唯一场所。消弭文化冲突，大学可以发挥独特优势。进行跨文化的交流与融合正是国际化背景下大学的新使命。把中国文化传播出去，增强中国文化在世界的影响力，使中国文化为世界所向往，对此，我们的大学责无旁贷。

　　文化的形态是众人的稳定且有秩序的生活方式。大学之所以被视为文化的代表，原因之一在于大学具有创新生活方式和引领生活方式的功能。大学与世俗的区别之一在于她总是把高雅与高尚作为群体生活方式的特征。大学拒绝平庸，大学更拒绝粗俗，以精神生活为生活方式的基调是大学重要的特征。文化是一所大学的厚度，而思想是一所大学的高度。有思想自由，才有学术自由，才有创新自由，新文化和先进文化才会涌现。大学是靠思想去引领社会，是靠思想去推动文化走向社会的。如果大学是社会前进的灯塔，那么，点亮灯塔上那盏灯的，只能是思想。在这个意义上，大学也是思想共同体。没有思想的大学，其对先进文化便没有意义。

大学在文化的传承与创新中承担着伟大的责任与使命，大学的根本职能就是文化的传承和创新，这一功能是通过高等教育的四大职能来实现的。人才培养、科学研究、社会服务、文化传承创新是我国新时期高等教育的四大功能。如何实现文化传承创新功能，深入挖掘优秀传统文化，接纳和传播来自世界各地的新思想、新文化，大力弘扬优秀传统文化和社会主义先进文化，实现传统文化与时代精神的内在结合，是高校目前面临的重要课题。在进行文化传承的过程中，要协调好传承与创新二者之间的关系，要对传承与创新进行深入的分析。传承是优秀文化得以延续的重要手段；而创新则是在原有文化传承的基础之上，与当前所处的时代背景相融合，探究文化的内在含义，创造出新概念、新内容、新形式。

把文化传承创新作为大学的第四大功能，对我们全面提高高等教育质量，建设世界一流大学具有重要的指导意义。文化传承创新与科技创新具有同等作用，也应具有同等地位。一所大学不仅要具有与原职能相适应的创新的能力，更要有与新职能相适应的"守成能力"。因为文化的传承需要忠诚式的坚守，尤其是要守护住大学的精神，守护住大学作为道德共同体、学术共同体、知识共同体、价值共同体、思想共同体、文化共同体的地位与尊严。大学既要向前看，也要回头看，其看的方法必定不同于世俗。大学需要对历史可能形成的那些永恒做出选择与承诺。

浙江工业大学建校 70 年来，伴随着国家发展的跌宕起伏，学校经历了艰难的初创期、高等教育大调整、"五年三迁"、改革开放、开拓创新。广大师生员工在十分困难的条件下，不忘初心坚守大学的底线和肩负对教育事业的责任，开展教学改革的实践与探索，在办学困境中以务实图强谋求新生，始终坚守大学理念与探索改革之道；在高等教育恢复发展中寻求自我价值的突破，以艰苦创业、务实图强的精神办学，一步一个脚印踏踏实实去推进办学目标。紧紧抓住历史的机遇，快速崛起，从单科性学校华丽转身，成为一所具有一定办学实力、受到社会广泛好评的研究型大学。

我校毕业生在社会上一直有较好声誉，深受社会欢迎，企业普遍认为我校毕业生精神面貌好、专业基础扎实、动手能力强、综合素质较高。我校本科教育一直把实践教学作为教学计划重要一环节来落实，并形成系统、完善、科学的实践教学体系，从而夯实产教融合的根基。主要包含以下四个方面：一是明确办学定位和培养目标，按照区域产业发展需要，聚焦分析问题、解决问题，培养动手能力，促进产教融合，学校在办学定位和目标上明确，面向区域经济服务。二是优化培养方案，依据产业发展需求，科学设置优化专业，制定完善专业培养目标，按照培养目标制定培养方案、学科建设、课程设置和学时安排，既体现有扎实的理论学习，又有丰富的实践历练的要求，与生产实际、社会实践紧密结合。着眼于增强专业教学的岗位指向性、任务明确性、要求具体性，完全基于现实工作标准的实训教学。三是建设了一支资质合格的教师队伍，不断充实在线教师的理论功底，下功夫提高在校教师的实践教学能力，聘请企业或社会上品行端正、技术娴熟、经验丰富的管理人员、技术人员或资深技工担任学生兼职老师，形成专兼结合、优势互补、资质合格、满足要求的教师规模。四是完善教学计划，对实践教学有刚性要求，绝对不粗枝大叶。做实实践教学环节，加强实践教学的条件建设，包括实践教学教材、实践教学材料、实践教学实验室、工厂企业和实训基地，以满足实践教学要求。实践教学有足够的学时，不简单凑数，更不让学生放养式完成实习任务。对实践教学的考试，指导老师从择业报告、教学实验到课程实习、毕业实践，像理论教学一样进行认真指导和批改，严格考验考核，并建成奖励机制，注重实践教学的导向。

当前学校正在全面开启建设"中国特色、世界水平的一流本科教育"新征程（校长2021年新年献词）；产教融合是工科类大学本科教育不可或缺的重要一环，继续发扬我校一贯重视的实践教学优良传统，从本科教育计划抓起，形成系统、完善、科学的实践教学体系，从而夯实产教融合的基础，为争创世界水平的一流本科教育添砖加瓦。

21世纪是中国经济腾飞世纪，我国是世界上最大的制造业中心，要想成为制造业创造业中心，必须依靠科技进步和创新驱动，首先必须大幅度提高高等教育的质量，通过加强学生实践能力的培养，为国家建设和社会发展培养更多有用的优秀人才，从而不断从整体上提高国民生产水平和经济建设与社会发展的质量，为实现中华民族伟大复兴的中国梦做出教育应有的贡献。我校正在追求卓越、争创一流，推动学校核心竞争力和综合实力实现新的跃升；要继承发扬我校"艰苦创业、开拓创新、争创一流"的"三创"精神，加强产教融合，加强科技创新基础研究，以体系化科技创新能力建设为核心，面向世界科技前沿、面向经济主战场、面向国家重大需求，加快各领域科技创新，掌握全球科技竞争先机，为长三角区域经济发展做出应有贡献。

高校要实现文化传承与创新的功能，需要构建全过程、全方位文化育人的长效机制。教师是大学教育的主体，是大学文化的创造者、承载者和传播者。特别是名师，是学生的精神偶像和学校的精神象征，是知识的化身，人格的楷模，效法的榜样，对学生做人、做事、做学问起到潜移默化的作用。教师在学生心灵塑造及价值选择方面的引领启迪示范不可替代，故教师除教书之外，更要肩负起传道育人的神圣职责。

浙工大退休的老教授们，是学校发展近70年来的亲历者，也是工大文化的创造者、践行者。老教授协会组织的"浙江工业大学文化研究"课题，其主要成果就是编写了大学文化研究方面的3本书：《大学学术文化与校史文化——纪念浙江工业大学建校六十周年文集》《厚德健行 取精用弘——浙江工业大学文化研究文集》《累积平凡 铸就非凡——浙江工业大学"三创精神"研究文集》。3本书共约120余万字，是众多老教授亲身经历、亲身体验的践行者实录，是工大文化的创造与传承的写照。在这3本书陆续编辑出版的8年中，已有10多位老教授作古，如毛信德、徐崇嗣、马瑞椿、沈德隆、濮阳楠等。所以，编辑出版这3本书，在某种程度上也是在抢救和发掘工大文化。

浙工大建校70周年的庆典快要到了，这3本书的编辑出版，也是我们这个老教授群体努力发挥余热，向浙江工业大学表达深情厚谊，贡献微薄力量，献给建校70周年大庆的一份礼物。

浅谈师德修养

姜一飞

　　师德修养的内涵是非常丰富的，它既包括教师内在品质方面的修养，如公正、爱生、以身作则、献身社会主义教育事业、热爱科学、追求真理等等，也包括外部行为方面的修养，如稳重、沉着、外表端庄、语言规范、衣着整洁大方等等。师德修养应当是内在品质修养和外部行为修养的高度统一。

　　从一般意义上讲，师德修养包括两方面的含义。其一，师德。就是教师的职业道德素质，是指教师在从事教育、教学、科学研究及其他职业活动中，处理与学生、与社会、集体，与自然环境、与职业环境之间关系的原则。其二，修养。这是一个与师德密切相关的范畴，它不仅意味着师德的自觉性与能动性，是师德自我建立的主要或者说是根本的途径。个人的"修身养性""修犹切磋琢磨""养谓涵育熏陶"，要求教师遵循师德的标准，个人不断地进行整治、改变、修炼、修明、培育、发展、提高。一般来说，任何师德修养都有要达到的最终目的，有一个贯穿其中的道德修养的基本实施原则。这个目的就是进行道德修养的活动的方向，而原则对师德修养的规范和要求也有着十分重要的指导作用。

　　师德的内涵：一是教师对待教育事业的道德；二是教师对待受教育者的道德；三是教师对待同事和教师群体的道德；四是对待学生家长及其他社会人员的道德。

　　不同时代有不同的道德观，不同职业有不同的道德内涵，但无论哪个时代，也无论何种职业，道德观念必有其共通的地方。教师作为社会的一分子，其师德内涵必然融汇于整个社会公德之中；而教师的特殊职业与地位，则决定着师德必然对整个社会公德产生极大影响。教师的师德决定了教师的素质，教师的素质又决定了教育的质量，因而师德建设是教师队伍建设的核心。作为一名教师，只有不断地提升自身的师德修养，才能做到与时俱进，适应新时期发展的需要，完成教书育人的重任。

　　师德是教师最重要的素质，是教师的灵魂。师德决定了教师对学生的热爱和对事业的忠诚，决定了教师执着的追求和人格的高尚；同时，师德直接影响着学生们的成长，教师的理想信念、道德情操、人格魅力直接影响到学生的思想素质、道德品质和道德行为习惯的养成。高尚而富有魅力的师德就是一部教科书，就是一股强大的精神力量，对学生的影响是耳濡目染的、潜移默化的、受益终身的。

教育家陶行知先生非常重视师德修养，他本人为培育英才呕心沥血，百折不回，表现出崇高的师德；他精辟的师德理论，是 21 世纪师德建设的宝贵财富。他在强调教师地位和作用的同时，又中肯地指出"要人敬的必先自敬，重师首在自重"。这"自重"的关键在于教师要提高自身素质，加强师德修养，他指出"我们深信教师应该以身作则"，"个人一举一动，一言一行，都要修养到不愧为人师的地步"。

"学高为师，身正为范"，良好的职业道德是教师职业活动最基本的要求，教师是学生增长知识和思想进步的导师。教师队伍师德师风素质的高低，直接关系到素质教育的顺利实施，直接关系到青少年的健康成长，直接关系到中华民族伟大复兴宏伟目标的实现，直接关系到祖国的未来。

教师要忠诚于人民的教育事业，热爱教育事业。社会主义的教育事业是人民的教育事业，是真正的天底下最光辉的事业。每位教师都应当忠诚于人民的教育事业，甘愿为人民的教育事业奉献自己的聪明才智。在实际工作中，兢兢业业、勤勤恳恳、不图名利、甘做蚕烛，在岗位上发出光和热。

教育家陶行知说："捧着一颗心来，不带半根草去。"托起一缕真诚，用一颗对事业执着的心，忠于党的教育事业，无私奉献，爱岗敬业是从事教育事业强烈的使命感和职责感。

爱岗敬业，尽职尽责是教师基本的职业道德。教师从事的是一种培养人、教育人的事业，这对社会进步发展起一个推动作用，因此，教师职业关系着千千万万的自我价值和人生幸福，关系着学生自由而全面发展的程度。

爱岗敬业，尽职尽责，在教师岗位上，没有悠闲自在的舒适和安逸，只有默默无闻地奉献。认真负责，工作严谨是教师的需要，是道德职责感的体现，作为"人类灵魂的工程师"务必具有崇高的职业道德，在一行，爱一行，千万不能坐在这儿，这山望着那山高。

雨果说过："花的事业是尊贵的，果实的事业是甜美的，让我们做叶的事业吧，因为叶的事业是平凡而谦逊的。"我想，教师所从事的就是这种叶的事业——平凡而伟大。

师德的另一体现是具有崇高的奉献精神。教师的工作责任重大而又极其艰辛。之所以说责任重大，是由于教师肩负着培育下一代接班人的责任。抽象地说，社会的未来掌握在教师的手中，之所以说艰苦，是由于教师工作条件艰苦，特别是在市场经济条件下，教师的社会地位、物质待遇较低，甚至处于相对清贫的地位。在此情况下，教师应当以社会责任为己任，无私奉献，否则，如果以待遇对待工作，那么，就可能在知识传授、教书育人中，难当社会重任。

师德最外在的体现：以身作则、为人师表。教师在教书育人中，除了言传，更要身教，用自己的示范行为来教育学生，这就是为人师表。为人师表从一定角度上看，主要是强调教师要言行一致。要求学生学习的知识自己应当精通；要求学生崇尚的行为，自己应当行之；要求学生反对的行为，自己应当坚决杜绝。正所谓"其身正，不令而行"，否则"虽令不从"。所以，每一位教师都应从自身做起，真正为学生树立一个模范的榜样，推动学生全面发展。

有人说："如果一个教师把热爱教育和热爱学生结合起来，他就是一个完美的教师。"反过来说，如果我们只知道教书而不知道育人，那么，只能称其为"教书匠"，所谓"人类灵魂工程师"也是空有其名。由此看来，"德"是赋予人灵魂的基石。道德的培养和提高，不管是对教师自身还是对学生都是尤为重要的。教师要根据学生的身心发展规律和认知规律，有的放矢地进行教育工作，做到晓之以理、动之以情、导之以行，要通过自己的表率、模范作用去感染每一个学生，教育每一个学生。明清之际的思想家孙奇逢曾说过，教人读书，首先要使受教育者"为端人，为正士，在家则家重，在国则国重，所谓添一个丧元气进士，不如添一个守本分平民"。这无疑也提示了我们：教师不仅要向学生传授知识，还要教会学生学会做人。所以在教学和生活中，要特别强调教师不仅要自重、自省、自警、自励、自强，还要做到以身作则，言行一致。只有这样才能"春风化雨，润物无声"。此外，教师既要善于汲取民族精华并赋予时代精神，还要善于吸收古今中外的先进经验和优秀文化，做到"古为今用""洋为中用"。教育学生敢于思考，勇于创新，既提高人文素养，又打好科技素质基础。

"言必信，行必果"，行动实践远胜于说教。师德，不是简单的说教，而是一种精神体现，一种深厚的知识内涵和文化品位的体现！其实，在日常的教育教学工作中，我们教师都在用行动诠释着师德师风的真正内涵。师德需要培养，需要教育，更需要的是每位教师的自我修养！让我们以良好的师德，共同撑起教育的蓝天。

我们应该树立良好的师德形象。捧着一颗心来，不带半根草去。教师良好的师德形象是教师伟大人格力量的体现，教师不仅仅是社会主义精神文明的建设者和传播者，更是莘莘学子的道德基因的传递者。

教师的主战场是学校，学校的一切教育紧紧围绕着以育人为本、以德治校、以德立校，以质量求生存，以信誉求发展。古语有云："师者，所以传道授业解惑也。"今人周济也曾指出："教书育人，教书者必先学为人师，育人者必先行为示范。"说的都是为师者不仅要有广博的知识，更要有高尚的师德。优良的师德、高尚的师风是搞好教育的灵魂。

一是自尊自重。"要人敬的必先自敬，重师重在自重。"教师要自敬自重，必先提高自身的职业道德素养。师德师风教育活动是改善教育发展环境，转变教育系统工作作风的内在要求，也是促进教育事业健康发展的有力保证。二是诚信立教。首先要做到淡泊名利，敬业爱生，在为人处世上少一点名利之心，在教书育人方面多一点博爱之心。三是创新施教。要做到以人为本，因材施教，同时要不断加强学习，与时俱进，学习先进的教学理念和方法，更新教育观念，掌握先进的教学技术和手段。

陶行知老先生曾经说过："道德，是做人的根本一环，不可缺乏的一环。不然，纵然你有一些学问和本领也无其用处。"教师在学生心目中，是知识的化身，是智慧的源泉，是道德的典范，是人格的楷模，是先进思想文化的传播者，是莘莘学子人生可靠的引路人。

因此，教师以德立教、以身示教，与时代同步，锻造不朽师魂！

在中国，缺乏高尚师德的，专业素养绝不会是顶尖的；没有高超的专业素养，师德也会是苍白无奈的。师德修养和专业水平是相互促进、制约的。高尚师德的养成靠日常教育教学活动的磨炼。教师要善于从师德修养的角度发现问题和分析问题；善于从自我教学行为的变化改善师德修养。

我校的沈寅初院士是具有崇高师德的典范，他从加盟浙江工业大学以来，就以那种甘于为国家科技事业奉献的科学精神和人格魅力，无时无刻不在感召和激励着郑裕国及其团队成员，使他们在科学研究的道路上攻坚克难，攀登了一座座科学高峰。沈寅初院士是这样诠释着何谓"高尚师德"的："大学之大，不在大楼，而在大师。大师何以谓之？我认为，除了高深的学术造诣，更应具有宽宏的气度，这是高尚师德的重要内涵。"他这样诠释"师德"也是这样践行的，以自己惯有的气度和胸怀，一次次打破学术界的"惯例"，把国际顶级刊物综述性论文"第一作者"谦让给年轻人。很多国内外学术交流的机会，沈寅初都让给了年轻人参加。有荣誉、奖项来了，他也总是尽可能把荣誉让给年轻人，把年轻人的名字写在奖项的前面。几十年来，沈寅初团队先后获得了20余项省部级以上的奖项，然而，很多奖项沈寅初都把自己的名字排在了后面。沈寅初院士认为：为了青年一代的成长，"我们要造就一批年轻的学术带头人，这是自然法则的要求，事业要有人一代一代传下去。老教师的责任或者主要任务是培养年轻人，要有这样的胸怀，要促进年轻学术带头人成长。老一辈的长处是经验积累比较丰富，但应该清醒地看到创新能力不如年轻人了，要把精力放在培养年轻人上面。这是学校发展的根基、学校发展的后劲"。

他力倡学术的正气和和谐，"发挥团队作用，首先领头人要有先人后己的精神，吃苦在先，享受在后，在奖金分配、成果分享等方面都要体现高风亮节；团队内部要形成团结、和谐的氛围。一个团队是否团结、和谐，团队建设的好坏，责任首先在领头人，不要让无谓的内耗影响我们的发展"。人民网是这样评价沈寅初院士："沈院士做人做学问的风范，可谓高山仰止，令人为之倾倒。"时任学校党委书记蔡袁强对沈寅初院士评价是："可以说，新世纪以来工大取得的每一项成就与辉煌，都离不开沈院士的辛勤付出。一直以来，沈院士爱校如家，具有很强的改革创新精神，为人、治学都尽显学术大家、教育大家的风范。沈院士的办学思想、治学精神、人格魅力对学校的发展产生了深远影响，已成为工大人宝贵的精神财富。"

我们已步入一个信息化的时代，教育环境的改善，多种媒体的介入，一个班学生的信息占有量远远超过一名教师，"吾生有涯而知无涯"。因此，教师必须是一个终身学习、始终站在知识前沿的人。教师的专业结构应是处于不断的流变、革新之中的，因为教师专业总是面临着新的挑战，其整个专业活动之中充满了创造性。寻求自身的发展的教师，会把自我的发展与职业的要求结合起来，把教学的成功与持续不断的学习结合起来。并且不安于已有的成绩，始终像一名田径场上的起跑者，以昂扬的生气、精益求精的态度、学而不厌的精神超越自己。

从交通和通信的变化看学校发展与变迁

姜一飞

1978 年 12 月 18 日至 22 日，党的十一届三中全会隆重召开，开启了我国改革开放的历史新时期。40 多年来，改革从城市到农村、从东部到西部、从经济领域到其他各个领域全面展开、逐步深化。党带领人民不懈奋斗，成就了一番伟大的变革，赋予了国家新的生机活力，中国社会发生了全方位的历史性转变。经过 40 多年的发展，中国人民的生活实现了由贫寒到温饱，再到整体小康的跨越式变化；中国社会实现了由封闭、贫穷、落后、缺乏生机到开放、富强、文明、充满活力的历史巨变；经济持续快速增长，综合国力进一步提高；民生得到显著改善，人民生活总体上达到小康水平；科技教育快速发展，社会事业全面进步；人民群众主人翁意识显著增强，受教育水平和文明程度明显提高，社会整体文明程度大幅提升；中国科技也飞速发展，制造业正由"中国制造"变为"中国创造"。

岁月似一杯陈香的老酒，细细品味改革开放前后我国在交通和通信方面的飞跃式变迁的点点滴滴，就能深深体会到改革开放带给我们多么巨大的变化。

一、历史

浙江工业大学的前身浙江化工学院，坐落在地处烂柯山麓、乌溪江畔，虽然离衢州（市）县城只有 12 千米，但那时衢州地区经济很不发达，农村的条件更差，又有一条乌溪江相隔，交通不便，通信也不便。如果有事要去杭州出差，或者与杭州电话联系，都是非常麻烦的事。

（一）先说交通

学校每天只有一趟去衢州县城的班车，早晨 8 点钟出发，下午 3 点钟返回。要往返衢州，一定得争取赶上学校的班车，否则就得先坐公交车到衢州化工厂，再步行 1 个多小时回学校。虽然说校门口也有公交车，但是学校所在地石室村属于远郊，公交车就算长途汽车，每天仅有 2 班，上午 1 班、下午 1 班。车少人多，每次车一到，农民蜂拥而上，还往往带着农具箩筐什么的，文绉绉的学校教师是很难挤上去的。

如果去杭州，就得到县城以后再转火车。那时火车不仅十分拥挤，而且走走停停，速度很慢（那时全国铁路的平均时速还不到 40 千米）。衢州距杭州 288 千米，普通客车要走六七个小时，特快列车也要走四五个小时，若是碰到节假日的加班车（那时称为"临客"，即临时客车），那就要走八九个小时。从学校出差到杭州，哪怕只办半天的事，一趟来回起码也要 3 天时间。那时火车虽然慢，但车票也便宜，从衢州到杭州的票价，普通客车 4 元，临客 3 元，特快列车 5.6 元，大约占教师月收入的 1/10。那时高校教师的月收入在 42—54 元之间（因地区而异），很少有 60 元以上的，而企业里的工人，一级工、二级工的月工资是 32 元、38 元。为了省钱，我们那时经常是临客的乘客。

说起临客，现在的年轻人或许很难相信：长途的临客有可能是绿皮火车，而短途的临客就只能是运货的闷罐车。一节闷罐车厢只有 2 个小窗口，位置挺高，通风极差。充当临客时，只是在地板上铺一些稻草，大家席地而坐，车厢一角放一只敞口便桶就算是厕所，有些车厢还有个草帘子遮挡，有些车厢甚至什么遮挡都没有。人少时还勉强可以忍受，要是碰上节假日高峰期，乘车人多，离着便桶又近，通风又不好，整节车厢里的汗臭味混杂着尿臭味，要多难闻有多难闻。

（二）再说通信

那时长途通信很麻烦。如果有事需从学校向杭州打电话，先要拨通学校总机，由总机接线员经交换机与衢州总机联系，再由衢州总机与杭州总机联系，然后杭州总机再与杭州相关单位的总机联系，再转到具体办事部门的分机。这样一级一级接拨传递，最快也得 2 小时，一般得半天。若要向偏僻的地方打电话，那就得 1 天以上，而且一般很难打通。所以，如果有特别重要或紧急的事情，那就只能拍电报了。电报按字收费，不但费用很高，字数也受到限制。

记得 20 世纪 50 年代末的一次形势报告会上，领导做报告说："进入社会主义社会，物质极大丰富，人们的生活水平将得到大幅度提升，家家户户都将会是楼上楼下、电灯电话。"那时一般在县城才有电灯，农村照明还是用煤油灯，而山区里，用的还是松枝照明。所以听了这些鼓舞人心的报告，人们对社会主义社会的美好生活都十分憧憬。但我们那时认为：楼上楼下电灯是有可能的，但是楼上楼下电话，怎么可能呢！每户装一部电话，这得需要配置多少台人工交换机，安排多少个接线员啊！

二、嬗变

改革开放 40 多年，伴随着国家经济的快速发展和人民生活水平的快速提高，交通和通信的状况也发生了翻天覆地的变化。

（一）交通的变化

改革的春潮促使中国人口尤其是劳动力的大规模流动，收入的提高让人们有钱旅游，每年春节前后，民工流、学生流、探亲流、旅游流汇聚成铁路的春运大潮，老旧的交通系统难以跟上，火车的"一票难求"成为每年春运的焦点。经历过那些年春运的人都会记得绿皮客车，那一节节车厢寄托着对家乡的思念，也承载着归家路途的艰辛。

20 世纪 80 年代初，浙江化工学院经过不懈努力终于搬迁到杭州，得以并入并参与组建浙江工学院，我们也从过去的"进城难"变成了"回乡难"。记得是 1986 年，我们全家要赶回衢州过春节。在春节高峰期，好不容易买到了早上 5 点 45 分从杭州发车直达衢州的火车票。那时能买到这趟车次的票已属万幸，其他车次根本买不到票。为了赶这趟车，我们凌晨 2 点多钟就赶到米市巷公交车站。其实从拱宸桥发往城站火车站的 1 路电车，头班车要 4 点半才到米市巷，但 3 点多钟公交车站就已站满了人，背着大包小包，显然都是急于赶火车回家的人。电车到站还没停稳，人们就一哄而上，但车上本身就已经很拥挤，每趟车也挤不进几个人。一直等到 5 点 20 分，我们一家也没能挤上电车，眼看就要误了火车，只好再三恳求售票员，总算她好心帮我们挤上了电车。电车到达城站火车站，离火车启动还剩 5 分钟。我们百米冲刺般冲进检票口，刚进车厢，火车就开动了。

进入 20 世纪 90 年代，从杭州到宁波开通了第一条高速公路，接着又开通了杭沪高速和杭金衢高速。到 1999 年，我国的高速公路里程突破了 1 万千米，到 2017 年更是达到 13.6 万千米，高速公路已覆盖了全国 97% 的 20 万以上人口的城市及所有的地级行政中心。高速公路的开通大大缓解了铁路的压力，高速公路出行成了春运的"大头"。在 2018 年近 30 亿人次的春运客流中，铁路运送的不足 4 亿人次，80% 以上的客流是通过高速公路回家。

铁路本身，也发生了巨变。首先是提速。2007 年 4 月 18 日，首趟时速 200 千米的动车组列车在上海站始发，我国迈入动车时代。而如今，时速 300 千米的"和谐号"高铁动车组已普及，时速 350 千米的"复兴号"高铁动车组也越来越多。高铁通车里程已达 3.8 万千米，将时空大大压缩了。从北京到上海大约 1300 千米，十几年前至少要跑一天一夜，而现在最快只要 4 个多小时。虽说这几年"买票"依然是春运的难题，但如何买票却有了天壤之别：以前的春运期，人们要想买到票，得带着铺盖卷在售票窗口前打地铺通宵排队；而如今，随着互联网的普及和新一代铁路客票系统的使用，人们用电脑或手机"动动指尖"即可购票。近两年，互联网包括手机 App 的售票量已经占总售票量的 60% 以上，大城市超过 80%。有一则信息说："12306 现在日均页面浏览量达到 556.7 亿次，最高峰时页面浏览量达 813.4 亿次，1 小时最高点击量近 60 亿次，平均每秒约 165 万次，处理能力达到每天 1500 万张。"不但购票方便，而且乘坐舒适。候车也不像过去那么紧张难熬了，火车站的候车室又大又漂亮而且设施齐全，许多乘客喜欢早一些到车站，逛逛里面的商场，坐下来喝杯咖啡，从从容容地进站、登车。如今已推行无票乘车，凭借手机、身份证和人脸识别系统就可乘车，坐火车更加方便舒适而快捷。

进入 21 世纪，社会经济的发展全面提速，家庭小轿车的增长是又一个显著的例子。1978 年，中国汽车的年产销量还只有 10 万辆，到 2017 年中国的汽车年产销量就达到了 2940 万辆，成了全球第一大汽车产销国。今天，小汽车已经成为中产阶层家庭的标配，不少家庭还有好几辆。

（二）通信的变化

20 世纪 90 年代初，杭州掀起了家庭安装电话高潮。起初一部电话的初装费仅 300 元钱，但申请审批时间比较长，一般要 3—5 个月，后来申请安装的人越来越多，审批时间缩短至 10 天左右，但初装费也水涨船高，一路上涨到 3000 元。由于申请的人太多，得早早去指定邮电局排队，各邮电局门前每天都有一字长龙队伍，大家边等待边聊天儿，兴高采烈地谈论有关电话以及社会变化的种种热门话题，在那些年几乎成了一道亮丽的风景线。

90 年代中期，移动通信也开始发展起来。最早出现的"大哥大"，是像砖头一般大的手机。由于价格不菲，通常只有老板才用得起，所以虽然"大哥大"又大又笨，却成了身份的象征，那年头能手拿"大哥大"的人，是很牛气的。一般的人，只能用传呼机，也称 BP 机。那时腰里别着一只 BP 机也算神气了，在公共场所经常能听到朋友或同事告别时说"有事你呼我"，声音还特别响，生怕别人不知道他有传呼机。不久，市面上出现了摩托罗拉手机，小巧玲珑的，价格当然不菲，一部手机要 3 万—5 万元，是普通教师几年的收入，令我们只能望机兴叹。到 90 年代末，手机开始普及，牌子越来越多，价格也越来越平民化，最有名气的是诺基亚。到 2010 年前后，又开始普及智能手机。现在我国的手机用户数量已超过 15 亿部，但摩托罗拉、诺基亚这些昔日的名牌，现在基本看不到了。智能手机的功能逐渐变得越来越多样，用途越来越广泛，远远超出通话、短信、上网、微信等这些通信交流的范畴，一般生活中的问题，如付款、购物、买票、导航等等，差不多都可以用手机解决。今天，智能手机已成了人们日常生活中不可或缺的随身必备品。

总之，改革开放 40 多年的巨大变化，是全国人民都可以切身感受到的。我相信，在以习近平同志为核心的党中央领导下，只要全国人民在深化改革开放的道路上砥砺前进，一定能实现中华民族的伟大复兴。

"同心"思想浅析

姜一飞

    学校工会主席张美玉教授提出浙工大"同心"这一响亮口号，激励全校师生员工在习近平新时代中国特色社会主义思想指引下，全面落实立德树人根本任务，加快建设"区域特色鲜明、国内一流的研究型大学"，为推进浙江省"重要窗口"、社会主义现代化先行省和"高质量发展建设共同富裕示范区"建设，助力实现中华民族伟大复兴做出新的卓越贡献。

    "同心"思想，即以同心为内核，以思想上同心同德、目标上同心同向、行动上同心同行为基本内容的思想体系的总称，从客观上看，它根植于几千年的中华文明，渊源于以"同、和"等思想为表征的中华传统文化，孕育于中国民主革命的丰厚土壤，凝聚于1949年9月中国人民政治协商会议的召开和《中国人民政治协商会议共同纲领》的制定，流淌于新中国成立后社会主义建设的曲折长河，迸发于中国共产党领导的多党合作的伟大实践。从微观来说，它直接源于毕节试验区建设和科学发展的成功探索，直接源于统一战线服务科学发展"毕节模式"的形成过程和同心工程的生动实践。

    在中国革命、建设和改革开放历史进程中，各民主党派从认同到最终选择并坚持中国共产党的领导，与中国共产党同甘共苦、同舟共济，形成了牢不可破的同心品质，具有厚重的历史性、鲜明的时代性和巨大的包容性。同心同德、同心同向、同心同行，三者互相印证，互为因果，同德是"同心"的思想根基，同向是"同心"的目标要求，同行是"同心"的外在实践，三者相辅相成，相得益彰，形成体系，彰显着"同心"思想的夺目光芒，指引我们不断取得革命、建设和改革事业新的胜利。

一、"同心"思想渊源

    "同心"思想最早可以追溯到中国历史上中国共产党和各民主党派的同心实践，而在中国新民主主义革命时期，中国共产党和各民主党派之所以能"同心"，是因为只有"同心"才能共生。"同心"思想的制度选择是共存，各民主党派在中国历史上能同中国共产党同心协力，还经历了几次以共存为核心内容的制度选择与制度完善。"同心"思想的社会效绩是共荣，各民主党派与中国共产党的同心合作，极大推进了我国经济社会的发展，维护了社会的稳定。多党合作的事业在同心同德的旗帜下，焕发了制度魅力，那就是共荣。"同心"思想是新时期多党合作事业顺利发展的保证，而践行"同心"思想最重要的就是因为其中蕴含着共赢的价值内涵。

"同心"思想是当前社会背景下凝心聚力的保证，是建设中国特色社会主义事业、实现中华民族伟大复兴的保证，只有这样才能国家富强、社会稳定，才能共赢。只有"同心"，形成的团结联合才能牢不可破、历久弥坚；只有"同心"，才能凝聚人心、汇聚力量。坚持"同心"思想，实质就是坚持中国特色社会主义理论体系中的统一战线理论。

二、"同心"思想精神实质

当前，随着经济社会转型、发展方式转变，统一战线成员坚持党的领导、建设中国特色社会主义的思想共识不断巩固，同时价值取向、思维方式和愿望诉求日益多样。进一步巩固壮大最广泛的爱国统一战线，必须正确处理一致性与多样性的关系，使各种意见在统一共识基础上相互借鉴而不对立，各种诉求在共同利益基础上相互尊重而不冲突，始终保持和谐发展。坚持"同心"思想，实质就是通过求同存异不断增进一致性、包容多样性。

"同心"思想主要体现为思想上同心同德、目标上同心同向、行动上同心同行，强调理想信念上的共识、道路方向上的一致、具体实践上的协力，在不同时期表现为特定的内涵。当前，思想上同心同德，就是要始终坚持中国共产党的领导，坚持中国特色社会主义道路、理论体系和制度，自觉践行社会主义核心价值体系；目标上同心同向，就是要高举中国特色社会主义伟大旗帜，共同致力于中华民族伟大复兴；行动上同心同行，就是要自觉投身中国特色社会主义伟大实践，全面推进社会主义经济、政治、文化和社会建设。这些是统一战线最核心的价值追求，需要引导广大成员不断深化思想认识、提升精神境界，进一步夯实团结奋斗的牢固基础。

"同心"思想既体现了统一战线的根本原则和要求，又包含与时代发展相适应的鲜明特点。具有增强共识的教育性，强调引导统一战线成员增进对中国共产党领导的高度信任，对中国特色社会主义道路的高度自信，对中国特色社会主义理论体系的高度自觉，对中国特色社会主义制度的高度认同。具有凝心聚力的整合性，通过共同理想的感召、共同目标的激励、共同利益的维系，将统一战线成员的智慧和力量汇聚起来，为党和国家事业发展提供有力支持。具有尊重多样的包容性，不是追求表面的一致和形式的同一，而是以求同存异弥合分歧、以民主协商扩大共识、以和谐共赢深化合作，从而达到更高层次的协调一致。具有推动实践的指导性，指明各领域工作开展的着力方向，是衡量统一战线服务党和国家工作大局成效的重要标准，体现在履职尽责和发挥作用的各个方面。

三、"同心"思想实践

"同心"思想源自实践，也指导着实践。在"同心"行动实施过程中，要突出"同心"思想的引领作用，增强与党和国家中心工作的关联度，立足服务发展稳定的大局高标准谋划，坚持发挥优势与凝聚共识并重，更好地彰显与党同心、与人民同心的真谛。着眼"同心"思想的目标追求，最大限度地团结引导各方面力量，积极参与中国特色社会主义建设的生动实践，为推动科学发展、促进社会和谐、实现人民幸福安康做出积极贡献。按照"同心"思想的具体要求，立足工作实际，加强分类指导，针对不同领域、不同工作对象的特点，科学合理地组织实施，不搞"一刀切"。

"同心"思想既是推进"同心"行动的精神动力，也是其重要工作方针。把"同心"宣传作为展示统一战线形象的重要窗口，及时反映"同心"行动实施的情况，深入挖掘先进人物的感人事迹，充分发挥典型示范带动作用，切实提高其在广大成员中的号召力和动员力。

"同心"行动是体现统一战线优势作用的生动实践，重点要围绕建言献策、助推发展、服务民生、共促和谐 4 个方面开展，在突出品牌、注重实效上下功夫。着重总结探索和创新各种创建活动，协助党和政府做好解疑释惑、理顺情绪、化解矛盾的工作，维护社会和谐稳定。

"同心"思想体现着统一战线同心奋斗的思想境界，也为衡量"同心"行动成效提供了重要的价值尺度。以"同心"思想为评判标准，必须坚持鲜明的政治属性，将其贯穿于"同心"行动的各个环节、各个方面，使思想上的团结与统一、目标上的一致与协调、行动上的沟通与合作成为其重要标志。以"同心"思想为评判标准，必须紧密结合社会实践，坚持按照规律办事、实事求是，切实把经济社会发展需要与统一战线优势作用有效对接，把完成阶段性任务与长远性谋划有机结合，把重点领域的突破与全局工作的推进有序统筹。以"同心"思想为评判标准，必须坚持走群众路线，一切为了群众、依靠群众，以群众为评判主体，帮助群众解决实际困难和现实利益问题，用群众满意度、受惠度检验行动开展的实际成效，真正体现与党和人民群众同心的要求。

四、"同心"思想在高等教育中的实践

习近平总书记指出："高等学校承担着人才培养、知识创新和社会服务的重要任务。

谋共生，促融合，同心筑梦，服务社会，聚力教育事业发展找准融合切入点。"我国正处在建立社会主义市场经济体制和实现现代化战略目标的关键时期，高等教育进入了一个新的发展阶段。

在高等院校中，"立德树人"是教育的根本任务。应因时而进、因事而化、因势而新，切实肩负起新时代赋予的新使命。思想政治教育保证创新创业教育立德树人的政治方向，引领创新创业教育的价值导向；创新创业教育是思想政治教育的新载体，是展示理想信念和践行社会主义核心价值观的新平台。创新创业教育与思想政治教育的"同心同行"和紧密融合将有助于推进高等院校立德树人工作取得新成效、新突破。"同心同行"是创新创业教育与思想政治教育的基本点。创新创业教育与思想政治教育工作"同心同行"，是高等教育改革的必然要求，也是高校人才培养的现实要求，更是青年大学生实现成长成才的必经之路。创新创业教育的本质是素质教育，归根结底是要培养德、智、体、美、劳全面发展的社会主义建设者和接班人。思想政治教育可以正面引导青年学生树立正确的创业观、良好的创业操守及纯正的创业动机。创新创业教育可以引导青年学生树立远大的职业理想，更大限度激发每个学生的潜能潜质；可以进一步将思想政治教育核心内容的理想信念教育由抽象变得具体。创新创业教育内容包括创新创业意识、创新创业精神、创新创业能力等，更加需要注重青年学生未来的发展，培养青年学生树立正确的世界观、人生观和价值观，这些可有效增强学生学习的积极性，提升思想政治教育的亲和力和针对性。两者在目标、内容、方法和功能上高度统一、相辅相成，在各自的理论研究和实践探索中均取得了诸多进展，但也面临着阻碍各自发展的共性问题，任何一方的独立发展都存在自身难以克服的障碍，必须"同心同行"，合力培养德、智、体、美、劳全面发展的社会主义建设者和接班人。思想政治教育可以培养高校青年学生的创新创业思维，引导创新创业教育活动的正确方向；创新创业教育可以增强学生的实践能力，提升思想政治教育的针对性和时效性，两者有着共同的目标方向。还要积极营造"创新带动创业，创业促进就业"的校园文化氛围，这对青年学生具有价值引导、思想激励、行为规范和陶冶情操等作用，能增强学生的创业综合素质。

构建高素质专业化的教师队伍，推动"同心同行"往心里走。创新创业教育工作具有政治性、思想性和业务性强的特征，需要一支科学化、专业化的具有创新创业素质的教师队伍作为师资人才支撑。同时，要不断提升思想政治师资队伍，特别是广大党员教师队伍的思想政治教育和创新创业教育的双重能力，发扬越是艰险越向前的干事创业精神。进一步树立以学生为中心的育人理念，充分发挥思想政治教育工作者的优势作用，通过思想政治教育工作对学生的创新创业意识进行潜移默化的影响，同时做好学生创新创业活动的保障服务工作，把工作做细做深，做到学生心里。

要把"同心"思想作为新时期政党关系的指导思想，不断增强政治意识、大局意识、责任意识，紧密结合学校改革发展稳定的实际和师生员工的思想实际，研究新情况，解决新问题，增强工作的针对性和实效性，切实加强思想理论建设、队伍建设、制度建设和阵地建设，锐意进取，开拓创新，狠抓落实，务求实效，努力调动广大师生员工的积极性和创造性，为学校改革、发展、稳定提供强有力的精神动力、智力支持和思想保证。把教育和管理相结合，把社会主义思想道德原则融于科学有效的管理之中；正确处理好改革、发展、稳定的关系，团结全体师生员工，同心同德，不断推进学校的改革和发展。

回望初心再出发。在"为中国人民谋幸福、为中华民族谋复兴"的进程中，源源不断地输送拔尖创新的青春力量，在新时代做出中国高等教育人新的贡献。

传承、创新
——化工学院的集聚效应

姜一飞

在我校的发展史上，化学工程学院历史最为悠久，而且是一个"母"学院。

从 1953 年，重工业部创办杭州化学工业学校时，按照当时我国化学工业建设的需要，开设了无机物工学、化学工厂装备、分析化学等化工专业。经过 70 年艰难曲折的发展显示化工学科的强盛生命力。在学院内涵与时俱进的基础上，不断主动地面向社会发展和经济建设的需求，开拓新的学科方向，增设新的专业，逐步积淀内生新的学科。

前进的道路充满着挑战与竞争，但机遇总是带给有理想的人，有事业心的人，追求卓越的人，自强不息的人。化学工程学院历任领导始终牢记建校初心："面向社会发展和经济建设的需求，发扬齐心协力、开拓创新、实事求是、艰苦奋斗、自强不息、无私奉献的优良传统。"70 年来，在化学工程学院的发展历史中，随着新的学科方向的选择与建设、科研工作与科研机构的组建、教科结合与新专业的创办，以化学工程学院为核心，衍生并集聚了材料科学与工程学院、生物工程学院、环境学院、药学院、海洋化学与化工学院等一群学院，成为我校特色鲜明的学院集群。这些新学院成长的足迹，构成了我校一部富有生命力的学院发展史。

一、材料科学与工程学院

在现代科学技术中，材料科学是国民经济发展的三大支柱之一。主要专业方向有金属材料、无机非金属材料、高分子材料、耐磨材料、表面强化、材料加工工程等等。

大千世界中的材料无所不包、无处不在。吃、穿、住、行，每个人每天会碰到诸如金属、橡胶、磁性、光电等众多材料，小到一根针、一张纸、一个塑料袋、一件衣服，大到交通工具、医疗器械、工程建筑、信息通信、航天航空，处处都有材料科学的身影。

事实上，人类文明发展史，就是一部如何更好地利用材料和创造材料的历史，材料的不断创新和发展，也极大地推动了社会经济的发展。

随着人类进入新世纪和科学的发展，无论是工业领域、建筑领域、医用领域还是航空领域，材料学都面临着技术突破和重大产业发展机遇。同时以高分子材料、纳米材料、光电子材料、生物医用材料及新能源材料等为代表的新材料技术创新也显得异常活跃。

20 世纪 60 年代的浙江化工学院建设初期，根据浙江化学工业发展的需要，在继续办好化工基本专业的同时，就开设了一批新专业。其中包括高分子工学、无机物工学、化工机械、基本有机合成、氟化学、电化学、化学纤维、炼油炼焦等 8 个本科专业，在后来的全国高等教育大调整中，不少专业被调整合并了，其中包括高分子工学本科专业，后被调整并入基本有机合成专业。

20 世纪 70 年代，学校在办学理念上主动寻求新的发展机遇，在学科设置方面设法突破化工单一学科的办学格局，努力向多学科办学方向发展，于是系领导从基本有机合成教研室抽调了虞炳钧、李焕文等人组成高分子专业筹备组，任命虞炳钧为负责人，准备成立高分子专业，后经过省内外调查，由于受当时的大环境条件限制，该项目没有继续下去。

材料科学与工程学科，是以高分子材料与工程、腐蚀与防护两个专业为基础组建而成的。我校曾在 1960 年开设高分子工学本科专业，后被调整并入基本有机合成专业。腐蚀与防护专业是从 1973 年创办的工业设备防腐蚀专业起始的，在 1978 年国家新颁布的统一专业目录中，改为腐蚀与防护（化工设备防腐蚀）专业。1984 年按国家教育委员会的全国工科专业目录调整为腐蚀与防护专业。1985 年腐蚀与防护专业停止招生，同时开设塑料工程专业。1988 年转入轻工业工程系。1993 年塑料工程专业更名为高分子材料与工程专业，并新开设材料化工专业。1998 年在机构调整中，高分子材料与工程专业转入化工学院；进入新的发展平台。为促进高分子材料与工程专业发展，化学工程学院增设了材料科学与工程系。2001 年，为适应材料科学发展，拓宽专业口径，将高分子材料与工程专业和材料化工专业合并为材料科学与工程专业。2003 年，化学工程学院更名为化学工程与材料学院（简称化材学院）。化材学院又经历了 10 年的历程，极大地促进了新材料及加工工程学科的成长与发展。2013 年，材料科学与工程学科独立出来，建立了材料科学与工程学院（化材学院又改回化工学院），标志着材料学科进入新的发展历程。该学科现为浙江省"重中之重"学科，拥有材料化工博士点、材料科学与工程一级学科硕士授予权，建有省塑料改性与加工技术研究重点实验室等一批研究机构，并与相关行业协会建立了广泛联系与协作，为学科建设创造了良好的协同发展空间。

材料科学与工程学院的材料科学与工程学科为浙江省重中之重学科、浙江省一流学科（A 类），建有浙江省塑料改性与加工技术研究重点实验室、中国轻工业绿色塑料助剂重点实验室、浙江省—俄罗斯金刚石薄膜及其功能器件联合研究中心、浙江省塑料科技创新服务平台等高层次平台，挂靠有浙江省腐蚀与防护学会。学院现拥有教工 80 余人，专任教师中正高职称达 36% 以上，副高职称达 43% 以上，有博士学位者达 87% 以上，有海外学术经历者达 54% 以上，国家千人特聘专家 1 人、国家百千万人才工程入选者 1 人、国家优秀青年基金获得者 1 人以及浙江省千人计划、钱江学者、省"151 人才"第一层次等各类省部级人才 20 余人。拥有材料化工博士点 1 个，材料科学与工程一级学科硕士点 1 个，材料工程硕士点 1 个，材料科学与工程、高分子材料与工程本科专业 2 个，现有在校生 800 余人，其中本科生 480 余人，硕士研究生 380 余人，博士研究生 40 余人，已培养本科、硕士、博士等人才 4000 余人。

材料科学与工程学院发挥学科、人才等优势，在高分子材料与工程、金属材料与表面工程、功能材料、新能源材料与技术、材料成型与控制工程等领域形成一系列具有鲜明特色的重点研究方向，先后获国家技术发明二等奖等省部级以上科研奖 20 余项，出版专著、教材 15 部，年承担国家重点研发课题、国际科技合作项目、国家自然科学基金、浙江省自然科学基金等省部级及以上科研项目 100 余项，年承担企业委托项目 80 余项，年科研到款近 3000 万元，年获授权国家发明专利 30 余项，年发表 SCI、EI 索引学术论文 150 余篇，其中 JCR 二区以上期刊论文 80 余篇，拥有各类仪器设备价值 6000 余万元，科研和教学实验用房 3000 余平方米。

材料科学与工程学院秉承"大材至真，大器至善"院训，在人才培养、科学研究、社会服务和文化传承等方面以"成大材、铸大器"为目标，求真务实、开拓创新，努力将学院建设成为特色鲜明、国内知名的应用研究型学院。现已成为我国材料领域人才培养、科学研究和技术开发的重要基地。材料学科为浙江工业大学第三个 ESI 全球排名进入 1% 的学科，最新排名为前 0.212%（2023 年 3 月）。

二、生物工程学院

由于生物技术将会为解决人类面临的重大问题如粮食、健康、环境、能源等开辟广阔的前景，它与计算器微电子技术、新材料、新能源、航天技术等被列为高科技，被认为是 21 世纪科学技术的核心。

生物技术的发展可以划分为 3 个不同的阶段：传统生物技术、近代生物技术、现代生物技术。传统生物技术的技术特征是酿造技术，近代生物技术的技术特征是微生物发酵技术，现代生物技术的技术特征就是以基因工程为首要标志。本文所说的生物技术，是指现代生物技术，也可称之为生物工程。

生物工程，是 20 世纪 70 年代初开始兴起的一门新兴的综合性应用学科，90 年代诞生了基于系统论的生物工程，即系统生物工程的概念。

所谓生物工程，一般认为是以生物学（特别是其中的分子生物学、微生物学、遗传学、生物化学和细胞学）的理论和技术为基础，结合化工、机械、电子计算机等现代工程技术，充分运用分子生物学的最新成就，自觉地操纵遗传物质，定向地改造生物或其功能，短期内创造出具有超远缘性状的新物种，再通过合适的生物反应器对这类"工程菌"或"工程细胞株"进行大规模的培养，以生产大量有用代谢产物或发挥它们独特生理功能的一门新兴技术。

生物工程是分子遗传学、微生物学、细胞生物学、生物化学、化学工程和能源学等各学科的结合，其应用范围十分广泛，包括医药、食品、农林、园艺、化工、冶金、采油、发酵罐新技术和新底物的环保等方面。许多现有的以微生物学为基础的工业，依靠基因工程而得以改进，同时还缓解了环境污染等社会问题。不久的将来，光生物反应器和生物燃料将会变为实现，像木质素纤维素这类结构复杂但能再生的底物会变成为发酵工业的原料，也很可能会为塑料工业和聚合物工业提供起始成分。可以说，基因工程和细胞工程是生物工程的基础，重组 DNA 技术和酶固定化技术是生物工程的两个最富有特色和潜力的技术，而发酵工程与细胞和组织培养技术是目前较为成熟和广泛应用的技术。

现代生物技术在 20 世纪 70 年代开始异军突起，近一二十年来发展极为神速。它与微电子技术、新材料技术和新能源技术并列为影响未来国计民生的四大科学技术支柱，被认为是 21 世纪世界知识经济的核心。

生物工程学院，起始于 1981 年轻工系，当时为筹建轻工业工程系，依托化学工程系为主体，曾一度改称为化工轻工系。开始稳定招收本科生后与化学工程系分离，并从化工系中抽调了一批骨干教师为学术带头人，如虞炳钧、陈廷登等。轻工系的第一个专业是发酵工程，开设的微生物化学工程专业，1984 年按照全国统一专业目录更名为发酵工程专业，1993 年又曾改为生物化学工程专业，1998 年更改为生物工程专业。1998 年 3 月更名，成立生物与环境工程学院，2015 年 9 月，撤销生物与环境工程学院，成立生物工程学院。是浙江省第一个和全国较早设立生物工程学科和专业的学院。现拥有生物工程和生物技术 2 个本科专业，生物工程一级学科硕士点，生物化工、微生物学、生物化学与分子生物学 3 个二级学科硕士点，生物工程、轻工技术与工程 2 个专业学位硕士点，生物化工博士点，已形成本科—硕士—博士完整的人才培养体系。

学院现有教职工 82 人，其中中国工程院院士 2 人，具有高级专业技术职务的教师 44 人，聘用海外知名高校的客座教授 10 余人，具有博士学位和海外留学、工作经历的专任教师分别占比 90% 和 50%。目前在校本科生 450 余人，硕、博研究生 350 余人。学院已培养毕业生 2500 余人，一大批毕业生在海内外高等学校、科研院所、企事业单位担任了重要的管理和技术职务，起到了骨干作用，为经济、社会发展做出了积极的贡献。

学院是我校国家首批"2011 计划"长三角绿色制药协同创新中心、国家化学原料药合成工程技术研究中心的主导学院，是绿色化学合成技术国家重点实验室培育基地的主体学院。建有国家"2011 计划"长三角绿色制药协同创新中心生物技术制药分中心、国家化学原料药合成工程技术研究中心生物制药分中心、绿色化学合成技术国家重点实验室培育基地生物合成技术实验室、生物转化与生物净化教育部工程研究中心、生物有机合成技术研究浙江省重点实验室、石油和化工行业药用化学品生物催化重点实验室、手性生物制造国家地方联合工程研究中心、可再生资源利用与加工国家级实验教学示范中心、生物基础浙江省实验教学示范中心等一批国家、省部级教学与科研平台。学院建有"微生物发酵和生物催化"浙江省首批重点科技创新团队，同时是"生物净化和生物转化"教育部创新团队、"三药"浙江省创新团队的主要成员。

生物工程一级学科列入浙江省"一流学科建设计划"（A 类）和浙江省"重点高校建设计划"第一批重点建设学科。生物化工学科是浙江省重中之重学科，位列《中国研究生教育及学科专业评价报告 2015—2016》学科排行榜第 7 位。生物工程专业是国家特色专业和浙江省优势专业，于 2017 年通过了中国工程教育专业认证协会组织的工程教育认证，生物技术专业是浙江省新兴特色专业。"微生物学""生物工程设备"是国家精品课程和国家精品资源共享课，"生物钟与健康"是国家精品视频公开课，"微生物学""生物化学""基因工程技术""生物工程设备"是浙江省精品课程。

近年来，学院承担了国家重点基础研究发展计划（973 计划）、国家高技术研究发展计划（863 计划）、国家重大科技专项、国家科技支撑计划项目、国家自然科学基金、浙江省自然科学基金重点项目、杰出青年科学基金项目和浙江省科技重大专项等国家级、省部级项目近 100 项，同时也承担了企业委托和合作开发的重大产业化项目 20 余项，发表SCI、EI 收录论文 600 余篇，授权国家发明专利 200 余项，建成工业化生产装置和生产线 20 多条，学院研发的项目获国家技术发明二等奖 2 项、国家科技进步二等奖 1 项、中国专利优秀奖 1 项、省部级科学技术一等奖 8 项、省部级科学技术二等奖 3 项。学院完成的 2 项教学成果获得了浙江省教学成果二等奖。

学院广泛开展对外交流与合作，已与美国、德国、日本、加拿大、澳大利亚、比利时等诸多海外院校建立了全面合作关系。

三、环境学院

环境工程是 21 世纪重点发展的高新科技之一。环境工程学是一个庞大而复杂的技术体系。它不仅研究防治环境污染和公害的措施，而且研究自然资源的保护和合理利用，探讨废物资源化技术、改革生产工艺、发展少害或无害的闭路生产系统，以及按区域环境进行运筹学管理，以获得较大的环境效果和经济效益。这些都成为环境工程学的重要发展方向。

中国政府十分重视环境教育工作，确立了"环境保护，教育为本"的指导思想。保护环境最理想的途径是尽量减少污染物的排放。工业造成的污染是当前最主要的污染，而它的废水、废气和废渣中的污染物一般是未能利用的原材料或副产品、产品。工业上加强生产管理和革新生产工艺，政府运用立法和经济措施促进工业革新技术，是防止环境污染最基本最有效的途径。然而，生活和生产对环境的不利影响是难于从根本上予以防治的，因而控制对环境的污染是环境工程的基本任务。

废气、废水和固体废物的污染，是各种自然因素和社会因素共同作用的结果。控制环境污染必须根据当地的自然条件，弄清污染物产生、迁移和转化的规律，对环境问题进行系统分析，采取经济手段、管理手段和工程技术手段相结合的综合防治措施，改革生产工艺和设备，开发和利用无污染能源，利用自然净化能力等，以便取得环境污染防治的最佳效果。环境污染综合防治是在对废水、废气、固体废物单项治理的基础上发展起来的。

1977 年，当时化工系的领导高瞻远瞩，抽调力量，成立了"三废治理研究室"，研究室由田冰式老师任组长，他们首先对省内外有关企业环保情况做了认真调查；初步掌握了当时我省环境保护状况及存在问题。根据当时省内实际情况选择以"处理有机磷农药马拉松废水"为课题，化工系的领导为加强力量，从当时农药教学组和其他教学组抽调朱良天等人充实三废治理研究室，并任命朱良天为副组长，组成一个能吃苦耐劳、勇于开拓创新、充满活力的研究团队。三废治理研究室刚成立时条件十分艰苦，既无经费也无实验场地和实验设备。经过全体研究人员艰苦努力，攻克了技术难关；该项目被列为 1979 年度浙江省重点中试攻关项目"马拉硫磷生产污水闭路循环技术研究"。在厂校紧密配合下，顺利完成作为省重点攻关项目"马拉硫磷生产污水闭路循环技术研究"。该项目获 1981 年度浙江省重大科技进步二等奖。

1979 年化工系又成立了"重金属废水治理"科研组，经高德永、唐泽、张嗣炯等人艰苦努力，顺利完成重金属矿山废水处理项目。当时在省里我校的三废治理研究已奠定了良好的基础。因此省环保局对我们很重视，20 世纪 80 年代初就建议我校成立"环境保护专业"，并答应省环保局会给予大力支持和一定的经费补助，我们将此情况及时向系和学校有关领导做了汇报，并附了成立"环境保护专业"的可行性研究调查报告，可惜当时学校重点是搬迁，建设杭州新校区，对此建议并没引起重视。直到 1992 年，化工系才抽调张嗣炯老师负责筹建环境工程新专业，并于 1994 年开始招收第一届环境工程专业本科生，1998 年因学校院系调整，环境工程本科专业并入轻工系，成立生物环境工程学院。2015 年底，生物环境工程学院分为生物工程学院、环境学院。

环境学院现有环境科学与工程一级学科 1 个，2016 年环境科学与生态学学科排名进入 ESI 全球排名前 1%。学院拥有环境科学与工程一级学科博士后科研流动站、博士点、硕士点和环境工程专业学位硕士点；设有环境工程（浙江省优势专业）、环境科学（浙江省"十三五"特色专业）2 个本科专业，其中环境工程专业在 2014 年通过了中国工程教育专业认证协会认证。学院建有国家级首批"2011 计划"长三角绿色制药协同创新中心环境友好支撑平台、"生物转化与生物净化"教育部工程研究中心、国家级环境工程专业创新人才培养模式实验区、国家级可再生资源利用与加工实验教学示范中心、浙江省环保公共科技创新服务平台、浙江省工业污染微生物控制技术重点实验室、环境生物技术浙江省国际科技合作基地、石油和化工行业 VOCs 污染治理工程实验室等；拥有"生物净化与转化"教育部创新团队、"大气污染控制"浙江省首批重点科技创新团队等，形成了较为完整的"科学研究—人才培养—社会服务"高层次教学科研创新平台体系。

环境学院紧密对接国家和区域环保产业重大需求，积极开展科学研究和社会服务，为长三角区域战略性新兴产业发展和主导优势传统产业转型升级提供了良好的技术支撑。近年来，学院共承担国家重点基础研发计划、国家科技支撑计划、国家自然科学基金重点项目等国家级项目 110 余项；科研到款 1.2 亿余元，其中纵向科研到款 6500 多万元；发表 SCI 论文 400 余篇；授权发明专利 80 余项，其中美国专利 2 项、南非专利 1 项；获浙江省科学技术一等奖 2 项，中国石油和化学工业联合会（协会）技术发明奖一等奖 3 项，高等学校科学研究优秀成果奖（科学技术）二等奖 2 项。

环境学院以立德树人为根本任务，培养满足区域环保行业产业发展需求的创新人才，注重学生创新能力和工程实践能力的培养。近 3 年来，学生在"挑战杯""大学生节能减排社会实践与科技竞赛"等各类高水平大学生课外科技学术竞赛中，获国家级奖 4 项、省部级奖 8 项；近 3 年本科生初次就业率保持在 95% 以上，研究生初次就业率保持在 95% 以上，继续深造率在 33% 以上。

环境学院已与美国、德国、日本、加拿大、澳大利亚、西班牙、比利时等国家的著名大学和科研机构建立长期紧密的合作关系，在学生联合培养、科研合作、教师互访、引进海外智力、国际学术交流等方面取得长足的进步。

四、药学院

药学在世界各大经济领域可以说是发展最快的门类之一，医药公司的年经济效益增长率已经高于国家的经济增长速度。并且，由于它关系着每个人的健康，越来越受到国家和社会的重视。我国的药学事业的发展也是非常迅猛的，许多药品都得到了国际市场的认可，也与外国企业建立了合作关系，但在专业人才方面有稀缺，这表明药学专业有很广阔的发展前景。

药学最先是从人类社会初期开始出现的。人类在与大自然斗争中创造了原始的医药，医药学同其他科学一样，来源于人类的社会实践和物质生活的需要。药学是历代人民群众智慧的结晶，它对全人类的健康发展、种族繁衍与发展，有着巨大贡献。中医药学源远流长，是中华民族优秀文化遗产中的珍宝，是现代国际交流中我国独具特色的优势之一。有着极其光辉的历史，是世界人民的共同精神财富。中国药学包括我国固有的中药学（传统药学）和由西方传入的西药学（现代药学）。

生物制药专业特色是生物制药已成为国际和国内增长最快的行业之一，21 世纪是生物技术的世纪，生物制药已成为突破中国高新技术发展的重点。随着生物技术迅猛发展，生物医药产业日益发展壮大，对社会稳定和经济发展的作用巨大。现代生物制药技术已不再是传统的生化药物或微生物代谢产物的获得，也不再局限于基因工程药物，而是包括疫苗、抗体和其他生物治疗产品的庞杂领域。生物制药行业的迅速发展给相应人才培养的专业教育模式提出了新的要求。

药学和生物学之间的协调关系是决定专业发展的重要问题，应该以生物技术体系为主而药学体系为辅。专业名称是生物制药，说明生物技术是技术手段，获得的产品是药物。新药的开发历程中生物技术日益偏重，药学理论则更多体现在药最后的形成上。世界范围内，每年销售额最大的前 10 名药物中有一半是抗体药物，其余小分子实体药物的研发历程也与生物技术密不可分。另外，待发布的生物工程类专业国家标准就明确包括了生物制药专业，而已经发布的药学类专业国家标准则不包括生物制药专业。

总体而言，中国生物制药产业未来充满希望，前景看好。展望今后，中国的生物制药产业将呈继续增长态势。未来一段时间中国生物、生化制品行业将依然呈现较快发展态势。

20 世纪 90 年代后期，为适应国际科技飞速发展的需要，并根据国家发展战略，教育部将高校专业再次进行调整，参照西方先进国家高校专业的设置方法，将高校专业按宽口径、大专业进行大规模撤并，专业种数由 504 种调减到 249 种；化工类专业统一划归成化工工艺专业。有部分专家向教育部领导建议："医药是关系民生的大事，我国的制药工业尚在发展阶段，与发达国家有较大差距，应重点扶持一下。"因此医药类专业从化工类专业独立出来，单独成立药学专业。

从 1995 年开始，在化工学院原精细化工专业的两个班级中，分出一个班搞"制药专门化"。2000 年，沈寅初校长牵头，从化工学院、生环学院抽调了胡维孝、单伟光、苏为科、王普等骨干教师成立了组建药学院筹备组，2001 年正式挂牌成立药学院。

从药学院成立的那一刻起，院领导和广大教师就牢记"主动适应浙江经济、科技和社会发展的需要，为浙江省经济结构战略性调整和高新技术的发展提供人才支撑和技术支撑"的办学方针，发扬我校"服务浙江、艰苦创业、开拓创新、争创一流"的优良传统，使药学院的教学、科研工作在短短 15 年内就取得了骄人的业绩，建成了制药工程省部共建教育部重点实验室、浙江省新药创制科技服务平台、浙江省制药科技创新基地（浙江省重中之重学科），确立了工业催化、生物化工等 2 个省级重中之重学科的研究方向，拥有了浙江省制药工程重点实验室及制药工程研究所等 5 个研究所。

今天，药学院已拥有药物化学博士点和药学一级学科硕士点，拥有药物化学、药剂学、药理学、生药学、药物分析和微生物与生化药学 6 个硕士学位授予权，并拥有浙江省目前唯一的制药工程领域工程硕士学位授予权，本科拥有制药工程（含化学制药和生物制药 2个专业方向）、药物制剂、药学、中药学 4 个专业，其中制药工程专业获得国家第四批高等学校特色专业建设点。目前，药学院学科门类齐全、培养层次完善、师资力量雄厚，有省特殊贡献人才 2 人，"151 人才"第一层次 3 人，教授 19 人，副教授 34 人，博士生导师 9 人，硕士生导师 42 人，具有博士学位的教师占教师总数的 48%，是学校具有高级职称和博士学位教师比例最高的学院之一。同时，药学院现有博士研究生、硕士研究生和工程硕士 400 多人，在校本科生 1000 多人。近年来，药学院承担的国家级及省部级科研项目达 100 余项，并获得国家技术发明二等奖 1 项、国家科技进步奖 1 项、科技部刘永龄科技奖 1 项、省部级科技进步奖 13 项，发表了学术论文 600 余篇，其中被 SCI、EI 摘录的论文 350 余篇，出版了专著 3 部，已授权的发明专利 47 项。

2004 年 10 月，由药学院牵头，成立了浙江省新药创制科技服务平台，这是由浙江工业大学牵头建设的省内首批行业科技创新平台，旨在通过体制机制的创新来促进科技创新。平台以产学研合作的方式，联合有关企业共建了 20 多个研发中心以及多个合作研究院，并在江苏等地建立中试和生产基地，研发成功了一批拥有自主知识产权、具有国际先进水平的药物制造关键共性技术，已广泛应用于国内近百家企业，创造了显著的社会效益和经济效益，推动了经济社会与生态文明协调发展。由浙江工业大学牵头建设的长三角绿色制药协同创新中心被认定为 2012 年度国家协同创新中心，成为全国首批入选国家"2011 计划"的 14 个协同中心之一。"2011 计划"是继"211 工程""985 工程"重点高校建设后，我国高等教育领域的第三个国家战略工程。它的申报成功是浙江工业大学在追求卓越、实现强校之梦、建设高水平大学征程上浓墨重彩的一笔，是浙江工业大学的一张新名片。

五、海洋化学与化工学院

海洋资源开发是国家战略性新兴海洋产业，海洋资源开发包括海洋工程、海洋化学与化工；海洋工程是指以开发、利用、保护、恢复海洋资源为目的，并且工程主体位于海岸线向海一侧的新建、改建、扩建工程。一般来讲海洋工程的主要内容可分为资源开发技术与装备设施技术两大部分，具体包括：围填海、海上堤坝工程，人工岛、海上和海底物资储藏设施、跨海桥梁、海底隧道工程，海底管道、海底电（光）缆工程，海洋矿产资源勘探开发及其附属工程，海上潮汐电站、波浪电站、温差电站等海洋能源开发利用工程，大型海水养殖场、人工鱼礁工程，盐田、海水淡化等海水综合利用工程，海上娱乐及运动、景观开发工程，以及国家海洋主管部门会同国务院环境保护主管部门规定的其他海洋工程。

海洋化学与化工主要是指培养能掌握海洋生物资源、食品、药品、功能生物制品等基础知识，具有新产品设计与研发能力的高级专门应用型技术人才，或从事海洋生物资源开发相关的科学研究、政策规划与管理等工作的高级专门人才。

浙江是海洋大省，我校早有开展海洋化工研究的愿望。早在 20 世纪 70 年代初，在科研选题时李寿恒教授就指导有关人员开展了有关海洋化工的文献编译和综述，编印了《海洋化工》资料集，还在相关院校之间进行了交流。

2002 年，化学工程学院开设了海洋技术专业，2009 年又成立了海洋系，2012 年设立了海洋化学与化工学科。2013 年 8 月成立海洋学院，院长由中国工程院院士高从堦担任首任院长。海洋学院依托浙江工业大学海洋研究院和浙江工业大学膜分离与水科学技术中心两大直属研究机构建设，现由食品科学与工程学科、海洋化学与化工学科组建而成。其宗旨对接国家"浙江省海洋经济示范区"与"舟山群岛新区"两大国家战略，逐步发展成为一所多学科协调发展、有影响力的国内知名的研究型学院，为我国国民经济建设、浙江海洋经济发展示范区建设和经济社会可持续发展提供人才保障和科技支撑。学院拥有1个省重点学科、1个校重点学科。海洋化学与化工二级学科博士点、食品科学与工程一级学科硕士学位授权点、食品工程专业硕士授权点、食品加工与安全农业推广硕士授权点、海洋化学与化工二级学科硕士学位授权点等。设有海洋技术、食品科学与工程、食品质量与安全等3个本科专业。学院现有在校本科生学生400余人，研究生170余人，近年来本科生一次就业率达到95%以上，继续深造率超过30%。学院拥有一支学术造诣精深、学术思想活跃、教学经验丰富、敬业爱岗的师资队伍，现有教职工60余名，其中中国工程院院士1名、博导8名，教授12名，副教授21人，其中，省"151人才"9人、浙江省中青年学科带头人6人，学院的高级职称教师占全院教师人数的61%。立足重大科研、学科建设和人才培养的诸多优势，学院拥有浙江省膜分离与水处理协同创新中心（省2011计划）等高水平科研平台和教学平台。已在膜材料与分离科学技术、环境催化材料与环境化工、水科学与水处理工程技术、海洋分析监测及环境保护、海洋生物精深加工与综合利用、食品化学与资源利用、食品安全与毒理、海洋工程装备等领域形成一系列具有鲜明特色的重点研究方向，获得包括国家科技进步一等奖、国家海洋创新成果奖在内的多个重大奖励。学院积极开展对外合作与交流，已分别与湖州市人民政府和宁海县人民政府签订合作协议，在湖州和宁海两地分别共建膜分离与水处理协同创新中心湖州研究院及浙江工业大学宁海研究院。与美国、德国、加拿大、澳大利亚、挪威、比利时等多个国家的著名大学建立了良好的合作关系。学院的研究生和本科生毕业后可在膜分离与水科学技术、环境化工与环境工程、食品科学与工程、海洋科学技术等众多领域深造、就业，学生一次就业签约率位居学校前列。海洋学院以"取海之精华、弘洋之厚德"为院训，坚持求真务实，勇于开拓创新，为把学院早日建设成为有特色、高水平的研究型学院而努力奋进。

2019年12月10日食品科学与工程专业从海洋学院分出，成立食品科学与工程学院；浙江工业大学海洋研究院和浙江工业大学膜分离与水科学技术中心两大直属研究机构，挂靠到化学工程学院。

六、化学工程学院

化学工程学院经过近70年的建设和发展，在学科建设、人才培养、科学研究、社会服务等诸方面均取得了丰硕的成果。目前包括化学工程与技术、化学和农药学这3个学科。其中化学工程与技术是浙江省一流高峰学科，是我校建立最早、综合实力最强和社会影响力最大的学科，也是浙江省属高校中第一个获得博士学位授权点和首批浙江省重中之重的学科，是集国家国际科技合作基地、国家重点实验室（培育基地）、国家重点学科（培育）、省部重点实验室、一级学科博士点和博士后流动站于一体的化工高等人才培养、科学研究和社会服务基地，在国内外化工学术和产业界享有盛誉，是我校乃至浙江省属高校的标志性学科。2016 年第四次全国学科评估中化学工程与技术学科进入全国 A 类行列，并列全国第 8 位（5.56%），是浙江省属高校理工科唯一的 A- 学科，也是我校唯一一个 A 类学科。根据 ESI 美国基本科学指标数据库最新数据显示，我校化学、工程学、材料科学、环境科学与生态、农业科学 5 个学科进入全球 ESI 排名前 1%。其中，化学学科绝对排名前 500 位（399 位），而我院化学工程与技术学科为贡献度最大的一个一流学科。

截至目前，学院有教职工 213 人，其中具有博士学位的教师 146 人，占全院教职员工的比例为 68.5%；正高级职称教师 60 人，副高级职称教师 88 人，高级职称人员占全院教职工人数的 69.5%；博导 48 人，硕导 138 人。国家重点培育学科 1 个，省一流学科 1 个，省重点学科 2 个，一级学科博士后流动站 1 个，一级学科博士点 1 个，二级学科博士点 9 个（其中支持其他学院 4 个），绿色化学合成技术国家重点实验室培育基地 1 个，能源材料及应用国家科技部国际科技合作基地 1 个，国家级化学化工实验教学示范中心 1 个，国家级化学化工虚拟仿真实验教学中心 1 个，省重点实验室 3 个，省行业（区域）科技创新服务平台 2 个，国家煤炭开发利用技术创新战略联盟成员，作为牵头（或核心）单位参与省重点技术创新团队 5 个；先后获国家级科技成果奖 12 项，省部级奖 40 余项，年发表SCI、EI 论文 350 余篇，年获授权专利 90 余项，年承担国家基金、973 计划等省部级以上科研项目 40 余项，年到款科研经费 5000 余万元，拥有各类仪器设备约 1.5 亿元，科研和教学实验用房 13500 平方米。

学院现有在校本科生 1222 人，硕士生 836 人，博士生 121 人，博士后 10 余人，近4 年学院博士生、硕士生招生人数已超过本科生招生人数，目前，研、本招生比达到 1.2：1；建有国家特色专业 2 个，省重点特色专业 1 个；拥有国家双语示范课程 1 门，国家精品资源共享课程 1 门，国家精品视频公开课 1 门，国家精品课程 1 门，省精品课程 6 门；获省级以上教学成果奖 7 项。学院已形成完整的人才培养体系，成为我国化工领域高等人才培养的重要基地。

学院积极开展对外交流与合作，已与美国、英国、德国、法国、比利时、日本等国家的一些著名大学或研究机构建立了良好的友好合作互访关系，每年有超过 6% 的学生赴境外攻读学位或者参与第二课堂游学。

学院以"团结、勤奋、钻研、贡献"为院训，坚持求真务实，勇于开拓创新，为把学院早日建设成为高水平、有特色的研究型学院而努力奋进。

近 70 年一路走来，化学工程学院作为我校学院建设的引擎依然强劲有力，仍走在学院学科建设的前列。今后，在走向世界一流学科的征程中，化学工程学院依然任重道远。

第二部分

学科、专业篇

工业催化学科创立与发展史

刘化章

催化科学与技术对整个人类社会的发展起到了无与伦比的推动作用。人类在日益发展的社会中要满足衣、食、住、行、健康以及生存环境等基本需求，而催化科学与技术的应用帮助人类逐渐解决了这些问题。例如：合成氨以及化肥的生产和使用解决了80亿人"吃"的问题；齐格勒－纳塔催化剂及三大合成解决了人类"穿"和"用"的问题；石油炼制技术解决了人类快速便捷出行的问题；汽车尾气三效催化剂的应用解决了人类生存环境的问题；不对称催化合成医药的技术大大展延了人类的寿命；等等。这些工作在解决人类基本生存需求的同时，极大地提高了人们的生活质量，成为催化科学与技术对人类社会贡献的里程碑。

工业催化技术是石油化工、重化工、医药、材料、环境和能源等领域中的核心技术，是解决资源综合利用，合成新化学品、新材料、新医药，开发新能源和净化环境的关键技术和共性技术，是国际上最活跃的学科领域之一。催化剂是实现绿色化学过程，解决传统产业高消耗、重污染的根本手段之一，是近代整个工业技术发展的核心内容，已经成为我国优先发展的关键共性技术和产业化的重点。每一个重要化工过程的开发都是以新催化剂开发为先导，90%以上的化工过程离不开催化剂。以催化反应为基础的产品产值约占全世界总产值的20%。在发达国家，催化技术对经济增长的贡献率达20%—30%。世界各国均投入巨额资金和大量优秀人才进行催化科学技术的研究、开发和工业化应用，其社会、经济和科学意义极为重大。

浙江工业大学工业催化学科始建于1970年，迄今已经走过了50多年自主创新、艰苦创业的历程，在科学研究、实验室建设、人才培养和队伍建设等方面取得了重大的进步，为实现我校办成区域特色鲜明、国内一流的研究型大学的目标，做出了应有的贡献。

本学科紧紧围绕国家能源与粮食战略需求和学科前沿，以化工、能源和环境等领域中催化技术、环保技术、绿色技术、清洁工艺技术、节能技术、高效化学反应器及工艺过程的开发与设计和工业化应用，以及催化新材料、分子催化化学计算和先进表征方法等为己任。学科的特色是科研创新能力强,科技成果转化率高,产业化特点与优势鲜明,经济社会效益显著,与国家经济建设关系密切,创造了一系列的"0"到"1"的骄人业绩,在国内外有较高知名度。

工业催化学科是在"零"起点、"零"投资、十分简陋和困难的条件下,从一个课题组发展而成的。在浙江工业大学 70 多个学科中,工业催化学科成为第一个博士点、第一个国家重点学科和国家重点实验室,这不是偶然的。我们对学科建设和发展有明确的目标和思路,总结并提出了"四坚持""三基地"的理念:坚持艰苦创业、开拓创新、争创一流的"三创"精神;坚持科学研究带动学科建设,使学科成为知识和技术创新基地;坚持学科建设与学位点建设相结合,使学科成为高层次人才培养基地;坚持走产学研结合的道路,使学科成为高新技术产业化基地。

一、在学科建设和发展过程中,始终坚持艰苦创业、开拓创新、争创一流的"三创"精神

在 20 世纪粮食短缺年代,国家建设"以粮为纲"。增产化肥,多产粮食就与国家的稳定、人民的温饱息息相关,粮食成为国家第一重大战略需求。当时,小化肥厂在全国各地如雨后春笋般兴起,合成氨工业得到蓬勃发展。但技术落后,效益低下,研制新型氨合成催化剂具有重要的技术与经济意义。在那样的时代背景下,1970 年 10 月,原浙江化工学院化工系无机物工艺教研室部分教师成立了催化研究室(触媒组),开始了氨合成催化剂的研究。

当时,除了带有各种余悸聚拢来的几个年轻人外,什么也没有,没有实验室,没有制备催化剂高温装置,也没有高压性能评价装置,连催化剂是什么样子也没有见到过,可以说是一无所知、一无所有、十分艰苦的条件下白手起家。但是,我们拥有最珍贵的东西,那就是年轻人的朝气、初生牛犊不怕虎的精神。我们学习大庆王铁人"有条件上,没有条件创造条件也要上"的大无畏精神,自力更生,艰苦奋斗,克服重重困难,一切自己动手,自己设计、建设实验室。

没有 1500—1600℃的高温熔融炉,我们自制了一台如同家用煤饼炉的土炉子,没有电动鼓风机,我们用手摇鼓风机,直摇得满头大汗、手酸背痛;没有实验室用房,我们自己设计建筑图纸、委托施工建造实验室。1984 年学校迁回杭州后的 6 年仍然是在机械厂后面的毛竹棚,1986 年搬迁到"三化"大院简易房,1990 年,搬迁到现在的化工楼一楼。没有高压实验装置,我们自己设计图纸、自己安装,首创我国第一套 20MPa 高压实验装置。该装置解决了合成氨催化剂研究和产品质量检测的关键技术和设备,被国内相关高校、研究部门和产业界广泛采用,1989 年被化工部审定为《氨合成催化剂试验方法》国家行业标准装置和仲裁装置(ZB G 74002-90)。我国氨催化剂研究从当时"独此一家"到 20 世纪 70 年代后的蓬勃发展,这套实验装置功不可没。1980 年 4 月 10 日,中共浙江省委

第一书记铁瑛第一次来校视察，就对催化研究室进行了考察。

在这简陋的实验室里，我们取得了一系列"0"到"1"科技成果和平台建设成果：

1971年，首创氨裂解制高纯合成气工艺。

1972年，第一个采用布莱格－伯曼实验设计法代替传统的简单对比法。

1974年，第一个研究成功高活性TG型Fe-Co双金属氨合成催化剂。

1975年，首创国内第一套高压实验装置，被审定为国家行业标准和仲裁装置。

1976年，研制成功我国第一个A110-2型氨合成催化剂，达到国际先进水平。

1977年，设计成功第一个新型氨合成塔。

1985年，发明了世界首创的$Fe_{1-x}O$基氨合成催化剂，达到国际领先水平。

当时的副校长把我们的实验室比作"居里实验室"，说山沟沟里飞出了"金凤凰"！

1975年设计建设的高压实验装置（内景）

（一）历史沿革

1970年，浙江省高教厅批准成立催化研究室，1993年更名为工业催化研究所。

1989年，浙江省工业催化重点（扶植）学科。

1991年，浙江省多相催化重点实验室。

1995年，工业催化硕士学位点。

1998年，工业催化博士学位点。

1999年，浙江省工业催化重点学科。

2002年，浙江工业大学催化剂工程研究中心。

2003年，浙江省多相催化重点实验室更名为绿色化学合成技术重点实验室。

2003年，绿色化学合成技术国家重点实验室（培育基地）（与应用化学学科联合申报）。

2003年，化学工程与技术一级学科博士后科研流动站。

2005 年，浙江省首批重中之重学科。

2005 年，化学工程与技术一级学科博士学位点（与生物化工博士点联合申报）。

2007 年，工业催化国家重点（培育）学科。

2012 年，招收第一届能源化工专业本科生。

2014 年，生物质与煤资源利用协同创新中心。

2018 年，中国石油和化学工业联合会电化学能源转换材料重点实验室。

2019 年，建设工信部的产业技术基础公共服务平台项目"面向工业催化领域创新成果产业化的公共服务平台"。

（二）大事记

1970 年，催化研究室（触媒组）成立，1993 年更名为工业催化研究所。

1974 年，研究成功高活性 TG 型 Fe-Co 双金属氨合成催化剂。

1975 年，自行设计建成我国首套高压实验装置《国家行业标准装置和仲裁装置》。

1976 年，研制成功 A110-2 型氨合成催化剂并在湖南桃源氮肥厂试生产成功。

1977 年，建立学校机械厂转产与新型催化剂配套的氨合成塔中试和产业化基地。

1977 年，A110-2 型氨合成催化剂转让上虞催化剂有限责任公司等全国 8 家催化剂厂。

1978 年，建立校外产学研结合的上虞化工厂催化剂中试和产业化基地。

1979 年，A110-2 型氨合成催化剂获浙江省科技进步一等奖。

1983 年，A110-2 型氨合成催化剂获国家技术发明三等奖。

1984 年，A110-2 型氨合成催化剂推广应用获浙江省科技进步一等奖。

1985 年，发明世界首创、国际领先的新一代 $Fe_{1-x}O$ 基氨合成催化剂。

1986 年，$Fe_{1-x}O$ 基氨合成催化剂获中国发明专利（保密）。

1986 年，刘化章、常家强荣获浙江省有突出贡献中青年科技专家。

1987 年，合成氨节能技术综合开发获国家科技进步二等奖。

1987 年，与中国石油化工集团公司建立了长期合作关系。

1988 年，学校创办 $Fe_{1-x}O$ 基氨合成催化剂中试和产业化基地。

1988 年，常家强、刘化章等荣获国家有突出贡献中青年科技专家。

1989 年，$Fe_{1-x}O$ 基氨合成催化剂转让上虞催化剂有限责任公司。

1989 年，浙江省工业催化重点扶植学科申报成功。

1989 年，A110-2 型氨合成催化剂首次应用于我国第一座自主设计的吴泾 30 万吨大型合成氨装置。

1991 年，刘化章荣获全国有突出贡献留学回国人员。

1991 年，浙江省多相催化重点实验室申报成功。

1992 年，A301（ZA-3）型 $Fe_{1-x}O$ 基氨合成催化剂通过化工部和省科委联合鉴定。

1993 年，A301 型氨合成催化剂获化工部科技进步一等奖。

1995 年，A301 型氨合成催化剂获国家技术发明二等奖。

1995 年，工业催化硕士学位点申报成功。

1996 年，刘化章被浙江省人民政府授予浙江省科技进步重大贡献奖。

1997 年，$Fe_{1-x}O$ 基氨合成催化剂获世界知识产权组织和中国专利局联合颁发的中国发明专利创造金奖。

1998 年，ZA-5 型 $Fe_{1-x}O$ 基低温低压氨合成催化剂通过中石化组织的鉴定。

1998 年，工业催化博士学位点申报成功。

1999 年，葛忠华、刘化章被浙江省学位委员会批准为博士生导师。

1999 年，ZA-5 型催化剂转让给德国 BASF（南京）催化剂公司等 3 家企业。

2000 年，ZA-5 型低温低压氨合成催化剂获浙江省科技进步一等奖。

2001 年，我校第一位自主培养的博士研究生毕业。

2001 年，第一批 153 吨 A301 型氨合成催化剂出口欧洲，应用于俄罗斯 30 万吨大型合成氨厂。

2002 年，工业催化博士学位点被列为全国同专业学位点第一位。

2003 年，化学工程与技术一级学科博士后科研流动站申报成功。

2003 年，浙江省多相催化重点实验室更名为浙江省绿色化学合成技术重点实验室后，成功申报"绿色化学合成技术国家重点实验室培育基地"。

2004 年，刘化章荣获中国化工学会第三届侯德榜化工科学技术奖之成就奖。

2005 年，刘化章被中共浙江省委、省人民政府批准为首批浙江省特级专家。

2005 年，浙江省工业催化重中之重学科申报成功。

2005 年，刘化章辞去学科负责人，接力棒交给李小年。

2005 年，工业催化与生物化工联合成功申报化学工程与技术一级学科博士点。

2006 年，与中国神华集团建立合作关系，成立神华—浙江工业大学创新工程研究中心。

2006 年，与中国神华集团合作承担国家能源战略领域中的关键技术研发项目，国家首批技术创新战略联盟"煤炭开发利用技术创新战略联盟"主要成员单位。

2006 年，刘化章被中共中央组织部、中共中央宣传部、科技部、教育部授予国家杰出专业技术人才称号。

2007 年，教育部批准成立工业催化国家重点（培育）学科。

2007 年，刘化章以 $Fe_{1-x}O$ 催化剂基础理论和工程技术研究成果为基础撰写、出版专著 2 部。

2008 年，合成氨应用基础理论研究获中国石油和化工协会科技进步一等奖。

2008 年，周春晖等发表在 *Chemical Society Reviews*（IF：17.419）的论文，被中国科学技术信息研究所评为"2008 年度中国百篇最具影响国际学术论文"。

2009 年，李小年入选教育部长江学者特聘教授。

2009 年，先进催化技术创新团队获批浙江省首批重点科技创新团队（联合浙江大学与浙江师范大学）。

2010 年，煤清洁利用转化催化技术成功应用于中国神华"829"工业示范装置。

2012 年，能源化工专业申报成功。

2013 年，合成取代芳胺系列产品及衍生物催化剂技术与应用获教育部技术发明奖一等奖。

2014 年，与化学工程学科联合成功申报"生物质与煤资源利用协同创新中心"。

2015 年，引进国家"青年千人计划"人才王亮。

2016 年，王建国获国家杰出青年科学基金资助。

2017 年，李小年被中共浙江省委、省政府任命为浙江工业大学校长。

2017 年，引进国家"青年千人计划"人才朱艺涵。

2017 年，王建国入选"新世纪百千万人才工程"。

2018 年，取代芳胺系列产品绿色催化合成关键技术与工业应用获国家技术发明二等奖。

2018 年，中石化联合会电化学能源转换材料重点实验室申报成功。

2019 年，建设工信部的产业技术基础公共服务平台项目"面向工业催化领域创新成果产业化的公共服务平台"。

2019 年，刘化章荣获中国化学会催化专业委员会第七届中国催化成就奖。

2019 年，王建国入选中央组织部"万人计划"科技创新领军人才。

2020 年，庄桂林获国家优秀青年科学基金资助。

2021 年，林丽利获第八届中国催化新秀奖。

（三）研究机构

- 浙江省工业催化重点学科
- 浙江省多相催化重点实验室
- 工业催化博士学位授权点
- 省部共建国家重点实验室
- 化学工程与技术一级学科博士后科研流动站
- 浙江省工业催化重中之重学科
- 化学工程与技术一级学科博士学位授权点
- 工业催化国家重点学科
- 中石化联合会电化学能源转换材料重点实验室
- 工信部产业技术基础公共服务平台

- ●浙江工业大学工业催化研究所
- ●催化氢化技术与工程研究所
- ●浙江工业大学催化加氢中心
- ●浙江工业大学催化剂工程研究中心
- ●神华—浙江工业大学创新工程研究中心
- ●碳 1 与液体能源研究所
- ●环境与资源催化研究所
- ●纳米功能与催化新材料研究所
- ●清洁工艺与反应工程研究所
- ●不对称催化研究室

二、坚持学科建设与学位点建设相结合，使学科成为高层次人才培养基地

人才培养是学科的基本任务之一，学生是科学研究的基本力量和生力军。在人才培养中，我们坚持做人重于做学问，人格培养重于知识教育；坚持思维训练重于知识学习；坚持培养阅读书籍的习惯和终身学习能力。只有具备健全的人格，经过严格的思维训练，掌握丰富的科学知识，并且具备终身学习能力，才可以称得上是一位合格的研究生。

基于工业催化是我校第一个博士学位点，仍未建立一套博士研究生教育的相关制度、缺少必要的实验条件。为此，我收集了天津大学（我国第一个工业催化博士点）、浙江大学、中国科学院大连化学物理研究所、山西煤炭化学研究所等单位有关资料。在综合这些资料的基础上，提出和编写了我校工业催化专业博士学位研究生的培养方案，包括：①《浙江工业大学工业催化专业博士学位研究生培养方案》；②《浙江工业大学工业催化专业博士研究生专业课程教学大纲》；③《浙江工业大学工业催化专业博士研究生导师资格基本条件》；④撰写了"催化科学与工程"博士学位课程教材和课件。

我校在博士研究生教育方面没有经验，实验基础条件又较薄弱，为了解决 3 年后博士点的验收和建设问题，我向学校提交了 3 份申请报告。为此，2001 年学校决定成立校催化剂工程研究中心，投资 807 万元，仪器配套用房约 100 平方米。这是学校对工业催化学科的第一次投资，也是我 30 多年梦寐以求才得到的投资。这笔经费分别给 3 个学科购买了一批大型精密仪器，大大地改善了博士研究生培养的实验条件，提高了我校相关学科科学研究水平，并为后续化学工程与技术一级学科博士学位点和博士后科研流动站的申报与建设创造了条件。

1995 年工业催化获批硕士学位点，1998 年成为我校第一个博士点，2003 年获批设化学工程与技术博士后科研流动站，2005 年工业催化和生物化工博士点联合申报成功我校第一个化学工程与技术一级学科博士学位点，按规定应用化学、化学工程和化工工艺等

非博士点学科自动升级为二级学科博士点，并自设了材料化工博士点，博士点总数一下子就达到 6 个，学校的办学层次跨上了一个新的台阶，形成新的局面。本学科成为我校第一个集重点实验室、重点学科、博士点和博士后科研流动站于一体的科研、教学和高层次人才培养基地。2001 年，我校第一位自主培养的博士研究生毕业，开创浙工大博士培养的先河，被认为是浙工大教育史上的一个里程碑（见"2016 浙工大研究生教育视频"）。在"2002 中国大学研究生专业第一名排名榜"中，我校工业催化列全国同类专业第一名，表明工业催化专业整体水平达到全国一流。本学科在国内外催化学术界和企业界享有较高知名度，是我校最具实力的学科之一，也是我校乃至我省一个标志性学科。

工业催化学科已培养研究生 1447 名，其中博士 228 人、硕士 1219 人，博士后 88 人，本科生 304 人。目前，在读研究生 473 人，其中博士 52 人、博士后 9 人，在读本科生 120 人。学科教师和在读学生合计 655 人，学科人数规模已经超过我校不少学院的规模。

在毕业的研究生中，有我校第一位土生土长的院士郑裕国、第一位土生土长的校长李小年、副校长郑华均、浙江省特级专家许丹倩、化学工程学院院长陈银飞、机械工程学院院长姚建华、食品科学与工程学院院长丁玉庭、浙江诺亚氟化工有限公司总经理韩文锋、浙江化工研究院副院长刘武灿、浙江龙盛集团研究院副院长陈玉良等。有教授吕德义、史鸿鑫、祝一锋、黄晖、甘永平、杜晓华、周春晖、郑遗凡、于凤文、倪哲明、饶国武、俞传明、施介华、沈忱、单尚、褚有群、钟依均、卢晗锋、郑启富、谢冠群、罗书平、卢春山、韩文锋、唐浩东等 24 人，还有一批全校不同学科的教师如郑裕国、徐振元、严巍、马淳安、胡惟孝、沈德隆、计建炳、陈建孟、苏为科、黄旭、任杰等获得工业催化专业博士生导师资格证书。他们都是我校教学科研真正的领军人物和栋梁之才。

随着平台建设不断完善，为教师和学生提供了良好的成才环境，培养和涌现出一批国家和省部级高层次人才。

国家和省部级高层次人才一览表

序号	人才称号	人才名单
1	1984年浙江省先进科技工作者	徐如玉
2	1986年浙江省有突出贡献中青年科技专家	常家强、刘化章、徐如玉、严巍、胡樟能、李小年、王纪康
3	1988年国家有突出贡献中青年科技专家	常家强、刘化章、严巍、胡樟能
4	1989年国务院政府特殊津贴专家	常家强、刘化章
5	1991年全国有突出贡献留学回国人员	刘化章
6	1995年省第三届青少年英才奖	李小年
7	1998年中国青年科技奖	李小年
8	1999年我校第一批博士生导师	刘化章、葛忠华

序号	人才称号/职务	人才名单
9	2003年中国青年科技创新奖	李小年
10	2004年第三届侯德榜化工科学技术奖之成就奖	刘化章
11	2004年国家百千万人才工程入选者、教育部高校骨干教师	李小年
12	2005年首批浙江省特级专家	刘化章
13	2006年国家杰出专业技术人才	刘化章
14	2009年教育部长江学者特聘教授	李小年
15	2015年国家杰出青年科学基金获得者、教育部"新世纪优秀人才支持计划"、钱江学者	王建国
16	2019年第七届中国催化成就奖	刘化章
17	2019年"中华人民共和国成立70周年纪念章"获得者	刘化章、常家强、蒋祖荣、胡樟能、李小年
18	2021年"光荣在党50年纪念章"获得者	刘化章、施金南
19	国家"青年千人计划"入选者	王亮
20	浙江省高校中青年学科带头人	李小年、陈银飞、姚南
21	浙江省"151"各层次人才	李小年、王建国、周春晖、唐华东、裴文、卢晗锋、马磊、刘迎新、李瑛、许孝良、卢春山、韩文锋（其中重点1、一层次2、二层次3、三层次7）
22	浙江省杰出青年科学基金获得者	李小年、周春晖、王建国、唐华东
23	浙江省千人计划、钱江学者	唐华东
24	浙江省领军人才	钟兴
25	国家优秀青年科学基金资助	庄桂林
26	校长	李小年
27	副校长	葛忠华、李小年（郑华均）
28	学院院长	葛忠华、李小年、陈银飞、姚南、王建国、丁玉庭，副院长卢春山
29	处级干部	常家强、孙土金、施金南、丰锋（副处长）
30	校办企业厂长	常家强、孙土金、施金南、罗雄军、韩文锋

序号	人才称号/职务	人才名单
31	全国先进工作者，全国模范教师，省优秀教师	李小年
32	全国五一劳动奖章获得者、省劳动模范；浙江省功勋教师、省优秀共产党员、省优秀教师	刘化章
33	浙江省科技进步重大贡献二等奖	刘化章
34	浙江省政协委员	刘化章、孙士金、严巍（政协常委，全国人大代表）、王建国、李小年、朱艺涵

至 2007 年本学位点完成了国家级重点学科的 3 个标志性的平台建设，成为我校唯一集重点实验室、重点学科、博士点和博士后于一体的科研、教学和高层次人才培养基地，实现了我校"四个零"中的"三个零"的突破！使我校教育形成了本科、硕士、博士和博士后完整的高层次人才培养体系。它是我校最具实力的学科之一，也是我校乃至我省的一个标志性学科。

三、坚持科学研究带动学科建设，使学科成为知识和技术创新基地

只有加强科学研究，才能提高学科的学术水平和地位，才能提高教学质量和水平。科学研究要与国家需求和学科前沿密切相结合，在实践中了解国家和社会需求，从国家和社会需求中寻找创新机会。本学科紧紧围绕国家战略需求，致力于催化剂的基础研究和产业化。

在氨合成催化剂研究领域，本学科与中国石油化工集团公司建立了长期合作关系，我们的科研项目及其经费主要来自该公司。

在 Fe_3O_4 基（含 $Co-Fe_3O_4$ 基）、$Fe_{1-x}O$ 基和 Ru 基三代催化剂都做出重大改进，并取得重大突破。1974 年研究成功高活性 TG 型 Fe-Co 双金属氨合成催化剂，1979 年开发成功 A110-2 型 Fe_3O_4 基低温氨合成催化剂；1985 年突破经典结论，发明了世界首创、国际领先的新一代 $Fe_{1-x}O$ 基氨合成催化剂，这是我国独创的一项重大原始创新成果；在制备化学和工业应用技术等方面，提出 11 个新概念、新思想和 10 项关键工程技术，创立了以单相理论为核心的我国原创 $Fe_{1-x}O$ 催化剂特色理论体系，所发现的自然现象、揭示的科学规律、提出的学术观点，发展和丰富了熔铁催化剂科学知识体系，丰富了多相催化理论，极大地促进了长期停滞不前的合成氨催化剂的技术进步，为新型催化剂的改进提供启示。这一系列自成体系的研究成果在该领域产生了很大影响，得到国内外学术界公认

和较高评价，外国科学家认为这是"对氨催化剂原有理论的真正的突破，给已成形的合成氨催化科学知识体系带来强烈冲击，有必要对一百年来教科书式的催化剂研究和推断进行质疑"。根据这些理论和概念，撰写出版《氨合成催化剂——实践与理论》和 *Ammonia Synthesis Catalysts: Innovation and Practice* 中英文专著 2 部已在世界范围发行，部分内容被选编入高校教材和有关专著中，在学术界享有较高知名度。催化剂产品在世界范围内广泛应用，取得巨大的经济和社会效益，为保障国家粮食和能源安全及中国和世界合成氨工业技术进步做出了杰出贡献。

在石油替代和补充能源研究领域，本学科与中国神华集团公司建立合作关系，组建了神华—浙江工业大学创新工程研究中心。我校作为发起成员单位之一，成为由科技部等 6 个中央部委和神华集团牵头的中国航天科技集团公司等 18 家大学和骨干科研单位组建的国家煤炭开发利用技术创新战略联盟成员，成为我国煤清洁利用催化技术重要研发基地。负责研究的煤间接液化 F-T 合成催化剂成功应用于内蒙古鄂尔多斯 18 万吨油 / 年国家首套工业示范装置。

2005 年以来，学科引进了一大批优秀青年教师，研究方向迅速扩展到催化氢化、计算化学、纳米催化和能源电催化材料基础科学、纳微催化剂及材料的设计、制备及应用等领域。在新型高效催化剂、绿色催化氢化技术、催化新材料及催化反应工程领域取得了一批标志性的研究成果，主要研究成果居国际领先水平。

工业催化学科科研创新能力强，科技成果转化率高，产业化特点与优势鲜明，社会经济效益显著，与国家经济建设关系密切，在国内外有较高知名度。

学科先后获国家技术发明二等奖 2 项、三等奖 1 项，国家科技进步二等奖 3 项和省部级一等奖 8 项等重大科技成果奖 20 多项，获美国、欧洲、中国发明专利 400 多项，发表学术论文 1500 余篇，出版教材、专著 8 部。

主要获奖科研成果一览表

序号	项目名称	获奖时间	获奖名称及等级	主要获奖人（前5）
1	A110-2型氨合成催化剂	1979	浙江省科技进步一等奖	刘化章、金爱琴、徐如玉、常家强、蒋祖荣
2	A110-2型氨合成催化剂	1983	国家技术发明三等奖	刘化章、金爱琴、徐如玉、常家强、蒋祖荣
3	A110-2型氨合成催化剂及合成塔内件推广	1984	浙江省科技进步一等奖	催化研究室、机械厂、上虞化工厂
4	氨合成塔内件	1984	浙江省科技进步三等奖	陈运根、谈志人
5	ZA-1Q球形氨合成催化剂	1985	浙江省科技进步三等奖	金耀门、常家强、蒋祖荣
6	ZA-1整塔预还原技术	1985	浙江省科技进步三等奖	葛忠华、舒季钊

精韧不怠

盛德日新

浙江工业大学化学工程学院学术文化史

序号	项目名称	获奖时间	获奖名称及等级	主要获奖人（前5）
7	氨合成节能技术综合开发	1987	国家科技进步二等奖	常家强、蒋祖荣、陈运根、刘化章、金耀门
8	ZA-3型氨合成催化剂	1989	浙江省优秀专利金奖	刘化章、徐如玉、蒋祖荣
9	A301型氨合成催化剂	1993	第七届全国发明展览会金奖	刘化章、徐如玉、蒋祖荣
10	A301型氨合成催化剂	1993	化工部科技进步一等奖	刘化章、胡樟能、李小年、李岩英、蒋祖荣
11	A301型氨合成催化剂	1994	新思维、新发明、新产品国际博览会金奖	刘化章、徐如玉、蒋祖荣
12	A301型氨合成催化剂	1996	国家技术发明二等奖	刘化章、胡樟能、李小年、李岩英、蒋祖荣
13	$Fe_{1-x}O$基催化剂及其制备方法	1997	中国专利发明创造金奖	刘化章、徐如玉、蒋祖荣
14	ZA-5型低温低压氨合成催化剂	2000	浙江省科技进步一等奖	刘化章、李小年、胡樟能、傅冠平、岑亚青
15	ZA-5型低温低压氨合成催化剂	2000	浙江省教育厅科技进步一等奖	刘化章、李小年、胡樟能、岑亚青、宁文生
16	千吨级低压液相催化加氢法生产邻（对）甲苯胺	2000	浙江省科技进步三等奖	王纪康、严巍、张光耀、周耀德、王桂林
17	$Fe_{1-x}O$基氨合成催化剂应用基础研究	2008	中石化协会科技进步一等奖	刘化章、李小年、胡樟能、岑亚青、宁文生
18	《氨合成催化剂——实践与理论》	2009	中石化协会优秀科技图书奖	刘化章
19	高纯邻甲基间氯苯胺等开发与涉氢反应体系创新	2010	浙江省科技进步二等奖	李小年、卢春山、马磊、张群峰、许孝良
20	$Fe_{1-x}O$基氨合成催化剂应用基础研究	2010	浙江省高校科研成果一等奖	刘化章、李小年、胡樟能、岑亚青、宁文生
21	$Fe_{1-x}O$基氨合成催化剂推广应用	2012	教育部科技成果推广二等奖	刘化章、李小年、胡樟能、刘银强、夏青
22	合成取代芳胺系列产品及衍生物催化剂技术与应用	2013	教育部技术发明一等奖	李小年、卢春山、张群峰、马磊、吕井辉
23	$Fe_{1-x}O$氨合成催化剂开发和应用	2017	中国产学研合作创新奖	刘化章

序号	项目名称	获奖时间	获奖名称及等级	主要获奖人（前5）
24	取代芳胺系列产品绿色催化合成关键技术与工业应用	2019	国家技术发明二等奖	李小年、陈新民、卢春山、张群峰、朱秀全
25	稀土复合氧化物高熵均相活性结构构建及稳定机制	2021	浙江省自然科学三等奖	卢晗锋、周瑛、陈银飞

各类证书

四、坚持走产学研结合的道路，使学科成为高新技术产业化基地

本学科从 1976 年至今坚持走产学研结合道路已有 46 年历史，也是我校协同创新早期实践的一个典型的成功案例。

创新放飞梦想，创业成就人生！我们在高新技术产业化方面，提出并坚持以下 6 个观念：

①如果把"创新驱动"比作经济发展的"催化剂"，则催化剂的"创新"必须"驱动"产业发展。我们既是催化剂的研究者，又是驱动经济发展的"催化剂"！没有创业的创新是无果之花，只能是多几篇论文、几个科技成果奖而已，而科技与经济依然是"两张皮"。科研成果必须最大限度地转化为生产力，为社会创造物质财富，才具有真正的价值。这是我们坚守的科学研究的价值观和目的观。②考核科研业绩的指标：应用企业的数量和效果，而不是论文的数量和影响因子！③技术产业化的途径：坚持走产学研结合道路，在校内外建立了中试和生产基地，走出了一条研究、开发、推广应用一条龙的成功之路。④产业化技术路线：催化剂、催化反应器和催化工艺技术相结合的一体化技术路线，解决新技术在工业应用遇到的关键技术。⑤成果转化和工业应用是催化剂创新的继续，需要不断地解决工业实践中遇到的新技术、新问题。⑥企业采用新产品总是有风险的，工业推广应用的关键是降低企业采用新产品的风险。

学科始终不渝地致力于成果转化和推广应用。从 1976 年迄今，研发成果全部实现产业化，创造了 3 个名牌产品，实现了创新成果的市场价值和社会价值，发挥了科技创新驱动经济发展的引领作用，在全球得到广泛应用，取得了巨大的经济和社会效益：累计净增产值 3184.6 亿元，净增利税 1130.5 亿元，净节能 1.80 亿吨，净 CO_2 减排 6.58 亿吨，净增产粮食 11.5 亿吨。

我们在产学研结合协同创新机制及其所取得的成绩，得到了全国同行的公认，受到了浙江省及原化工部相关领导的高度评价。国家科委和化工部联合为 A301 型氨合成催化剂召开现场推广会，全国 30 多家报社 50 多次报道了我们的工作，《科技日报》以《为自主创新"火上浇油"》为题做了报道，《中国化工报》发表了《把成果转化风险降为零》的短评，省科技厅原主管领导曾给予高度评价："实践表明，浙工大工业催化学科所走的道路，正是高校产、学、研并重，科、工、贸结合的成功之路，也是我省高新技术成果真正实现商品化、产业化的典范。"

五、拥有一支优秀的学科教师队伍

为了创建工业催化学科，几代催化人付出了辛勤的劳动！学科所取得的所有成果和荣誉都属于这个集体！这些成绩也是学校、化工学院党政领导和有关部门以及学生、合作企业、国内外同事和朋友对本学科的关心、支持和爱护的结果！

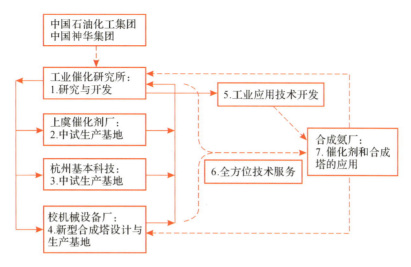

产学研合作单位、组织形式及其功能网络示意图

至 2022 年，有 120 位教师在本学科工作过，57 位已经退休或调离（其中 10 位已经逝世），目前在岗 63 位，其中教授（研究员、教授级高工）23 人、副教授 15 人，博士学位 60 人（占 95%），全部名单列于下表。

2022年已经退休和离职的学科成员

序号	姓 名	任职时间	职 称	序号	姓 名	任职时间	职 称
1	裴显铮	1970—1971	助教	30	赵宝娥	1972—1978	工人
2	丁秀珠	1970—1971	辅导员	31	王 萍	1973—1978	助教
3	楼寿林	1970—1971	助教	32	施金南	1975—1983	科研处副处长
4	卢慕书	1970—1973	助教	33	胡樟能	1976—2008	教授级高工
5	张嗣炯	1970—1973	助教	34	王焕华	1978—1984	助教
6	周执明	1970—1973	助教	35	舒季钊	1978—1984	副教授
7	俞斐然	1970—1974	助教	36	蒋和英	1978—1996	讲师
8	林锦麒	1970—1975	助教	37	李岩英	1978—1995	副教授
9	黄水根	1970—1975	助教	38	王素珍	1972—1999	工人
10	吴增加	1970—1975	助教	39	孙土金	1984—1989	教授级高工
11	陈文炽	1970—1975	助教	40	周望岳	1984—1993	教授
12	李荷英	1970—1975	助教	41	董坤年	1984—1994	副教授
13	钱长康	1970—1976	助教	42	葛忠华	1984—2006	教授

序号	姓 名	任职时间	职 称	序号	姓 名	任职时间	职 称
14	黄广富	1970—1976	副教授	43	陈银飞	1984—2017	教授
15	徐如玉	1970—1994	副教授	44	舒 柏	1984—2018	工人
16	金爱琴	1970—1980	副教授	45	俞 程	1984—2020	工人
17	常家强	1970—1984	教授	46	崔建英	1985—1989	工人
18	牟善葵	1970—1990	工人	47	林伟忠	1985—1998	副教授
19	李学俭	1970—1980	系党总支书记	48	傅冠平	1993—2002	高级实验师
20	蒋祖荣	1971—1996	教授级高工	49	钟珠花	1998—2022	工人
21	俞云涛	1971—1973	化工系副主任	50	李 洋	2019—2020	副教授
22	董孔标	1972—1976	化工系副主任	51	王纪康	2001—2007	教授级高工
23	林宏顿	1972—1976	助教	52	严 巍	2001—2008	研究员
24	李志霄	1972—1975	工人	53	王桂林	2001—2009	高级工程师
25	郑金花	1972—1975	工人	54	施介华	2001—2016	教授
26	毛继毅	1972—1975	工人	55	刘迎新	2001—2016	教授
27	赵宝娥	1972—1978	工人	56	蒋邵亮	2001—2016	讲师
28	郑跃土	1972—1984	工人	57	裴 文	2002—2018	教授
29	陆培林	1972—1986	工人				

2022年在职学科成员

序号	姓 名	任职时间	职 称	序号	姓 名	任职时间	职 称
1	刘化章	1970年至今	研究员	33	钟 兴	2013年至今	教授
2	李小年	1984年至今	教授	34	朱秋莲	2014年至今	助理实验员
3	刘华彦	1994年至今	教授	35	王鸿静	2015年至今	副教授
4	宁文生	1995年至今	副教授	36	王 亮	2015年至今	教授
5	岑亚青	1996年至今	高级实验师	37	郭伶伶	2016年至今	讲师
6	霍 超	1999年至今	教授	38	邓声威	2017年至今	副教授
7	周春晖	1999年至今	研究员	39	朱艺涵	2017年至今	教授
8	郑遗凡	2002年至今	教授	40	许 友	2017年至今	副教授
9	卢晗锋	2002年至今	教授	41	赵 佳	2017年至今	副教授

精韧不怠 盛德日新

浙江工业大学化学工程学院学术文化史

序号	姓名	任职时间	职称	序号	姓名	任职时间	职称
10	韩文峰	2002年至今	教授	42	王自强	2018年至今	讲师
11	唐浩东	2002年至今	教授	43	姚子豪	2018年至今	讲师
12	张 波	2003年至今	副教授	44	林丽利	2019年至今	教授
13	马 磊	2003年至今	副研究员	45	蓝国钧	2019年至今	讲师
14	卢春山	2003年至今	研究员	46	崔国凯	2019年至今	副教授
15	郭红云	2004年至今	教授	47	魏中哲	2019年至今	讲师
16	张群峰	2005年至今	研究员	48	李正甲	2019年至今	讲师
17	许孝良	2006年至今	教授	49	王式彬	2020年至今	讲师
18	姚 楠	2007年至今	教授	50	汪 鑫	2020年至今	讲师
19	杨霞珍	2007年至今	助理研究员	51	柯权力	2021年至今	讲师
20	李 瑛	2007年至今	研究员	52	赵淑芳	2021年至今	讲师
21	童东绅	2008年至今	副教授	53	姚子豪	2021年至今	讲师
22	张泽凯	2008年至今	副教授	54	刘 易	2021年至今	讲师
23	王建国	2008年至今	教授	55	王清涛	2021年至今	讲师
24	崔艳红	2008年至今	讲师	56	蔡海婷	2021年至今	讲师
25	唐华东	2010年至今	教授	57	李正甲	2021年至今	讲师
26	庄桂林	2010年至今	教授	58	田金树	2021年至今	讲师
27	江大好	2010年至今	副研究员	59	程载哲	2022年至今	讲师
28	丰 枫	2010年至今	副教授	60	孙秀成	2022年至今	讲师
29	倪 珺	2012年至今	副教授	61	韦小丽	2022年至今	讲师
30	张 浩	2012年至今	校聘副教授	62	丁 嘉	2022年至今	讲师
31	罗雄军	2013年至今	教授级高工	63	邓 凯	2022年至今	讲师
32	岑 洁	2013年至今	讲师				

综上所述，学科在"零"起点、"零"投资、十分简陋和困难的条件下，艰苦创业，

第二部分 **学科、专业篇**

1970—1981 年部分领导和学科成员

1982 年学科成员

1986 年学科成员

1988年学科成员（拍照者刘化章）

2006 年学科部分成员

2017 年催化剂工程团队成员

2020 年王建国分子催化团队成员

2010 年工业催化学科全体成员

2020 年李小年团队成员

2020 年催化剂工程团队成员

2020 年王亮电催化团队成员

2020 年催化反应工程团队成员

2020 年周春晖团队成员

2020 年霍超团队成员　　2020 年朱艺涵微尺度表征　　2020 年唐华东团队成员
团队成员

2020 年姚楠团队成员

2020 年宁文生团队成员　　　　2020 年催化剂生产应用团队

创造了我校一系列从"0"到"1"的重大突破：创办了学校第一批学科平台，包括第一个博士点、一级学科博士点、博士后科研流动站、省和国家重点学科、省和国家重点实验室；获得了学校第一批科技成果奖，包括第一项省级一等奖、第一项国家技术发明三等奖、国家科技进步二等奖和国家技术发明二等奖；培养了学校第一批省和国家级高层次人才，包括第一批省和国家突出贡献科技专家、长江特聘教授、杰出青年科学基金获得者、国家百千万人才工程入选者、工大第一位土生土长的校长以及 2 名副校长、8 名正副院处长、5 名企业家。这些都已经载入浙江工业大学发展的史册，也是留在浙江工业大学发展史上抹不去的一点痕迹！

　　氨合成催化剂是一项重大原始创新成果，是我校唯一在全球得到广泛应用的一个重大名牌产品,为保障中国与世界的粮食和能源安全做出重要贡献,贡献了我们的智慧和力量!

学科的名字已经与工大的过去、现在和未来交织在一起,我们是这段难忘的历史的见证者、参与者和建设者,它的精神也熔铸在工大的文化基因之中,传承着工大的脉络,弘扬着以"厚德健行"为校训的大学精神,也是工大"三创"精神的开创者、坚持走产学研结合道路的成功典范。

世界首创$Fe_{1-x}O$基氨合成催化剂诞生记

——工业催化研究所创新创业的故事

刘化章

2023 年将迎来我校 70 周年校庆。我也在浙江工业大学学习、生活、工作、奋斗整整 65 年，可以说见证了学校 70 年来发生的翻天覆地的变化。我亲身经历了我校历史上难忘的"五年三迁"、几易校址、数历分合的曲折、动荡的过程，也见证了经过几代工大人的艰苦创业和不懈奋斗，发展成为国内有一定影响力的综合性的教学研究型大学，综合实力稳居全国高校百强行列，进入省部共建高校行列所取得的辉煌业绩。

我是我校第一届本科毕业生，是学校自己培养的土生土长的一名教师。毕业后在校 49 年，我和同事们做了两件事：创办了工业催化学科；发明了世界上第一个 $Fe_{1-x}O$ 基氨合成催化剂。

工业催化研究所始建于 1970 年，迄今已经走过了 50 多年自主创新、艰苦创业的历程。经过 50 余年的发展与建设，在科学研究、实验室建设、人才培养和队伍建设等方面取得了重大的进步。为实现我校办成区域特色鲜明的综合性研究型大学的目标和 4 个"零"的突破，做出了我们应有的贡献。

在 50 多年的创新创业过程中，我深刻地感觉到，文化是灵魂。是我们创新的灵魂，看不见，摸不着，但它却无时无刻不在指引着我们的创新，无时无刻不出现在我们的每一步创新过程中。因此，本文不是专门论述创新与文化的关系和传承，而是对一项创新过程的述说，描画细节和细节点上的人和事，呈现一个个故事，解剖一项创新的发现、开发、应用过程中的困难、挫折、失败和成功，勾勒出一幅真切、丰富、人性的创新画卷，力图寻求什么是创新，什么是文化，什么是我们应该追求的价值观。

一、自力更生、艰苦奋斗创建实验室

20 世纪人类最伟大的发明之一是 1913 年哈伯（Haber）和博施（Bosch）发明的合

成氨技术。从 20 世纪初该技术发明到现在，地球上的人口增长了 4 倍多，粮食的产量增长了 7 倍，人类至今可以在有限的土地资源上丰衣足食，做出主要贡献的就是发明合成氨技术的哈伯和博施。现在我们人体中的氮有 50% 来自合成氨。也就是说，如果没有这项发明，地球上将有 50% 的人不能生存。

在粮食短缺的年代，国家建设"以粮为纲"。增产化肥，多产粮食与国家的稳定、人民的温饱息息相关。当时，小化肥厂在全国各地如雨后春笋般兴起，合成氨工业得到蓬勃发展。但技术落后，效益低下，研制新型氨合成催化剂具有重要的技术与经济意义。就是在那样的时代背景下，1970 年，我与同事们开始了新型氨合成催化剂的研究。从那一天起，我们立志攀登世界科学技术高峰——氨合成催化剂达到并超过世界先进水平！当时除了带有各种余悸聚拢来的几个年轻人外，什么也没有。没有实验室，没有设备仪器，连氨合成催化剂是什么样子都没有看到过。但是，我们拥有最珍贵的东西，那就是年轻人的朝气和初生牛犊不怕虎的精神。我们发扬自力更生、艰苦奋斗的精神，有条件上，没有条件自己创造条件也要上。

熔铁催化剂的制备需要一台温度高达 1500—1600℃的熔融炉（类似于炼钢炉），我们没有。于是自制了一台土炉子，如同家用的煤饼炉。但是要达到如此高温，必须要有电动鼓风机。可是我们怎么也找不到一台电动鼓风机，只在化学仓库的角落里找到一台破旧的手摇鼓风机。于是我们就用这台手摇鼓风机，几个年轻人轮流地用手摇，每人以最大的力气高速地摇动最多十几秒钟，另一个人接着摇，直摇得人人满头大汗、手酸背痛。就这样，我们制备出了第一个熔铁催化剂样品。当时学校党委书记周学山同志知道后，曾亲临现场视察，勉励我们继续努力，不断改进。直到 1972 年，以常家强、蒋祖荣为首，自行设计、委托制造、自己安装建成一套 50kV·A 电阻炉系统，解决了催化剂制备的高温设备问题。熔铁催化剂的研究需要一套 300 大气压的高压实验装置。当时国内外均采用合成氨厂的合成气直接通到实验室，再经高压净化。我校远离工厂，不可能引一条长达数千米的管道到学校，也不可能配备大量高压设备。我们采用氨裂解制取合成气，通过系列分子筛净化获得高度净化的合格气，无须高压净化，解决了气源问题。再找到一台破旧的小型往复式

1972 年设计建造的 50kV·A 催化剂制备的高温设备

压缩机，用橡皮袋当气柜。但是，该压缩机运行中严重带油，污染了本来洁净的合成气，使催化剂失活。我查阅了大量资料，仍没有找到解决方法。这使我寝食难安。一天，我在当时的化学仓库翻阅产品广告，偶然在一本产品样本中发现，一种叫作隔膜式压缩机的机械，既可以将气体压缩至高压，又能保持气体的原有净化度而不会被污染。我喜出望外，立即和蒋祖荣老师一起赶到常熟市机械厂，订购了一台隔膜式压缩机。随后，设计了一套由氨的裂解制取 3∶1 氢氮气，经常压分子筛净化和隔膜式压缩机升压的工艺流程，在学校机械厂的协助下，于 1975 年建成了国内第一套氨合成催化剂性能评价的高压实验装置，解决了氨合成催化剂研究和产品检测关键实验技术。该装置高压设备简单，气体纯度高，H_2/N_2 比恒定，操作方便、安全。这套装置的建成，解决了高校和研究机构研究氨合成催化剂的关键设备，相继被国内相关研究部门和产业界广泛采用。我国氨催化剂研究从当时"独此一家"到 20 世纪 70 年代后的蓬勃发展，这套实验装置功不可没。

从事实验研究还必须要有场所，要有实验室，特别是这套高压性能评价实验装置的安装需要一间约 50 平方米的实验室，但我们没有。于是我们自己动手、自己设计图纸、委托施工，在当时的化工楼北面空地上建造了一间实验室。这就是我校历史上第一间专业科学研究实验室。

1980 年 4 月 10 日时任省委第一书记铁瑛同志（左一）视察催化研究室。左二为时任党委副书记姒承家同志，右一为作者

1990 年在现化工楼重新设计建设的高压实验装置。这里的每一个螺丝孔都是作者设计的，每一颗螺丝都是作者和同事们安装的

在实验室建设过程中，我们什么活儿都自己动手干，无论是管工、钳工、油漆工、车工，还是泥水工、杂工，甚至硬是搬掉了房子旁边的一座小山丘。经过 6 年艰苦努力，我们建成了具备最基本条件的实验室。

在这简陋的实验室里，我们边建设，边进行氨合成催化剂的研究。20 世纪 70 年代初，由中国科学院卢嘉锡、唐敖庆、蔡启瑞等著名科学家领衔，组织"化学模拟生物固氮"课题，全国一批高校和研究单位，包括浙江工业大学（原浙江化工学院）、福州大学、郑州大学和湖北化学研究所等相继加入氨合成催化剂研究行列。当时我国工业使用 A106、A109 高温型催化剂，活性低，使用温度高。国外已研究出低温型催化剂，但稳定性不如高温型。我们采用缺点列举法，并首先采用布莱格－伯曼实验设计方法取代"简单对比"法，通过调配电子助剂与结构助剂的协同作用找到熔铁催化剂的最佳配方，于 1976 年研制成功我国第一个低温 A110-2 型氨合成催化剂，通过了化工部组织的鉴定，达到国际同类先进水平。这是我校第一项重大科研成果，并开创了我国 A110 系列催化剂之先河，成为我国近 40 年、迄今依然应用最为广泛的工业催化剂。

在这简陋的实验室里，我们取得了一系列创新成果：

（1）首创国内第一套高压实验装置，1990 年被化工部审定为国家行业标准和仲裁装置；

（2）1976 年研制成功我国第一个 A110-2 型氨合成催化剂，达到国际先进水平。

（3）1985 年也是在这个实验室里，发明了世界上第一个 FeO 催化剂，达到国际领先水平。

1978 年，我们这个简陋的实验室被省政府批准成立催化研究室。这是我校第一个由省政府正式批准成立的科学研究机构。

20 世纪 80 年代主管科研的副校长曾把我们的实验室比作"居里实验室"，说山沟沟里飞出了"金凤凰"！我们这个简陋的实验室引起了省科技厅领导的重视，1990 年来现场考察时看到我们在设备简陋的实验室里进行高温、高压、易燃易爆的实验，指出：

（1）你们应该到市消防大队去挂个号！

（2）你们的实验条件太简陋了，省政府决定在我省启动省级重点实验室的建设，你们催化一定要去争取，改善实验条件。

1991 年，我校第一个省重点实验室——多相催化重点实验室申报成功。1998 年和 2000 年两次被评为浙江省优秀实验室。我们把实验室建设目标定位在冲刺国家重点实验室。2003 年，为了申报国家重点实验室，根据学校的要求并经省科技厅批准，该多相催化重点实验室被更名为浙江省绿色化学合成技术重点实验室，并组建申报成功绿色化学合成技术国家重点实验室培育基地。这是我校第一个国家重点实验室的渊源和来历。浙江省多相催化重点实验室升格为国家重点实验室培育基地后，也就完成了自己的历史使命。

在工业催化研究所的创立和 A110-2 氨合成催化剂的创新过程中，第一批成员有丁秀珠、楼寿林、卢慕书、林锦麒、常家强、陈文炽、吴增加、裴显铮、刘化章、徐如玉、张嗣炯、金爱琴、俞斐然、周执明、黄水根、蒋祖荣、董孔标、俞云涛、李学俭、钱长康、李荷英、牟善葵等，以后又先后有林宏顿、赵宝娥、李志霄、郑金花、陆培林、毛继毅、郑跃土、王素珍、王萍、施金南、胡樟能、李岩英、王焕华、舒季钊、蒋和英、孙土金、舒柏、俞程等加入这个团队。他们都为此做出了重要贡献。其中，我和金爱琴、徐如玉、常家强、蒋祖荣等共同获得我校第一项国家技术发明三等奖和浙江省科技进步一等奖。徐如玉成为我校第一位浙江省先进科技工作者而受到表彰，常家强当选为衢县人大代表，我作为代表出席了 1978 年全国科学大会。

二、$Fe_{1-x}O$ 基催化剂的发现：偶然与必然

熔铁催化剂已有近百年历史。国内外一致得出 Fe_3O_4 具有最高活性的结论。过去 80 多年的研究都局限在以 Fe_3O_4 为前提，全世界的工业氨合成催化剂无一例外都是 Fe_3O_4 基，尚未能对经典熔铁催化剂做出根本性的改进。

至 20 世纪 70 年代熔铁催化剂已基本定型，人们已不期待有很大的提高。要使氨合成催化剂能有大的突破，必须寻找新的技术路线。国际上开始寻找替代铁催化剂的非铁贵金属催化剂的路线。钌催化剂就是在这样的背景下经过 20 年开发出来的。但其制造成本昂贵，与熔铁催化剂成本没有可比性。而国内有关单位则都转向了铁—钴催化剂的研究。唯独我们仍然坚持铁催化剂的技术路线，但突破点在哪里呢？

1978 年，我们在 A110-2 型氨合成催化剂的工业推广实践中，发现工厂将使用过的催化剂堆积在废物场里。这不仅白白地浪费了资源，而且造成环境污染。废弃的氨合成催化剂含有约 85% 的铁和 8% 的氧化铝、氧化钾、氧化钙等。废催化剂中这些物质可不可以回收利用来制备熔铁催化剂呢？我们开始了废催化剂循环利用及其新型催化剂的研究的探讨。如果按照新鲜催化剂母体必须是 Fe_3O_4 的固定思维，通过熔融的方法，要将含金属铁达 85% 的废催化剂，重新制成新鲜催化剂中的 Fe_3O_4 在经济上是不合理的，我的意见被否决，又因随后我就脱产进修并出国而搁置下来。

但是，我始终没有放弃废催化剂回收利用的念头，这个念头一直在我的脑海中盘旋。1984 年 4 月留学回国后，我得到浙江省科技干部局的关心和支持，1985 年以"新型高效氨合成催化剂的研究"为题，获得省科技干部局（留学回国资金）立项。

1985 年 11 月一天，我碰巧看到我校机械厂正在从该厂待维修的合成塔内件中卸出塔内的废氨合成催化剂，触景生情，立即勾起我一直深埋在心底的研究废催化剂回收利用这件事。我马上叫助手孙土金赶快去取回来几公斤刚刚倒出来的废氨合成催化剂。

1985 年 12 月 3 日，我带着这些废催化剂到衢州去制备样品（当时我们的实验设备还留在原址没有搬到杭州）。我用这些废催化剂与磁铁矿混合试图制备新的催化剂。这次，我就不按照事先设定结果且在 1978 年也已经被大家否决的方案进行，而是换了一种思维，

不事先设定结果，也就是所谓的"瞎搞"或"蛮干"了。

但是，废催化剂（主要成分铁）和磁铁矿都是高导电性的物质，一通电就短路跳闸，多次试验都以失败告终。其他人劝我说：刘老师，做不出来的，别做了。如果真的不做了，那么 FeO 催化剂就不会被我们发现了，况且这也不是我的风格。既然要"瞎搞"，那就要"蛮干"到底，不达目的，决不罢休。所以，我说：不，今天我一定要做出一个样品带回去！通过不断提高磁铁矿粉与废催化剂的比例以增加电阻，坚持继续试验，失败了，卸炉，装料，通电；再失败，再来。如此反复，终于制备得到一个催化剂样品，编号 85-25 号。参加这次实验的有李岩英老师及陆培林、徐玉凤两位工人。85-25 号样品现在仍然保存在实验室以作纪念。

经测定，85-25 号样品的 $Fe^{2+}/Fe^{3+}=4.90$。同时，我叫徐如玉老师送样品到杭州大学去做 XRD 鉴定物相，结果表明 85-25 号样品的物相是 FeO。也就是说，当废催化剂与磁铁矿混合熔融时，发生了化学反应：$Fe_3O_4 + Fe \rightarrow 4FeO$。至此，FeO 催化剂被发现。这 85-25 号样品便是 FeO 催化剂的第一个样品，它标志着 FeO 催化剂的诞生，标志着合成氨催化剂研究取得了重大的突破，1986 年经化工部批准获得我校第一项中国（保密）发明专利权，这是我国独创的拥有自主知识产权的一项原创性成果。

1986 年 1 月 9 日，85-25 号样品在实验室活性测定中，发现它有特殊的还原性能，引起了全组同事的注意。此时我才公开了这个样品的性质与制备方法。研究室所有成员，包括正在承担省科技厅铁 - 钴催化剂科研项目的人也放弃了科技厅项目的研究，参加了 FeO 催化剂的研究与开发。

三、$Fe_{1-x}O$ 基催化剂的产业化开发：失败与成功

FeO 催化剂被发现后，1986 年以"类预还原型高活性氨合成催化剂的研究"为题，在省科委立项，并以"ZA-3 型氨合成催化剂的研究"为题，在化工部立项，我都是项目负责人，开始了 $Fe_{1-x}O$ 基催化剂的工业化开发。

但是 $Fe_{1-x}O$ 基催化剂的工业化过程却遇到了极大的困难。因为 FeO 催化剂是一个没有先例的、独创性的研究课题，是一个全新的创造。从研究思路的提出到实现工业化的全过程中，每一个阶段都没有先例可循，都要靠我们去探索，去创造；每前进一步，都会遇到难以预料的困难，都要付出艰辛的劳动。从第一个样品到研制成功的 7 年时间里，经受了无数次的曲折和失败。

$Fe_{1-x}O$ 催化剂的发明，是一项原始性创新成果，具有重大的理论意义和工业价值。Fe_3O_4 和 FeO 的物化特性几乎完全不同，FeO 催化剂的开发必须解决 3 个关键问题：如何制备得到化学纯的 FeO？如何解决 FeO 热力学亚稳定性问题？如何找到与 FeO 岩盐型晶体结构相匹配的助催化剂？开始时我们对这些问题的认识是不充分的，失败是不可避

免的！

经过一年的实验室研究，FeO 催化剂于 1986 年 11 月起在上虞催化剂厂进行试生产，试产品于当年 12 月起先后在广西玉林和浙江余姚、奉化化肥厂等相继投入工业试用，但效果不理想。

1989 年我带领徐如玉、蒋祖荣、孙土金等到各个试用厂进行了一次全面的应用效果调查，并对调查结果进行了认真总结分析，一致认为催化剂稳定性不理想，并立即停止了工业试验，第一次工业试验失败。此时，浙江省和化工部的科研项目期限已到，课题组在认识上和工作上发生了严重的分歧，少数人动摇了，退却了。我组织全体成员集中进行了学术研讨，并要求每个人都提出解决方案的书面报告。

有的认为 FeO 属于热力学上的亚稳定相，不稳定是它的本质决定的，而岩盐型的 FeO 及其与主要结构助剂 Al_2O_3 形成的尖晶石型的 $FeAlO_2$ 属不同晶型，所形成的是"悬浮液"，也是不稳定的。因此，该技术路线的本质决定是"走不通"的，走下去也是"死路一条"，并提出以 1986 年放弃掉的铁－钴催化剂（非氧化亚铁基）来"代替"FeO 催化剂作为化工部和浙江省科研项目的验收成果。

我不同意这个观点和态度。第一，在学术上，我持"钢铁"理论。众所周知，铁是十分柔软的，只要少量的碳加到铁中就会形成十分稳定而坚硬的钢，而碳和铁也是不同晶型的。因此，我认为可以采用铁变钢的思路使它稳定。第二，在工作上，我认为失败是暂时的。如果遇到困难和曲折就放弃，那就意味着 FeO 催化剂研究的彻底失败，我不甘心。因此，继续坚持 FeO 催化剂的技术路线。

在这种情况下，有的人于 1990 年 5 月 7 日退出了 FeO 课题组，重新回到非 FeO 基铁－钴催化剂技术路线，并另外组织成立了铁－钴催化剂课题组，于 1992 年研制出 ZA202 型铁－钴催化剂。

在 FeO 催化剂面临生死存亡的关键时刻，我向校长汇报了课题组遇到的困难和曲折，表达了我的观点和态度，请求领导给我们"背水一战"的机会。为了表示决心和鼓舞士气，立下军令状："誓与 FeO 催化剂共存亡，坚决完成国家任务！如不成功，我从主楼跳下来！"

1990 年 5 月 11 日，主管副校长召开了催化研究室全体成员会议，动员齐心协力重点突破 FeO 催化剂，同时表示支持铁－钴催化剂课题组探索 Fe_3O_4 技术路线。

在学校及各级领导的支持下，在极其困难的情况和巨大精神压力下，我继续带领胡樟能、李小年、李岩英、蒋祖荣、舒柏、俞程等 FeO 课题组成员，分别在工厂和校内双管齐下，开始了连续的攻关试验。没有休息天，没有节假日，全身心扑到工作上，直至深夜两三点钟。在困难面前总是迎难而上，千方百计克服困难。当时我已年过半百，但苦活累活抢着干，哪里有危险，我总是第一个上，多次被 1500℃ 高温的溶液烫伤，脸、手被烫，眼镜、衣服被烧。长期的紧张状态和过度劳累，人瘦了，就在那时我的头发变白了。由于工业试验已经长达数年，我们见过冷面孔、坐过冷板凳、吃过冷馊饭，但我们没有退却。

为了解决 FeO 在热力学上的亚稳定性，如何实施"钢铁"理论，我向我校几乎所有有关教师（如斯公才老师）请教过，向学校机械厂谈志人等工程技术人员讨教过，向浙江大学硅酸盐研究所的丁子上教授请教过，向浙江省冶金研究所的专家讨教过。就这样，我们以严谨的科学态度、百折不挠的勇气和坚韧不拔的苦干精神，创造性地解决了一系列技术关键问题，在全组人员共同努力下，于1992年12月研制成功世界上第一个$Fe_{1-x}O$基A301型氨合成催化剂，技术达到国际领先水平。这是一段感人的科学探索、自主创新的故事。领导及群众也给予高度评价："1989年失败后，如果不是刘化章坚持，就没有A301，更没有国家技术发明二等奖！"听到这样的话，我百感交集！

A301型氨合成催化剂是我国独创的世界上第一个$Fe_{1-x}O$基催化剂，是氨合成催化剂研究的一项重大突破。在氨合成催化剂发展的历程中，写上了"中国"的名字。为人类的进步，社会的发展，留下自己的足迹。这一重大创新成果先后获得1993年化工部科技进步一等奖、1995年国家技术发明二等奖，这是我校迄今为止最高级别的科技奖。1997年获世界知识产权组织和中国专利局联合颁发的十大中国专利发明创造金奖之首，为浙江省获得该奖项"零"的突破。《光明日报》等10多家报纸报道了这一成果，国家科委和化工部在山东联合召开现场推广会，《中国化工报》配发了《出路在于科技进步》的短评。

1998年，在A301型氨合成催化剂基础上又研制成功ZA-5型催化剂，我和李小年、胡樟能、李岩英、蒋祖荣等共同获得浙江省科技进步一等奖。

《光明日报》《中国化工报》对我校氨合成催化剂研究的报道

在 $Fe_{1-x}O$ 基催化剂基础理论的研究中，我们创造性地提出了铁氧化物分子比的概念，从理论上解释了新发现的驼峰形活性曲线和经典火山形曲线；建立了活性与铁氧化物分子比之间的数学模型和活性模型：$Fe_{1-x}O > Fe_3O_4 > （Fe_2O_3）>$ 混合氧化物。提出了最好的熔铁催化剂母体应该只有一种铁氧化物和一种晶体结构，任何两种铁氧化物的混合都会引起活性降低的单相性原理和均匀性原则，建立了熔铁催化剂制备的理论基础。在催化活性机理研究中，提出了铁氧化物"竞争性还原机理""表面酸碱协同作用""表面重构作用""FeO 歧化机理""CaO 是主要结构助剂"和"H_2 强化学吸附"等系列理论观点，创立了以单相理论为核心的 $Fe_{1-x}O$ 基催化剂的理论体系。

$Fe_{1-x}O$ 基催化剂成为一项有理论、有技术（专利）、有产品的真正的原始创新成果，所形成的系统知识已整理成专著《氨合成催化剂——实践与理论》，由化工出版社出版（2007 年 9 月）。该书在国内外产生了重要影响，由 World Scientific Publishing（世界科学出版社）出版英文版。理论研究成果于 2008 年获得中国石油和化学工业协会科技进步（基础理论）一等奖。

合成氨催化剂对工业的重要影响及其潜在的科学暗示，使得该催化剂成为多相催化领域中许多基础研究的经典模型体系，显得特别重要，也使得要在该领域做出突破性的研究成果变得十分困难。我们在该领域形成了自己的研究特色和理论体系，发展了氨合成催化理论，丰富了多相催化理论知识，在国内外引起很大的反响。主要成果被编入高等学校教材和专著文献中。一些外国科学家已在研究中国人的这一发明，发表论文给予较高评价，认为这是"经典的合成氨催化剂的一个令人吃惊的例子"，是"对氨催化剂原有理论的真正的突破"，"给已成形的合成氨催化科学知识体系带来强烈冲击"，"有必要对一百年来教科书式的催化剂研究和推断进行质疑"。

世界首创的 $Fe_{1-x}O$ 基催化剂的发明和开发成功是值得自豪的，我们工大也有了世界首创、国际领先的原始创新成果！

创新的故事还没有结束。在催化剂工业推广应用过程中，最怕遇到发生合成塔内件设备事故，它会导致全部催化剂被更换。合成塔内件破损是合成氨厂最严重的生产事故之一，也是对催化剂声誉伤害最致命的非催化剂事故。

很不幸的是，ZA-5 型催化剂遭遇到了两次如出一辙的重大合成塔内件破损事故，给ZA-5 造成不可挽回的伤害！

实例一：某 15 万吨／年中型合成氨厂。停产原因：合成塔阻力超过设备允许极限！

该厂在催化剂的装填过程中发生了两次事故：（1）合成塔内件吊装过程中从塔顶跌落地面；（2）第一、二床预还原型催化剂装填过程中发生严重氧化燃烧，催化剂烧结、内件烧伤。虽然重新装填了催化剂，但终因合成塔阻力超过设备允许极限而被迫停车。该合成塔内件经厂方拆开、解剖，结果表明：在预还原型催化剂装填过程中发生的严重氧化燃烧，使内筒外壁发蓝，第一床内件严重变形，床间搁板被烧穿、脱落，大量催化剂（约

3 吨）从脱落的搁板处掉入气体通道。这导致气体通道堵塞，阻力增大；气体走短路，再加上冷激气管道漏气，同平面温差扩大，操作状态恶化，加上合成塔设计上的缺陷，该塔使用失败。显然，该厂使用失败与催化剂无关。

实例二：某 30 万吨／年大型合成氨厂。停产原因：同样是合成塔阻力超过设备允许极限！

该厂为我国引进的大型合成氨装置，设计能力为日产 1000 吨合成氨。1988 年氨合成塔由凯洛格型改为托普索 S-200 型合成塔内件，已使用 16 年。第一床装填预还原型 ZA-5H 催化剂 46.8 吨，第二床装填氧化态 ZA-5 催化剂 146.8 吨。于 2005 年 3 月 12 日升温还原投产，生产一直不正常。在运行不正常情况下，平均日产量 1050 吨，最好 1087 吨，创造了该厂历史纪录。2006 年 4 月 18 日，合成塔阻力骤然升高，突破设备允许极限，被迫停产检查。检查合成塔件外部无损后，只好卸出催化剂，再行检查。至此，本炉催化剂被中止使用。该合成塔内件经厂方现场拆开卸出催化剂后发现：第一床催化剂下沉 520mm，床层底部一个点焊处焊缝脱焊，形成一个长条形裂缝；催化剂从这里泄漏下去，漏下去的催化剂堵塞了第二床催化剂框的 36 个气体进口分布器，其中 18 个分布器被催化剂完全堵塞。割开各个分布器底部，放出堵塞在分布器中的催化剂，其数量达到惊人的 6 吨，它们堵塞了气体通道，导致合成塔阻力骤升！显然，这也是一次非催化剂事故。

这两家企业分别是 ZA-5 型催化剂在中型和大型合成氨厂的第一次使用。两家厂不约而同地发生同样的设备事故。大型厂发生同类事故的概率只是 1%！在中国是第一次，也是唯一的一次！导致 ZA-5 型催化剂的两次试用都以"失败"告终。虽然两次事故都纯属设备事故，与催化剂没有直接关系，但催化剂都逃不掉"替罪羊"的命运，成为直接的"牺牲品"。对催化剂造成的影响却是不可挽回的，特别是在大型合成氨厂的推广应用受到了重大曲折，产生了严重的直接影响，甚至影响到 ZA-5 型催化剂的国际声誉！

然而，这并没有影响 ZA-5 催化剂在小型合成氨厂的推广应用，因为上万吨催化剂在小型合成氨厂的应用从来没有发生过类似的严重事故。因此，ZA-5 催化剂在全国中小型合成氨厂，包括国产 20 万吨／年大型合成氨装置，已经得到广泛应用，累计已销售 10000 余吨产品，并取得了显著节能效果和经济效益。学校催化剂有限公司 2022 年上半年就签订了 1000 余吨订单，因来不及生产还拒签了数百吨订单。

在 $Fe_{1-x}O$ 催化剂的创新过程中，胡樟能、李小年、李岩英、蒋祖荣、徐如玉、孙土金、周望岳、董坤年、林伟忠、蒋和英、俞程、舒柏、王素珍、牟善葵、崔建英、傅冠平、宁文生、岑亚青等为 $Fe_{1-x}O$ 催化剂的开发做出了各自的贡献，所有成果和荣誉都属于这个集体。

四、创新的心路历程

鲁迅先生说："文化是骨髓里的东西。"文化内涵很深，学问很大，涉及面很广。但就个人而言，最根本、最本质、最重要的是骨髓里有没有文化的滋养，文化是否真正流淌在自己的血液中。作为精神财富的文化，象征着智慧和品位，代表着优雅和美好，展示着人性的光辉和对未来的憧憬。

对科技创新来说，中国传统文化，尤其儒家思想有负面影响。诸如"万般皆下品，唯有读书高"，赚钱不光彩（铜臭）；把创新看作雕虫小技，孔夫子"天不变，道亦不变"，反对变革；不尚竞争，但却热衷于钩心斗角，特别是"枪打出头鸟"在人们的意识中根深蒂固，而且这头"鸟"必须是十全十美的，否则就成为有"争议"的人，落入无休无止的"无争议陷阱"。而制造"无争议陷阱"的人正是"小人"。

综观 $Fe_{1-x}O$ 催化剂从发现到开发应用成功的整个原始创新的历程，引用王国维在《人间词话》里归纳的做学问（科技创新也是做学问）的 3 个境界来生动地描述我的心路历程是最合适不过了：

昨夜西风凋碧树，独上高楼，望断天涯路。（寻找技术突破点）

衣带渐宽终不悔，为伊消得人憔悴。（为了突破）

众里寻他千百度，蓦然回首，那人却在灯火阑珊处。（取得突破）

（一）创新思维

第一个境界需要科学的创新思维。科学创新就是探索未知。科学创新从科学幻想开始。德国科学家、诺贝尔奖得主米歇尔说过："最重要的一点就是要去追求科学中意想不到的东西，如果你在做实验的时候，只期望得到所能期望的结果，那么你就停止了创新。如果你不得不思考想不到的结果，意料之外的新发现也许会让你拿到诺贝尔奖。另外一点就是要发现不可能的事情，我自己就一直珍视不可能的东西，如果它不可能，那么你不得不寻求方法来让它变成可能。"

科学无法规范也难以用传统的标准来衡量。因此，科学是科学家"玩"出来的！政府和企业舍得花钱给科学家"玩"，科学就有希望，诺贝尔奖就离我们不远了。玩是人的本性，但"玩"有玩的规则和方法。"玩"科学就要遵循科学规律和科学的思维方式，即按创新思维去"玩"。创新是什么？我认为，创新就是争第一！

在 40 多年技术创新活动中，我们深刻地体会到，搞科学研究要有异想天开的独创精神，要敢想、敢做，从前人没有做过的或按一般常识被认为是不可能的地方闯出自己的路。没有异想天开的创新思想，就没有 FeO 催化剂这一重大发现！氨合成催化剂已经历数十年历史，在这个被认为是研究得最透彻、最成功，而且至今众多科学工作者广泛研究过的领域中，我们的创新却一个接着一个。我们对氨合成催化剂研究的突出贡献，不仅在于开发出新型的系列催化剂以及由此而产生的巨大的经济效益，而且还在于我们在该领域科学研究中所表现出来的独创的科学精神。

例如，FeO 催化剂的发明是从研究废催化剂的回收利用开始的。早在 1978 年，我们就产生了废催化剂回收利用的想法。但是，如果按照新鲜催化剂母体必须是 Fe_3O_4 的固定思维，则要把含金属铁达 85% 的废催化剂重新制成 Fe_3O_4，就必须通过氧化，经济上是不合算的。如果我们换一种思维，不事先设定结果，把废催化剂（Fe）与磁铁矿（Fe_3O_4）放在一起熔融，则因为发生了 $Fe + Fe_3O_4 \rightarrow FeO$ 的化学反应，就得到了 FeO，废催化剂的重新利用就成为可能。从废催化剂回收利用的目的出发，却"意外"地发现了一种新型的 FeO 催化剂。这就是一种创新思维。遵循固定思维不可能的事情，按照创新思维就成为可能。科学的确是出乎意料的发现。FeO 催化剂的发明正是把不可能的东西，不得不寻求方法来让它变成可能的结果。

创新思维是一切发明创造的哲学基础，创新思维就是质疑一切。但自然科学是实验科学，一切必须通过实践。我们遇事要学会多说"让我试试"，不要说或少说"不可能""我不会""我不敢"。连试都没有试过，怎么就知道不可能？连试一试的勇气都没有，创新从哪里来？"一切结论都在实践之后。尚未实践就下结论，就不可能有创新"，这是我从事科学研究的准则。FeO 催化剂的发现给我们的启示之一是一切通过实践是最重要的思维方式。一切结论都应该在实践之后。如果不是"瞎搞"（实践），就没有这一发现！如果再组织讨论，也可能就没有这一发现了！创新需要灵感，但灵感是智慧、追求和探索的结晶。创新也需要机遇，但机遇只给予有准备的人。许多重大科学发现和技术创新都有偶然性，但偶然性存在于必然性之中。隔膜式压缩机是在一本产品样本中偶然"发现"的，FeO 催化剂是在研究废催化剂的回收中"意外"发现的。

（二）创新精神

第二个境界是需要科学的献身精神。科学精神就是坚忍不拔、追求真理的献身精神。科学精神是创新的力量源泉。在创新活动中，对自己从事的事业要有自信心和百折不挠的气概。科学创新既然是探索未知，就必然存在风险，就会遇到困难、曲折和失败。从前面的叙述中可以看到，世界上第一个 $Fe_{1-x}O$ 催化剂的发明和开发过程中，困难、曲折和失败始终伴随着我们！小试失败了！中试失败了！工业推广应用也遭遇失败了！特别是小试和中试失败是 $Fe_{1-x}O$ 催化剂能否被发现和能否被开发成功的两个涉及 FeO 催化剂生死存亡的关键节点。

小试过程中，如果没有坚持实验，没有"今天一定要做出一个样品来"这样的决心和坚持不懈的精神，就没有这一重大发现！

中试失败后，如果没有坚持 $Fe_{1-x}O$ 催化剂技术路线，没有"誓与 FeO 催化剂共存亡，坚决完成任务"这样的不怕失败、百折不挠的献身精神，就没有这一重大成果！

成功需要拼搏，成功需要等待！成功往往就在再坚持一下的努力之中！成功与失败往往就差一步！

因此，科学创新没有异想天开的独创精神是不可能的，同样地，没有脚踏实地、实事求是的科学精神也是不可能的。郭沫若所倡导的"科学工作者的风格是既异想天开又实事求是"正是我们的科研风格。我们所取得的成果是在艰苦的工作环境和简陋的实验条件下取得的。我们坚持一切都自己动手，甚至连实验室的土建都是自己设计和建造的，现在的人们是难以想象甚至不屑一顾的。特别是在 $Fe_{1-x}O$ 基催化剂的工业化过程中，遇到了极大的困难，经受了无数次的曲折和失败。即使在工业试验失败的情况下，我们依然痴心不改，决不放弃。李岩英老师在一次全国学术会议上，满含热泪地讲述了失败后那段艰难的攻关过程，赢得全场热烈的掌声！

在那艰难的 7 年时间里，我们没有成果，没有论文（保密专利），没有奖金！学校主管副校长田志芳同情我们，曾特批给我们课题组 1000 元奖金。

人们很难想象，我校第一个博士点、第一个国家重点学科（培育）是在"零"起点、"零"投资、十分简陋和困难的条件下，从一个课题组发展而成的。这不是偶然的，而是长期的积累和艰苦努力的结果。

科学研究是成长与发展的基础。我们在氨合成催化剂领域 40 多年孜孜不倦，坚持不懈地开展了系统的研究，并取得了重大突破，特别是 $Fe_{1-x}O$ 基催化剂的发明和开发成功，极大地推动了该领域的技术进步，并取得了 3 项国家级大奖、6 项省部级一等奖和 12 项中国、美国、英国、德国、丹麦等国发明专利。在应用基础研究中，创立了以单相理论为核心的 $Fe_{1-x}O$ 基催化剂理论体系，发表论文 200 余篇，出版专著《氨合成催化剂——实践与理论》（中英文版）一部，主要成果被编入高等学校教科书。这一系列首创性研究成果代表了近 40 年该技术领域的发展水平，在国内外产生了重大影响，引起了国际关注。这样就确立了我们在该领域国内领先的地位，为它赢得了在全国学术界和企业界的声誉和知名度。

自力更生、艰苦奋斗的创业精神是创新的力量源泉。40 多年来，我们的实验条件一直是十分简陋和困难的。在衢州 14 年，我们的实验室是我们自己设计和建造的简易房，1984 年迁到杭州后的 6 年是机械厂后面的毛竹棚，1990 年搬到化工楼至今，实验室依然拥挤不堪。我们凭着"有条件上，没有条件自己创造条件也要上"的自力更生、艰苦奋斗的精神，改善实验条件，自己设计和建造实验装置。

产、学、研结合是成功之路。40 多年来我们始终坚持把科研成果产业化，促进经济发展作为科研目的和价值观，在该领域率先提出研究、开发、生产、应用一条龙的科研指导思想，致力推广应用不间断。从 1977 年至今 40 多年，我们与学校催化剂厂、机械厂和上虞催化剂厂建立了长期稳定的产、学、研基地。我们在产、学、研结合方面所取得的成绩，得到了全国同行的公认，受到了浙江省和原化工部相关领导的高度评价。省科技厅原主管领导曾指出："实践表明，浙工大工业催化学科所走的道路，正是高校产、学、研并重，科、工、贸结合的成功之路，也是我省高新技术成果真正实现商品化、产业化的典范。"

（三）创新价值观

第三个境界需要正确的价值观。马克思说："资产阶级在它不到一百年的阶级统治中所创造的生产力，比过去一切世代创造的全部生产力还要多、还要大。"恩格斯在马克思的墓前讲话中曾说"在马克思看来，科学是在历史上起推动作用的、革命的力量"，并进一步指出"科学技术是历史的有力杠杆，是最高意义上的革命力量"。邓小平同志提出："科学技术是第一生产力。"

不断创新是工业革命的原动力。然而，没有创业的创新是无本之木，只是多几篇论文，多几个科技成果奖而已。科研成果只有实现产业化，才能形成生产力。我们团队充分地认识到，必须将科研成果最大限度地转化为生产力，为社会创造物质财富，科研成果才具有真正的价值。这是我们在 40 多年的科技创新活动中，始终坚守的价值观。因此我们始终把科研成果产业化，促进经济发展作为科研目的，在该领域率先提出研究、开发、生产、应用一条龙的科研指导思想，40 多年致力推广应用不间断。

1976 年 6 月 A110-2 型氨合成催化剂完成实验室工作后，7 月立即在湖南桃源氮肥厂试生产成功，8 月投入浙江海宁化肥厂工业应用，获得成功。之后，我带领课题组全部人员走出实验室，深入工厂，全力以赴地投入工业试用和推广工作。我们与工人同吃同住同三班倒，直接解决试用中的各种技术难题，掌握了大量第一手资料。在此基础上总结提高，到现场举办技术培训班，以点带面，使 A110－2 型催化剂迅速地取代了在工业上已使用 20 年之久的 A106 型高温催化剂，一跃成为我国产量最大、质量最好、应用最广的主干催化剂。为此，我们团队成员的足迹踏遍除西藏（因为那里没有化肥厂）之外全国的数百家化肥厂，付出了艰辛的劳动，也结出了丰硕的成果。这是我们开发的催化剂一枝独秀能够在全国得到最广泛应用的重要原因。

1977 年，经省石化厅推荐，A110-2 型氨合成催化剂转让给濒临破产的上虞化工厂，使该厂起死回生。1982 年《浙江日报》在头版头条以《一项专利救活一家厂》为题做了报道。1986 年，A301 型氨合成催化剂完成实验室工作后，又在该厂进行了长达 6 年时间的工业试生产。目前该厂已成为我国氨催化剂生产第二大厂。1985 年，我们与上虞催化剂厂共同获得了浙江省科技成果推广一等奖。

1980 年经化工部推荐，A110-2 型氨合成催化剂转让给四川化工总厂、河北永年催化剂厂、山西汾阳催化剂厂、甘肃刘家峡催化剂厂、河南驻马店催化剂厂、安徽淠河催化剂厂投产，覆盖了全国 75% 催化剂厂。

在技术创新和推广应用中，我们团队充分发挥扎实的化工工艺和工程技术知识，广泛开展催化反应工程研究，创造性地解决了高效催化剂在原有工艺装置的使用技术问题。在实验技术、催化剂制造技术、新型反应器、应用技术、催化反应工程以及合成系统模拟与优化计算等各个方面做出系统的创新，形成了一套特有的使用新型催化剂的综合节能技术，使技术创新产生集群效应，把催化剂的研究和使用提高到新的高度，提升了合成氨工业的技术水平，推动了合成氨工业的技术进步，创造了数十亿元经济效益。为此，1987年，我和常家强、蒋祖荣、陈运根、金耀门、葛忠华、徐如玉、谈志人、周广民等共同获得国家科技进步二等奖。

在A110-2型氨合成催化剂的工业应用实践中，我们发现原有的合成回路设备工艺不能充分发挥新型催化剂的优越性，其关键在于合成塔内件结构不适应。于是我们提出了设计适应新型催化剂的新型合成塔内件的任务，以无机化工教研室陈运根老师为首于1977年完成新型单管折流连续换热式合成塔的设计，1978年在我校机械厂试制成功。第一台合成塔在海宁化肥厂与A110-2型氨合成催化剂配套使用获得成功。就是从生产新型合成塔内件开始，我校机械厂走上了发展壮大，欣欣向荣的道路。

1989年学校又决定筹建催化剂厂生产新型FeO催化剂。机械厂和催化剂厂是我校校办产业的支柱，为校办产业的建立和发展做出了突出的贡献，为学校提供办学经费达上亿元，也使我们的主要研究成果全部实现产业化，技术覆盖全国各主要催化剂厂，包括我国最大化肥催化剂生产基地南化集团公司；产品在我国大中小型合成氨厂得到最广泛应用，市场占有率居全国首位，是近50年来支撑我国合成氨工业的骨干催化剂，并出口国际市场。据统计，催化剂累计销售6万余吨，工业应用累计新增产值百余亿元、新增利税数十亿元。

与此同时，根据A110-2型氨合成催化剂工业应用实践中发现的技术问题，学校相关学科也开展了针对性的配套研究。例如，无机化工教研室葛忠华老师开展了A110-2型氨合成催化剂整塔预还原技术的研究，并实现了工业化。1978年，机械基础教研室叶春晖、金耀门老师开始催化剂成球技术研究。随后成立了以常家强老师为组长的课题组，在上虞催化剂厂的协助下，于1985年开发成功A110-2型Q球形催化剂，并实现了工业化应用。

A110-2型氨合成催化剂及其配套开发取得了一系列重大科技成果，先后共获得9项国家和省部级科技成果奖，成为我校20世纪80年代获奖大户：

（1）A110-2型氨合成催化剂获浙江省科技进步一等奖；

（2）A110-2型氨合成催化剂获国家技术发明三等奖；

（3）A110-2型氨合成催化剂获浙江省科技进步（推广）一等奖；

（4）A110-2型氨合成催化剂配套新型合成塔内件获浙江省科技进步二等奖2项（陈运根等）；

（5）A110-2型氨合成催化剂整塔预还原技术获浙江省科技进步二等奖2项（葛忠华等）；

（6）A110-2型Q球形催化剂获浙江省科技进步二等奖（金耀门等）；

（7）A110-2型氨合成催化剂节能综合技术获国家科技进步二等奖。

这些事实充分说明，我们所坚守的科研价值观是正确的。同时表明，国家和社会需求是科学和技术创新的源泉。在实践中了解国家和社会需求，从国家和社会需求中寻找创新的机会，而产学研结合是科技创新的正确道路。由于有自己的中试基地，研究、开发与产业化一体，形成了良性循环。既加速了科学研究，又促进了产业发展；既培养研究型的企业家，又培养企业家型的科学家。本研究所从企业获得技术转让费 50 余年未曾中断，这是十分难能可贵的。这些经费为学科的正常运行和建设提供了基本保障。

对于每一个从事科学研究创新活动的成员来说，还有一个个人的价值观和价值取向。创新是为了什么？如何对待困难、曲折、失败和荣誉？米歇尔曾经说过："科学研究是一种创意产业吗？……我不会称之为一种产业，它是一种独特的文化活动，我们从事它并不是为了钱，而是为了创新，为了革新，为了展现我们的洞察力。"

人活着为了什么？为了生存，为了追求幸福。幸福是人的心理欲望得到满足时的状态。产生何种欲望、怎样才算满足，怎样活着才是幸福的，很大程度上取决于人的价值观。

社会也如此。社会要健康发展，离不开一个被社会大多数成员共同奉行的价值观和共同认可的价值追求。只有这样，生活在其中的人们才能感受到自身与社会的高度融合，增强对现在和未来的确定性，收获真正的幸福。只有以人为中心、以人为本的价值观，才能使人的生命、尊严和价值得到尊重。

在 50 多年的创新活动中，我始终牢记党的教导，牢记自己是吃薯干、野菜和糠饼长大的山区贫苦农民的儿子，从红领巾到大学教师都是党和人民培养的结果。没有新中国，就没有自己的一切。把一切献给党和人民的事业是我终生的追求和目标。在那么艰苦的条件下创办催化研究所，我们没有自己的利益和目标；在 $Fe_{1-x}O$ 催化剂创新过程中一而再，再而三地遭遇失败时，我们依然忘我地奋斗，也没有想过自己的利益和目标，一心只是想着怎样把催化剂开发成功。人生的意义在于追求、探索和奋斗。追求就要勇于探索、不断奋斗。探索未知，其乐无穷。只有这样，才能感受到奋斗过程的乐趣，并乐在其中；才能在困难面前不气馁，在曲折和失败面前不灰心，执着追求，痴心不改，实现自我价值；才能与同事们同甘共苦、团结奋斗，共享其乐。堂堂正正地在自己的本职岗位上，勤勤恳恳，踏踏实实，埋头苦干，勇于探索，奉献于国，造福于民，鞠躬尽瘁，死而后已。这是我的人生态度和价值观。

在此，我要再次对 50 多年来与我风雨同舟、历尽艰难的所有同事表示衷心的感谢！对浙江工业大学 65 年来的培养和支持表示衷心的感谢！

化工工艺专业发展简史

姜一飞

我校的化工工艺专业，涵盖了有机化工、无机化工，再加上化工机械，号称浙江工业大学最初的"三只老母鸡"，在发展过程中孵化出了许多相关的专业，成了学校后来发展的核心基础，对"浙工大文化"影响至深，所以了解它的发展过程很重要。

它的整个发展过程大致可分为四个阶段。

一、第一个阶段：1953 年至 1965 年

杭州化工学校始建于 1953 年，起初是中专。

1958 年，国家第二个五年计划要求大力发展高等教育，根据教育部精神，浙江省政府决定将杭州化工学校更名为浙江化工专科学校。从此，学校办学层次由中专发展成为大专。学校分设大专部和中专部，大专部学制为 2 年，设 3 个专业——基本有机合成工艺、无机物工艺、化工机械，各招 2 个班的学生，按照大专的专业教学大纲设置各门课程，教学则由原中专部的教师担任。为了适应大专教学需要，原中专毕业留校任教的部分教师，派送到各相关大学的化工专业去进修提高。这批大专学生于 1960 年夏季毕业，大都分配去了工厂或机关，学校也留了一部分以充实师资队伍（主要做学生辅导员或实验员）。教学上轨道以后，学校要逐步实行大专与中专的分离，原来基本有机专业教研组的一套班子也就分成了大专组和中专组。

1960 年，根据浙江省委第一书记江华的指示，学校大专部由杭州迁至衢州烂柯山下，同时并入衢州化工专科学校，组建成立乌溪江化工学院（1962 年改名为浙江化工学院）。1958 年秋季所招收的学生此时被分成了三类：（1）初中起点中专专业；（2）高中起点大专专业；（3）初中起点大专预科，2 年后升本科。第三类学生于 1960 年秋季升至本科，随学校迁往衢州，成为浙江化工学院的首届本科毕业生（共 360 多名），他们的专业分为

基本有机合成工艺、无机物工艺和化工机械 3 个专业，学校由此正式进入本科院校序列。

按照省里的规划，乌溪江化工学院基建投资 400 万元，征地 400 亩，学生规模为 6000 人，计划建造 6 幢 8000 平方米规模的教学大楼，这在当时可以说是很宏伟的目标。但随即遭遇了三年国家经济困难时期，国家对国民经济开始执行"调整、巩固、充实、提高"的八字方针，规划中的教学大楼仅造了一幢就因资金问题被迫停下，1961 年的招生人数也被限制在 180 人左右，即 6 个班，每个专业 2 个班。

到 1963 年，国家通过对国民经济的调整，逐渐走出了经济困境，开始进入较快恢复增长期，这时化工部又计划在西北地区办一所万人规模的"西北化工大学"，地点打算设在西安临潼。化工部的计划是：以浙江化工学院为基础，并入青岛化工学院、北京化工学院的一些保密专业，组成西北化工大学的班底。所以化工部在 1964 年把我们学校收为部属院校，并从衢州搬回杭州，暂时与化工部部属的杭州化工学校共用一个校区作为过渡。据说当时学院党委副书记周学山、副院长刘亚东等一班领导曾经跟随化工部有关领导去西安考察新校址，他们在西安临潼看到的是大片不毛之地，心都凉了。应该说西北地区与南方相比差距很大，西安远郊更显荒凉（据说兵马俑就在那里被发现，如果当时在那里破土建校，说不定兵马俑可提前发现）。学校领导们觉得那里的办学环境太差，远不如衢州烂柯山下，不想去（再说当时浙江省委也不愿意把浙江化工学院交给化工部），这使化工部领导很恼火，说："既然你们不愿去西安，那化工部也不要你们这所学校。"于是报请国务院批准以后，浙江化工学院又和杭州化工学校一起，由部属改为省管。

省委第一书记江华当初之所以坚持要把浙江化工学院办在烂柯山下，是想让它与衢州化工厂隔江相对，再把省化工研究所（省化工研究院前身）也迁到衢州，最终在衢州形成衢州化工厂、浙江化工学院、浙江省化工研究所"产学研三结合"的新型化工基地。"产学研三结合"是当时一个响亮的口号，被社会广泛认同为行之有效的新理念。集中全省化学工业优势资源，在衢州组建一个"产学研三结合"的试验区，是浙江省委的一个重大战略部署。在当时大环境背景下，浙江省的"三朵红花"（新安江水电站、衢州化工厂、乌溪江化工学院），有 2 朵红花落户衢州，因此省委第一书记江华特别重视，每年都要多次亲临衢州指导工作。省里计划要把衢州化工厂发展成有 15 万产业工人的"综合化工托拉斯"，在周围形成一个常住人口达 80 万的化工城，如果隔岸相对的是大学文化区，企业文化就有更深厚的文化底蕴，更有利于"产学研三结合"，可以成为全国工业发展的典范（有人甚至设想搞成一个"共产主义试验区"，这就更理想化了）。所以我们学校下放给省管以后，省里就要求学校搬回衢州烂柯山下，于是 1965 年底学校又从杭州迁回衢州，这就是"五年三迁"故事的由来。这样的多次来回搬迁，显然对学校的整体发展很不利。

1960 年艰难起步的乌溪江化工学院，于 1961 年开始招收本科生 180 人左右，学制 4 年，3 个专业各招 2 个班，共 6 个班。1962 年只招了 150 人左右，共 5 个班，其中基本有机合成专业只招一个班，无机化工专业、化工机械专业各招 2 个班，学制改成了 5 年。这样的正常招生和教学，一直持续到 1965 年。

这个阶段中我校的师资充实主要有3批：1960年搬至衢州组建化工学院时，分配了一批浙江大学等名牌学校的本科毕业生；1964年在本校的首届本科毕业生中留下了19名优秀学生，同时分配进来30余名外校毕业生；1965年又在第二届本科毕业生中留了一部分，加上这几年中陆续也有少量其他大学的毕业生分配来学校。为了提高教师队伍的水平，学校选派了部分教师去上海华东化工学院（现华东理工大学前身）、浙江大学等名校进修。这样，师资队伍的整体水平有了明显的提升。

二、第二个阶段：1966 年至 1974 年

1966年，还没来得及招生，"文革"就开始了，不仅打断了学校的正常发展，也打乱了原来的教育计划和教学秩序。

1966—1969年学校停止了招生，1962—1965年期间招的学生分别在1967—1970年间陆续毕业，此即所谓的"老五届"（其实我校只有4届毕业生，那些名牌大学早几年就改成5年制，才有5届毕业生）。

1968年下半年，中共中央发出了"抓革命、促生产"的指示，各地纷纷成立革命领导小组或革委会，我们学校也由军代表、工宣队代表、群众组织代表和老干部一起组成了革委会，形势逐渐稳定了下来。在"教育为工农兵服务"的口号下，学校于1970年下半年抽调一批骨干教师，组成了以刘化章老师为组长的合成氨催化剂研究团队，开创了学校科研先例，为我校在合成氨催化剂研究领域的突破打下了坚实基础。

1970年6月下旬，毛主席的讲话中指出："理工科大学还是要办的。"于是，停止了4年的大学招生开始部分恢复。起初全国确定10个省市搞试点，共招生90000人，学制2—3年，学生由工厂、农村、部队第一线推荐。浙江省属试点省份，分配到2300名招生指标，我校分配到153名（后来增加到154名）。招生专业怎么定呢？浙江省是农业大省，对农药、化肥的需求量比较大，但浙江仅有县办的二十几家农药厂和三十几家化肥厂，不仅产量低、生产工艺落后，而且工艺技术人员也奇缺。按照"教育与生产劳动相结合"的原则，这一年招生就暂定为4个班：农药专业（1个班，41人）、化肥专业（1个班，44人）、化工机械专业（2个班，共69人）。但毕业证书上怎么写呢？参照"文革"前的专业目录，在这届学生的毕业证书上就把农药、化肥这2个专业分别写成"基本有机合成专业（农药）"和"无机化工专业（化肥）"。

这些学生分别来自工厂、农村、部队农场，是名副其实的工农兵学员，他们经历各不相同、年龄差距很大，跨度达30余岁。学历差距更大，有的小学没毕业，有的却是大学肄业，因而教学难度相当大。而且"文革"已经把原先的教学秩序全都打乱，谁也不知道学制、课程该如何确定，教学该如何进行，学校只好把基础课、专业基础课和专业课教师混编成一个教学组，整体放到各专业班级（当时按部队编制，班级定为排，系定为连级单位），

根据临时的教学计划来安排教学任务。学制开始时暂定为 2 年，后因学生基础太差，怕 2 年学不到什么东西，毕业出去影响不好，学生们自己也不同意 2 年学制，认为学制太短学不到知识。这批学生都来自生产第一线，虽然文化程度参差不齐，但求知欲都很强，很珍惜这个学习机会，希望能多学些知识，这样，后来就将学制改成 3 年。

这批工农兵学生于 1970 年 11 月份进校后，先去金华军分区学军 2 个月，放完寒假后再到工厂学工 3 个月。在学工期间穿插补上一些课程，主要补充初高中的数理化基础知识，并结合工厂的现场生产工艺讲授一些专业基础理论和专业知识。由于比较直观，理论直接联系实际，一些比较抽象难懂的物理化学、化工原理、有机化学等内容，学生也都基本听懂了。此外，为使教学更切合实际，学校与省化工研究所（浙江省化工研究院前身）合作，办了一个农药（稻瘟醇）中试生产车间，农药专业的学生从工厂学工回校后，就一边上理论课，一边参加中试车间建设和试生产，这种理论与实践相结合的教学方法，在当时的历史情况下，不失为一种切实可行的方法。无机化工专业的学生还在教学实践中，根据小化肥厂的实际问题，对合成氨的合成塔进行了改进，改进后的合成塔，后来成了校办机械厂的当家产品，获得了巨大的经济效益。

1971 年全国又停止招生一年，对第一批招生中存在的问题进行总结和改进，1972 年再开始恢复全国招生，但招生总人数不多，据说全国仅招 13 万人，对推荐学生的文化程度也有了基本要求，规定必须具有初中及以上的文化程度。到 1973 年以后，新生还要参加学校的文化考试，也称摸底考试，有些省甚至是由省里统一组织的。

1972 年，我校还是招 4 个班：基本有机合成专业、无机化工专业各 1 个班，化工机械专业 2 个班。1973 年以后，招生专业又增加了工业分析专业和化工设备防腐蚀专业（属于机械系）。从 1972 级到 1976 级，共招了 5 届学生，被称为"新五届"（其实对我校而言，应该是"新六届"，1970 级虽属试点，也应算是"文革"中的首批招生）。1972 年以后，教材方面有一个变化：为适应当时的教学要求，以天津大学为代表的一些工科院校，纷纷对化工类专业教材进行了"三合一""五合一"改编，即将物理化学、化工原理、化工工艺合编在一起，将无机化学、有机化学、物理化学、化工原理、化工工艺合编在一起。

在 20 世纪 60 年代中期至 70 年代，是国际上石油化工发展最迅猛的年代，欧美和日本等国的石化产业日趋成熟，并向大型化发展。石油裂解制乙烯的装置，已从单套年产 18 万吨乙烯，迈向年产 30 万吨、45 万吨乙烯。在我国，大庆油田的发现使全国振奋，许多院校一时都开始考虑成立石油化工专业。我校的基本有机合成专业，在组长张成荫老师带领下，也对国内石化厂及有关院校进行了一番调查考察，准备筹建石油化工专业。但是，当时国内的石油化工尚处在起步阶段，各厂的现有生产装置都只有几千吨规模（乙烯），而且生产工艺落后，仅上海浦东高桥化工厂有一套年产 2 万吨乙烯的试验性生产装置，是为金山石化进行人员培训所引进的试验装置。如果各院校一哄而上，都办石油化工专业，学生参观、实习都会成问题，比如我校的学生只能到江苏丹阳化肥厂去实习，而他们仅有一套年处理能力 1 万吨原油的小石化（采用国外早已淘汰的蓄热炉裂解技术），按乙烯计算年产仅 1000 多吨。石化企业属于高科技综合性产业，当时我国尚无能力自行进行产业化研究开发，技术设备只能靠进口，而进口的技术设备自动化程度高，一套年产 30 万吨乙烯的生产装置，操作管理人员仅需几百人，这显然不适合于一般院校的石油化工专业的学生进行参观实习及毕业后就业的，所以到 1977 年恢复正常招生后，我校只好放弃石油化工专业，还是按原先的基本有机合成专业招生。

1974 年，我省从中央争取到建设年处理原油 250 万吨的石化厂（即现在的宁波镇海石化，其实当时仅是炼油厂，到 2012 年上了年产 100 万吨乙烯后，才成为名副其实的石化厂），投资 5 亿元人民币，这是我省自中华人民共和国成立以来最大的一笔工业投资（衢州化工厂投资 1 亿元人民币、新安江水电站投资 3 亿元人民币，已算是国家级大投资了，周恩来总理曾亲自关注建设进度，多次亲临视察），这在我省是件大事，副省长陈伟达亲自挂帅。我省原本一直是个农业大省，工业发展受限主要是缺乏能源（那时主要能源是煤炭）。那时宁波北仑港码头尚未建成，煤炭主要靠铁路运输，运能很小，加之全国的煤炭产量也有限，所以我省能源严重短缺。这套炼油装置上马后，可年产 110 万吨柏油，添加适量柴油稀释后就可作为燃料，可解决当时浙江省全年所需燃料的 50%，这为我省工业发展奠定了坚实基础，所以省里对这个厂的建设格外重视，仅为该厂选择厂址，有关专家就在全省考察了 13 处，最后决定选址宁波镇海（其实海盐乍浦的地理条件更理想，但那里紧靠上海金山石化总厂，省里担心今后会被上海金山石化总厂吞并）。现在看来这个选址是非常好的，因为紧靠北仑港码头和油库，但当时争论却非常大，主要因为舟山渔场是我国唯一的特大渔场，有人提出：建了石化厂，渔场就毁了。专家们争论了两天两夜，最后陈伟达副省长拍板：为了浙江工业发展，即使毁了渔场也在所不惜！现在看来，这个拍板也有其道理——即便渔场无鱼，还可以发展近海养殖和外海捕捞来弥补。宁波石化的筹建，主要由衢州化工厂抽调 35 位技术人员负责，当时我校正准备筹建石油化工专业，所以也在化机系、化工系抽调了 5 位老师（任贤鹏、高济生、庄毓萃、吴兰筠、姜一飞）去参加筹建处的工作。

三、第三个阶段：1975 年至 20 世纪 80 年代末

1976 年，"文革"动荡正式结束，高等教育也"拨乱反正"，逐渐步入正轨，我校（那时还是浙江化工学院）的发展也进入了一个新的阶段。

1975 年，我校争取到了为化工部办农药生产及应用技术培训班的任务，培训时间为 2 年（无学历），学员来自浙江、江苏、上海二省一市的农药厂，共 28 人，分别来自 27 家农药厂，都是各厂的技术骨干或厂级、车间的领导，这对我校在 1977 年以后成立"农药化工"专业有很好的促进作用。学校和化工系都很重视，从基本有机合成教研室抽调了一批教师，以沈德隆老师为组长组成农药教研组，进行调研及教学准备工作。农药对农业

增产是不可或缺的，但农药生产毒性大、污染严重、生产工艺复杂、更新换代快，在国内当时还是新兴产业。国外的研究机构主要研究新产品开发，而对相关基础理论的系统研究却很少，技术资料也很少，有关农药方面的教材根本没有。为了办好培训班，农药组的教师广泛查找资料、编写讲义，并结合科研精心组织教学，圆满完成了培训任务。

在努力办好培训班的同时，农药组的教师积极开展科研，从 1976 年至 1984 年，完成了一批高质量的科研项目，其中获省部级三等奖以上的科技进步奖 6 项，还签订了学校历史上第一个 5 万元的科技转让合同，并协同以田冰式老师为组长的三废治理研究室完成了省重点项目"马拉松废水处理"，大大提高了学校在全省和化工部的声誉。

调查中得知，1972 年教育部曾经要求天津大学、大连理工大学、华东化工学院（现华东理工大学）3 所大学的"染料及中间体专业"改成农药化工专业，由于缺乏教材资料等，他们都没有改。于是我们一边努力办好培训班，一边与化工部教育司联系沟通，希望由化工部教育司出面同教育部联系，允许我们筹办"农药化工"专业。经过多方努力，终于在 1977 年恢复高考招生后，增加了"农药化工"专业，并且是面向华东地区招生，这为我校面向全国招生打开了一个窗口。"农药化工"专业从 1977 级至 1984 级共招了 8 届学生，这批学生进入社会后都发挥得很好，成了各所在单位、企业的技术骨干。

1984 年以后，教育部对全国大专院校专业做了调整，专业总数由 1300 多个压缩为 671 个（1987 年颁布实施）。对一些比较相近的专业进行了合并，如农药化工专业并入了精细化工，对部分专业名称也做了调整，如基本有机合成专业改称有机化工专业、无机化工专业改称化学工程专业、化工设备防腐蚀专业改称塑料工程专业等。我校的精细化工专业于 1985 年开始招生，招生名额由 1 个班扩大为 2 个班。由于社会需求大，其间还同时招了几届 2 年制、3 年制的大专班。

1977 年恢复高考招生后，高校迎来了大发展的机遇。以党委书记周学山为首的学校领导班子看准了这个机遇，认为学校必须搬回杭州，才可能更好地获取信息、人才、生源等优质资源，才可能抓住大发展的机遇。所以周学山书记等先后到省里、化工部去联系、争取，开始几次都碰了壁。后来在项浙学副院长帮助下联系上二机部，二机部表示愿意出资把学校搬迁到杭州，但学校要划归二机部。就在即将签订协议时，教育部把浙江大学提升为"第二科技大学"，省里感到一下子失去 2 所工科院校，对浙江的工业发展将非常不利，因此改变了想法，不同意把原属省管的浙江化工学院划给二机部。为这件事，党委书记周学山去找省委领导，正好冲撞了省委常委会议，受到当时负责教育的省委副书记薛驹的严厉批评，说他作为老同志，怎么可以来干扰省委常委会议呢，并说要给予组织纪律处分。但他又告诉周学山书记，省委常委会正讨论我们学校的事，已决定我们学校搬回杭州，并入刚开始筹建的浙江工学院作为建校基础。周学山书记说："只要学校能搬回杭州，个人受任何处分都可接受。"我们学校能有今天的发展，与这些前辈艰辛努力所奠定的基础是分不开的，我们应牢记他们的辛劳和功绩。

1980 年 9 月份教育部批复了《关于同意浙江化工学院并入浙江工学院的通知》，校址定在杭州市。1981年秋季新生在杭州报到，衢州作为分部停止招生，学校第四次搬迁正式开始。当时朝晖校区仅有少量的简易校舍，大量的教室、实验室都是临时简易房或租用农舍，教学和生活条件都非常艰苦，广大师生艰苦奋斗，克服各种艰难困苦，认真完成教学、学习任务。

在学校合并搬迁过程中，曾出现过两种办学方向的争论。一种意见认为，学校合并后实力明显增长，学校应该按全国一流大学的要求来建设，还有人提出要赶超浙大甚至提出要办成"东方剑桥"。另一种意见认为，学校是省属院校，主要为浙江省经济建设服务，搬迁合并虽然给学校发展创造了良好条件，但学校基础还是比较薄弱，应该着重夯实基础、拓宽口径、努力提高教学水平，首先力争在全国省属院校中排名前列。两种意见争论激烈，在许多具体问题上相持不下，这对教学工作及学校基建、搬迁等工作显然是不利的。后来省委出面协调，才平息了争论，对领导班子做了调整，确定了以周学山为书记的领导班子。

到1985年整个搬迁工作基本结束，衢州校区270多亩土地、6万多平方米的教学设施，以450万元的价格转给了衢化公司。有人不无留恋地说："学校终于离开了辛勤构筑、艰难哺育了25年的巢穴——衢州烂柯山校区。"

随着学校的发展，不但教学任务加重了，而且科研任务也大大加重了，而如果让任课教师一边搞教学一边搞科研，显然不利于完成较大的科研项目。于是从20世纪60年代末成立催化研究室开始，化工系（后来成为化工学院）就一直根据科研需要成立专业科研团队（研究室），以保证按时有效地完成科研任务。加上在学校搬回杭州的同时，也调入了一批高水平的教师，如徐振元、周望岳、过中儒、胡维孝等，也为提高教学科研水平增添了强大的生力军。这以后，化工学院就源源不断地取得了一批又一批教学科研的丰硕成果。

四、第四个阶段：从工学院到工业大学

20世纪90年代，教育部又对全国大专院校专业目录做了两次调整，第一次修订目录于1993年正式颁布实施，专业种数由671个压缩为504个，第二次修订目录于1998年颁布实施，专业种数由504个调减到249个。在化工类专业中，把有机化工、化学工程（无机化工）、精细化工合并为化工工艺专业，保留了应用化学专业、药学专业。

1993年，学校从工学院升格为工业大学，各系也先后升格为学院，按新调整的大专业招生，到大二以后再按模块化进行专业教学。化工类的模块有精细化工（有2个班，其中一个班为制药工程专业）、有机化工、化学工程（无机化工）、电化学工程等。2001年又从精细化工中分出制药工程专业，并从化工学院各教研室、研究室抽调了胡维孝、苏为科、单伟光等骨干教师，于2001年11月28日正式挂牌成立了药学院。2006年，化工学院成立了化工系、应用化学系、材料系、化学系4个系，2009年成立了海洋系，

2012 年成立了能源与资源工程系。

为了充分发挥综合性大学的特点和优势，化工学院于 2010 年开始按"化学工程与材料类"进行大类招生与培养，在总体把握"夯实基础、拓宽口径、强化个性、善于创新"的基础上，前期宽口径按大类培养，后期实施多样化专业教育，推进专业交叉融合和内涵发展，实现人才的精细化培养。为此，学院设立了化学工程与工艺、应用化学、材料科学与工程、海洋技术和能源、资源工程等 5 个本科专业大类。

化学工程与工艺专业成立于 1996 年，设化学工程、化工工艺、精细化工 3 个模块，2002 年增设化工技术与贸易模块，2003 年增设化工自动化模块，2007 年增设生物化工模块，以及"化学工程与工艺＋计算机科学与技术"一体化复合双专业，2008 年增设"化学工程与工艺＋英语"一体化复合双专业。这种"双专业"是国家级特色专业，也是浙江省优势专业和教育部综合改革试点专业，于 2010 年被列入教育部卓越工程师教育培养计划首批试点专业，2011 年通过了教育部全国工程教育专业认证。

应用化学专业是在 1953 年设置分析化学专业的基础上发展而来的，1992 年国家统一调整一级学科名称，分析化学专业与电化学专业合并，统称为应用化学专业，1999 年设立应用电化学、分析化学等模块，2009 年增设"应用化学＋知识产权"一体化双专业。应用化学专业也是国家级特色专业、浙江省优势专业和教育部综合改革试点专业，是我校第一个进入 ESI 全球前 1% 的学科（2010 年）。

在全国化工类专业排名中，化学工程与工艺专业进入了前 10 名，是我校第二个进入 ESI 全球前 1% 的学科（2011 年）。

高分子材料与工程专业源于 1973 年设立的化工设备防腐蚀专业。1985 年化工设备防腐蚀专业停止招生，改设了塑料工程专业。1988 年塑料工程专科专业从机械系调整到轻工系，1993 年塑料工程专业升为本科专业并改名为高分子材料与工程专业，并新设立了材料化工专业；1998 年因学校院系调整并入化工学院。2001 年又将高分子材料与工程专业和材料化工专业合并为材料科学与工程专业，其下设高分子材料、高分子成型技术、高分子合成技术、金属材料与表面工程、功能材料 5 个模块，是我校第三个进入 ESI 全球前 1% 的学科（2015 年）。

海洋技术专业于 2002 年建成，能源与资源工程专业为 2010 年新增的战略性新兴产业相关专业。

2013 年，材料科学与工程专业从化工学院分出，成立材料工程学院；海洋专业分出，成立海洋学院。这样，现在的化工学院仅剩下化学工程与工艺专业、应用化学专业、新能源专业三大专业。而从 20 世纪 50 年代以后由最初的化工工艺专业这只"老母鸡"所陆续孵化出的生工学院、药学院、材料学院、海洋学院、环境学院，都已羽翼丰满、成长壮大了。

化学工程专业

程　榕　杨阿三

化学工程专业（原无机化工专业），现为化学工程与工艺专业下设的化学工程模块，具有70年的办学历史，是学校最早设立的专业，源于1953年成立的杭州化学工业学校（浙江工业大学前身）无机物工艺（简称无机）专业科。建校70年来，随着国家发展经历了风风雨雨，学校迎来了近些年的快速发展。化学工程专业伴随着学校几经变迁，在浙江大地上发展壮大，传承着浙江省工业教育的优良传统，在本科教学、学位点建设及研究生教育、科学研究、地方合作、社会服务等方面都始终走在全院的前列，在国内化工领域中有较大的影响，连接着祖国化学工业发展的昨天、今天和明天。

一、杭州化工学校时期

中华人民共和国成立以后，为适应第一个五年计划的需要，重工业部决定在华东地区建一所化工学校，这就是杭州化工学校诞生的背景。

重工业部化工局根据中央财政委员会、高等教育部对华东地区工业性质中等技术学校调整方案，决定将温州工业学校、杭州工业学校化工科、苏州高级工业技术学校化工科合并，集中于杭州成立杭州化学工业学校。1953年7月3日，重工业部化工局发出《关于成立杭州化学工业学校筹备委员会及1953年设置专业的通知》。校址设在拱墅区观音桥，第一副校长是刘亚东。三校化工科师生于9月10日前在杭州报到，9月14日举行开学典礼，9月15日正式上课。学校当时设无机物工艺（简称无机）和分析化学（简称分析）2个专业科。无机科下设：无机物工艺、工业企业学科委员会、化工原理学科委员会、工业化学学科委员会。杭州化学工业学校成立是为浙江工业大学之始，无机科和分析科（合称化工科）就是浙江工业大学化工学院之始。

1954年杭州化工学校组建和调整结束，无机科开始全面学习苏联经验，制定了无机专业的教学计划和各科教学大纲，选用翻译的苏联教材，改变考试方法和评分方法。1954年8月，无机物工艺专业还承担了重工业部委托培养6名越南留学生的任务，后来其中3名于次年11月转入大连工学院继续深造。1957年8月，留下的3名越南留学生学成回国。1956年，学校划归化工部领导，校名改为化学工业部杭州化学工业学校。从1953年建校到1958年，开办5年间，学生的教学质量和师资的教学水平不断提高，是全国同类学校中的佼佼者。学校为国家培养了1700余名毕业生，其中无机专业447人。他们分布于祖国各地，成为当时社会主义建设的骨干力量，毕业于无机物工艺专业的周光耀，在长期从事纯碱的设计与研究、开发与创新过程中，为国家的化工技术与生产做出了重大贡献，1995年当选中国工程院院士。

二、浙江化工专科学校时期

1958年6月，浙江省政府改校名为浙江化工专科学校。学校设大学专修科，分为大专、中专两个部分。大专学制有学制为2年制（高中起点）、5年制（初中起点，后来改为预科）两种，次年又将2年制改成3年制；中专学制有4年制、3年制两种。中专部化工类专业在原有分析化学（学制3年）、无机物工艺（学制4年）的基础上，增设基本有机合成专业（学制4年），有机化学和炼油工艺专业（学制3年），后两个专业只招一届学生，于1960年停办。大专部化工类设基本化学、化学肥料、化学工程、有机合成专业（学制均为2年）。1959年，基本化学、化肥专业改为无机物工艺专业。

浙江化工专科学校在学校发展史上停留了短暂的瞬间，这是激情燃烧的岁月，当时学校除了快速发展外，还积极贯彻教育与生产劳动相结合的方针，探索"教学、生产、科研"三结合的道路，主动服务地方经济建设。无机专业三年级学生结合化工厂建设，分别参加车间设计、安装与生产，既进行了劳动锻炼，又达到教学的目的。1958年，无机科承担了化工部委托开办的氮肥训练班，学员来自浙江、安徽、湖南、江苏、广东、广西、河南、福建等8个省，共计741人。其中本省245人，学制1年，学员文化程度参差不齐，高至大学文化，低至初中尚未毕业，年龄最大的40多岁，最小的18岁。福建送来的100名学员是高考生，后并入2年制专科。当时办学条件十分艰苦，教室不够实行两部制，轮流上课；食堂不够，就把饭菜送到教室，圆满地完成了培训任务。

浙江化工专科学校短暂的2年，使学校办学层次发生根本性变化，从中等技术教育进入高等工程教育，无机化工专业在自己的发展征程中更上了一个新的台阶。

三、浙江化工学院时期

浙江省委于 1960 年 2 月决定将浙江化工专科学校与衢州化工专科学校合并，以浙江化工专科学校为办学基础，在浙江衢县成立浙江化工学院（曾一度称为乌溪江化工学院）。学院开办之初，设置无机物工学、化工机械、基本有机合成、电化学、氟化学、炼油炼焦、高分子工学、化学纤维共 8 个本科专业，其中 7 个为化工类专业，设无机系、有机系、化机系。1963 年 7 月，浙江省委将浙江化工学院和杭州化工学校同时上交给化工部。10 月 16 日，化工部发文宣布将院校同时收归化工部领导，学校领导体制和归属关系再次变动，同时学院从衢县迁回杭州。1964 年 7 月，李寿恒教授任浙江化工学院院长。1965 年 8 月，浙江化工学院又划归地方管理，征得化工部同意后，于 1966 年迁回衢县原址办学。这就是校史中"五年三迁"的故事。此时，杭州化工学校随之下放给省，由浙江省化工厅领导，院校再次分开。直至 1970 年 7 月，浙江省革委会决定将杭州化工学校并入浙江化工学院，11 月 23 日举办并校大会，杭州化工学校建制结束。

浙江化工学院开办时，正逢国家困难时期，办学条件十分艰苦，没有自来水，喝的是黄泥水。搭浮桥、修马路、拉电线、装水泵、铺轻轨、挖土方、运石子、搬砖头等建院劳动，都有师生参加。1961 年，贯彻中央"调整、巩固、充实、提高"八字方针，办学规模缩小，部分教职工和学生回乡参加农业生产。1961 年 9 月，学校决定将无机系、有机系合并为化工系，专业从 8 个调整至 3 个，其中电化学、氟化学专业并入无机物工艺。在贯彻八字方针中，还调整了专业教学计划与教学大纲，学制由 4 年改为 5 年，1962 年起招收 5 年制本科生。1964 年学校迎来首届 360 余名本科毕业生（由初中起点 5 年制预科升级而成），其中无机化工有 7 个班毕业，学校留了 6 名毕业生充实教学管理部门，他们成为学校教学、科研、管理部门骨干，即无机物工艺毕业的葛忠华（副校长）、刘化章（省特聘专家）、徐如玉、张新庆、周小庭、陈鑫余等。1965 年无机物工艺有 2 个毕业班，留校有陈云根、王水根 2 人。1967 年无机物工艺有 3 个毕业班，留校的有陆家玖、马赞坤 2 人；1968 年无机物工艺有 3 个毕业班；1969 年无机物工艺有 3 个毕业班；1970 年无机物工艺有 2 个毕业班。1966 年 5 月至 1976 年 10 月的"文化大革命"期间，浙江化工学院在烂柯山麓这样一个比较闭塞的环境下，同样经受了与全国高等院校相似的冲击。在这 10 年中，从 1966 年开始停止高考招生，到 1977 年底恢复高考招生，高考招生停顿了 11 届，但实际上学校里的大学生一直没有断过档。1966 年，因学校在 1962 年招生时学制改成 5 年制，因此没有毕业生；1967 年毕业生 123 名和 1968 年毕业生 131 名，统统延期到 1969 年寒假才分配工作；1969 年毕业生 161 名和 1970 年毕业生 157 名，则一起到 1970 年下半年毕业。从 1970 年下半年开始，又连续几年招收了 6 届工农兵学员。其中 1975 年无机化工专业毕业留校的沈传缘曾任学校党委副书记。1977 年恢复高考招生，从此无机化工专业进入正常招生序列，学校十分重视教学质量的提高。化工系恢复了三段式教学体系，按公共课、专业基础课、专业课三段组织教学，增加了基础课学时数，加强了"四大化学"

基础课的教学，拓宽了知识面，增强了适应性。

1979 年，化学工程专业开始招收研究生，物理化学教研室洪瑞槎老师招收了 1 名研究生，研究方向是化工热力学；1980 年，化工原理教研室徐崇嗣老师招收了 2 名研究生，研究方向是传质过程及设备。

在这段教学工作中，注重与生产劳动相结合，强调真刀真枪。1973 年无机化工毕业生为温岭化肥厂完成施工设计任务，1975 年为舟山化肥厂扩建改造年产 1 万吨合成氨的设计任务，为德清化工厂设计涤纶生产，参与衢州化工厂扩建年产 30 万吨合成氨的设计。在这些真刀真枪的实践中，无机化工教学组老师们积累了丰富实践经验，为后续科研、教学提供有利条件，如陈运根和校机械厂合作开发的新型氨合成塔内件在全国市场占有率 35%，楼寿林开发的甲醇合成塔销售 200 余套，都产生了可观经济效益。毕业学生绝大部分成为我国无机化工生产企业的技术骨干。

在 20 世纪粮食短缺年代，国家建设"以粮为纲"。增产化肥，多产粮食与国家的稳定、人民的温饱息息相关。当时，小化肥厂在全国各地如雨后春笋般兴起，合成氨工业得到蓬勃发展。但技术落后，效益低下，研制新型氨合成催化剂具有重要的技术与经济意义。就是在那样的时代背景下，1970 年 10 月，学校成立了催化研究室，刘化章与同事们开始了新型氨合成催化剂的研究。在科研硬件条件十分困难的情况下，以刘化章为组长的催化剂研究团队，发扬"没有条件创造条件也要上"的大无畏精神，自力更生，艰苦奋斗，一切自己动手，克服重重困难， 1976 年研制成功我国第一个 A110-2 型氨合成催化剂，达到国际同类先进水平。这是我校第一项重大科研成果，并开创了我国 A110 系列催化剂之先河，成为我国近 40 年迄今依然应用最为广泛的工业催化剂。成立的催化学科成为高层次人才培养基地，培养了一大批硕士、博士研究生，为实现我校办成区域特色鲜明、国内一流的研究型大学的目标，做出了应有的贡献。

四、浙江工学院时期

1980 年 9 月，经国务院批准，教育部同意，将浙江化工学院与浙江工学院合并，以浙江化工学院作为建校的基础。1980 年，以浙江工学院名义招收 11 个专业 610 名本科生，无机化工专业有 2 个班。11 个专业分为 20 个班级，其中 5 个班级在杭州上课，15 个班级在衢县上课。1984 年，原浙江化工学院迁校结束。

1981 年 1 月，浙江省人民政府批复，同意浙江工学院设电子工程、机械工程、化学工程、土木工程、轻工业工程、管理工程 6 个系，下设 14 个专业。化学工程系下设无机化工、有机化工、分析化学、农药化工等专业，每年招生 7 个班级，无机化工有 2 个班，人数约 60 人。1984 年，无机化工专业改为化学工程专业。至 1992 年，化学工程系设有有机化学、物理化学、化工原理、化工热力学、化工仪表、电化学生产工艺、腐蚀与防腐、精细化工、反应工程与工艺、有机化工等 11 个教研室及相应的实验室，2 个研究所（中心），以及系计算机房、系资料室、玻璃工厂等，其中反应工程与工艺教研室负责化学工程专业的专业课程、生产实习和毕业环节。

1983 年 11 月，国务院学位委员会批准浙江工学院为硕士学位授予单位，有权授予硕士学位点的学科专业是化学工程。1985 年 7 月国务院学位委员会质量检查组来院对化学工程专业培养的硕士研究生的质量进行全面检查，并表示满意。1979 年至 1992 年，化工系有研究生导师 9 人，共招收硕士研究生 32 名，毕业 28 名。工业化学研究所成立于 1985 年，1990 年省教委又批准工业催化学科列入浙江省高校重点扶植学科，化学工程成为校级重点扶持学科。化工系其下所设催化研究室（成立于 1970 年）主要研究方向是合成氨、石油化工、煤化工催化剂及其工艺的研究与开发，1992 年获浙江省教委批准；化学工程研究室其主要研究方向是化工分离技术和设备。

在这期间化工系的科研工作有声有色。其重点研究方向是：多相催化及催化理论研究、化学工程研究等。以刘化章、徐如玉、李小年（无机 1980 级，曾任浙江工业大学校长）等老师为主的工业催化学科获得重大科技成果 15 项，其中 10 项为国家、省部科技成果奖，2 项为国家发明专利奖。例如 A110-2 型氨合成催化剂，继 1979 年获浙江省优秀科技成果一等奖后，1983 年获国家技术发明三等奖。1984 年 A110-2 型氨合成催化剂及氨合成塔内件推广获省科技进步一等奖。1987 年氨合成节能技术的综合开发获国家科技进步二等奖。1989 年 ZA-3 型氨合成催化剂的研制专利，获中国保密发明专利权，并获浙江省发明专利金奖。刘化章同志先后被评为省、国家有突出贡献的中青年科技专家，1988 年被化工部授予我国小氮肥工业发展做出突出贡献先进个人。1993 年 12 月 3 日，A301 型氨合成催化剂获化工部科技进步一等奖。1994 年 6 月 20 日，《人民日报》（海外版）刊登了题为《尊重知识、尊重人才，浙工大科技成果转化成效显著》的文章，介绍了 A301 型氨合成催化剂转化为生产力，成效显著的情况。徐如玉被国家教育委员会授予"全国高校先进科技工作者"称号。留校的程榕（无机 1977 级）、孙勤（无机 1978 级）、陈银飞（无机 1978 级）、潘志彦（无机 1978 级）、李小年（无机 1980 级）、郑燕萍（无机 1981 级）、罗雄军（无机 1982 级）等成长为学校的教学和科研骨干及学院和学校领导。

化学工程专业和学科在这 13 年间也取得了快速发展，许多是突破性的发展，在本科教学、学位点建设及研究生教育、科学研究、地方合作、社会服务、学科及带头人、重点实验室等方面都走在全院的前列，为我国化工高等教育和化工企业培养了一大批高素质人才。

五、浙江工业大学时期

1993 年 11 月 26 日，国家教育委员会批复同意浙江工学院更名为浙江工业大学。

1995 年 4 月，学校批准化学工程系更名为化学工程学院。5 月 28 日，浙江工业大学化学工程学院揭牌成立。学院下设化学工程、精细化工、有机化工、工业催化、应用化学等 5 个系，化学工程系负责所在化学工程专业的教学工作。

1996 年化学工程、化工工艺、精细化工等专业合并为化学工程与工艺大专业进行招生，并组建了新的化工系专门负责专业教学和建设，在大专业下面设置化学工程、化工工艺、精细化工等模块，在二年级进行模块分流，专业课阶段学习相应模块的课程。化学工程学科具体负责化学工程模块的教学工作，形成了学科、教学系共同建设和管理本科专业的新格局。

进入新时期，化学工程专业和学科在各方面均取得了长足发展。

化学工程与工艺专业先后入选省重点建设专业（2003 年），国家级特色专业（2008 年），教育部"卓越工程师教育培养计划"首批试点专业（2010 年），教育部综合改革试点专业（2012 年），省"十二五"优势专业（2012 年），省"十三五"优势与特色专业（2017 年）和国家一流本科专业"双万计划"（2019 年）；于 2011 年首次和 2017 年再次通过工程教育认证。已累计培养本科生 3000 余人。学生在全国"挑战杯"、全国大学生化工设计邀请赛、全国化学实验技能大赛等各类省级以上学术竞赛中获奖 80 余项。毕业生普遍受到社会青睐，"用得上、干得好、下得去、上得来"是社会对化工专业人才培养的肯定。

化学工程学科方向作为省重中之重一级学科、一级学科博士后流动站、一级学科博士点的重要组成部分，拥有国家级化学化工实验教学示范中心 1 个，国家级化学化工虚拟仿真实验教学中心 1 个，浙江省生物燃料利用技术研究重点实验室 1 个，石化联合会工程实验室 1 个，浙江省教育厅"生物质能源与装备"创新团队 1 个；拥有各类仪器设备 2000 余万元，科研用房 3000 余平方米，教学实验用房 2000 余平方米。已培养研究生 300 多名，研究生一次就业率达到 95% 以上。

化学工程学科方向现有教职工 50 人，其中具有博士学位的教师 33 人，占学科教职员工的比例为 66%；正高级职称教师 13 人，副高级职称教师 22 人，高级职称人员占学科教职工人数的 70%；博导 9 人，硕导 27 人。入选省"新世纪 151 人才工程"第二层次 1 人，省中青年学科带头人 2 人。获省优秀教师 1 人，省高校"三育人"先进个人 1 人，省十佳青年教师 1 人。

化学工程学科的研究工作依托 4 个团队展开，各个团队根据具体的研究情况，形成不同的研究方向，目前主要有 10 个主力方向：超重力场技术与装备、生物柴油技术、生物质能源资源化利用、膜技术与功能高分子、绿色分离技术与装备、生物分离过程与微化工、化工流程模拟和设备信息化、化工过程控制与系统集成、过程技术与装备、绿色化学反应与分离。

近年来共承担科技部国际合作专项、科技部中欧政府间国际合作专项、国家高技术研究发展计划（863）子课题、国家海洋局计划项目、国家自然科学基金重点项目子课题、面上项目、青年基金和浙江省自然科学基金重点项目、一般项目，浙江省科技厅计划项目等省部级以上项目 62 项，其中国家级科研项目 28 项，省部级项目 34 项；承担企业横向项目 500 余项；拥有合同金额逾 1000 万元的重大横向课题 4 项。每年科研到款近 2000 万元。获全国性行业协会科技奖二等奖 1 项，中国专利优秀奖 2 项，省部级一等奖 2 项，二等奖 1 项，三等奖 1 项；发表 SCI、EI 及 ISTP 收录论文 150 余篇，国内核心期刊论文 180 余篇，申请发明专利 200 项以上、国际专利 1 项，获授权国家发明专利 68 项。

化学工程学科工程应用研究特色鲜明，优势显著。在超重力场技术、生物柴油、大通量高效分离塔设备、干燥技术与装备等基础研究与技术开发应用方面处于国内领先、达到国际先进水平。化学工程学科方向近几年在膜材料与膜分离技术、离子液体与超临界流体、绿色反应与分离、生物分离过程、化工过程集成与控制、微化工、反应过程连续化等方面形成了新增长点，相关的应用基础研究处于国内或国际的先进水平。积极开展对外交流与合作，与美国、加拿大、澳大利亚、瑞典、新西兰等国的大学以及德国巴斯夫公司、美国精馏公司、荷兰帝斯曼公司等跨国公司有良好的合作与交流。

分析化学专业发展简史

潘再法　莫卫民　周执明

分析化学属于理学学科中化学专业下设的一个二级学科。分析化学是研究获取物质化学组成和结构信息的分析方法及相关理论的科学，是化学学科的一个重要分支。分析化学的主要内容是鉴定物质的化学组成（元素、离子、官能团或化合物）、测定物质的有关组分的含量、确定物质的结构（化学结构、晶体结构、空间分布）和存在形态（价态、配位态、结晶态）及其与物质性质之间的关系等。分析化学学科，是目前化学中最活跃的领域之一。目前分析化学学科的发展已跨越了纯化学的界限，许多人已提倡使用"分析科学"来描述该领域；其研究和应用领域已经逐渐扩展到医药、环境、食品、材料和生命科学等等。同时，分析化学在法医学、考古学和太空科学等多个领域也做出了重要贡献。因而，其发展水平亦成为衡量国家科学技术水平的重要标志之一，对于发展国民经济、改善生态环境、促进社会进步有着重要意义。

分析化学是化学家最基础的训练之一，化学家在实验技术和基础知识上的训练，皆得力于分析化学。分析的方式大概可分为两大类，经典化学分析方法和仪器分析方法。仪器分析方法使用仪器去测量分析物的物理属性，比如利用光和物质的相互作用建立起来的各种光谱分析等。当代分析化学着重仪器分析，常用的分析仪器有几大类，包括色谱学、波谱分析、光谱分析和电化学分析等各种现代分析方法。浙江工业大学分析化学专业是在工科院系中按理学专业要求办学的专业，因此具有理工融合的办学特色。

一、发展沿革

分析化学专业历史可追溯到 1953 年建立的杭州化学工业学校（浙江工业大学前身），当时学校设有无机物工艺（简称无机）和分析化学（简称分析）专业。分析科下设无机物分析学科委员会、钢铁分析学科委员会、有机染料学科委员会、定性定量学科委员会。无机科和分析科（合称化工科）就是浙江工业大学化学工程学院之始。1958 年学校升级为大专，同时还积极贯彻教育与生产劳动相结合的方针，探索"教学、生产、科研"三结合的道路，主动服务地方经济建设。分析科承接了浙江省化工研究所承担全省样品分析的业务，专门成立了"样品分析室"，与 80 多个单位建立了固定的联系。当时以毕业设计形式进行的科研，完成了 53 个课题，包括省科委课题"矿石快速分析箱"；修订了 76 个项目的分析方法；还编写了《工业分析》《仪器分析》《定性与定量分析》等 3 本教材，由化工部出版。1960 年初，分析科代表出席杭州市社会主义建设先进集体代表大会，同时还当选浙江省级先进集体。

1977 年恢复高考，根据浙江特点和经济建设需要筹建新专业、新学科。化工系在无机物工艺、基本有机合成基础上，增设工业分析和农药化工 2 个新专业。1977 年恢复高考招生后，关于教学计划是否要修改，还是继续按照"文革"中教学计划执行，教学组进行了认真讨论。基于分析化学专业的理科性质，我们教研室统一看法，四大化学（无机化学、分析化学、有机化学和物理化学）必须采用理科教材，其他课程教材相应配套，以此来提高师资水平和保证培养学生的质量。教材也采用理科专业的，这给教师的教学增加了难度，但执行一段时间后发现学生知识水平有很大提高，明显的例子是学生考研和出国的录取率大幅度提高。基于卓有成效的培养理念和教师们的辛勤付出，1977—1978 级本科生的考研升学率就达 80% 以上。据我专业考生的考研成绩和入学后的优秀表现，有些硕士生招生单位，例如中科院大连化物所、长春应化所、上海冶金研究所等，都欢迎或主动来校联系要求我校提供生源。分析专业毕业生之所以能人才辈出，与专业一直沿用理科教学计划是分不开的，当然也与教学组教师业务水平和认真负责有关。

1980 年 9 月，经国务院批准，教育部同意，将浙江化工学院与浙江工学院合并，以浙江化工学院作为建校的基础。浙江工学院设 6 个系，化学工程系下设无机化工、有机化工、分析化学、农药化工等专业。

1993 年 11 月 26 日，国家教育委员会批复同意浙江工学院更名为浙江工业大学，学校从本科教学为主的教学型大学向教学研究型、研究型大学转变。1995 年 4 月，学校批准化学工程系更名为化学工程学院。学院下设化学工程、精细化工、有机化工、工业催化、应用化学等 5 个系。1998 年国家统一调整专业名称后，将分析化学与电化学合并成立应用化学。进入 21 世纪以来，在分析化学与电化学多年教学和科研成果的基础上，以应用化学为专业载体，专业发展稳步提升：

2003 年，应用化学专业被设立为浙江工业大学重点建设专业，2006 年通过验收。

2003 年，应用化学专业被设立为浙江省重点建设专业，2007 年通过验收。

2008 年，应用化学专业获批国家特色专业。

2009 年，增设"应用化学＋知识产权"一体化双专业。

2012 年，应用化学专业获批浙江省"十二五"优势专业。

2013 年，应用化学专业获批教育部综合改革试点专业。

2014 年，应用化学专业获批校级国际化专业。

2017 年，应用化学专业获批浙江省"十三五"优势专业。

2019 年，应用化学专业获批国家级一流本科专业。

根据武汉大学中国科学评价研究中心（RCCSE）发布的《中国大学及学科专业评价报告（2017—2018）》，本专业在全国 388 所设有应用化学专业的院校中排名第 6 位。

二、专业定位

本专业坚持"对接国家重大需求、立足长三角、面向全国、放眼世界"的办学宗旨，围绕国家绿色发展战略需求，以浙江精神办学，与浙江经济互动的办学特色，主动适应区域经济社会发展需求。充分利用应用化学的桥梁纽带作用，搭建跨越基础化学到工业应用的人才培养体系；致力于培养具有扎实化学化工基础、绿色化学理念，良好人文素养、牢固家国情怀和广阔国际视野，能在化工、环保等诸多行业领域从事科学研究、质量监督、技术开发、经营管理等方面的复合型人才。

三、特色优势

本专业特色优势，主要有以下 3 点。

（1）科研平台优势：本专业建在一流学科化学工程与技术（教育部第四轮学科评估为 A⁻，且并列第 8 名）上，依托绿色化学合成技术国家重点实验室培育基地、科技部能源材料及应用国际科技合作基地。

（2）教学平台优势：依托化学化工虚拟仿真实验教学中心、国家级化学化工实验教学示范中心。

（3）产学研结合优势：实行企业导师制，形成了"理工融合、开放培养"的特色。在培养学生过程中既重视基础理论知识教育，同时又重视以应用为导向，培养学生解决实际问题的能力，以适应浙江省社会发展和国家经济建设需求为目标。

在"产学合作、校企合作"的开放培养模式下，专业建立了多个校企合作基地，为专业学生的实习实训、社会实践和毕业设计（论文）提供了教学的场所、内容和论文题目。与本专业方向有固定合作的学生实习基地有：浙江省食品药品检验研究院、浙江省地质矿物研究所、浙江省环境监测中心站、浙江方圆检测集团股份有限公司和巨化集团公司等。与分析化学相关的职能部门实习经历，能够提高热点学生解决实际问题能力，有利于学生了解专业相关的社会热点和前沿技术，也为学生在相关部门工作提供了机会。

四、师资队伍及科研方向

　　分析化学专业教师具有团队精神和融洽的师生关系，在分析化学发展过程中取得了一系列的科研成果。在早期尚未开始招收研究生时，就形成了以本科生毕业论文为载体，既培养本科生学以致用的创新能力，又能让专业老师科研和教学并重。教师通过指导本科生毕业论文，能了解学科发展前沿，提高自身的学术水平和教学能力。特别是采用本科生一人一题目，能有效培养学生创新能力和解决实际问题的能力；并积极参加全国性学术会议，以本科生毕业论文为基础，在《高等学校化学学报》《分析化学》《分析科学学报》和《中国稀土学报》（含英文版）等刊物上，发表了大量高水平学术论文。专业教师取得了丰硕的科研成果，例如：周执明老师的稀土元素的原子吸收光谱分析获得 1988 年浙江省自然科学二等奖，《深入改革，全面提高毕业论文教学质量》获 1989 年省级优秀教学成果二等奖，1989 年被国家教育委员会等授予全国优秀教师称号，并获全国优秀教师奖章，周执明老师于 1992 年享受国务院政府特殊津贴。同时，教研室多位老师共 50 余篇论文获得浙江省自然科学优秀论文奖。

　　目前分析化学模块指导老师 20 人，其中具有博士学位的教师有 15 人，具有高级职称以上的教师 17 人。主要包括隶属于应用化学学科、化学学科和校分析测试中心的老师。含中国化工教育协会常务理事 1 人，国家教学指导委员会会员 1 人，国家青年千人计划 1 人，钱江特聘教授 1 人。

20 世纪 90 年代初期部分分析化学教师合影
前排左至右：李钦祖、莫卫民、吴德怀、孙长林、周执明、余曜
后排左至右：王丽丽、葛绮华、顾丽忠、徐梅丽、王建燕、刘文涵

随着社会经济的发展，分析化学教师的研究方向逐渐聚焦于光谱、色谱和质谱等现代仪器分析方法，其研究领域也从化工、医药、地矿等领域逐渐向环境、食品和生命科学领域拓展。全体教师在搞好分析化学领域教学的同时，重点开展纳米材料及可视化生命分析、食品安全分析、电化学传感器及快速检测技术、天然药物活性成分、环境监测和新药合成及过程分析等方向的研究。近 10 年来，分析化学团队的研究方向，除为化工、医药领域提供分析方法研究和技术服务之外，逐渐在生命科学分析和食品安全等领域做出了很有特色的工作，取得了成绩斐然的成果。例如极性小分子食品污染物关键检测技术创新与应用，获得了浙江省科学技术进步奖二等奖；在新型荧光探针及疾病标志物检测领域，在浙江省自然科学基金重点项目资助下，获 2022 年度浙江省分析测试科学技术奖（ZJAIA 奖）。荧光探针相关工作在 *Nature Materials* 等国际顶级期刊上发表。

分析化学多位老师曾在学院乃至学校重要管理岗位担任职务，例如：周执明老师曾任化工系主任，李钦祖老师曾任化工系党委书记，徐梅丽老师曾任化工系副主任，莫卫民老师任浙江工业大学分析测试中心主任，胡伟老师历任化工学院党委副书记、书记和校党委副书记，单伟光老师曾任浙江工业大学科技处副处长、研究生处常务副主任、药学院院长、化学工程学院党委书记等职。多位老师在分析测试领域担任重要职务，莫卫民老师连任第四届、第五届浙江省分析测试协会理事长；刘文涵老师曾担任浙江省分析测试协会光谱与电化学分析专业委员会主任；潘再法老师现担任中国仪器仪表学会分析仪器分会理事，浙江省分析测试协会光谱与电化学分析专业委员会副主任、青年委员会主任；黄忠平老师担任中国仪器仪表学会分析仪器分会离子色谱专业委员会青年委员；滕渊洁老师现担任浙江省分析测试协会光谱与电化学分析专业委员会青年委员会副主任。

特别值得一提的是，分析化学教师刘盛辉老师，自挂职新昌县副县长开始，历任省国资委统计评价与分配处副处长、办公室（党委办公室）副主任、业绩考核与分配处处长、办公室（党委办公室）主任等职务，现任浙江省能源集团党委副书记、董事、总经理。2022 年 11 月 29 日，浙江工业大学与浙江省能源集团战略合作框架协议签约仪式在杭州举行。双方将强化校企合作，深化产学研联动，围绕能源与碳中和科技新赛道，开展联合科研攻关，培育重大成果，探索建立校企平台共建共享机制和人才联合培育机制，共同打造浙江产学研合作的标杆和样板。

五、学位点建设

分析化学二级学科硕士点，于 2006 年 10 月经教育部批准成立，并于 2007 年 4 月开始招生。分析化学学位点以浙江省重中之重学科应用化学学科为支撑，以浙江省省属高校中唯一拥有 50 年以上分析化学本科专业的教学与科研为基础，积累了大量的教书育人的经验，形成一套有特色的教学规范和管理体系。本学位点注重学科前沿与交叉学科的发展研究和高素质人才的培养，重视现代仪器分析新方法与新技术的开发。近5年来已完成和在研的国家级和省级等纵向项目10多项、企业委托的横向项目20多项；在国内外杂志上发表论文200余篇，其中被SCI及EI收录的论文70多篇。本学位点深受广大考生喜爱，生源充足，录取考生基本为第一志愿，不接收调剂生。复试过程中实行差额复试，拟录取人数与参加复试人数之比为1：1.2至1：1.5。复试时重点考核考生的专业素质和实验技能，择优录取。用严格的复试来保障生源质量。

硕士生课程由学位课、非学位课和必修环节三部分组成，实行学分制。本学位点在全校范围内开设了4门核心课程，包括有机结构分析、现代色谱分析技术、现代光谱学与光谱分析和现代材料分析技术。硕士生课程总学分不少于32学分，其中学位课不少于19学分，专业课不少于12学分。学位课均为必修课，非学位课根据专业培养要求和研究生本人情况，在导师指导下进行选学，通过课程学习使研究生发展个性，进一步强化或提高在某一方面的专业知识和技能。本学位点重视研究生的学术训练，规定1—2周举行学术讨论会，具体时间、地点和内容由课题组的导师负责，学位点会不定期抽查和监督。本学位点积极推动研究生参与国际、国内的学术交流。

本学位点毕业研究生综合能力强，专业基础扎实，广泛受到社会的好评。就业率长期保持100%，供不应求。本学位点研究生就业范围分布广泛，如：浙江省食品药品检验研究院、浙江省疾病预防控制中心、浙江方圆检测集团股份有限公司、浙江省环境监测中心站、浙江省医学科学院、浙江省公安厅物证鉴定中心、宁波进出口商品检验技术开发公司等。

六、办学成效

本专业坚持"理工融合，开放培养"的特色，探索"应用型、复合型、研究型"一流人才培养模式，深化专业改革，争创一流专业。

（1）专业建设得到国家及省级部门的持续资助。从浙江省重点建设专业升到国家特色专业，进一步到教育部综合改革试点专业和国家级一流本科专业；获浙江省"十二五""十三五"优势专业持续资助。

（2）毕业生形成"用得上、干得好、下得去、上得来"的特色，在满足区域发展对应化类精英人才需求方面获丰硕成效。近3年本专业本科生就业率达96.19%，出国升学率达38.54%，远高于全省本科院校平均水平。用人单位对我校毕业生综合素质满意率达99.42%。

（3）在60多年的办学过程中，为全国、浙江省分析化学及相关产业培养和输送了一大批高素质人才，国际国内知名学者，知名企业家与上市公司老总。

如英国 *Analytical Scientist* 杂志发布全球最有影响的100位分析科学家，中科院大连化物所的邹汉法与许国旺研究员为连续入榜的少数中国科学家，这两位是我专业分析模块 1982、1984 届毕业生。在 60 多年中，专业培养的杰出校友在各行业中人才辈出，部分优秀校友情况如下：

张鸿铭，曾任杭州市市长、市委副书记，1978 年毕业于工业分析专业。

韩翼祥，曾任浙江财经大学党委书记，1979 年毕业于工业分析专业。

邹汉法，中科院大连化物所研究员、博导，中科院分离分析化学重点实验室主任、国家色谱研究分析中心主任，国家杰出青年科学基金获得者，1982 年毕业于工业分析专业。

许士炎，浙江康宁医药有限公司总经理，1982 年毕业于分析化学专业。

陈保华，浙江华海药业股份有限公司董事长、总经理，1983 年毕业于分析化学专业。

赵建夫，同济大学教授、博导，同济大学副校长、环境学院院长，国家重点实验室主任，1983 年毕业于分析化学专业。

许国旺，中科院大连化物所研究员、博导，中国色谱学会理事兼秘书长，享受国务院政府特殊津贴，1984 年毕业于分析化学专业。

胡伟，浙江工业大学党委副书记，曾任衢州学院院长、党委副书记，1984 年毕业于分析化学专业。

陈杰，浙江工业大学党委副书记，1984 年毕业于分析化学专业。

沈志宏，浙江前程投资有限公司董事长，1984 年毕业于分析化学专业。

姚建龙，浙江康恩贝制药股份有限公司总经理，1985 年毕业于分析化学专业。

王兴杰，杭州电子科技大学党委书记，1987 年毕业于分析化学专业。

王君瑞，浙江博星化工涂料有限公司总经理，1987 年毕业于分析化学专业。

章小丰，浙江金石控股集团有限公司董事长，1988 年毕业于分析化学专业。

黄金龙，浙江尖峰药业有限公司总经理，1988 年毕业于分析化学专业。

方南平，浙江昂利康制药有限公司董事长，1989 年毕业于分析化学专业。

舒理建，浙江普洛康裕制药有限公司总经理，1989 年毕业于分析化学专业。

章永南，杭州市富阳区审计局党委书记，局长，1991 年毕业于分析化学专业。

钱明观，浙江桐乡外贸集团股份有限公司董事长，1991 年毕业于分析化学专业。

徐小荣，浙江华康药业股份有限公司总经理，1991 年毕业于分析化学专业。

姜正荣，浙江迈新科技股份有限公司董事长，1992 年毕业于分析化学专业。

…… ……

能源化学工程专业

陈银飞

随着世界经济的不断发展，人类社会对能源的需求越来越多。能源问题成为21世纪人类面临的最基本问题。长远来看，在全世界范围内，一次能源仍将占主要地位。但随着时间的推移，一次能源逐渐消耗殆尽，煤、石油和天然气等含碳能源的洁净、高效利用，太阳能、风能、地热能、生物质能、潮汐能等具有清洁、低碳、可再生等优势的新能源的开发利用，将成为未来世界经济可持续发展的关键。能源化学工程（Energy Chemical Engineering）作为一个全新的专业应运而生。

能源化学作为化学的一门重要分支学科，是掌握煤炭综合利用，了解非煤矿物能源，普及新能源和可再生能源知识、实现能源科学利用和可持续发展的重要科学技术基础。它利用化学与化工的理论与技术来解决能量转换、能量储存及能量传输问题，以更好地为人类经济和生活服务。化学变化都伴随着能量的变化，而能源的使用实质就是能量形式的转化过程。能源化学因其化学反应直接或者通过化学制备材料技术间接实现能量的转换与储存。能源化学工程属于一个全新的专业，之前仅在化学工程与工艺专业里涵盖过一点，主要关注怎么利用能源，对大自然造成较少的伤害。主要研究方向是能源清洁转化、煤化工、环境催化、绿色合成、新能源利用与化学转化环境化工。如今上升到一个全新的专业独立出来，可见其重要程度。

能源化学工程专业开展化石资源优化利用的基础与应用基础研究，重点解决高效新型催化剂研制及其工业放大等重大问题；研发高效、低成本、上规模、环境友好的非石油基醇醚酯合成工艺路线；清洁能源的制备、存储及其转化。研制基于液相反应的新型超级电容器；研发锂离子电池、燃料电池和太阳能电池的新型材料。能源化学工程专业主要学习能源化学工程专业基础理论知识，具备在煤炭行业、电力行业、石油石化行业、生物质转化利用行业从事低碳能源清洁化、可再生能源利用、能源高效转化、化工用能评价等领域进行科学研究、生产设计和技术管理的能力。能源化学工程专业培养掌握化学和能源转化与利用的基本理论、基本知识和基本技能，具有良好科学素养、基础扎实、知识面宽，具有创新精神和国际视野的高级专门应用型人才。专业人才培养目标的制定应建立在对专业深入分析和了解的基础上并结合国情、校情，能源化学工程专业人才培养目标也不例外。

我校能源化学工程专业源于2011年成立的能源与资源工程专业，是国家首批战略性新兴产业本科专业，2013年更名为能源化学工程专业。专业依托我校化学工程与技术A-学科的省重中之重——工业催化学科。学科积淀深厚，在学科大力支持下，能源化学工程专业发展迅速，于2014年入选浙江省"十二五"新兴特色专业，2016年入选浙江省"十三五"特色专业，2019年成为浙江省双一流专业建设点，2021年被遴选为国家一流专业建设点。

能源化学工程专业紧密依托工业催化学科办学，拥有以国家突出贡献专家刘化章教授和教育部长江学者李小年教授为代表的59名专任教师，其中具有国家级、省级人才项目的教师20人，占比达到33.9%。建有催化剂工程（能源催化转化原理）、可再生能源工程、能源环境工程、新能源储存与利用技术（新能源材料）、现代催化表征技术、结构化学等6个教学团队。能源化学工程专业教研室因工作突出，荣获2020年度校优秀基层教学组织。

能源化学工程专业非常注重青年教师培养。通过实施青蓝工程、青年教师导师制等，以老带新，形成传承，加快青年教师过好科研关和教学关。鼓励学科青年教师参加学校和学院组织的各类教学比赛，参赛人数名列前茅，并屡次取得很好的成绩，如：浙江省高校第九届青年教师教学技能竞赛工科组一等奖（岑洁）、浙江省高校第十一届青年教师教学技能竞赛理科组特等奖（丰枫）、浙江工业大学化学工程学院第一届青年教师教学大比武特等奖（钟兴）、浙江工业大学化学工程学院第三届青年教师教学大比武一等奖（刘易），以及二等奖和优秀奖等多项荣誉。

专业还加强与能源行业产业的交流与合作，以学校实行的"校外精英入校园"政策为契机，聘请行业龙头企业的高级专业及管理人才为课程责任教授，如浙江省生态环境低碳发展中心副主任吴建、浙江润德环境工程有限公司总经理王鹏、中石化宁波新材料研究院副院长黄朝晖等，承担专业课程教学与建设。

能源化学工程专业除了依托国家级化学化工实验教学示范中心、国家级化学化工虚拟仿真实验教学中心、学校工程实训中心以及国家级校外实践基地等开展实验实践教学外，自身还拥有近400平方米的专业实验室，建有化学吸收法碳捕集小试实训、CO_2加氢制甲醇和甲烷、甲醇重整制氢、CO_2聚光催化还原、燃料电池性能测试、光催化合成氨、电催化制双氧水和氨等实验装置，形成了覆盖新能源的生产、储存、利用、节能环保的全生命周期实验体系。能源化学工程专业还与聚光科技（杭州）股份有限公司、浙江东盛慧谷科技有限公司、杭州快凯高效节能新技术有限公司等企业共建校外工程实践教育中心（基地），为学生工程实践能力培养提供良好支撑。

能源化学工程专业从2011年至2021年，每年招生30人，加上其他专业转入人数，共招生333人，目前已毕业240人。专业在学生中有良好的口碑，每年专业分流报名学生人数及其绩点名列学院前茅，自2022级起招生规模扩大至2个班（60人）。

能源化学工程专业采取"一人一师、一人一题、一人一赛"的拔尖创新培养模式，鼓励学生积极参加各类学科竞赛。每届学生参赛率近 100%，学生竞赛成果丰硕，获得的竞赛奖励有：全国大学生节能减排社会实践与科技竞赛获二等奖 1 项（第十届），三等奖 1 项（第十二届）；第四届浙江省"互联网＋"大学生创业创新大赛铜奖 1 项；全国大学生化学实验邀请赛二等奖 1 项；国际大学生数学建模竞赛（2022 年）S 奖 1 项；全国大学生"互联网＋"创新创业大赛浙江省银奖 1 项；大学生化工设计竞赛获浙江省一等奖 2 项、三等奖 1 项，华东区三等奖 1 项，全国二等奖 1 项、三等奖 1 项；浙江省"挑战杯"课外科技竞赛一等奖 1 项，二等奖 2 项；全国大学生化工实验大赛华东赛区一等奖 2 项；华东赛区创新实验大赛二等奖 2 项；校"运河杯"特等奖 1 项，一等奖 2 项，二等奖 3 项，三等奖 17 项；校节能减排社会实践与科技竞赛一等奖 2 项，二等奖 4 项，三等奖 6 项；以及其他各类校级课外科技竞赛获奖 40 余项、浙江省及全国高等数学竞赛等获多项奖。

能源化学工程专业历届毕业生质量高，特别是出国升学率逐年提升，如 2015 年首届毕业生 29 人，就业率达到 95%，升学率 35%，其中浙江大学 2 人，中科院广州能源研究所 1 人，华东理工大学 2 人，浙江工业大学 5 人。

2018 年毕业生 30 人，升学率上升到 60%，其中 8 人考入了天津大学、厦门大学、浙江大学等国内一流大学和研究所，还有 11 人成功报考了本校，加入了知名学者研究团队。除传统化工领域外，有近 70％的毕业生进入新能源与环保行业。

特别是 2020 年至 2022 年专业毕业升学率居学院第一，2020 届全校第一，升学率达到 74%，其中，进入"985 工程"建设高校 11 人，出国 5 人。

能源化学工程专业立足长三角地区，面向国家能源战略和区域经济发展需求，聚焦新能源的开发、储存、利用以及节能环保，培养具有家国情怀、国际视野、创新精神、职业道德、社会责任感和良好心理素质，具备坚实的自然科学、工程基础、能源化工专业知识，具有较强的工程实践、工程设计和研发创新能力，在能源、化工、环保等相关行业从事科学研究、工程设计、技术开发和管理、德智体美劳全面发展的高素质工程技术人才，成为社会主义事业合格建设者和可靠接班人。

安全工程专业

许响生

　　安全工作是国民经济发展与人民生命健康的基石与保障。安全工程专业是改革开放后的一个新兴专业，也是一个跨文、理、工、管理学科的复合型应用人才培养的专业。安全工程专业是一个涉及面极广的多学科交叉的综合性的新工科专业。安全工程专业注重培养能从事安全技术及工程、安全科学与研究、安全监察与管理、安全健康环境检测与监测、安全设计与生产、安全教育与培训等方面复合型的高级工程技术人才。在我国，安全工程专业是全球的一个蓬勃发展中的朝阳专业。

　　以化工安全为例，作为整合化工与安全工程理论基础的交叉专业，该专业旨在为当前我国化工及相关过程工业向本质安全化发展提供重要的科技和人才支撑。以"危害物质的最小化、高危物质的替代化、剧烈反应的温和化、过程工艺的简单化"为目标的本质安全化，迫切需要开展关键技术创新，转变被动式的事故应急管理为主动式的本质安全与预防控制，进而从根本上提升过程工业的安全水平，而其核心本质在于大量高素质复合型人才的培养。当前，化工安全专业人才的严重短缺已成为制约全国化工及相关过程工业高质量发展的主要瓶颈。

　　我校安全工程专业筹建于 2004 年 12 月，设 3 个方向：化工安全、建筑安全、机械安全。2006 年招收第一届本科生，学制 4 年，授予工学学位。2008 年通过省教育厅验收，2010 年起全国招生。本专业先期设在教科学院，2019 年 7 月起整建制调整到化工学院。本专业于 2014 年、2017 年先后两次通过工程教育专业认证。2019 年获省一流专业建设点。2020 年列入国家一流专业建设"双万计划"。2013 年省安监局授予本专业"浙江省安全生产人才培训教育示范基地"。2020 年依托本专业，学校与省应急管理厅共建"浙江省应急管理学院"，并设立"浙江省应急管理干部培训基地"。

　　安全工程专业的培养目标是立足长三角，面向全国，培养适应区域社会经济发展的需要，主要从事化工、建筑施工和机械等行业的安全生产工作，掌握安全工程基本理论和方法，基础知识深厚，熟悉安全法规，具备较强的安全工程研究设计、检测检验、安全评价、过程监督与应急管理，策划安全生产方案等能力，综合素质优良、具有创新意识的应用型高级安全工程技术专门人才，达到注册安全工程师的能力要求，毕业后 5 年左右成为企业的骨干。

目前，学校安全工程专业已经有 13 届 569 名本科毕业生，毕业生主要就业于国内安全工程与应急管理领域，包括政府应急管理部门、高等院校及研究所、大中型生产企业、安全评价咨询等单位，就业需求量大，经济待遇高，毕业生就业薪酬在全省同类高校中排名第一。很多毕业生已经成为安全领域知名的专家和业务骨干。学生分别获第六届、第七届全国安全科学与工程大学生实践与创新作品大赛二等奖各 1 项，发表专利 2 项。现有在校生 145 人，每年招收新生 45 人，学生一次性就业率达 100%，深受用人单位的欢迎。

安全工程专业现有专业教师 13 人，其中教授 2 人，副教授 6 人，具有博士学位的 11 人，有企业实践经历者占 86%，并有浙江省应急管理专家 6 人。主要研究方向为：化工安全技术、交通安全技术、应急管理与安全生产、数字化工和安全信息技术等。近 10 年来主持国家和省部级项目 10 余项和企业委托项目 100 余项，科研到款数达 1500 余万元，发表高水平学术论文 100 多篇，编写《工业生产过程与管理》《建筑施工安全技术与管理》《通风工程学》《工业安全管理》等专著与教材 7 部。

电化学专业发展简史

毛信表　褚有群　高云芳

电化学是研究电和化学反应相互关系的科学，即研究两类导体形成的带电界面现象及其上所发生的变化的科学。电化学的发展历史可追溯至意大利解剖学家路易吉·伽伐尼（Luigi Galvani）于1791年发表的关于"动物电"的论文，首次在化学反应与电流之间架起了一座桥梁。其后，随着1799年意大利物理学家伏打（Volta）发明伏打电堆，电化学科学得到快速发展。电化学作为物理化学众多分支中唯一以大工业为基础的学科，目前已形成能源电化学、合成电化学、电分析化学、生物电化学、量子电化学、半导体电化学、光谱电化学、材料电化学等一系列重要研究方向，在化工、冶金、机械、电子、航空、航天、轻工、仪表、医学、材料、能源、金属腐蚀与防护、环境科学等科技领域得到了广泛应用。随着化工过程绿色化的迫切需求和"双碳计划"国家重大战略目标的提出，为电化学科学及技术的发展提供了契机，电化学发展进入了一个新的黄金时期。

一、专业发展沿革

我校的电化学专业建设可以追溯到建校初期，浙江省委于1960年2月决定在浙江衢县成立浙江化工学院（曾称乌溪江化工学院）。学院开办之初，设置无机物工学、化工机械、基本有机合成、电化学、氟化学、炼油炼焦、高分子工学、化学纤维共8个本科专业，其中7个为化工类专业，设无机系、有机系、化机系。

浙江化工学院开办之初，正逢国家困难时期，办学条件十分艰苦，1961年，贯彻中央"调整、巩固、充实、提高"八字方针，办学规模缩小。1961年9月，院务会议决定将无机系、有机系合并为化工系，专业从8个调整至3个，其中电化学、氟化学专业并入无机物工艺；高分子、化学纤维、炼油炼焦专业并入基本有机合成，直至1965年化工系一直保持着无机物工艺和基本有机合成两个专业。

20 世纪 80 年代初，杨祖望老师与马淳安老师开始研究氢氯燃料电池，获得了浙江省科技进步二等奖。1988 年，杨老师与马老师一起创建了浙江省唯一的电化学专业。成立时的专业名称为电化学生产工艺，四年制本科，1988 年 9 月招收第一届学生。1993 年，浙江工学院改名为浙江工业大学，学校对部分专业名称进行了调整，电化学生产工艺专业更名为电化学工程专业。1994 年，腐蚀与防护专业恢复招生（1988 年腐蚀与防护专业由机械系并入化工系），与电化学工程专业各招了一届学生。1995 年，腐蚀与防护专业续招一届，根据招生计划，电化学工程专业停招一年，1996 年起腐蚀与防护专业停招，电化学专业恢复招生，此后没有中断。

马淳安老师（左一）与杨祖望老师（左二）在开展氢－氯燃料电池研究

1998 年，教育部对全国高等教育专业目录进行了统一调整，要求专业必须设置在二级学科之上。由于电化学与分析化学均为应用化学二级学科下的三级学科，因此将电化学工程专业与分析化学专业调整后设立了应用化学专业。为保持我校电化学和分析化学专业的特色，在应用化学专业下设置了应用电化学和分析化学两个专业模块，并对两个专业模块的教学大纲、课程设置做了相应的修订，既满足教育部对专业设置的要求，同时又保持两个专业模块的特色。

在教育部专业目录中，应用化学专业属于理学专业，因此我校的应用化学专业按照理学专业的要求进行培养方案和课程设置，减少了部分工学类课程和实践环节的学时数，增加了部分理科类课程，毕业生被授予应用化学理学学士学位。由于我校的电化学专业之前一直按工学本科专业要求培养，包括金工实习、生产实习等较多的实践教学环节，归属理学专业培养后实践环节被显著削弱，不利于学生对电化学工程专业知识的学习和实践。2017 年重新申请将应用化学专业从理学专业调整为工学专业，相应地对专业培养方案进行了调整和修订。目前，应用电化学专业方向仍作为应用化学专业的一个模块，每年根据学生意愿，接受学生的专业分流选择组建一个班，进行系统的电化学专业基础知识、专业知识和科学研究能力培养。截至 2022 年底，电化学专业和应用化学专业下的应用电化学模块，已招收本科生 34 届，毕业 30 届。

电化学方向硕士研究生从 1995 年开始招生，电化学 91 级的童少平为我校电化学方向培养的第一位硕士研究生。目前，我校电化学方向有 25 位硕士生导师，其中应用化学硕士点招收学术学位硕士研究生，材料与化工专硕点招收专业学位硕士研究生。

电化学方向的博士研究生从 1999 年开始招收，研究方向为电催化，通过工业催化博士点招生。2005 年，化学工程与技术一级学科博士点获批，应用化学二级学科博士点开始招收电化学方向博士生。2009 年起，电化学方向的博士研究生统一在化学工程与技术一级学科博士点招生，博士后在化学工程与技术博士后流动站招收。

因此，我校的电化学专业方向具有本科、硕士、博士、博士后完整的培养体系，至今已培养毕业电化学方向本科生 1000 余人，硕士、博士研究生 900 余人。毕业生为推动和发展我国的电化学及相关领域的教学、科研、生产以及管理做出了巨大的贡献，涌现出了一批优秀的学者、企业家和政界、商界骄子。

二、专业定位

全国设立电化学本科专业（模块）并系统培养电化学专业人才的高校很少，浙工大电化学与我国电化学专业委员会同一年成立，已经成为我校最具特色的专业方向之一。本专业坚持"对接国家重大需求、立足长三角、面向全国、放眼世界"的办学宗旨，围绕国家绿色发展、节能减排和"双碳"战略需求，以"浙江精神办学，与浙江经济互动"的办学特色，主动适应区域经济社会发展需求。充分利用应用化学的桥梁纽带作用，搭建跨越基础电化学到工业电化学的本硕博一体化人才培养体系；致力于培养具有扎实电化学理论基础、绿色化学、节能减排和"双碳"理念，良好人文素养、牢固家国情怀和广阔国际视野，能在先进电池与储能技术、绿色电化学合成、纳米材料电化学、电镀精饰与电解加工、新能源材料、环保、电化学防腐等诸多行业领域从事科学研究、技术开发、经营管理及复合型工作。

三、专业特色优势

（1）科研平台优势：本专业建于一流学科化学工程与技术（教育部第四、五轮学科评估为 A⁻、A），依托绿色化学合成技术国家重点实验室培育基地、科技部能源材料及应用国际科技合作基地。（2）教学平台优势：依托化学化工虚拟仿真实验教学中心、国家级化学化工实验教学示范中心。（3）产学研结合优势：实行企业导师制，形成了"理工融合、开放培养"的特色。学生培养过程中既重视基础理论教育，又坚持应用导向和解决实际问题能力的培养，以适应国家科技和产业经济发展需要。

在"产学合作、校企合作"的开放培养模式下，本专业建立了多个校企合作基地，为本专业学生的实习实训、社会实践和毕业设计（论文）提供了良好的教学活动场所。目前本专业方向已建成巨化集团有限公司、天能电池集团股份有限公司、杭州电化集团有限公司、浙江南都电源动力股份有限公司、宇恒电池股份有限公司等学生实习基地，也为学生在上述知名企业就业提供了广泛机会。

2003年，应用化学专业被设立为浙江工业大学重点建设专业，2006年通过验收。

2003年，应用化学专业被设立为浙江省重点建设专业，2007年通过验收。

2008年，应用化学专业获批国家特色专业。

2012年，应用化学专业获批浙江省"十二五"优势专业。

2013年，应用化学专业获批教育部综合改革试点专业。

2014年，应用化学专业获批校级国际化专业。

2017年，应用化学专业获批浙江省"十三五"优势专业。

2019年，应用化学专业获批国家级一流本科专业。

根据武汉大学中国科学评价研究中心（RCCSE）发布的《中国大学及学科专业评价报告（2017—2018）》，我校的应用化学专业在全国388所设有应用化学专业的院校中排名第6位。

作为国家级特色专业、教育部综合改革试点专业、浙江省优势专业，并依托绿色化学合成技术国家重点实验室培育基地、科技部能源材料及应用国际科技合作基地、中国石油与化工行业电化学能源转换材料重点实验室、中国石油与化工行业有机电化学合成重点实验室，应用电化学专业模块（方向）已拥有35年的办学历史和积淀，在节能减排、绿色制造、清洁新能源、高纯新材料、环境保护、"双碳"战略等领域得到了快速发展，应用领域日益拓展。应用电化学拥有雄厚的师资力量、优良的科研条件和稳定的实践基地，使本专业毕业生具有很强的继续深造和就业竞争力。

近几年来，毕业生平均升学（包括出国深造）率超过50%，读研高校包括浙江大学、天津大学、哈尔滨工业大学、华东理工大学、厦门大学及中国科学院大连化物所等"985"工程建设院校和研究院所；毕业生一次就业率超过95%。

四、师资队伍及科研方向

学校于1988年成立了电化学教研室，由杨祖望老师、马淳安老师、姜力强老师、孙珏瑛老师等组成。1989—1992年，电化学教研室先后引进了杨忠平、何卓立、高云芳等多位青年教师，充实并加强了电化学的专业师资力量。八五期间，学校投入30余万元建设电化学实验室，购置了旋转圆盘电极、滴汞电极、计量电源、直流电源、恒电位仪等一批电化学分析测试设备，设计开发了丁二酸、葡萄糖酸钠等电化学合成试验装置，1994年到复旦大学考察后，购置了一套美国普林斯顿公司的273A电化学综合测试仪，显著改善了电化学的实验和研究条件。

随着绿色化学概念的提出，我校的电化学迎来了快速发展时期。在马淳安教授带领下，先后完成了丁二酸、高半胱氨酸、3,6-二氯吡啶甲酸、对氨基苯酚等一批产品的电化学合成技术并实现工业化或工业中试，成为国内有机电化学合成领域的主要力量，是全国有机电化学合成及工业电化学联合会（初始名称为全国有机电化学与工业协作网）的挂靠单位，马淳安教授曾担任理事长，在国内电化学领域具有较高的影响力。

2003年绿色化学合成技术国家重点实验室培育基地获批建设，电化学合成技术作为该基地的五个研究方向之一；2008年，浙江省应用化学重中之重学科获批建设，电化学是该学科的重要组成力量；2009年，科技部能源材料及应用国际科技合作基地获批建设，该基地主要以电化学的燃料电池新材料、光电功能材料、先进电池材料、储能纳米材料等团队和研究中心为主建设；2018年，获批石油和化工行业电化学能源转换材料重点实验室，主要围绕先进电池与新能源储能国家重大需求，开展先进电源材料、锂离子电池、铅碳电池、燃料电池等能源电化学技术的研究。2022年，获批石油和化工行业有机电化学合成重点实验室，主要围绕国家重大需求，开展高纯电子化学品、高端专用有机化学品和生物质基平台分子的转化等电化学合成技术的研究。获益于上述国家级、省部级平台及浙江省重中之重学科的建设，我校的电化学研究取得了一系列成果，已形成一支在国内具有一定影响力的技术团队，尤其是有机电合成技术工业应用方向的研究，在国内具有良好的声誉。

马淳安教授著作　　　　　　　　　　获批有机电化学合成重点实验室

经过30多年的建设发展，浙江工业大学电化学专业方向已建成一支强大的教学、科研师资队伍。目前电化学专业方向有30位专任教师，其中正高级职称和特聘教授12人，副高级职称10人，博士讲师8人；博士生导师11人，硕士生导师25人。

应用电化学部分教师合影（2011 年）

前排左起：李姗姗　施梅勤　陈丽涛　朱英红　王素琴　李美超　徐立环

后排左起：宋庆宝　高云芳　毛信表　褚有群　李国华　张　诚　郑华均
　　　　　史鸿鑫　马淳安　童少平　王连邦　徐颖华　赵峰鸣　苏　畅
　　　　　欧阳密

应用电化学研究团队及主要研究方向

序号	团队及负责人	团队成员	主要研究方向
1	郑华均团队	郑华均、贾毅、郑灵霞、时晓伟、赵浙菲	电催化材料、电解水制氢等
2	张诚团队	张诚、欧阳密、李维军、吕晓静、刘军磊、吕耀康	光电材料、导电高分子材料、电致变色材料等
3	王连邦团队	王连邦、苏利伟、吴昊、陈欢、沈超奇	锂离子电池、钠离子电池、新能源材料等
4	童少平团队	童少平、褚有群、毛信表、施梅勤、赵峰鸣、朱英红、徐颖华、陈赵扬	有机电化学合成、环境电化学、无机电合成、工业电化学等
5	高云芳团队	高云芳、李美超、武海华	铅蓄电池、先进电池材料、新能源储能系统、光普电化学等
6	李国华团队	李国华、高静、吴世照	纳米材料、电催化

有机化工专业

姜一飞

　　有机化工专业是我校初创期成立的最早专业之一。学校 1953 年成立时仅是中等专业化工学校，当时设三个专业：化工机械、分析化学、无机物工艺。随着从 1957 年开始我国全面建设社会主义时期的到来，高等教育和中等专业教育开始了一个新的快速发展阶段。1958 年 6 月起学校管理权由化学工业部下放给浙江省政府，浙江省重工业厅决定杭州化工学校增设大学专修科，自 1958—1959 学年起正式招收大专新生。为反映学校办学情况的实际变化，浙江省政府又决定杭州化工学校更名为浙江化工专科学校。从此，学校由中专发展成为大学专科的办学层次。大专部学制为 2 年，设 3 个专业，基本有机合成工艺、无机物工艺、化工机械，各招 3 个班的学生（其中各有一个班是福建省委托培养）。按照大专的专业教学大纲设置各门课程，教学则抽调原中专部具有丰富教学经验的教师担任。为了适应大专教学需要，学校从分析教学组抽调张成荫等人组成大专班基本有机合成工艺教学组，同时将原中专毕业留校任教的部分教师，派送到各相关大学的化工专业去进修提高。这批大专学生于 1960 年夏季毕业，大都分配去了工厂或机关，学校也留了一部分以充实师资队伍（主要做学生辅导员或实验员）。教学上轨道以后，学校要逐步实行大专与中专的分离，原来基本有机合成专业教研组的一套班子也就分成了大专组和中专组。

　　学校在浙江化工专科学校时期，正处于国家在经济上"大跃进"和教育上"大革命"的特殊时期，是一个发展道路的探索与选择阶段。在这一时期，浙江化工专科学校既迎来了扩大办学规模和多层次办学的新发展阶段，又着重于在贯彻党的教育方针中，探索适合本校办学实情的教育与生产劳动相结合的办学路径，努力适应浙江经济发展的需要，为浙江经济建设做贡献。

　　1960 年，根据省委第一书记江华的指示，学校大专部由杭州迁至衢州烂柯山下，同时并入衢州化工专科学校，组建成立乌溪江化工学院（1962 年改名为浙江化工学院）。1958 年秋季所招收的学生被分成了 3 类：（1）初中起点中专专业；（2）高中起点大专专业；（3）初中起点大专预科，2 年后升本科。第三类学生于 1960 年秋季升至本科，随学校迁往衢州，成为浙江化工学院的首届本科毕业生（1964年毕业，共360多名，其中基本有机合成工艺有4个班），他们的专业分为基本有机合成工艺、无机物工艺和化工机械3个专业，学校由此正式进入本科院校序列。

1960年艰难起步的乌溪江化工学院，于1961年开始招收本科生180人左右，学制4年，3个专业各招2个班，共6个班。1962年只招了150人左右，共5个班，其中基本有机合成专业只招1个班，无机物工艺专业、化工机械专业各招2个班，学制改成了5年。这样的正常招生和教学，一直持续到1965年。

这个阶段中我校的师资充实主要有3批：1960年搬至衢州组建乌溪江化工学院时，分配了一批浙江大学、广东中山大学、上海华东化工学院等名牌学校的本科毕业生；分配到有机化工的有孙碧秀、陈新、林征伍（20世纪70年代调回福建老家）、李焕文、尹吉安、虞炳钧等，1963年从武汉毕业分配来何海兰，1964年在本校的首届本科毕业生中留下了19名优秀学生，分到有机化工教学组有董鸿昌、金胜明、李恒铎、章德祥（"文革"中调入），沈德隆、唐蔼淑（华东化工学院分来）；1965年又在第二届本科毕业生中留了一部分，有陈雨生、黄几金（"文革"中调出）、金鑫丽（"文革"中调入）、朱丽华（1984年调入，负责实验室）。为了提高教师队伍的水平，学校选派了部分教师去上海华东化工学院（现华东理工大学前身）、浙江大学等名校进修。这样，师资队伍的整体水平有了明显的提升。

1966年，还没来得及招生，就开始了"文化大革命"，不仅打断了学校的正常发展，也打乱了原来的教育计划和教学秩序。1966年开始至1969年也停止了招生，学校"停课闹革命"，经历了动荡纷乱的大串联、大批判、大夺权；1968年下半年，中共中央发出了"抓革命、促生产"的指示，各地纷纷成立革命领导小组或革委会，我们学校也由军代表、工宣队代表、群众组织代表和老干部一起组成了革委会，形势逐渐稳定了下来。1962年到1965年期间招的学生，除1967届延迟了一年毕业，1968、1969、1970届，分别在1968—1970年间陆续毕业，此即所谓的"老五届"（其实我校只有4届毕业生，那些名牌大学早几年就改成5年制，才有5届毕业生，在这几届毕业生中，学校共留了18人充实各教学组或行政部门工作）。

1970年7月，毛主席指示：理工科大学还是要办的。于是，停止了4年的大学招生开始部分恢复。起初全国确定10个省市搞试点，共招生90000人，学制2—3年，学生由工厂、农村、部队第一线推荐。浙江省属试点省份，分配到2300名招生指标，我校分配到153名（后来增加到154名）。招生专业怎么定呢？浙江省是农业大省，对农药、化肥的需求量比较大，但浙江仅有县办的二十几家农药厂和三十几家化肥厂，不仅产量低、生产工艺落后，工艺技术人员也奇缺。按照"教育与生产劳动相结合"的原则，这一年招生就暂定为4个班：农药专业（1个班，41人）、化肥专业（1个班，44人）、化工机械专业（2个班，共69人）。但毕业证书上怎么写呢？参照"文化大革命"前的专业目录，在这届学生的毕业证书上就把农药、化肥这2个专业分别写成"基本有机合成专业（农药）"

和"无机化工专业（化肥）"。1971年全国停止招生一年，对第一批招生中存在的问题进行总结和改进。1972年再开始恢复全国招生，但招生总人数不多，全国仅招13万人，我校还是招4个班：基本有机合成专业、无机化工专业各1个班，化工机械专业2个班。从1975届到1979届，共招了5届学生（1978届没招基本有机合成专业学生），被称为"新五届"（其实对我校而言，应该是"新六届"，1973届虽属试点，也应算是"文革"中的首批招生）。

为防止教学力量严重脱节，每个专业都在每届毕业生中留部分学生充实教学组或行政岗位。基本有机合成专业1973届留3人：姜一飞、施春阳（负责学生工作，后调回家乡上虞工作）、来虎钦（分配后由外地调入）。1975届留1人：姚震祥（在教研室工作一段时间后，调任外事办，曾任外事办主任、国际学院院长）。1976届留5人：滕凯（曾任校人事处处长，后调任财政大学任副校长）、方长青（在校工作一段时间后，调任衢州师范学校任党委书记）、何良栋、吕少英、方惠芳（后调回家乡宁波工作）。1977届留2人：潘信路（曾任校办副主任，图书馆副馆长）、程惠芳（分配后由外地调入，曾任经贸学院院长，现在是省特聘专家）。1979届留1人：姚继斋（曾任校工会主席，成教学院党委书记）。

20世纪60年代中期至70年代，是国际上石油化工发展最迅猛的年代，欧美和日本等国的石化产业日趋成熟，并向大型化发展。石油裂解制乙烯的装置，已从单套年产18万吨乙烯，迈向年产30万吨、45万吨乙烯。在我国，大庆油田的发现使全国振奋，许多院校一时都开始考虑成立石油化工专业。我校的基本有机合成专业，在组长张成荫老师带领下，也对国内石化厂及有关院校进行了一番调查考察，准备筹建石油化工专业。但是，当时国内的石油化工尚处在起步阶段，各厂的现有生产装置都只有几千吨规模（乙烯），而且生产工艺落后，仅上海浦东高桥化工厂有一套年产2万吨乙烯试验性生产装置，是为金山石化进行人员培训所引进的试验装置。如果各院校一哄而上，都办石油化工专业，学生参观、实习都会成问题，比如我校的学生只能到江苏丹阳化肥厂去实习，而他们仅有一套年处理能力1万吨原油的小石化（采用国外早已淘汰的蓄热炉裂解技术），按乙烯计算年产仅1000多吨。石化企业属于高科技综合性产业，当时我国尚无能力自行进行产业化研究开发，技术设备只能靠进口，而进口的技术设备自动化程度高，一套年产30万吨乙烯的生产装置，仅需操作管理人员几百人，这显然不适合于一般院校的石油化工专业的学生进行参观实习及毕业后就业的，所以到1977年恢复正常招生后，我校只好放弃石油化工专业，还是按原先的基本有机合成专业招生。

1977年恢复招生后基本有机合成专业招1个班，由于社会需求增加，到1981年时开始招2个班，一直延续到1985年才恢复招1个班。为补充师资力量严重断层，1981届留3人——高建荣（曾任化工学院院长）、赵向明、卢冶飞（二人分在经贸学院工作）；1982届留4人——金宁人、吕跃宏（后调出）、施云龙（后调出）、何晋浙（分在生工学院工作）；1983届留2人——苏为科（现任药学院院长，省特聘专家）、倪常根（现任成教学院副院长）；1984届留1人——钟光祥（现任药学院教授）。

1984 年，教育部对全国大专院校专业做了调整，专业总数由 1300 多个压缩为 671 个（1987 年颁布实施）。对一些比较相近的专业进行了合并，如农药化工专业并入了精细化工专业；对部分专业名称也做了调整，基本有机合成专业改称有机化工专业、无机化工专业改称化学工程专业、化工设备防腐蚀专业改称塑料工程专业等。

20 世纪 90 年代，教育部又对全国大专院校专业目录做了两次调整，第一次修订目录于 1993 年正式颁布实施，专业种数由 671 个压缩为 504 个，第二次修订目录于 1998 年颁布实施，专业种数由 504 个调减到 249 个。在化工类专业中，把有机化工、化学工程（无机化工）、精细化工合并为化工工艺专业，保留了应用化学专业、药学专业。

1993 年，学校从浙江工学院升格为浙江工业大学，各系也先后升格为学院，按新调整的大专业招生，到大二以后再按模块化进行专业教学。化学工程与工艺专业成立于 1996 年，设化学工程、化工工艺、精细化工 3 个模块，2002 年增设化工技术与贸易模块，2003 年增设化工自动化模块，2007 年增设生物化工模块，以及"化学工程与工艺＋计算机科学与技术"一体化复合双专业，2008 年增设"化学工程与工艺＋英语"一体化复合双专业。这种"双专业"是国家级特色专业，也是浙江省优势专业和教育部综合改革试点专业，于 2010 年被列入教育部卓越工程师教育培养计划首批试点专业，2011 年通过了教育部全国工程教育专业认证。

21 世纪以来，一批老人逐渐退休，组里引进了一批年轻的新生力量：任杰（教授）、赵德明、慎炼、吴纯鑫、李小青、叶青、梁仁校等。他们都具有博士或博士后学位，为学科发展奠定了良好基础。

从 21 世纪初开始有机化工和精细化工模块成立了化学工艺二级学科，招收硕士、博士研究生，现已培养了一批硕士、博士研究生，为浙江化学工业发展提供了一批高素质创新人才。我国高等教育未来发展依然任重而道远，作为学校最早设立的有机化工专业定能为学校正在创建的"区域特色鲜明，国内一流的教学研究型大学"添砖加瓦。

农药化工专业

姜一飞

农药化工专业 1977 年开始招生，到 1984 年共招了八届学生，从 1991、1992、1993、1994 级精细化工模块中又分出一个班为农药化工专业，实际上农药化工共有 12 届毕业生。1985 年后按教育部专业调整目录农药化工专业并入精细化工专业招生。

农药化工专业成立要追溯到 20 世纪 60 年代后期一次全国农药专家讨论会，沈德隆老师在会上碰到南开大学原校长杨石先老老先生，他希望我校能承办"农药化工专业"。南开大学有国家级化学研究所，本科化学专业，都侧重于农药理论研究、小试开发。他要求我们学校帮助他们小试产品工业化，两校形成接力棒式的理工结合，以便加速发展我国农药工业。

毛主席说："有钢有粮，心中不慌。"我国是人口大国，粮食是中央领导特别注重的大事。化肥、农药是提高粮食产量不可或缺的重要手段，因此，中央领导特别关注化肥、农药的工业发展。1970 年，高校在经历了 4 年停止招生以后，开始试点恢复招收新生。浙江省当时是农业大省，对农药、化肥的需求量比较大，但浙江仅有县办的二十几家农药厂和三十几家化肥厂，不仅产量低、生产工艺落后，工艺技术人员也奇缺。按照"教育与生产劳动相结合"的原则，这一年我校（原浙江化工学院）招生就暂定为 4 个班：农药专业（1 个班，41 人）、化肥专业（1 个班，44 人）、化工机械专业（2 个班，共 69 人）。但毕业证书上怎么写呢？参照"文革"前的专业目录，在这届学生的毕业证书上就把农药、化肥这二个专业分别写成"基本有机合成专业（农药）"和"无机化工专业（化肥）"。这是我校最早办的农药专业。据说当时教育部曾要求天津大学、大连理工大学、华东化工学院（现华东理工大学）3 所大学的"染料及中间体专业"改成"农药化工专业"，但他们都以缺乏教材资料等原因不同意改，仅华东化工学院在"染料及中间体专业"课程中加了一章介绍有关农药的专业知识。

1975 年学校受化工部委托筹办农药生产及应用技术培训班（2 年制）。校、系领导非常重视与支持，从有机工艺教研室抽调沈德隆、姜一飞成立农药专业筹备组，由沈德隆任组长。以后又先后调入史公才、李富新、袁兆煌、来虎钦、李恒铎等人充实农药组力量，1977年后又先后调入朱良天、何海兰、计显琨、王桂林、徐振元、严魏，并在1981届、1982届毕业生中留下部分学生充实农药组力量，但他们大多都出国深造后未归。

农药对农业增产是不可或缺的，但农药生产毒性大、污染严重、生产工艺比较复杂、更新换代快，在国内是新兴产业。国外的研究机构主要研究新产品开发，而对相关基础理论的系统研究却很少，有关农药方面教材根本没有，除产品开发及应用专利外，其他技术资料都很少。为了办好培训班，农药组的教师认真查找资料、编写讲义，并结合科研精心组织教学，圆满完成了培训任务。

从举办农药生产及应用技术培训班着手，新成立的农药专业筹备组教师，一方面完成培训班教学工作，一方面通过调查摸底，收集有关我国农药研发、生产、应用现状的资料，以确定农药学科发展方向。在20世纪70年代初期，我国农药工业刚刚起步，又受到"文化大革命"的影响，国内虽然有200多家农药生产企业，但生产的农药产品大多是国外早已淘汰品种，毒性高、残毒量大。由于缺少技术人员，在生产中经常发生重大人身事故，对环境影响更是严重。如1971年钱塘江的"死鱼事件"，就是由于钱塘江上游一家化工厂（生产农药原料的工厂），因暴雨冲刷，废水池中的废水溢出排入钱塘江，使得钱塘江百里江面漂浮白茫茫一片死鱼，一直延伸到钱塘江出海口，这个事故惊动了党中央、国务院，李先念副总理为此次事故做了专门批示："彻查事故。"

通过调查研究，摸清了我国农药工业生产现状，也确定了农药化工专业教学、科研发展方向。农药组教师根据当时实际情况，一方面组织编写教材和完成培训班教学工作，另一方面积极努力争取，通过原化工部教育司与教育部高教司联系沟通，把农药化工专业列入教育部正式招生目录。历经艰难曲折的不懈努力，1977年恢复高校招生后，农药化工专业正式列入全国招生计划，成为国内高校唯一有农药化工专业的地方院校（据说后来四川工学院同样招过几届农药化工专业学生），并确定农药专业面向华东地区招生，为我校面向全国招生开了一个窗口。

在努力办好培训班的同时，农药组的教师在组长沈德隆老师带领下积极开展科研，第一个科研项目是"黄磷炉尾气合成光气的研究"。这是一项变废为宝的三废处理项目，黄磷是有机磷农药生产的主要原料，但由于磷矿石煅烧时要排放大量一氧化碳（含量30%—40%）和二氧化碳，严重污染环境空气；光气是农药合成重要原料，但光气属剧毒化学品，只要吸入少量光气就可致命。在当时简陋的实验条件下做这样的项目是非常危险的，但参加项目的老师发扬"没有条件创造条件也要上"的大无畏精神，自力更生，艰苦奋斗，一切自己动手，制造实验仪器设备，克服重重困难，经半年多努力，终于比较圆满地完成了科研项目，该项目后来获省科技进步二等奖。

第二个项目是"提高氧化乐果收得率"。当时氧化乐果是一个较新的高效低毒杀虫剂，国内需求量大，但收得率低，使得生产厂亏损严重，难以满足农业生产要求。该项目是与建德梅城镇农药厂合作的，为尽快完成项目，沈德隆老师带领全组教师下到厂里，由于他爱人正好去外地进修，他只好把读小学二年级的儿子也转到当地小学插班。在建德梅城镇农药厂，沈德隆老师带领全组教师与工人同吃，同劳动（三班倒），经过半年多时间努力，最终解决了氧化乐果收得率低难题，为我国新产品推广做出了一大贡献。

从1976年至1984年，农药组完成了一批高质量的科研项目，其中获省部级三等奖以上科技进步奖6项，还签订了学校第一个5万元的科技转让合同，并协同以田冰式老师为组长的三废处理研究室完成了省重点攻关项目"马拉松废水处理"，大大提高了学校在全省和化工部的声誉。

1984年，教育部首次对全国大专院校专业做了调整，修订后专业总数由1300多个压缩为671个，并在1987年颁布实施。对一些比较单一的专业进行合并，如农药化工专业并入了精细化工专业。农药化工专业共招了8届学生（20世纪90年代后，从精细化工模块的1991、1992、1993、1994级分别分出一个班为农药化工专业，实际农药化工专业共有12届毕业生），培养了数百名农药化工专业人才，较好地解决了当时社会对该专业人才的需求。农药化工专业自1985年并入精细化工专业后，农药教研室一分为二，以沈德隆老师为组长的农药组以科研和培养研究生为主，这就是农药学科前身，在他的带领下，完成了一大批高质量的科研项目，荣获科技成果奖18项。其中荣获国家级发明四等奖1项，省部级二、三等级奖17项；申请23项国家发明专利，在国内外期刊发表论文和研究报告200余篇，其中35篇论文发表在A类以上学术期刊，16篇论文被国际三大索引收录；同时培养了一批硕士和博士研究生。

精细化工专业

姜一飞

　　一个专业设立与发展往往与国家科技进步和社会背景有着密切关系，一所学校各学科专业创立和发展的成长过程，必定会蕴含特定的文化内涵，形成特定的文化特质。如果在她诞生若干年之后，能从文化的视角回眸每个学科专业的成长历程，审视一路的长短得失，发掘和解读她的精神内涵和文化特质，这必将有利于后来者汲取她的经验教训、传承和发扬她的精神财富和文化传统，使今后走得更好。

　　1977年恢复高校招生后，高等教育"拨乱反正"，逐渐步入正轨，经过几年调整整顿，被"文革"折腾得千疮百孔的我国高等教育逐渐得到恢复。1984年，教育部首次对全国大专院校专业做了调整，修订后专业总数由1300多个压缩为671个，并在1987年颁布实施。对一些比较单一的专业进行合并，如农药化工专业并入了精细化工专业；对部分专业名称也做了调整，如基本有机合成专业改称有机化工专业，无机化工专业改称化学工程专业，化工设备防腐蚀专业改称塑料工程专业，等等。

　　我校在1985年开始按照教育部的专业调整方案进行专业调整，将农药化工专业改成精细化工专业，并在当年开始按精细化工专业招生，由于专业面拓宽，社会需求大增，原来仅招1个班，改为招2个班，并延续至今。为适应社会广泛需求，其间还同时招了5届2年制、3年制的大专班：其中1987届2年制，1993、1994、1995、1996届为3年制。教研室一分为二，沈德隆老师一组改为农药研究室，以科研为主，附带完成部分教学任务，即是农药学科前身。何海兰老师一组成为精细化工教研室，以完成教学任务为主；人员由何海兰、姜一飞、史鸿鑫、高建荣4人组成，何海兰任组长。1985年下半年又分进项斌、黄惠芳（1989年去美国留学后未归）2位新毕业硕士生；1989年后又先后引进过中儒、徐慧珍、杨忠遇、王萍（管理实验室）。

　　1985年衢州分部整个搬迁工作基本结束，当时朝晖校区仅有少量的校舍，教室、实验室大都是临时性房子或租用的农舍，教学和生活条件都非常艰苦，精细化工实验室在现在精弘食堂北面，机械厂精工实习厂房位置，建了二排简易平房作为临时实验室，精细化工专业分到 3 间，每间 25 平方米左右，实验室仪器设备全部由衢州分部（原浙江化工学院）搬来。在这简易实验室度过了 6 年时间，直到 1991 年化工楼完工交付使用，按计划精细化工分到 150 平方米实验室，化工楼东头 5 楼 3 间，6 楼 2 间（其中一间是大间），这其实是农药化工专业实验室，按每年招一个班配备，虽然实验室不够宽余，但精细化工专业总算有了规范实验场地。教学计划在农药化工基础上增加了精细化工中间体部分，专业课原以农药为主，逐步增设精细化工产品内容。专业实习原来以农药厂为主，也改成中间体或原材料生产厂，如衢州化工厂甲醇、甲醛、氯化苯等生产车间。广大师生发扬大无畏精神，克服各种艰难困苦，完成教学、学习任务。

20 世纪 90 年代，教育部又对全国大专院校专业目录做了二次调整，第一次修订目录于 1993 年正式颁布实施，专业种数由 671 个调减到 504 个。第二次修订目录于 1998 年颁布实施，专业种数由 504 个调减到 249 个。化工类专业中，把有机化工、化学工程（无机化工）、精细化工合并为化工工艺专业（从 1996 年开始，我校以化学工程与工艺专业招生），保留应用化学专业、药学专业。

1993 年，学校从浙江工学院升格为浙江工业大学，各系也升格为学院。按新调整的大专业招生，到大二以后再按模块化进行专业教学。化工类的模块有精细化工（2 个班，从 1991、1992、1993、1994 级分别分出一个班为农药化工专业；1995、1996、1997 级分别分出一个班为制药工程专业）、有机化工、化学工程（无机化工）、电化学工程等。20 世纪末到 21 世纪初，我国的教育事业进入高速发展期，浙江大学、浙江农业大学、杭州大学、浙江医科大学四校合并给我校提供了新的发展机遇，不仅省内高校排名有显著提升，在资源、生源、人才引进等方面也更为有利。

21 世纪以来，一批老人逐渐退休，组里引进了一批年轻的新生力量——许响生、蔡志彬、贾建洪、韩亮、李郁锦、陈立军、贾义霞等，他们都具有博士或博士后学位，为学科发展奠定了良好基础。学校发展迅速，目前已发展成为国内有一定影响力的综合性的教学研究型大学，综合实力稳居全国高校百强行列。2001 年又从精细化工中分出制药工程专业，并从化工学院各教研室、研究室抽调了胡维孝、苏为科、单伟光等骨干教师，于 2001 年 11 月 28 日正式挂牌成立了药学院。

2006 年，化工学院成立了化工系、应用化学系、材料系、化学系 4 个系，2009 年成立了海洋系，2012 年成立了能源与资源工程系。

为了充分发挥综合性大学的特点和优势，化工学院于 2010 年开始按"化学工程与材料类"进行大类招生与培养，在总体把握"夯实基础、拓宽口径、强化个性、善于创新"的基础上，前期宽口径按大类培养，后期实施多样化专业教育，推进专业交叉融合和内涵发展，实现人才的精细化培养。为此，学院设立了化学工程与工艺、应用化学、材料科学与工程、海洋技术和能源、资源工程等 5 个本科专业大类。

化学工程与工艺专业于 1996 年建成，设化学工程、化工工艺、精细化工 3 个模块，2002 年增设化工技术与贸易模块，2003 年增设化工自动化模块，2007 年增设生物化工模块，以及"化学工程与工艺＋计算机科学与技术"一体化复合双专业，2008年增设"化学工程与工艺＋英语一体化"复合双专业。该专业是国家级特色专业，也是浙江省优势专业和教育部综合改革试点专业，于2010年被列入教育部卓越工程师教育培养计划首批试点专业，2011年通过了教育部全国工程教育专业认证。21世纪初开始，精细化工和有机化工模块成立了化学工艺二级学科，招收硕士、博士研究生，现已培养了一批硕士、博士研究生，为浙江化学工业发展提供了一批高素质创新人才。

[注：教育部最新《普通高等学校本科专业目录》（2022版）中"工科（08）"学科的专业类"化工与制药类（0813）"，含"化学工程与工艺（081301）""制药工程（081302）"2个基本专业；"资源环境科学与工程（081303T）""能源化学工程（081304T）""化学工程与工业生物工程（081305T）""化工安全工程（081306T）""涂料工程（081307T）""精细化工（081308T）"6个特设专业。]

无机化学方向简介

倪哲明

　　无机化学方向隶属于化学学科，一直以来人数不多、规模不大，但历史悠久、实力雄厚、特色鲜明、教学和科研成果丰硕。浙江工业大学的前身是杭州化工学校，创立于1953年。学校建立初期即设立无机物工艺和分析化学专业。1958年6月学校升级为浙江化工专科学校，设无机物工艺专业和基本有机合成专业（学制3年）。1960年2月浙江省委决定浙江化工专科学校与衢州化工专科学校合并，以浙江化工专科学校为办学基础，在浙江衢县成立浙江化工学院（曾一度称为乌溪江化工学院）。设置无机物工学、化工机械、基本有机合成、电化学、氟化学、炼油炼焦、高分子工学、化学纤维共8个本科专业，其中7个为化工类专业。1980年9月，经国务院批准，教育部同意，将浙江化工学院与浙江工学院合并，以浙江化工学院作为建校的基础，成立化工系。1993年11月26日，国家教育委员会批复同意浙江工学院更名为浙江工业大学，成立化学工程学院。从建校初学校设立的专业就以化工专业为基础，无机化学是化工类专业不可或缺的专业基础课。

　　无机化学是研究元素、单质和无机化合物的来源、制备、结构、性质、变化和应用的一门化学分支。随着科学技术的发展、分析测试仪器设备的进步和计算机信息技术的应用，无机化学教学、实验和研究也都取得长足进步，边缘学科、交叉学科、综合研究领域和范围不断扩大，已形成计算化学、材料化学、无机合成、丰产元素化学、配位化学、有机金属化学、无机固体化学、生物无机化学和同位素化学等领域。无机化学成为除碳氢化合物及其衍生物外，对所有元素及其化合物的性质和它们的反应进行实验研究和理论解释的基础性科学。

　　浙江工业大学无机化学教研室成立于1976年，第一任教研室主任为李志成老师。1977年成立无机化学教学实验室，以适应1977年恢复高考后，第一届大学生的教学和实验的要求。无机化学学科方向一开始主要是为化工专业提供基础课程教学与实验。随着学校的发展，它为化学、化工、材料、生物、环境、药学等近化类理工科专业提供大学化学基础教学和实验。目前，无机化学方向所在化学是浙江省"十二五"高校重点学科，2016

年入选"浙江省重点高校建设计划"第三批重点建设学科。无机化学方向的教学特色以及近5年来的教学成果情况如下：

一、无机化学方向教师队伍实力雄厚

无机化学方向十分重视教师队伍建设，引进青年博士，培养教学骨干、学术新秀。目前，拥有专任老师16人，其中，教授3人、副教授5人。具有教授职称的教师有倪哲明、胡军、黄荣斌，具有博士学位的教师10人。倪哲明、陈爱民、黄荣斌等多次获校级"学生最喜爱的老师"称号。倪哲明教授，博士生导师，化学学科负责人，担任教育部化学教学指导委员会委员、浙江省化学化工教学指导委员会委员兼秘书长，兼任无机化学教研室主任，获"浙江省优秀教师"称号。胡军教授，博士生导师、化学学科负责人，现任浙江工业大学党委委员，人事处处长、科学技术研究院院长，入选教育部"新世纪百千万人才工程"、浙江省杰出青年科学基金项目等。

二、无机化学课程教学和实验教学质量高

无机化学是大学化学的重要组成部分，是浙江工业大学基础化学教学和实验的生力军，在教师的共同努力下，无机化学课程教学改革成果丰硕。一是先后出版教材5部。由倪哲明、胡军主编，夏盛杰、郑立、刘秋平、陈爱民参与编写的教材有《简明无机化学》（化学工业出版社）、《基础化学实验I》（化学工业出版社）、《化学原理》（浙江大学出版社）、《无机及分析化学》（高等教育出版社）、《高等无机化学》（化学工业出版社）。其中《简明无机化学》在化学工业出版社获得优秀教材二等奖。二是发表教学改革的论文近20篇，其中，倪哲明教授在《高等工程教育研究》期刊上发表《融研究于基础教学 置创新于实践环节》，在《中国高教研究》期刊上发表《探索设计性综合实验培养学生的创新意识》。三是教学成果丰硕。夏盛杰、倪哲明等获省级教学改革成果一等奖（2020年），获第五届浙江省高校教师自制多媒体教学课件评比二等奖。无机化学、大学化学基础、基础化学实验I，分别获省精品在线开放课程和省级精品一流课程。四是实验教学创新成果丰硕。连续牵头组织10多届"浙江省大学生化学化工竞赛"，全省近40所高校的500—600支队伍，近3000名大学生、研究生参加比赛。无机化学方向教师指导本科生、研究生在各类化学化工竞赛中取得了优异的成绩。通过大学竞赛平台，提高了化学教学与实验的质量，培养了学生的创新精神和化学素养。

三、无机化学方向科研成果和人才培养特色明显

学校自 1999 年改革以来，十分重视学科建设，提出了教学与科研并重、本科生培养与研究生培养并举，作为以基础化学教学为主的化学学科，在提高大学化学教学、实验质量和水平的基础上，鼓励老师参与科学研究与研究生培养。

无机化学方向科研成果丰硕。一是连续、多人次获各级国家自然科学基金项目资助，累计获批国家级项目 15 项。胡军教授连续 3 年获批国家自然科学基金面上项目和重点项目，夏盛杰、谢波、汪晶、温慧敏及黄亮等老师获得 2 次国家基金项目资助，青年教师陈敏瑞等也获得了国家基金青年项目的资助。二是在国外知名期刊发表高水平学术论文。教师共计发表 SCI 论文 220 余篇，包括 2 篇热点、10 篇高被引论文，在影响因子 10 以上的期刊发表论文超 50 篇，发表的杂志包括 *Angewandte Chemie-International Edition*、*Advanced Materials*、*Applied Catalysis B: Environmental*、*Chemical Engineering Journal*、*Analytic Chemistry*、*Small* 等各领域顶尖期刊。三是专利成果突出。申请各类专利 86 项，其中授权发明专利 35 项，转化 4 项，累计转化金额超 200 万元。四是研究生培养成为亮点。无机化学方向依托化学一级学科学位点，于 2020 年获批二级学科硕士学位点，目前无机化学方向已累计培养研究生 123 名，其中博士 14 人、硕士 109 人，获得研究生国家奖学金者 22 人次，获省级优秀毕业生、优秀论文 8 人次。

有机化学方向简介

单 尚

　　1980 年浙江化工学院与浙江工学院合并后，以浙江化工学院作为基础，边建校、边教学、边迁校，分 4 年从衢州陆续迁往杭州。当时新招的学生主要在杭州教学，衢州的老生则继续在当地教学直至毕业（以 1980 年为界，1981 年开始全部在杭州招生），这样每年有一批教师及教学设备搬迁来杭州。有机化学教研室是 1982 年 7 月从衢州搬迁至杭州的，当时我刚从浙江大学毕业，分配到浙江工学院（浙工大前身），进入有机化学教研室。教研室连我共有 12 位老师，教研室主任是廖文长老师。其他老师有陈梅影、蔡守信、金爱琴、李镇奎、倪燕南、黄庆芝、王煜华，有机实验室有朱小红、严幼民、李志霄。

　　一边建设一边迁校，杭州这边的基建跟不上。当时在学校的北面租借了一块农田，做了个简单的围墙成为一个院子。后来大家将这个院子称"三化大院"。三化大院内建了 2 幢平房，我报到的时候，正在盖瓦片。南门一幢稍小，作为分析化学的实验教学用房。北面的一幢较大，一分为二，东面给物理化学，西面给有机化学。有机化学在这个简易平房里隔出了 2 间大实验室与 4 间小实验室。2 间大实验室用于学生教学实验，4 间小实验室中 1 间做仪器室，1 间做药品库，其余 2 间则是教研室老师的共同实验室了。条件确实简陋，但教学氛围还不错。大家都知道困难是暂时的，心里有盼头。老师们很认真地在这里进行实验教学。我在南面的小实验室内有一张实验桌，在这张实验桌上我做了很多准备实验，在诸位老师的帮助下，我逐渐积累了有机化学实验教学经验，完成了从学生到老师的转变。

　　我们学校没有"有机化学专业"，有机化学教研室的主要任务是上基础课。教学工作占比很重，科研很少，只有一些合成有机染料类的小项目。学校迁到杭州后，资源与渠道多了起来，老师们在教学工作之余，积极开拓局面，走访有关厅局，寻找科研项目。在非常简陋的条件下坚持教学与科研并举，这种精神是很可贵的。在有机化学教研室的成长发展过程中，下面几个方面是值得肯定的。

一、重视教学质量

作为承担大量基础课教学任务的学科，有机化学教研室始终把教学质量放在第一位。牢固树立以本科教学为中心的思想，重视本科教学质量。在杭州初步立稳脚跟后，我们开展了一系列教学改革和创新。老师们对待教学工作勤勉敬业，一丝不苟，认真上好每一堂课。辛勤的付出也得到了学生的认可。有多位教师被本科生评为"我最喜爱的老师"，被研究生评为"我最喜爱的导师"，获得教学质量优秀奖、浙江工业大学教书育人贡献奖、浙江工业大学名师、浙江省优秀教师等荣誉。我们积极申报教改项目，先从校级项目做起。先后立项了设计性有机合成实验、基础化学实验多媒体教学系统建设、有机化学优秀课程建设等项目。归纳总结教学改革经验，发表了一系列教学论文，部分论文被评为省级优秀论文。取得了多项校级优秀教学成果奖。在此基础上我们积极申报省教育厅及浙江省的教学项目，2006年获浙江省高校教师多媒体教学课件评比二等奖，2008年有机化学成为浙江省精品课程。以"有机化学实验"作为模块Ⅱ的基础化学实验课程于2010年被评为国家精品课程，2016年升级为国家精品资源共享课程。有机化学实验课程于2021年被评为浙江省一流课程、2022年被评为浙江省课程思政教学示范课程。

二、积极编写教材

对于工科院校的学生，重在动手能力的培养。我们因地制宜地开出了一批适合工科学生的有机化学实验，编写了实验讲义。在试用了几年以后，于2000年编写了《大学化学实验基础》由浙江大学出版社出版。2002年编写了《现代大学化学实验》由中国商业出版社出版。2007年在浙江工业大学重点教材建设项目的支持下，我们编写的《新编基础化学实验Ⅱ：有机化学实验》由化学工业出版社出版。同时拍摄制作了《有机化学实验教学课件》由化学工业出版社配套出版。2010年编写了《综合化学实验》教材，由化学工业出版社出版。《新编基础化学实验Ⅱ：有机化学实验》于2014、2020年相继推出了第二版、第三版，成为比较成熟的实验教材。《新编基础化学实验Ⅱ：有机化学实验（第三版）》于2022年被认定为浙江省普通高校"十三五"首批新形态教材。一系列教材的编写出版，提升了有机化学学科的学术水平。国内部分院校采用我们的教材，这有助于提高本学科在业内的知名度，拓展了有机化学学科的学术影响力。

三、狠抓学科建设

进入20世纪90年代后，有机化学教研室的老一代教师陆续进入退休年龄，几乎每年都有一名老教师退休。在学院的支持下，我们大力引进一批年轻教师。这些年轻教师学历高，坚持教学与科研并举。在搞好教学工作的同时，大力开展科学研究，使得有机化学发展上了一个新台阶。2003年开始，陆续有教师晋升教授职称。2006年有机化学成为校重点学科，学科内教师承担了多项省自然科学基金、国家自然科学基金等项目，发表了许多高质量的学术论文。2006年申报有机化学硕士点成功，从此有机化学硕士点每年招收几十名研究生，培养了大批高素质人才。2012年，有机化学与无机化学、物理化学、分析化学联合申报省重点一级学科获得成功，化学学科成为浙江省重点学科，得到了省财政的支持，实验仪器设备有了不少更新与添置，为今后的发展打下了坚实的基础。有机化学实验室作为重要组成部分的化学化工实验教学中心，于2014年被评为国家级实验教学示范中心。

有机化学教研室历史可以追溯到1958年，学校由中专升格为浙江化工专科学校，由于增设了有机合成专业，而成立有机化学教学组。1960年2月，学校搬迁到衢州烂柯山下，成立浙江化工学院，同时原衢州化工专科学校并入浙江化工学院，廖文长老师就是那时随衢州化工专科学校进入学校，一直工作到退休。60多年来有机化学学科（教学组），跟随学校从早期的筚路蓝缕到新世纪的快速崛起，有机化学学科的师生们勠力同心，坚韧不拔，奋斗在教学第一线，默默奉献，一步一步地踏实走来，一点一滴地累积起无数平凡的业绩。从一个从事基础课教学的教学单位，逐渐发展成教学与科研并举，理论与实践兼容的教学科研团队。在教学、科研、学科建设、研究生培养等方面都取得了长足的进步。学科的发展与学校的发展是息息相关的，随着学校从以工为主的多科性大学向综合性大学转变，从本科教学为主的教学型大学向教学研究型大学转变，有机化学学科也得以高速发展，发展过程中充满机遇与挑战。在21世纪的征程中，随着高学历人才的不断加盟，有机化学不断取得一个又一个的新成果，具有广阔的发展前景。

物理化学教研室发展历程片段

沈立晟

　　物理化学是高等院校化学类、化工类、生物化学类、制药类等专业的专业基础课。在 20 世纪 40 年代之前都称为理论化学。大约从 1948 年开始，美国把这门课程及其教材改称为物理化学。其特点是用物理学的理论和实验方法来研究和诠释化学中的各理论问题。其主要内容包括化学热力学、电化学、表面化学、胶溶化学、量子化学基础、统计热力学初步等内容。其中量子化学基础与统计热力学初步，这两部分内容是 1990 年前后才增添的。

　　我是在 1963 年从北京大学的物理化学专业半导体化学专门化毕业，分配到上海九〇一厂半导体硅车间工作，到 1973 年厂内创办"七二一"职工大学，我调入厂办职工大学当教师，承担无机化学等教学任务。1979 年 5 月，为解决夫妻分居，通过对调，我从上海调入当时在衢州烂柯山下的浙江化工学院，进入物理化学教研室。在这一时间段，调入物化教研室的还有从昆明调到湖州，再调到杭州正在筹建中浙江工学院的潘传智老师和校内从无机教研室调到物化教研室的徐公望老师。当时教研室主任是洪瑞槎老师。在教研室承担理论课和实验课教学任务的除洪老师外还有周敏霜、李焕文、陈庆安、杨祖望、赵忠睦、卢慕书、唐霭淑、马淳安、翁爱湘、林群以及刚调入不久的我们 3 人，共 14 人。几年之后，周敏霜、李焕文两位调往广州中山大学，陈庆安调往新建的苏州大学。

　　"文化大革命"结束后，全国恢复统一的高等学校入学考试。1977 年底招考进入大学的称为 1977 级，实际是于 1978 年初入学。之后恢复正常，每年暑假前举行高考，暑假后入学。

　　本人调入教研室后，经过试讲，从 1980 年初开始承担物理化学教学任务。当时由卢慕书老师和我共同给分析 1977 级 1 个班和农药 1978 级 2 个班上课，卢老师和我各讲 5 章。那时，周敏霜和唐霭淑老师也合作给另外 3 个班讲课。化工系有关领导事先讲明，这 6 个班的学生到期末要用一份统一的物理化学试卷考核教与学的效果。这样一来，教师与学生都显得有些紧张。最终考试结果出来，6 个班成绩不相上下，这样的结果自然皆大欢喜。

　　物理化学与其他基础课和专业基础课相比，其教与学的难度都比较大。杨祖望老师生动地传达了学生学习这门课的感受，说："熵很伤脑筋，焓含含糊糊。"之所以会给学生这样的感受，是由物理化学理论体系本身的特点决定的。我们日常使用的各种概念都是由大量同类事物的共同特点加以概括后抽象出来的。而熵的概念却是从单一的特殊过程即卡诺循环中抽象出来的。这样极为特殊的概念抽象法，一般人难以接受。教师索性把这一概念的特殊抽象方法点明，学生见怪不怪，也就易于接受了。焓这一概念也有特殊之处。一般的概念都有明确的物理意义，但焓只有在等压过程中有明确的物理意义，而在其余过程中只有一个定义式，却没有具体的物理意义。所以学生会觉得含含糊糊，难以捉摸。教师直白地把这些特点给学生讲解清楚，学生不再觉得别扭了，学习上的拦路虎也就打掉了。

洪瑞槎老师学术功底十分深厚，化工原理教研室徐崇嗣教授开始指导硕士研究生之后，请洪老师给硕士生开设一门新课程——化工热力学，涉及溶液理论等有较深理论的内容。洪老师举重若轻，把它讲得十分清楚。之后，洪老师还自己指导硕士研究生。第一个招考进来的是从温州市来的赵承章，培养得很成功。可惜由于赵承章的个人原因要回温州工作，未能留在教研室。

这一阶段，教研室引进了3位硕士毕业生。一位是本校毕业后到浙江大学攻读并获得硕士学位的蔡志亮，另外2位是外校1968届毕业，在华东化工学院（现华东理工大学）取得硕士学位后来我校的杨洪钧和沈莲清老师。他们3位老师都很快接受了物理化学教学任务，各自独立给学生授课，而且讲课效果都很不错。不过，没过几年之后，杨洪钧经学校领导批准去美国进修了，没有回来。沈莲清由于当时在学校分不到住房，调到杭州商学院去了。同一时间段，本校分析化学专业1983届毕业生祝一峰留校调入物理化学教研室做助教。之后还从南开大学调来了姚允斌副教授。他在南开大学时与青年教师朱志昂共同编写了一套物理化学教材。这套教材主要参考并引入了美国纽约大学赖文编写的物理化学教材的内容。其最大特点是新增了统计热力学一章。姚允斌老师希望我校也能在教学中使用这套教材，于是我在分析1985级率先使用了这套教材。洪瑞槎老师年龄大了，教研室主任一职由杨祖望老师接替。后来杨祖望老师与马淳安一起研究氢氯燃料电池，取得突破后离开物理化学教研室，创建了电化学专业，之后还转向有机电化学合成的研究工作。潘传智老师接替杨祖望老师担任物理化学教研室主任。物理化学实验室则一直由赵忠睦老师负责。

在上述的时间段里，教研室还引进了3位取得硕士学位的青年教师，即吕德义（南京大学硕士生），王晓南（女，浙江大学硕士生），张帆（女，华东师范大学硕士生），还引进了一位本科毕业的青年教师周宇峥。王晓南来了之后就承担物理化学课程的教学任务。后来还在全校青年教师讲课比赛中取得第一名的好成绩。张帆除了承担物理化学课的教学任务外，还承担过结构化学课的教学任务。

化工学院在徐崇嗣教授建立起硕士点之后，后来从中国科学院兰州化学物理研究所引进的徐慧珍、过中儒2位副教授也招硕士生。招进来的硕士生要开统计热力学这门课。开始请基础部物理教研室尹作仁老师讲解。尹老师给学生讲的是统计物理的内容，与化学没有什么联系。后来学院要我承担统计热力学这门硕士生课的教学任务。我用唐有祺院士编写的《统计力学及其在物理化学中的应用》一书作为主要教学参考书，以 60 学时讲授这门课。由于我在当时 6 年制本科的学习中，聆听了唐有祺先生给我们上的这门课，所以在经过仔细备课后，较好地完成了这门有理论深度课程的教学任务。

1990 年暑假，科研处要我跟他们一起去海口出差。当我们从海口出差回来时，刚好暑假已经结束，学校开学了。回到教研室时，同事们告诉我，我已被任命为教研室主任了。当时毫无思想准备，只得勉为其难地接受这一任务。这一职务从 1990 年一直干到 1995年吧，后来教研室主任一职就交给王晓南老师了。这一时间段，教研室引进了陈丽涛、唐浩东等同志。到 1999 年初，我已年满 60 周岁，也就离开物理化学教研室，退休回家了。

20世纪化工原理教研室的成长之路

俞晓梅

1953 年杭州化工学校诞生，当时化工原理是一个教学组，从属于化工机械学科委员会。徐崇嗣老师是当时的校务委员会委员，兼任化工机械学科委员会的主任。1954 年，化工原理教研室正式成立，并开始建设化工原理实验室。徐崇嗣老师是化工原理教研室的创建人和第一任主任。1955 年，马瑞椿老师调入化工原理教研室，任敏老师从华东化工学院毕业分配到化工原理教研室。1956 年常连栋老师也从华东化工学院毕业分配来。这几位老师就是当年化工原理的元老。在随后的 1958 年到 1978 年的 20 年中，马瑞椿老师担任了化工原理教研室主任。1979 年马瑞椿老师升任化工系主任。经历了 20 年的风风雨雨，徐崇嗣老师又重新出任化工原理教研室主任。1985 年在徐崇嗣教授领导下，为了加强科研工作和实验室建设，将化工原理教研室一分为三，即分为负责科学研究的研究室、负责化工原理理论课教学的学科组和负责化工原理实验教学的实验室。3 个组直属化工系，分别由董谊仁、俞晓梅、陈善堂 3 位老师任组长。当年研究室从事的科研工作为后来的化学工程设计研究所打下了基础。1990 年学校组建化学工程学科，化工原理的 3 个组又重新合并，成为化学工程学科下的一个研究方向，称为化工传质与分离研究方向。当时徐崇嗣教授担任化工学院的院长，同时兼任化学工程学科负责人和化学工程设计研究所所长。1998 年徐崇嗣教授退休，俞晓梅教授接任化学工程学科负责人和化学工程设计研究所所长。2005 年俞晓梅教授退休，计建炳教授接任化学工程学科负责人，并担任新建的特殊分离技术研究所所长（后改名为超重力分离技术研究中心）。姚克俭教授接任化学工程设计研究所所长，并担任化工传质与分离方向负责人。

一、化工原理教研室和化工原理实验室的"五年三迁"

1958 年，杭州化工学校改名为浙江化工专科学校。1960 年，开始南迁衢州，并改名为乌溪江化工学院。化工原理教研室和实验室一分为二,大部分迁往衢州石室村,少部分留在杭州文一街分部。从 1960 年到 1966 年,化工原理实验室也与学校的命运一样,1964 年迁回杭州,1966 年又迁往衢州。面对"五年三迁"的厄运,化工原理实验项目受到影响,实验装置的仪器设备在搬迁中受到损坏。化工原理实验室如同一个小型化工厂,从流体输送到加热冷却,从吸收、解吸到精馏、干燥,建设时如同一个化工厂的设计和装备安装调试。拆迁时,拆下的零部件大都不再能复原,而实验教学又是不可欠缺的重要教学环节。虽然,学校十分重视化工原理实验室的建设,多次拨下专款并组织专门师资队伍重建实验室。但每一次搬迁,化工原理实验室都要比任何一个实验室花更多的精力,教研室的老师除了完成理论课教学外,还要全员"参战",投身于实验室装置的拆迁和重建工程中。

在"五年三迁"的第一迁,也就是 1960 年化工学院建院并迁校到衢州时,校领导高度重视第一届本科生的培养,提出"质量第一、基础第一"的口号,化工原理又是重中之重的化工基础技术课程,故对化工原理教学和实验室的建设和发展尤为重视,在各方面配以最强的力量。1961 年初,为了做好第一届本科教学的准备,中国化工界老前辈李寿恒校长亲自上 1 个小班的课,其他专科班教学由徐崇嗣老师和马瑞椿老师承担,各配辅导教师;董谊仁老师上 2 个在衢州本部的中专班并辅导。当年,每周都有一次集体备课时间,新老教师交谈教学体会,交流教学经验。1962 年第一届本科化工原理教学上马,共 11 个小班:无机 6 个,化机 3 个,有机 2 个,上课则配以最强的主讲和辅导力量,强调青年教师没有经过本科的助教环节不能上台主讲,由李寿恒校长、徐崇嗣老师、马瑞椿老师主讲 4 个大班课。配以的年轻助教,必须随班听课、下班辅导、改作业、带实验、带实习、指导毕业环节、下实验室搞实验建设等。新老教师和实验员一起自己动手建成了流体阻力、孔板流量计校验、离心泵性能测试、过滤、传热、干燥、吸收塔和精馏塔等实验装置。确保了第一届本科生化工原理各个教学环节的圆满完成。实践证明,分配到全国各地的这一届毕业生,一般都具有较高的水平,可以同国内重点大学的毕业生相媲美。

在第一迁后,留在杭州的中专分部也面临着建设和完善化工原理实验室的重任。大部分实验装置和测试仪器都运往衢州,为了满足中专化工原理的教学需要,当时杭州化工学校的化工原理教研室主任兼实验室主任常连栋老师,带领大家,自行设计,自己动手,赶制了一套化工原理实验装置。为了调试新建的装置,常连栋老师连 1963 年和 1964 年的春节都是在实验室度过的。

1964 年学校回归化工部,为了使学校能更好地发展,化工部领导决定将学校从衢州迁回杭州。化工原理教研室和实验室也要面临着第二迁。在一年之内,化工原理实验室加快重建,当年就建起了 10 余个新实验室,成为在国内有影响的设备齐全、仪器先进的一流实验室。化工原理教研室人数陆续发展到 20 人。那时,马瑞椿老师担任教研室主任,徐崇嗣老师担任实验室主任,实验室专职教师和实验员达到 6 人。

1966 年,浙江化工学院又从部属下放为省属。浙江省领导坚持学校要与浙江省化工研究所同放在衢州化工厂旁边，希望实现厂校结合，建设共产主义试验区。学校又开始从杭州往衢州搬迁。这是第三迁。由于"文化大革命"的影响，化工原理教研室和实验室的搬迁速度大为减慢。化工原理实验室的重建工作也迟迟没有走上正轨。直到1970年杭州化工学校撤销，杭州分部和衢州本部合并，才又把建设和完善化工原理实验室提上工作日程。

二、20世纪70年代到80年代初化工原理教研室和实验室的建设、教学和科研工作

20世纪70年代到80年代初是化工原理教学工作和科研工作开始兴旺发达的时期。从工农兵学员的开门办学到培养"文革"试点班以及6届工农兵大学生；从编写全国通用的化工原理教材到主办全国化工原理教材研讨班；从培育"文革"后高考入学的新大学生到招收第一届化学工程研究生；从开创塔器的科学研究到将科研成果推广应用于工业生产中；从招收第一届化学工程研究生到我校的第一个硕士点——化学工程硕士点诞生。在那个年代，有许多值得庆贺的教学和科研成果。

1970年在杭州分部，也即杭州化工学校，招收了一个化工制药试点班。由于招收的学员基础都比较差，化工原理的俞晓梅老师除了化工原理教学外还承担了补习数学的任务。朱锦忠老师则讲授工程制图，任敏老师负责化工原理的教学和毕业实习。由于化工原理老师参与了教学的全过程，确保了这一届试点班的教学质量。毕业后，学员回到各自原来的药厂，都受到厂家的好评。

20世纪70年代初的老师都编入了教学连队。当时的化工原理老师编入了二连，与化工机械的老师编在同一连队。所招的工农兵大学生共有1个试点班和6届学生，即1970年的1年制试点班、1970级、1972级、1973级、1974级、1975级和1976级。所招的无机工艺、有机工艺、化工机械和防腐等专业都开设化工原理课。那时提倡开门办学，厂校结合。所有化工原理老师全都跟班下厂，一半或三分之二的课程都带到厂里，老师边指导实习边上课。1976年"文化大革命"结束，学校撤销连队编制恢复教研室建制，化工原理教研室和实验室又全面组建。当时，马瑞椿老师担任化工原理教研室主任，俞晓梅老师担任化工原理教研室副主任，陈善堂老师担任化工原理实验室主任。1979年马瑞椿老师升任化工系主任。经历了风风雨雨20年后，徐崇嗣老师又重新担任化工原理教研室主任。1974年在本校的印刷厂印制了马瑞椿老师主编、化工原理老师参编的化工原理新教材，解决了"文革"期间工农兵大学生的教材需求。这一教材同时被全国19个省市的高等院校采用，博得了国内化工原理教学界的一致好评。1979年受国家教育委员会的委托，在衢州承办了"文革"结束后的第一届全国性的规模空前的化工原理教材研讨班。教材研讨班由马瑞椿老师负责，全国有68家高校101名化工原理老师参加。教材研讨班的成功

举办受到国内化工教育界的赞誉。

当年由于化工原理教研室和实验室的不少老师都夫妻分居，因而陆续调离学校。为此，1971 年从航天部属的三线工厂引进了陈善堂高工来加强化工原理实验室的建设。当时虽然还没有恢复教研室和实验室编制，但已明确由陈善堂老师来负责实验室建设。实验室还从校办厂调来 2 名工人（毛援朝和郑金花），以加强实验室装置的建设和事务管理。

20 世纪 70 年代初，徐崇嗣老师参加兰州石油机械研究所《塔器》一书编写，引进了多降液管塔板技术。从此，化工原理教研室以徐崇嗣老师为首，董谊仁、周友生、俞晓梅等老师参与，实验室郑祖铭、朱锦忠等老师配合，塔设备研究工作开展了起来。当年，塔设备研究成果进入了国内塔器研究的前列。对于多降液管塔板，在实验室做了不少工作：先是在湖州加工了一座材料为有机玻璃，直径 285mm 的小塔，进行流体力学性能测定；后来又做了一个长方槽，对不同宽度的降液管进行性能测定。试验中发现了液体在降液管中的抛流和虹吸的两种形态。这是设计中要考虑的一个关键问题。进一步又加工了更多降液管做实验，总结变化规律，寻找设计方法。后来，又作为研究课题，进一步研究了降液管的扼流现象和临界溢流强度计算准则，以及悬挂式降液管的自封准则，完善了多降液管塔板的设计方法。近年来，这一课题还被美国精馏研究公司列为与浙江工业大学的国际合作项目，在我校 DN1200 的冷模装置中开展深入的实验研究。

为找 MD 塔板的第一个工厂使用单位，徐崇嗣老师和董谊仁老师到山东、江苏和浙江省内不少化肥厂考察，最后落实到杭州良渚化肥厂。这个厂作为当时开门办学的一个基地，以任务带教学，完成化机 1975 届的毕业环节。设计任务是水洗塔和饱和热水塔，工艺设计部分的教学由徐崇嗣老师和浙江大学谭天恩老师授课，分别介绍 MD 塔板和旋流板的设计方法。带队老师是金邦炉、董谊仁、吕仙贵、何洪泉。前后有 2 个多月时间，设计任务完成后把资料交给了厂方。后来厂方负责加工和安装，这两座塔都投入了生产。投产时，徐崇嗣老师、俞晓梅老师和毛援朝师傅到现场参加了试车和性能测试。这是徐崇嗣老师指导下完成的第一座推广塔，后来开了国内专家鉴定会，博得好评。为此，这一科研项目在浙江省科技大会上获得了科技进步奖（相当于后来的省级科技进步二等奖）。

为了迎接"文革"后第一批恢复高考的大学生，1979 年，学校自行编写了相关的实验教学讲义，并增加了 10 个学时的实验数据处理方法和误差分析内容。1980 年浙江工学院成立，为了使学校的发展跟上高校教育事业的需要，学校要再次迁回杭州。根据浙江省教委的决定，化工原理实验室留给当时在衢州石室村的浙西分校。从 1981 年开始，在杭州启动了从土建设计到水、电、气和配管设计的新化工原理实验室建设工程。在化工原理实验室主任陈善堂领导下，历时 2 年，终于建成了可满足教学大纲要求的现代化化工原理实验室。为此，化工原理实验教学受到化工部教育司的表彰和兄弟院校的赞誉，许多高校派人前来参观学习。有关重点实验项目还由郑祖铭老师领衔，自行编制了一套计算机模拟辅助化工原理实验教学软件，并在本科教学中全面推广应用。有关实验教学的模拟软件被 30 多所相关院校购买和应用，受到全国有化工原理课程的院校一致好评。

1982 年以徐崇嗣教授为首的团队申请到了一个国家自然基金项目——塔设备内两相流动分布的研究。这是我校申请到的第一个国家自然科学基金项目，后来化工原理的许多项目都是由此衍生而出的。

20 世纪 70 年代到 80 年代，徐崇嗣和董谊仁老师领衔，在国内率先开发、研究和推广了金属、塑料波纹填料。董谊仁和周友生老师对填料塔的填料性能和分布器进行了深入的研究，研究成果和所撰写的专著及论文受到国内外广泛关注，研究成果成功地推广应用于氯碱工业、石油化工和精细化工生产中，创造了显著的经济效益。

20 世纪 80 年代，吴志荣老师专门建立了高效低阻的脉冲填料的试验塔，研究了脉冲填料的流体力学性能，并在工业生产中获得了成功的应用。

1979 年，徐崇嗣教授招收了第一届 2 名化学工程研究生张秀成和张志群。当时我校硕士点还没有被授予。硕士生的学位是委托浙江大学授予的。当年还组建由徐崇嗣老师为主，董谊仁和周友生老师为辅的研究生指导班子。为了准备硕士生的课题，实验室专门组建了研究生实验筹建班子，由姜庆泉、刘炳炎、朱锦忠等人参加，为研究生课题做实验装置准备，搭建有关实验塔器和采购有关测试仪器。

化学工程硕士点于 1983 年建立。当时招收研究生的研究课题除了研究 MD 塔板外，大多是围绕着波纹填料展开的。其中有 3 位研究生是研究金属波纹填料的，1 位研究生是研究塑料波纹填料。董谊仁老师在研究静态混合器时，从上海科技资料馆查到混合模型，提供给研究生楼建中，让他将此模型引用到波纹填料中，经过计算机编程和实验测定，写出了有一定质量的论文。楼建中后来还给荷兰代尔夫理工大学写信，要到检测液体分布的相关资料。据此我们也加工了一套，成为后来计建炳研究波纹填料的实验装置。塑料波纹填料的开发研究，后来发展成为一个为化工生产服务的横向合同项目，当年的徐占平进行了流体力学和传质性能以及表面处理研究等。研究生裘俊红的课题是填料塔内气体分布，这是一项省自然科学基金项目。我校也是在国内最早接触到这个课题的。后来天津大学、清华大学也有类似研究。天津大学还专门派人来我校调研学习。

化工传递课程和实验的建立。化工传递课程号称化工原理的原理，李寿恒先生对此课极为重视，1964 年我们刚回杭州时，为提高教师业务和外语水平，他选了原版书，亲自授课，但不久就由于下乡搞"四清"而流产。恢复研究生制度前，徐崇嗣老师很重视这门课的准备，先亲自外出到上海听加拿大贝教授讲课，之后又派董谊仁老师先后到天津大学参加由日本片冈教授授课的培训班和华东理工大学举办的、由美国威斯康星大学伯德（Bird）教授讲授的学习班。1981 年招收我校 2 位首批硕士生时，徐崇嗣老师和董谊仁老师共同开出此课。以后各届研究生的化工传递课则由董谊仁老师单独授课，1998 年董谊仁老师退休，该课程由裘俊红老师接下。1985 年化工学院设化学工程专业时，化工传递课也是必修课。配合理论课教学还自己动手建设了化工传递课程实验室。这在国内也是一个创举。以董谊仁老师为首的项目"化工传递课程系列实验开发"，1993 年获得浙江省教委颁发的优秀教学成果二等奖。该项目在大连理工大学召开的全国第一届化工传递课程教学会上也得到各校老师的认可和赞誉。

1983 年，以化工原理为主（骨干核心）的化学工程硕士点被授予。这是浙江工业大学的第一个硕士点，也是我国非重点高校的第一个化学工程硕士点。1985 年 7 月通过了教育部专家组的评估。随后 30 多年来，化学工程的硕士生导师多达 20 余人，招收的硕士生超过 150 名。2004 年，我校又被授予化学工程的博士点，博士生导师有计建炳、姚克俭、祝铃钰、贠军贤、高云玲等 5 名，共招收了 3 名博士生。

三、20 世纪 80 年代后期到 90 年代，化工原理的教学和科研蓬勃发展，在化学工程学科的组建和发展中起了重要作用

20 世纪 80 年代后期到 90 年代，化工原理课程被多次评为省级优秀课程，化工原理课程设计获得浙江省优秀教学成果二等奖，化工原理实验室被多次列为化工部属院校和省属高校优秀实验室而受到表彰。化工原理教研室被多次评为校级先进集体，在浙江工学院和浙江工业大学校报上多次登载表彰化工原理教研室的报道。

从 1987 年开始，由姚克俭、俞晓梅、郑祖铭领衔，申报了学校的教改项目，开始了计算机辅助化工原理教学的教学改革的实践，出版了多部计算机辅助教学软件，将计算机辅助课程设计和计算机辅助化工原理实验广泛应用于本科生的教学实践。计算机辅助教学软件还被 30 多所院校采用，博得一致好评。为此，于 1992 年获得了国家教育委员会授予的国家级优秀教学成果二等奖。这也是我校第一个国家级的教学成果奖。

20 世纪 90 年代，姚克俭老师和俞晓梅老师参编了由浙江大学主编的化工原理教材，该教材被浙江大学和多家高校采用。俞晓梅教授和天津大学袁孝竞教授联合主编了《塔器》一书，于 2000 年由化学工业出版社出版。

1990 年以来，化学工程学科包括 4 个研究方向，即化工传质与分离方向、反应工程与化工工艺研究方向、化工过程控制与优化方向和水合物及海洋技术研究方向。后来水合物及海洋技术研究方向并入海洋学院，化学工程学科则保留 3 个研究方向。化学工程学科连续多次被评为省级 A 类重点学科。2000 年化学工程学科成为一级博士点。化工原理教师都是这一重点学科中的骨干和中坚力量。

1995 年学校成立绿色化工国家级重点实验室培育基地，以化工原理为基础的化工传质与分离研究方向被作为一个分支，列为绿色分离技术方向。当时的绿色分离技术还包括水合物分离技术和膜分离技术。

20 世纪 90 年代以来，改进的 MD 型塔板被命名为 DJ 型塔板，在衢州化工公司、开封化工公司、石家庄化工公司等中型化肥厂的 DN2800 水洗塔中获得了成功的应用。自 1995 年以来，DJ 型塔板研究和工业应用在中国石油化工总公司、国家经贸委、浙江省科委，被多次立项为重点资助项目。DJ 型塔板进入炼油和石化行业，被应用于乙二醇、芳烃精馏、

催化和焦化的吸收稳定系统、加氢预分馏塔和乙烯工艺分离塔系等装置的扩能降耗技术改造中，获得了显著成效。并且于1998年获得中石化科技进步二等奖，2002年获得浙江省科技进步二等奖。

徐崇嗣老师在20世纪80年代研制了穿流塔板与规整填料的组合式塔板，命名为复合塔板。1991年由徐崇嗣教授为发明人的复合塔板获得中国发明专利。复合塔随后很快在精细化工和制药工业中获得广泛应用，并获得了浙江省科技进步二等奖。

20世纪90年代以来，计建炳领导了各种新型分离技术和设备的开发与研制，包括超重力场技术、生物质能源、化工功能聚合物、膜材料与膜分离技术、等离子体化工等。其中超重力场技术取得了中国发明专利，并两次获得了省部级科技进步一等奖和二等奖。地沟油制备生物柴油产业化技术，获得浙江省科学技术一等奖。

董谊仁等老师和有关人员在填料塔及其分布器的研究和工业应用方面做了卓有成效的工作。研究成果多次撰文发表在《化学工程》等重要期刊上，并在《化学工程实用专题设计手册》和《现代塔器技术》中做了专题介绍，受到国内外同行普遍关注。20世纪90年代以来，又在氯碱工业的氯气干燥技术和PVC生产中的氯化氢回收工艺和设备上有了突破性改进，后者在《中国化工报》上有专题报道，并获得国家发明专利，将成果推广应用于全国各地数十家大中型企业，有十分显著的社会和经济效益。

1997年，以俞晓梅为第一发明人的DJ-2型和DJ-3型塔板分别获得中国发明专利。这一技术是将导流装置组合到DJ型塔板上，形成了DJ-2型塔板，将规整填料组合到DJ型塔板上，组成了具有高效高通量特性的DJ-3型塔板。又将导向浮阀代替筛孔，形成了DJ-6型塔板。2002年，DJ-2型和DJ-3型塔板均获得美国发明专利。2000年，以姚克俭为第一发明人的DJ-6型塔板获得中国发明专利。

1998年至1999年，国家经贸委专设产学研科技项目，拨款100万元资助DJ塔板的工业推广应用，并资助组建了学科性产学研公司——杭州赛普分离工程开发有限公司。该公司由浙江工业大学控股60%和中国石油化工总公司入股40%合资建成，由姚克俭教授担任法定代表人和总经理。20世纪90年代以来，赛普公司和化学工程设计研究所为炼油、石化、制药、化肥、精细化工等设计和制备了几百套精馏和吸收装置，获得了扩产节能减排的重大经济效益。

化工原理教研室从20世纪中叶诞生，到20世纪末，经历了半个世纪的成长、壮大，成为一个教学、科研和实验全面发展的先进团队。进入21世纪，化工原理更是大步前进，不断取得一个又一个新成果。

我校设立第一个硕士点的历程回顾

徐崇嗣

现在学校的在校生人数已达数万之多，专业与教师的数量也远远超过二三十年之前，更不用说博士点和硕士点了。回想当年要申请到一个硕士点可算是全校的一件大事了。在欢庆建校70周年之际，对我校第一个硕士点做一个简单的回顾。

1977年恢复了高考，随后就提出高校恢复招收研究生的问题。当时我把招收研究生看作是一件高不可攀的事。偏僻的烂柯山下，一个小小的化工学院要招研究生，能行吗？况且当时申请硕士点不是由省里说了算，而是要送到北京去评审的。针对我们学校的情况，可以说是"三无"：无经验、无条件、无名气。

但也不能把自己看得过低，我们的化学工程学科还是有些长处的：第一，有30年进行化工教学的历史和经验，全国各地有很多优秀的校友；第二，有全国最资深的一级教授李寿恒先生，他是创办浙大化工系的元老；第三，我们在化学工程学科几个主要方向有几位学术带头人。根据这些条件，虽然没有化学工程硕士点，但我们还是在20世纪70年代末80年代初开始招研究生了，只是我校没有学位授予权，研究生毕业后要向浙江大学申请并由其负责组织答辩和授予学位。

1979年洪瑞槎老师招了1名研究生（化工热力学），我在1980年招了2名，1981年又招了3名。所以，我校1983年前毕业的硕士生的学位都是浙江大学授予的。有了这么几届毕业硕士生的基础，1983年我校提出建立化学工程硕士点的申请，得到批准，它终于成为我校第一个硕士点。这里必须说明，我校同时也提出了以张康达老师为带头人的化工机械硕士点，我校的化工机械在国内也有一定名望，但后来这份申请材料不知什么原因，莫名其妙被送到其他学科去了，所以没有被批准，直到第二年才批下来。

教育部为了检查当时的硕士点的质量，在1985年暑期对全国的化学工程硕士点进行评估，由各硕士点的带头人组成评估组。当时全国的化学工程硕士点共12个，分列如下（下面各单位是当时的名称）。

华北地区：清华大学、天津大学、北京化工学院。

东北地区：大连工学院、大连化物所。

西北地区：西北大学。

西南地区：成都科技大学。

华南地区：华南工学院。

华东地区：南京化工学院、华东化工学院、浙江大学、浙江工学院。

其中11个单位都是国内有名的院校或研究所，唯独浙江工学院是一所地方性院校。评估共分4组，我和汪家鼎（清华大学）、时钧（南京化工学院）和林纪方（大连工学院）为一组，分别评估了西北大学、成都科技大学和华南工学院，我从中学到了不少经验，最后各组在北京集中，各小组长汇报了检查情况。当时我们学校正处于由衢州搬迁来杭州之时，因而条件较为差一些，我心中真有点紧张，后检查组（评估组）一致认为我校硕士生的论文写得不错，达到质量要求，顺利地通过了教育部的评估。

这段回忆对我来说似乎已经是很久远的事了。今非昔比，就算是校史上难忘的一笔吧！

往事点滴
——腐蚀与防护专业的筹建

张九渊

一、创建"防腐"专业

1973 年，教学形势大好，我校准备筹建新专业，"防腐"专业就是其中之一。"防腐"不是防止政治腐败或食品腐烂，而是防止金属材料的腐蚀，专业刚成立时叫"化工设备防腐蚀"，后改称"工业设备防腐蚀"，再后国家统一称"腐蚀与防护"，简称为"防腐"。由化机系总支书记金邦炉牵头，劳善庆任教研室主任，引进了吴肖安、徐坚老师，又在校内抽调了濮阳楠、刘能廉、张九渊、虞炳钧、张新庆、王裕昌等骨干教师。为了办好新专业，先后进行了 3 次大规模的社会调查。第一次是由金邦炉带队去上海华东化工学院、南京化工学院等已经开办防腐专业的学校进行对口调研。第二次是全体教师分组到全国各地调查防腐施工及防腐材料生产企业的情况，我和濮阳楠、张新庆、华元新去了东北，不仅去了天津碱厂这样的大单位，也去了秦皇岛特种玻璃厂、大连铸石厂等小企业，回来后写成文字，相互交流。第三次是带领学生在全省分区进行调查。由于我们与省内外的防腐企业有良好的互动关系，为我们专业教学的开展奠定了良好基础。

防腐专业由于历史不长，国内除了几本从苏联翻译过来的专业书外，没有专业教材，因此，每个专业课老师在接受授课任务后，就要承担起编写教材的责任。以我为例，为了讲授专业课和选修课，先后编写了《硅酸盐耐腐蚀材料及砖板衬里》《金属腐蚀理论及应用》《金属缓蚀剂》《工业水处理技术》等 4 种教材，由教材科打字油印，装订成册，发给学生，虽然不是正式出版物，但也凝结了教师许多心血。1977 年化工部组织统编教材会议，我和马瑞椿老师去参加，他参加化学工程组，我参加腐蚀与防护组。我组讨论后确定编写4 本统编教材，分别由各校承担，其中《腐蚀金属学及耐蚀金属材料》由我校徐坚老师主编，我参加魏宝明老师主编的《金属腐蚀理论及应用》统编教材的评审。此后我专业的老师还编写了几本腐蚀与防护方面的专著及教材，如邬润德老师的《耐腐蚀塑料》、我编写的《金属腐蚀学导论》和《实用防腐蚀技术》，我编的2本教材还获得省普通高校优秀教材二等奖。

在衢州期间，防腐专业教学与生产实际紧密结合也是一个特色。一次是几乎全体教研室老师带领学生在建德化肥厂进行碳化塔阴极保护施工，师生同吃同住，"三班倒"对碳化塔进行技术改造，从电极设计、制备、安装、仪器调试到开车运行都一起干，使学生在实干中学到真知识。另一次是与衢化防腐车间的施工队一起去江西713矿参加施工，学生在现场学到了不少经典的防腐施工方法，如砖板衬里、橡胶衬里、水玻璃胶泥、硫磺胶泥等，掌握了施工技巧。

二、初涉科研

防腐专业在衢州时参与了2项化工部科研项目，一项是由吴肖安老师负责的"碳化塔阴极保护方法的研究"，另一项是陈孝荣老师负责的"新型除草剂杀草丹新技术开发——杀草丹防腐蚀材料的研究"。2个项目最后都获了奖，前一项目获省科技成果三等奖，后一项目获化工部科技成果二等奖。

在碳化塔阴极保护项目中我校承担2项工作，一项是阴极保护控制方法的研究，由吴肖安负责，另一项是阴极保护中氢脆的研究，由我负责。控制方法的研究取得了很大的成绩，提出了恒槽压控制方法，并与建德防腐设备厂合作研制了恒槽压阴极保护的控制仪器，实现了完善的碳化塔阴极保护。因为碳化塔阴极保护过程中的阴极反应是析氢反应，生成的氢能引起钢铁变脆，所以何时发生氢脆是阴极保护控制电位的临界值，阴极保护中氢脆的研究主要是测定这临界电位，防止灾难性事故的发生。研究氢脆要用2种测试手段，一是材料微观形貌和断口分析，要用扫描电子显微镜，当时我们学校没有，每次做好试验后都要把样品送到浙江大学或上海去检测。二是测定钢铁中的含氢量，该项测试必须在阴极充氢后12小时内完成。测氢仪浙江省没有，只有上钢一厂有，我们要在学校连续充氢数天后，计算好出槽时间，一出槽就封样直奔衢州火车站，登上耗时7个多小时的衢县到上海的列车，急奔上钢一厂。事前还要请上钢一厂的师傅提前一小时开机预热抽真空，做好一切准备工作，这样才能把我们送检的试样在规定时间内测出正确结果。这样的奔波要七八次，的确有点辛苦，好在那时搞科研学校是非常支持的，不计成本，实报实销，因此开展还比较顺利。当时发表论文也不是个人具名，而是以科研组的名义发表。

1975—1976年间，为了科研需要，我们还自己设计制造了6台应力腐蚀试验机。此事是由徐坚、吴肖安老师提出的，我在机械厂劳动过3年，有些实践经验，因此也参与了部分工作。我们请叶春晖老师对设计进行了力学验算，委托校机械厂加工制造。自行研制的200kg恒载负拉伸试验机在应力腐蚀、阴极保护和塑料蠕变试验等科研项目中都得到了应用。提供给北京化工学院的2台试验机一直应用于应力腐蚀机理的研究中。

非金属科研方面也出了不少成绩，如换热器、水冲泵等，我因不太熟悉，不作细述。

三、成立腐蚀与防护学会

中国腐蚀与防护学会成立于 1979 年，因为我校有腐蚀与防护专业，教学和科研都开展得比较活跃，所以中国腐蚀与防护学会的成立大会就选在浙江杭州海军招待所召开，由我们学校和省金属学会具体负责会务工作，浙江省唯一的一位理事就产生在我校。此后，濮阳楠被选为中国腐蚀与防护学会塑料学组副组长，张九渊除任理事外还被选为腐蚀电化学专业委员会委员。

1985 年浙江省腐蚀与防护学会成立，我校一直是学会的挂靠单位，历届理事长都在我校产生，分别有徐崇嗣、周望岳、张康达、张九渊和钟明强，说明我校在该专业领域中具有一定的优势。

我们在 1978 年还创办了《浙江化工防腐》杂志，后改《浙江防腐》，为浙江省新闻出版局批准的内部刊物，半年刊，每期 50 页，是《中国化工文摘》的文摘源，为浙江腐蚀科学的普及和提高，促进和推动防护技术的发展做出了一定的贡献。

这就是腐蚀与防护专业早期在衢州时的一些情况。

我校农药学科的崛起与发展[1]

——访沈德隆教授

谢思雨

农药学科是一门"理、工、农、医"相结合的交叉学科,农药学科怎么会在工科院校浙江工业大学建立和得到发展呢?讨论这个问题,用当今时髦的语言就是需要穿越时空,需要把时间追溯到 20 世纪 60 年代末。

1968 年,化工部的化工司和教育司联合组织在我省杭州召开全国农药会议。出席会议的有我国农药界的元老、教育家、南开大学校长杨石先先生。因为当时浙江化工学院在衢县,此次会议没有分配正式代表名额给我们。当时我年仅 28 岁,且毕业工作不久,但凭着一股对教育工作的热情,从衢县赶到杭州,硬是争取到一个列席代表的名额参加了会议。

沈德隆教授

---

[1] 本文由沈德隆口述,学生记者谢思雨整理。

在会议教学组的讨论中，杨老对我国农药学科的发展提出了一些想法，他认为："在当时我国农药学科的办学中，大多数是侧重农科性质和理科性质的院校，侧重医科的也有，但唯独没有在工科院校建立农药学科。农药学科的教学应该与农药产品的研究开发一样，像接力棒似的'理—工—农—医'形成一条龙，这样才能使农药学科的教学为我国农药工业的高速发展打好扎实的基础。"

杨石先先生的建议受到与会领导、专家和代表的高度重视和赞同，会后教育司的郭祖荫司长很快做了安排和落实。化工部开始选择在天津大学化工系和大连工学院化工系的染料中间体专业做试点，把原专业名称改为"染料中间体及农药专业"，试点工作虽经启动，结果未能成功。

化工部另行布点时，考虑到浙江省在国内是个农业生产大省，也是农药生产和使用的大省，我校又有一批热心创办工程类农药专业、积极为浙江省农业生产发展服务的师资队伍，因此，化工部在再选择试点时，把浙江化工学院和华东化工学院四川分院列入试点，开设农药生产及应用专业。几年后华东化工学院四川分院停止了农药生产及应用专业的教学试点工作。此时，我国工程类农药学科的院校就剩我院一家。从20世纪60年代末至今，我和学科同事们不管遇到多大的困难，不管遇到失败还是取得成功，始终坚守在农药学科开拓、创建的第一线，我们按照当年杨石先先生对创办工程类农药学科的教学和科研工作的要求，做好学科的创建和发展工作。至今学校已为国家培养出农药化学工程的本科生、硕士研究生和博士研究生近千人，为我国和我省农药工业和农业生产的发展做出了一定的贡献。

创建工程类农药学科的道路是布满荆棘，困难重重的。学科建设是在少教材、缺对口师资队伍的条件下进行探索的。理科类的农药化学、农药中间体合成原理等课程有教材可以选用，但工科类还需开设农药生产工艺学、农药工艺设计2门课程，当时国内所见只有天津农药研究所所长、农药工业专家张立言先生编译的《农药生产工艺学》一书。但该书包含的农药产品生产工艺实例太少，为了编写出能适应我国农药产品生产实际需要的工艺学教材，我们借助了化工部在我校举办"农药生产及应用专业培训班"的机会，从江苏、浙江、上海两省一市的国家重点农药企业的技术负责干部中，招收了25名学员来校进修2年半时间。学科教学安排他们在其中一年的时间里，将他们在企业里掌握的农药品种的生产工艺和技能进行总结。这些学员在企业里对产品生产工艺资料收集较为方便，汇总成册，把我国当时主要生产的农药品种的合成工艺技术，编写成《农药产品生产工艺学》上、下2册，作为学科的自编教材。同时，我们学科的老师利用自身对化学工程知识的掌握，再结合农药产品间歇生产的特点，编写了《农药工艺设计》上、下2册，作为学科的教材。此外，学科教育还得到浙江农业大学樊德芳教授和浙江医科大学黄幸舒教授无私、真诚的帮助，2位老师分别为我们农药专业开设"农业病虫草害的化学防治"和"农药毒理学"两门课程，为我们创建阶段学科教学解决了燃眉之急。

农药学科的同事们边教边学边思考，明确当时杨石先先生提出的农药学科办学方向，在科研方面应尽量发挥我们学科教师工艺工程的特色。科研项目一开始应放在"新农药、农药新产品的合成工艺工程改进研究""农药产品生产工艺中三废的综合利用""农药产品生产中绿色工艺技术的研发"等方向上，结果我们承担的浙江省和化工部项目——"采用综合技术提高氧化乐果总收率的研究""黄磷炉尾气中'H₂—Cl₂—CO'三元爆炸相图的测定研究"及"甲基托布津除臭脱色技术研究"搞得非常成功。鉴于当时我们学科组所做出的成绩和贡献，1982年经学校推荐，我们农药化工教研室被浙江省委和省政府评为"浙江省劳动模范集体"。我作为代表专程到杭州领奖。在此基础上，我们进一步承接和完成省、部级科研项目："采用非光气法合成新农药杀扑磷和噻嗪酮的工艺路线开发""研究开发新颖杂环类农药杀虫剂：甲基嘧啶磷、杀扑磷、噻嗪酮、噻唑磷和新颖除草剂草铵膦、甜菜安和甜菜宁等七个新农药产品的工艺工程开发研究"产品生产产生了显著的经济效益和社会效益。

在对农药产品生产工艺研发工作取得一定成绩和经验的基础上，学科研究决定去冲击农药剂型工程的研究领域。国外农药微胶囊剂的制备，都是用合成高分子材料做囊膜，而我们在国家"七五"农药攻关项目研究中，农药学科的老师采用天然高分子材料做囊膜制备农药微胶囊。用自行设计和加工的一套国际上尚未见报道的农药微胶囊剂活性组分测定装置首次测出和公布了以天然高分子材料为囊膜的农药活性组分的释放特性曲线。研究成果在"第14届国际控制释放活性物质论文报告会"上发表。《中国农药》杂志主编胡笑形教授参观了测定装置后，给予很高的评价。对另一类极为重要的农药新剂型——悬浮剂的研究是从制备机理着手，在国际上首次提出用研究农药悬浮体系的流变学行为的变化来研究判定农药悬浮剂悬浮体系的稳定性，从而确定农药悬浮剂正确合理的配方，研究成果在1998年英国伦敦召开的"第九届国际农药化学会议"论文集上发表。由于研究内容新颖，并提出农药流变学的概念，引起与会代表的兴趣。

鉴于我们带领学科在我国农药科研、教学、生产及应用等方面做出的贡献，国家给了我很多的荣誉：1992年荣获国务院颁发的享受政府特殊津贴专家。2009年10月，中国农药工业协会在上海召开的全国农药会议上，代表国家颁发了"建国60周年中国农药工业突出贡献奖"，对我在中国农药化工领域的创新发展所做出的贡献进行表彰。

我和学科同事们一路走来虽然磕磕绊绊，但是我们在农药教学研究上的坚持和对农药学科的热情使得我校在农药化工研究领域取得了累累硕果。作为项目负责人，我承担并通过技术鉴定和验收的国家级或省部级科研项目35项，荣获科技成果奖项18项（作为第一完成人有15项），其中荣获国家级发明四等奖1项，教育部提名科技进步奖二等奖1项，中国石油和化学工业协会科技进步二等奖1项，化工部科技进步奖2项，浙江省科技进步二等奖5项、三等奖3项，浙江省高校科研成果二等奖1项、三等奖3项，温州市科技进步一等奖1项。科研成果已申请23项国家发明专利，其中已获授权8项，在国内外发表论文和研究报告200余篇，其中35篇论文发表在A类以上学术期刊，16篇论文被国际三大索引收录，论文中获得中国农药工业协会优秀论文5篇，浙江省自然科学优秀论文二等奖、三等奖共 13 篇。虽然我已于 2007 年退休，但好在我们创建的农药学科的工作已后继有人，2012 年我校农药学学科被评为浙江省重点学科。在学校里，无论是化材学院的众多学科或是原先与化材学院有关的药学院和生环学院都有许多老师，负责或参与农药性质的项目研究，并取得显著成效，许多项目获得了国家或省部级大奖。前期工作激发出我校老师对农药的研究热情和兴趣，并为我校农药学科的进一步发展奠定了基础，这是最让我感到欣慰的。

"三化大院"飞出金凤凰

——催化加氢研发基地发展纪实与感悟

严　巍

20世纪80年代浙江工业大学（原浙江工学院）朝晖校区东北角有一个化工实验区，大家亲切称之为"三化大院"。它是学校化工学院（原化工系）的教学、研究实验基地，一些基础化学实验及几个研究室研究工作在"三化大院"进行。

"三化大院"是一个既让人爱又让人恨的地方。让人爱的就是浙江工业大学许多标志性科研成果、许多科技大奖都出自那里。让人恨的是大院环境实在不能让人恭维：院内杂草丛生，废水处理池敞着大口发出阵阵恶臭，大院的厕所连农村的茅房都不如，实验室房子很差，两排简陋平房楼道黑洞洞的，实验室内电线纵横交错且陈旧老化，屋顶水渍斑斑，墙体大多脱落，一派破落的景象，实验室没有通风设备，做实验排放出的各种废气交织弥漫在楼道和大院内，味道难闻，有时几乎让人窒息。实验设施很差，实验室除了一些玻璃仪器满足基本实验要求之外，大型精密仪器几乎没有。我们加氢实验室，每天与易燃易爆的氢气打交道，甚至没有专门的氢气房，氢气钢瓶与加氢反应釜紧挨着，安全隐患严重。如此恶劣的工作条件我们也有过抱怨，但我们那个年代的人比较能吃苦耐劳，怨管怨，工作照干无误。加氢基地的老师们在破烂不堪的"三化大院"实验室墙上挂出了"艰苦奋斗开拓创新"8个红色大字作为自己的座右铭，开始了催化加氢研发基地的创业路。

20世纪80年代国家经济发展快速，医药、农药、染料及日用化工行业发展很快，因为精细化工行业经济效益好，浙江省各市、地大发展，均将之列为支柱产业之一。当时生产精细化工产品的工艺较落后，大多采用铁粉或硫化钠还原法生产，收率低、产品质量差，更糟的是生产每吨产品会产生3—6吨铁泥和近10吨的废水，严重污染环境。为了国家经济可持续发展，化工部要求用催化加氢绿色合成技术来改造上述落后工艺。当时我国有较多的氯碱厂和化肥厂，副产氢气大多未加利用放空烧掉，氢气资源严重浪费。若能通过开发加氢产品将放空的氢气回收加以利用，既可增加经济效益，又可保护生态环境，一举两得。

加氢基地的老师们急国家之所急，想国家之所想，根据国家对环保的要求和企业对新工艺的迫切需要，20 世纪 80 年代中期即对催化氢化技术与工程进行了研究与开发。经过近 10 年的刻苦钻研，研发成功一种具有自主知识产权的"低压液相催化加氢"先进、绿色合成技术；同时配套研发成功一系列活性高、选择性好、价格低廉的非贵金属新型加氢催化剂。低压液相催化加氢技术主要以新材料、新医药、精细化工、油脂及氟硅化学品等重点发展产业中共性的催化氢化技术为主要创新对象，着重研究化工产品中双键、三键、羰基、硝基、腈基、酯以及芳环等的选择性还原单元过程，消除传统生产工艺中存在的高消耗、高成本、高污染等问题，真正从源头上解决传统生产工艺中大量废弃物的生成，降低生产成本。

浙江省科委对我们研究的先进绿色技术给予了高度评价："低压液相催化加氢技术相对于铁粉还原等老工艺，具有产品质量高、成本低、'三废'排放少（减少 95%）等优点，相对于国外贵金属加氢还原法，具有催化剂价廉、反应压力低、设备投资少等优点，有明显的经济效益和社会效益，对促进有机化合物还原技术进步起了积极作用，为精细化工行业发展做出贡献。"为此，1996 年浙江省科委批复浙江工业大学组建浙江省催化加氢研发基地并下拨建设经费 80 万元。由于列入了省级重点实验室并有经费支持，催化加氢研发基地发展有了一个质的飞跃。

经过 2 年多时间的建设，基地新建了加氢、分离、化学分析、仪器分析及计算机房 5 间实验室，新建氢气房和药品库各 1 间，改建了原有的 3 间合成实验室，新增仪器设备 50 余台，新建一套全不锈钢工业模型精馏试验装置，具备了加氢小试、扩试实验手段。在武义化工实业总公司建成一个生产能力 300 吨 / 年的中试车间，进行了对氨基苯甲醚和邻氨基苯甲醚 2 个产品的中间试验，取得一次性投料成功。我们还购买了复印机、计算机、传真机、空调、实验桌等办公用品，大大提高了工作效率和研究质量。至此，催化加氢研发基地小试、扩试、中试试验手段齐全，初步具备了对外开放的条件，于 1998 年 3 月 28 日通过了省科委的验收。基地建设前后数年间采用低压液相催化加氢技术研究，开发了 8 个化工产品，均完成了工业化生产并通过技术鉴定和验收，获得各级科技奖励 6 项。

由于"三化大院"长期严重排放"三废"，引起附近居民的强烈不满。学校非常重视，下决心改变状况，于 2000 年 1 月下文要求"三化大院"实验室整体搬迁。接到通知后大家欢欣鼓舞，那个让人爱、让人恨的"三化大院"的历史使命终于结束了。催化加氢研发基地搬到西配楼一层崭新的实验室，开始了我们新的征程。研究环境及实验手段好了，但基地老师们不忘"艰苦奋斗 开拓创新"座右铭，又将此 8 个红色大字贴到了基地办公室雪白的墙上，继续激励鼓舞基地今后的研发工作。

此后，催化加氢研发基地更加注重科技创新、产学研结合和成果产业化。利用创新的催化技术在药物及精细化学品合成领域取得多项拥有自主知识产权的重大研究成果，还开展了多相手性催化技术、抗硫催化氢化技术、傅克反应中固体酸催化剂、选择性催化氢化技术等应用于医药中间体合成的研究与开发；后期还在航空和防弹衣等军用材料间苯二胺聚合材料、纺织物整理和油田渗透剂等的氟碳表面活性剂、环己缩酸类液晶材料合成技术进入大规模工业化或工业化前期的研究、开发上，取得几项重大标志性研究成果，技术达到国际先进水平。我们将22项催化氢化成果转让给企业，用自主开发的低压液相催化氢化技术在国内率先建成多套千吨、万吨级生产装置，技术达国际先进水平；对20多个污染严重的落后工艺进行了技术改造，产生了重大的经济效益和社会效益，推动了科技进步，保护了生态环境，带动了医药、新材料、精细化工等相关行业的发展，对我国的经济建设和可持续发展做出了重要贡献。

20多年来催化加氢研发基地根据国家需要和学科发展提出研究课题，承担了20多项国家、省部科技项目，在催化氢化技术领域进行了大量具有探索性、创造性、卓有成效的研发工作，取得了20多个具有国际先进和国内领先水平的创新成果。先后获得2个国家科技进步二等奖，1个国家技术发明三等奖，3个省部科技进步一等奖，8个省部二、三等奖，2个国际发明金奖，2002年获科技部刘永龄科学技术奖（全国仅5项）以及多个市、省教育厅一等奖等20多个科技奖励。其中"2，2 '－二氨基联苄二磺酸盐低压液相催化加氢新工艺开发及推广"项目获国家科技进步二等奖和教育部科技进步一等奖。该项目创新研究了加氢催化剂和水相成盐、闭路循环新工艺，属国内外首创，技术和产品质量均达国际先进水平，收率提高10%以上，吨原料成本下降1.4万元，基本无"三废"排放，有非常显著的经济和社会效益。目前新工艺已取代国内所有老工艺生产，对化工行业科技进步做出了重要贡献。"低压液相催化加氢技术研究及推广"获科技部刘永龄科技奖，此奖奖励国内在技术开发领域取得重大应用性研究成果的科技工作者。该项目技术成套，创新性突出，技术水平高，工艺绿色。研制的催化剂适用于低压（＜1.6MPa）加氢反应，降低设备能耗，有利安全生产。开发的8个化工产品技术全部达到国际先进或国内领先水平，经济和社会效益非常显著。利用化肥厂和氯碱厂放空尾气回收氢气开发化工产品，变废为宝，节约资源，增加效益。"间苯二胺绿色制备工艺研究及应用推广"获中国石油和化工工业协会科学技术一等奖。该项目自主创新、技术先进，在催化剂研制、工艺研究、工程开发及资源充分利用等方面均有重大创新。创制的非贵金属催化剂活性与钯、铂贵金属催化剂相当，价格是其1/40—1/60；新工艺绿色、先进，收率和产品质量达到国外同类水平，反应加氢物浓度由国外的15%提高到40%以上，提高功效，减少能源；排放的"三废"比老工艺减少95%以上，技术达到国际先进和国内领先水平。在国内建成几套万吨级加氢法生产间苯二胺工业装置，经济和社会效益非常显著，现在加氢法生产间苯二胺已成为国内主导工艺，彻底改变了铁粉法污染的现状，对化工行业科技进步和可持续发展做出了重要贡献。

催化加氢研发基地办公室墙上"艰苦奋斗 开拓创新"8个红色大字的下方，挂满了20多个不同级别的科技奖状，来基地拜访的客人往往都会被那些奖状所吸引，称赞说："你们基地真了不起，获得那么多奖。"其中有一位知道"三化大院"历史的来客说："你们真是'三化大院'飞出的金凤凰。"这个比喻让我们开怀大笑。是啊！只有了解"三化大院"艰苦环境的人，才知道我们获得这些奖励的艰辛和不易。我笑着说："从浙江工业大学'三化大院'飞出的金凤凰还有很多呢！像化材学院的工业催化、应用化学、农药以及药学院的药物化学等等，他们最初创业都在'三化大院'，浙江工业大学化工方面的科技大奖大多出自'三化大院'工作过的学科和科研机构。"

2001年催化加氢研发基地与多相催化重点实验室合并，2003年更名为浙江省绿色化学合成技术重点实验室，同年建成我校第一个国家重点实验室培育基地。2005年催化加氢研发基地所在的工业催化学科被列入浙江省重中之重学科，2007年列入国家重点（培育）学科，催化加氢研发基地发展的道路越来越宽、越来越亮堂了。

值此迎接学校校庆之际，我比较系统地回忆了催化加氢研发基地20多年来从无到有，从小到大的发展过程，从中有几点感悟与大家分享。

一、 科研团队和谐团结是成功的根本

催化加氢研发基地之所以能取得这样突出的成绩，主要归功于我们科研团队的和谐、团结。我们团队核心成员有：严巍研究员（基地主任）、王纪康研究员（基地副主任）、王桂林教授级高工、施介华教授（现任副主任）、刘迎新副教授（博士后）。这么多年来我们的科研团队始终是一个团结、和谐、志同道合的集体。

团队中每个人都精诚团结互相补台而不是拆台。在科研、教学、学科建设等方面，只要基地开会定下的事情，大家总会竭尽全力、齐心合力完成。"艰苦奋斗 开拓创新"始终是基地的座右铭，激励我们勇往直前。"三化大院"工作条件差，没有空调、没有通风设施，大家每天忍着刺激的气味，兢兢业业做实验；冬天窗外挂满冰凌，室内水龙头都冻住了，我们忍着寒冷克服困难坚持做实验；暑期加班，蚊子、苍蝇肆虐，我们每个人都大汗淋漓，但没有一人叫苦退却，坚持做实验。我们只有一个信念，就是按时、圆满、坚决

左起依次为严巍、王桂林、王纪康老师

完成科研任务。基地取得如此优异成绩都是每位成员辛勤努力、汗水浇灌的结晶，我十分感谢大家！

通过科技实践我深深感到，科研团队的和谐、团结是基地成功的根本。每一项科研成果的取得均需团队每个成员的竭力付出，一些工业化开发大项目，更需团队作战，团结协作，发挥团队每个成员的积极性。团队和谐、团结，每个人工作时心情舒畅，再难的任务也能完成。有那么几年，催化加氢研发基地每年有2个新项目研发成功并通过技术鉴定，达到国际先进或国内领先水平，获得省科技厅、省教育厅的好评。

有付出也有得到，基地主要研究人员均晋升为高级职称，严巍、王纪康、王桂林3位成员获得政府特殊津贴，严巍研究员获国家级有突出贡献中青年专家称号，王纪康研究员获浙江省有突出贡献中青年专家称号。

二、科技创新是第一竞争力

中国科学院院士石元春说得好："创新是一种精神，一种氛围和文化现象。"我虽还不能够完全深刻理解它的含义，但懂得创新是一项非常重要的工作，尤其在科研、开发方面的创新更是重中之重。回想我们做过的每一个项目，凡是创新点多的，技术就新颖、先进，技术水平就高，在同类产品中竞争力就强；若完成工业化生产，实用价值就越大，经济效益和社会效益就明显，当然获奖的档次就会高。创新分原创与非原创。原创是有难度的，并不是每个人都可以做得到。但非原创就不同了，只要我们在别人的基础上有所改进，改进之处有价值都可算作创新，若工业化后经济效益和社会效益比改进前有所提高，都可算作成功，也是具有竞争力的。目前大多数科研项目都属于这类。

经过多年的科研实践，我感悟到科技创新确实是第一竞争力，项目成功的关键取决于创新。在项目研究前需透彻了解国内外研究动态，要有社会责任感，用长远战略眼光看准问题及方向，把握最先进的技术路线，制定最正确的研究方案，制定的技术指标始终围绕着国际先进和国内领先水平；在研究过程中敢于质疑，敢于提出问题并解决问题，这样研究的项目才能新颖、高水平、有价值，最终研究的结果就会达到我们预期的目的。

三、科研成果成功转化生产力的几点体会

20多年来，我们催化加氢研发基地始终贯彻"科教兴国"战略和邓小平"科技是第一生产力"的思想，注重技术创新、产学研结合和科技成果产业化。用研究的新工艺、新技术对22个污染严重的落后工艺进行了技术改造，使企业产品质量上档次，经济效益明显提高，获得可持续发展。我们的科研成果之所以转化率那么高，主要有以下几点体会。

（一）中间试验是科技成果成功转化生产力的关键

研究一个化工产品，需经过 3 个阶段，即实验室研究（小试）阶段，中间试验（中试）阶段及工程设计、开发（工业化）阶段。中间试验阶段承上启下最为重要。从小试时的瓶瓶罐罐到大规模生产装置，其中物料流动、传热、传质等物理过程的因素和条件均发生很大变化，这种放大效应在中试阶段必须搞清楚，此阶段还要解决化学过程开发、装置设计和操作的理论和方法等问题。中试阶段上述问题不解决，小试成果就无法过渡到生产阶段。要解决上述问题又是一个难度相当大的问题，现在很多项目在中试放大阶段往往卡壳终止，导致成果转化无法实现。所以中间试验是科技成果能否成功转化为生产力的关键。

（二）熟悉研究、开发、生产全过程的人才是科技成果转化生产力的关键

科技成果转化是一个复杂而专业的过程，需要既懂技术，又懂市场，还要懂得国家大政方针的专门人才。我深深感到我们催化加氢研发基地成果转化率高很大程度上得益于王纪康研究员，他在企业当过技术副厂长，长期工作在生产第一线，对化学合成、化工工艺及化学工程都十分了解，他懂技术研究、懂开发、懂生产的全过程，对市场营销也十分熟悉，以他为核心，加上基地全体成员的通力合作，所以工业化成果比较多而且优秀。这也联想到学校今后进人制度需要改革，不能千篇一律唯博士学位才能进，只要有一技之长，有丰富实践经验，适合高校工作的人也能进。

（三）小试研究阶段就与工业化挂钩

现在很多研究人员为了得到漂亮数据，较短时间完成小试，大多采用化学试剂或提纯的工业原料做试验。我们催化加氢研发基地实验室小试研究基本采用工厂提供的工业原料，工业原料杂质多、副反应多，研究难度大，研究时间长，但只要解决这些问题，今后过渡到工业化就比较容易了。

（四）加强与企业沟通

要实现科技与经济的良性互动，必须将科研成果变成实实在在的经济效益。我们的实践证明，科研成果要顺利转化生产力，必须加强与企业沟通，要知道企业最需要什么，我们如何解决企业急需解决的问题和困难，要打有准备之仗。在工业化试车期间更要加强与企业工程人员的沟通，及时交流，及时总结，齐心协力才能圆满完成试验任务。

四、条件越艰苦越能磨炼人

在"三化大院"工作过的教师、研究人员有一个共性：求实、吃苦、敬业、奉献。他们几十年如一日踏踏实实、兢兢业业工作，在本职岗位上不消极，不攀比，吃苦耐劳，积极上进，不计名利和地位，耐得住寂寞。经过多年的科研实践，我感到人要取得成功，需要吃点苦，条件越艰苦越能磨炼人，出成果不是条件越好越能出，主要还是取决于人，人定胜天。

岁月回眸

——三废治理研究室工作回忆

田冰式　朱良天

人老了就容易怀旧，回忆在三废治理研究室工作的这段时间，感慨颇多，很想留住这份记忆。

20世纪70年代初，国务院召开了全国第一次环境保护工作会议，制定了保护环境的方针政策。此后，环境保护逐步开始提上重要的议事日程，并成为基本国策。当时化工系的领导高瞻远瞩，抽调力量，成立了"三废治理研究室"，人员先后达9人。70年代，国内高校已有许多教师涉及环境保护领域，开展环境保护方面的研究，我校的三废治理研究室应属国内高校中第一批专职从事环境保护研究的单位。高校教师都应该进行科学研究，三废治理研究室的诞生，推进了当时我校正在形成的专职与兼职相结合的科研体制，实践证明，这一种体制有助于多出成果。

20世纪六七十年代，确保粮食丰产、增产是各级政府最重视的工作之一，为了提高粮食产量，各地开办了许多小型农药厂，生产大量的农药，用以抗击危害农业生产的病、虫、草害。特别是有机磷农药，由于其具有药效高、作用方式好、应用范围广等特点，形成了厚实的生产基础，成为当时农药尤其是农用杀虫剂的主流品种。但是，有机磷农药在生产过程中产生大量的工业废水，由于废水毒性大、浓度高，许多企业因没有合适的治理方法，就直接排入江河，造成人畜中毒、鱼类死亡、富营养化……严重破坏水体生态，对环境造成严重的危害，成为农药生产中一个十分突出的污染源。新成立的三废治理研究室院经过认真的调查研究之后，首先把研究方向瞄准了这类高浓度的农药废水，并确定了以马拉硫磷生产废水的治理为突破口。

有机磷农药废水的治理，当时国内有3种方法正在探索：一是湿式氧化法，二是活性炭吸附生化处理法，三是我们采用的低压水解法。我们对马拉硫磷生产废水治理的工艺过程是：利用工厂废酸作为催化剂，使废水中大部分有机磷水解成磷酸；再用石灰水中和，将磷酸转变为沉淀磷酸钙；废水治理过程中产生的硫化氢气体用石灰水吸收后制成硫氢化钙，返回马拉硫磷生产车间一并制成副产品硫脲；沉淀磷酸钙过滤后的滤液已呈碱性，返回马拉硫磷生产车间作为第一次洗涤的工艺用水。循环用水经检验对产品质量没有影响；副产磷肥（乐果废水）经盆栽试验增产效果明显，无农药残留。我们研究的马拉硫磷废水治理的工艺路线引起化工部科技局、省环保局和省石化厅等单位的关注，在马拉硫磷废水治理小试技术鉴定会上，他们认为以废治废，废物利用，废水循环使用是工业废水治理的方向，评价为"在技术上有较大突破"。

研究过程的条件是十分艰苦的。工作起步时没有经费，我们跑到杭州，向省科委反映，要求临时拨款5000元，由于课题符合立项要求，得到省科委的大力支持。没有压力釜就用电阻丝绕成炉子；反应釜的腐蚀问题就讨教防腐教研室的老师，自己进行加工；后来还设计了一个小型的加压釜到宁波搪瓷厂进行处理。由于废水直接来自工厂，本身臭味就很大，而且处理过程中还产生硫化氢气体，夹杂少量硫醚、硫醇等恶臭物质，工作环境十分恶劣。为了不影响化工大楼内其他老师，我们在大楼边上搭建了一个棚，把工艺部分转移到楼外。当时我们身上以及穿的衣服上都有一股气味，冬天又没有条件每天洗澡。工厂送来的废水中有机磷和COD（化学需氧量）的含量每批都不相同，有时相差甚远，需要反复试验，增加了许多工作量。尽管工作条件较差，工作环境恶劣，但研究室的同志都很努力，兢兢业业地工作。中试装置由省科委拨款投资，建在兰溪农药厂，由于科技与企业结合，为企业服务，得到企业的鼎力支持，使科研工作顺利进行。我们研究室老师在中试期间每天都要工作十几个小时，从无怨言，干劲很足。1984年，三废治理研究室从衢州迁到杭州时，研究室安排在"三化大院"内，是两幢房子之间的空隙搭起来的一间平房，面积大约20平方米，中间还有一根电线杆，工作条件可见一斑。当时化工系其他研究室、教研室也都是在比较困难的条件下开展科研工作的，这种艰苦创业的精神是化工系的优良传统，深深地熔融在三废治理研究室每个老师的血液中。

三废治理研究室的老师都是从化工系（化工学院）各学科抽调过来的，每人都有自己的专业方向，对环境保护学科并不熟悉；当时浙江化工学院是一所教学型大学，科研工作起步不久，许多老师都是第一次参加科研。我们是一边学一边干，带着课题干，带着问题学。田冰式老师是三废治理研究室的掌门人，他教大家如何查阅文献资料，如何写科技论文，带领我们到宁波、慈溪、兰溪等地寻找课题，还复印了相关的英文资料分发给大家翻译，然后一句一句修改，并汇编成《三废处理译文集》。在研究室内还开展学术交流，讲述"凝聚的原理及在废水处理中的应用"，有的老师还开设环境保护概论选修课或编写三废治理教材。针对全省环境保护工作刚刚起步的实际，我们在繁忙的科研工作中还举办了环境监测培训班，学员离校时，我们送他们上车，当时依依惜别的情景至今还留在我们的脑海里。科研和教学，比较系统地提高了研究室成员对环境保护的认识和环境科学的理论素养，使我们大家更加热爱环境保护。

三废治理研究室在几年的科研实践中，先后获得了3项省级科技进步奖，其中1项为省级二等奖，2项为省级三等奖，并发表了一批学术论文。由于高毒的有机磷农药大量并长期使用，带来了耐药性、人畜中毒、农产品残留超标和环境污染等一系列问题，停止使用成为社会发展的必然要求，目前我国政府已明令禁止使用高毒的有机磷农药，三废治理研究室在后期把研究方向转移到其他高浓度的有机废水。

岁月似一杯陈香的老酒，回眸三废治理研究室的点点滴滴，细细品味，其中折射着可贵的敬业精神。当时，三废治理研究室在化工系中是渺小的，其他研究室、教研室更是散发着勃勃生机。这种艰苦奋斗的信念和敬业精神也许是推进化工系长期以来生生不息、创新发展的一股动力。

三废治理研究室

姜一飞

早在 20 世纪 70 年代初，国务院就召开了全国第一次环境保护工作会议，制定了保护环境的方针政策。此后，环境保护开始提上重要的议事日程，逐步成为基本国策。

1977 年，当时的浙江化工学院化工系的领导高瞻远瞩，抽调技术力量，成立了"三废治理研究室"，研究室由田冰式、舒季钊、沈传缘 3 人组成，田冰式为组长。他们首先对省内外有关企业环保情况做了认真调查；初步掌握了当时我省环境保护状况及存在问题。我国是农业大国，人口众多，确保粮食产量是基本国策；化肥、农药是保证农业丰收主要手段，因此当时工业上注重这两大行业投资发展，浙江省是农业大省，建有 30 多家小化肥厂和近 30 家农药生产企业，基本上每个县都建有化肥厂和农药厂。当时全国农药生产企业总共有 200 多家，年产农药原药达 45 万吨（折纯 100%，15.5 万吨），产量居世界第四位；其中杀虫剂占 90% 以上，在这些杀虫剂中，高毒、高残毒品种占 60% 以上。生产 45 万吨农药原药产品年耗原材料达 135 万吨，这就是说，每年有废原材料 90 万吨变成三废排入江河。这是由于当时生产设备简陋，技术落后所造成的；农药生产产生的废水具有恶臭、毒性高、污染严重等特点，尤其是有机磷农药，在生产过程中产生大量的工业废水，其废水毒性大、浓度高，许多企业因没有合适的治理方法，仅用简单的石灰水中和后就直接排入江河，造成人畜中毒、鱼类死亡、水质富营养化等问题，破坏水体生态，对环境造成严重的危害。最典型的是 20 世纪 70 年代初钱塘江的"死鱼事件"；当时由于钱塘江上游一家化工厂（生产农药原料的工厂）的废水池被暴雨冲刷，废水溢出流入钱塘江，钱塘江百里江面漂浮白茫茫一片死鱼，一直延伸到钱塘江出海口。这个事故惊动了党中央、国务院。李先念副总理为此事故做了专门批示："彻查事故。"

1977 年 6 月 26 日至 7 月 4 日，化工部在广西南宁市召开全国农药会议，沈德隆老师和我参加了会议，会上指出了农药生产领域存在的突出问题：产品单一、高毒、高残毒品种占比过高，生产、使用事故频发，三废排放严重污染环境，等等。针对这些问题，对今后农药生产的发展提出了"要加快高效低毒新产品开发、提高老产品质量和收得率、加强三废处理研究，对三废处理要采取综合回收利用，变废为宝和多种处理相结合"的方针。根据农药会议精神，在三废治理研究室讨论选择研究课题方向时，我建议他们以"处理有机磷农药马拉松废水"为课题，并依据有机磷农药易分解特点，提议参照上海高桥化工厂采用低压水解无机氰方法，用低压酸水解处理有机磷农药废水。化工系的领导为加强研究室力量，从当时农药教学组抽调朱良天和我充实三废治理研究室，并任命朱良天为副组长，以后又陆续调入了姜庆泉、董筱莉、王萍等人，使三废治理研究室力量得到进一步加强，这时舒季钊、沈传缘因另有任务已离开了三废治理研究室。

三废治理研究室刚成立时条件十分艰苦，既无经费也无实验场地和实验设备。为解决经费首先要申请科研立项，项目报告经学校批准后，再报到学校主管厅局，当时我校化工项目主管局是浙江省石化厅，经石化厅审批后再报省环保局（当时省环保仅设局级单位），省环保局批准后才能报到省科委（现省科技厅）立项。那时学校还在衢州烂柯山下石室村，从学校到杭州出差是件非常麻烦的事；在当时的历史条件下，衢州地区经济很不发达，农村的条件更差。学校离衢州县城虽然只有12千米，但是交通十分不便，且有一条乌溪江相隔，学校每天只有一趟班车去衢州县城，早晨8点钟出发，下午3点钟返回。衢州距杭州虽然只有288千米，但从衢州县城坐火车到杭州要六七小时，即使乘特快列车也要四五小时，碰到节假日加班车要八九小时；所谓加班车（临客），有时就是运货的闷罐车改成，在车箱内铺上稻草，大家都席地而坐，在车厢一角放一只敞口便桶，有些车厢有草帘遮挡一下，有些车厢什么遮挡都没有，人少时还勉强可以，要是遇上节假日高峰，乘车的人多，加上闷罐车通风不好，仅两个小窗口，人的体味夹杂尿臭臭味那可真够难受的。那时火车虽然慢，但车费很便宜；一般普通客车，从衢州到杭州一趟车票是4元钱，临客3元钱，特快列车是5.6元。杭州市区公交车仅几分钱，住宿通常都住单位、部门招待所，一宿也就3—5元，旅馆和宾馆要贵些，也就10多元、几十元。当然宾馆是不会去住的，住了也不能报销。因此跑一趟杭州花费仅几十元钱，经费是很耐用的。去杭州或从杭州返回，一定得争取赶上学校班车，否则只能坐公交车到衢州化工厂，再步行1个多小时回校。校门口也有公交车，由于学校所在地石室村已属乡下，公交车已算长途汽车，每天仅有2趟班车，上午1趟、下午1趟。长途车的乘客大多是当地农民，学校的教师、学生是很难挤上这种长途车的。所以，那时从学校出差到杭州，即使只办半天事，来回起码也要3天时间，而且路途十分辛苦，这在现在交通、通信发达的时代是不可思议的。何况一个科研项目申报获批，至少需要往返跑杭州多趟，有时甚至要跑10多趟，其艰难可想而知。

在科研经费没有下达前，由学校科研处暂垫1000元作为活动经费，省科委审批下的小试经费是5000元，现在看是微不足道，在当时却可完成一个像样的科研项目了。

有了经费工作就可以开展了，由于有机磷废水处理时放出硫化氢气体具有剧毒和恶臭，不能放在实验楼内，只得在实验楼旁的空地搭建一个10平方米左右实验房；在实验过程中，由于高温（超过100℃），含酸废水对钢铁腐蚀非常严重，壁厚10毫米的碳钢反应釜，做3—5次实验就会报废，后来请防腐专业刘能廉老师协助，才初步解决了设备的腐蚀问题。以后又通过宁波搪玻璃厂，加工了几只 1 立升搪玻璃小反应釜（一只 500 元），才彻底解决设备腐蚀问题，同时也为扩大工业化生产奠定了基础。

当时我省有 3 家农药厂生产农药马拉松：兰溪农药厂、宁波农药厂、仙居农药厂。兰溪农药厂就在钱塘江上游兰江边，生产中产生的废水经石灰水简单中和后直接排入兰江，对钱塘江水系污染可想而知。兰溪与衢州相邻，距学校最近，因此我们选择兰溪农药厂为协作单位。该厂的厂长许康林是我校毕业生，他是个开拓型厂长，兰溪农药厂原来是个名不见经传的小厂，他接任厂长后，一面扩大生产，一面与大专院校和科研院所合作，开发引进新产品与新技术，短短几年间就使该厂生产规模跨上了好几个台阶。他们厂大部分技术骨干都是我校毕业生，这对我们厂校科技协作是非常有利的。

每天小试用废水消耗量较大，每星期得派人去厂里取废水，由于交通不便，无论乘火车还是汽车都得换车，每取一次水样都得 2 天时间，而且提着 2 桶废水换车，实在不便，还好那时火车、汽车对乘客随身带物品管理不是很严格，否则根本不可能随身带着桶装废水乘车。通过在学校实验室进行长期探索研究，为提高实验效力，解决实验中废水样品供应问题和实验场地不足，我们决定把小试实验搬到厂里去做，厂里非常支持，不仅给我们提供便利的实验条件——一个 60 余平方米大实验室，还提供测试仪器、药品等；在生活上也给予方便。当时大多数老师的小孩都在上幼儿园或小学，出差在外对每位老师而言，都需要克服各自家庭困难，确实是非常不容易的。老师们为尽快完成任务，每天都要工作 13—14 小时，连节假日也不休息，每天都要连续转，没点毅力、没点情怀，怎么能坚持下来？但大家就是这样踏踏实实、兢兢业业不计名利地位地工作，毫不在意个人得失，全身心扑在研究工作中，毫无怨言，这也就集中体现了工大人所具有的务实图强、坚韧不拔、吃苦耐劳、艰苦创业、刻苦实干的精神风貌。在与厂里技术人员交流过程中得到启发，废水处理过程中产生的废气硫化氢，可以用石灰水吸收制成硫氰化钙，再制成硫脲，这是重要的化工原料。废水中有机磷经低压酸水解后分解成无机磷酸（水解率 98% 以上），用石灰水中和后，制成磷肥沉淀磷酸钙。处理后废水虽然有机磷从 30—50 克 / 升降到 1 克 / 升左右，COD（化学耗氧量）从 30000—40000 毫克 / 升降到 3000—5000 毫克 / 升，但距国家规定工业排放标准还有差距，COD（化学耗氧量）排放标准 100 毫克 / 升，有机磷排放标准 0.05 毫克 / 升。怎么办？这时朱良天老师提出废水循环使用技术，经反复小试验证，废水循环使用对产品质量并无影响，虽然理论上废水可无限次循环使用，实际上废水循环 3 次后要排放一部分，这不仅有利于保证产品质量，也有利于废水后续处理，经处理后高浓度废水有毒物下降了 98% 以上，废水也减少 2/3 排放量。

要达到排放标准还得经后续生化处理，这只能算一级处理，但这已在农药高浓度废水处理中取得重大突破。经全体人员齐心协力努力，用了短短 40 多天，就完成了小试工作（前期进行的长期探索研究，为小试打下了很好的基础）。在小试评审会（鉴定会）上，与会专家们评价为"在技术上有较大突破"。在三废治理中能以废治废，废物利用，废水循环使用是工业废水治理的方向，能为解决有机磷农药生产废水处理提供一种有效方法，具有重要意义。并建议尽快进行放大中试，获取工业化数据，以便推广到工业生产中。

鉴定会后，该项目被列为1979年度浙江省重点中试攻关项目"马拉硫磷生产污水闭路循环技术研究"。由于厂方的积极配合，项目从立项到设计、基建、设备采购加工、安装调试仅用半年多时间就完成全部工作。在厂校紧密配合下，顺利完成作为省重点攻关项目"马拉硫磷生产污水闭路循环技术研究"，该项目获1981年度浙江省重大科技进步二等奖。在中试技术鉴定会上获得与会专家和领导的一致好评，并引起前来参会的原化工部专家重视，准备把该项目列入下一年度化工部重点攻关项目，拟向全国推广。

在确定项目立项时（与化工部科技局签订重点攻关项目合作协议），由于某些原因，学校放弃了化工部重点攻关项目立项，这是非常可惜的。由于我校是省属院校，在此之前还无部级立项的重点攻关科研项目，能被化工部立为重点攻关项目，不但项目可在全国化工行业推广，对学校扩大全国影响是非常有利的。为了获得化工部重视，本人曾多次去北京化工部科技局汇报，并在各种全国性化工会议期间与化工部人员联系沟通。当时化工部科技局负责农药三废项目开发的是一位年近60岁的老工程师，叫史公铎，他对工作认真负责，没有架子易于接近。一次前去北京向他汇报时，听说他因身体欠佳，已有段时间没来上班了，我决定去他家探望他，打听到他的家庭地址后，换乘了多班次公交车，才找到他家，原来他家在城郊。当我见到他时，他深受感动，没想到非亲非故的我会跑那么大老远去看望他。到手的攻关项目放弃了，不但前功尽弃，也错失了扩大影响，进一步把项目推向全国市场的良好机会，并给化工部留下了不良影响。

1979年化工系又成立了"重金属废水治理"科研组，经高德永、唐泽、张嗣炯等人艰苦努力，顺利完成重金属矿山废水处理项目。当时在省里我校的三废治理研究已奠定了良好的基础。因此省环保局对我们很重视，20世纪80年代初就建议我校成立"环境保护专业"，并答应省环保局会给予大力支持和经费补助。我们将此情况及时向学校有关领导做了汇报，并附了成立"环境保护专业"的可行性研究调查报告，可惜当时学校重点是搬迁，建设杭州新校区，对此建议并没引起重视。直到1992年，化工系才抽调张嗣炯老师负责筹建"环境工程"新专业，并于1994年开始招收第一届环境工程专业本科生，1998年因学校院系调整，环境工程本科专业并入轻工系，成立生物环境工程学院。2015年底，生物环境工程学院又拆分为生物工程学院、环境学院。

第三部分

学者篇

中国化工教育先驱李寿恒教授①

马瑞椿　徐申骏

李寿恒先生，化学工程学家、教育家、国家一级教授。他创办了我国第一个化学工程系——浙大化学工程系。在长期担任高校和研究所的领导工作中，他倡导并形成了"三志""三基""教学与科研相结合"等一系列教育思想，制定并推行了一整套教育与行政管理规章制度，培养了一代又一代优秀的工程和科技专门人才。对发展浙江大学、创办浙江省化工研究所（院）、浙江化工学院（今浙江工业大学），开创我国化工教育事业，对我国化学工业与化工科技事业的创建、发展和振兴做出了卓越贡献，是我国化工事业的一代先驱。

李寿恒先生任浙大化工系主任达 25 年（1927—1952 年），1928—1956 年曾三次担任浙大教务长（含教务主任）、三任浙江大学工学院院长（含代院长），1956 年国务院任命李寿恒先生为浙大副校长。1949 年 12 月被聘为浙江化工试验所主任（兼），1958—1965 年任浙江化工研究所副所长。1960 年起先后任浙江化工学院副院长、院长。1961—1988 年任院学术委员会主任委员（含副主任委员）。

李寿恒先生 1985 年受聘为浙大名誉教授，并先后被聘为浙江大学、浙江工业大学校友总会名誉会长，曾任浙江省民盟常委、省政协常委、中国化工学会理事、省科协顾问、省化工学会首任理事长和名誉理事长。

一、胸怀大志，创建世界一流水平的化工系

李寿恒，字乔年，1898 年 2 月 21 日生于江苏省宜兴县。1913 年进入江苏常州中学学习。1918 年考取南京金陵大学农科。当时正值第一次世界大战结束，中国虽是战胜国，

---

① 本文由马瑞椿口述，学生记者徐申骏整理。

但仍难逃被列强瓜分的命运，实因彼时中国之科学技术瞠乎其后。而当时社会上"科学救国"情绪高涨，于是李寿恒先生毅然决定赴美留学。1920年8月，他先至密歇根大学，不久转入伊利诺伊大学化学系，获学士、硕士学位，继而在美国能源专家、曾任美国化学学会会长的S. W. Parr（帕尔）教授指导下攻读博士，并担任导师的研究助理。1925年5月李寿恒先生获博士学位，学成归国。同年7月在东南大学任教授，讲授工业化学、有机化学，并在金陵大学兼课。1927年春应王琎邀约，被聘为浙江公立工业专门学校（国立第三中山大学工学院，浙江大学工学院前身）任教授，讲授制革学、无机化学、工业化学、冶金学等，不久任应化科主任。他认为应化科学生如果局限于学习工艺学知识，沿用工科化学或类似日本制造化学科的模式，不能适应社会发展的需要。他很欣赏美国刚兴起的化学工程学的新概念，认为学生必须学习化工生产的共同规律，研究化工过程的开发、化工单元操作的理论设计。为此他向学校建议改应化科为化学工程科，得到校务会议批准，并被聘为化学工程科（系）首任主任。从此新兴的化学工程学科首次引入我国高校，在浙江工专创建了第一个化学工程科（系），1930年统改为浙大化学工程系，李寿恒成为我国化学工程教育的创始人。

李寿恒先生按化学工程学科要求培养人才，开我国化工教育的先河。而当时的名牌大学认为办化学工程不适合我国国情，如交大、清华设化学工程系要迟20年，李寿恒先生认为按新兴化学工程学科培养人才可收事半功倍之效，对推动化学工程、化学工业和科技发展必定会起到很大的促进作用。

他首先瞄准美国化工教育的先进水平，立足我国国情，拟定我国第一个化工系达到世界一流水平的目标。1927—1936年他将主要精力倾注于创建化工系。为此，他广泛招聘知名教授、学者到系任教，并调整课程设置，改建实验设施，扩充图书期刊资料，经过努力，按新规定开出了全部必修课和部分选修课，1928年培养出我国首批化学工程学学士。当然，他还重视校内实验以及社会实践，加强校外实习、实践的教学环节，如在办学中密切与企业合作，在国内化工厂建立实习基地。这些举措使学校在社会上的形象大大提升。

1936年4月竺可桢校长到任，5月聘李寿恒继续任化工系主任并兼工学院代院长。1937年化工系建系10年，培养了100余名化学工程学士，占全国高级人才的20%以上。此时的浙大化工系在国内已颇有名气。

抗战军兴，他鼎力辅佐竺可桢校长，负责组织和带领工学院、化工系师生举校西迁，抵达遵义办学。他认定抓紧教学、科研和行政管理工作，培养优秀的专门人才，是抗日救国的实际行动，是对抗日战争的新贡献。在遵义，他和本系教职工精心整理、修缮、补充各种仪器、设备、药品和书刊文献资料，自力更生恢复和重建实验室。1941年4月，教育部令浙大增设工科研究所（先设化学工程学部），李寿恒兼任学部主任，首创我国高校第一个化工研究所并兼任所长，李寿恒先生和苏元复、吴征铠、刘馥英、侯毓汾教授等成为我国最早的研究生导师。师生们在科研方面，如煤化工、化工、萃取理论与工艺改进、有机化学活性染料研究方面都取得了很多成果。

遵义办学，化工系得到很大发展，培养出的学生基础扎实宽厚、知识面广，出国公费留学生录取比例较高，在社会上的名声斐然。抗战胜利，复员返杭，李寿恒先生总结20年来的经验，发表了《化工教育标准与本系课程》一文，指出，与美国相比，国内化工教育历史短，水平低，仍然需要提高。之后，他不断改进化学工程学科的教育方法，调整课时和选修、必修课程，终于使化工系人才辈出，教学和科研硕果累累，蜚声中外。李寿恒先生创办的我国第一个化工系取得了巨大成就，证明走的是具有中国特色的成功之路。

二、弘扬求是，为浙大崛起和腾飞立新功

李寿恒先生一贯主张务实求真，几十年如一日。1938年11月竺校长根据浙大办学历程形成的校风和学风，通过校务会议决定将"求是"作为校训；之后李寿恒先生就努力弘扬求是精神，身体力行积极支持和带头贯彻竺校长实行教授治校、民主办学等主张。他认为办学要以办成世界一流水平大学为目标，其中聘用优秀教师是关键，要使学校中大批好学深思之士深研科学。

李寿恒先生严于律己，他不只是要求教师做什么，而是自己带头，坚持奋战在教学和科研第一线。他讲授的课程很多，有时系里临时出现个别课缺教师，他就主动承担起来，而且教学质量甚佳，堪称良师典范。

1936—1952年，李寿恒先生担任浙大工学院院长和教务长，他把多年从事大学教学和行政管理工作以及开展教学与科研领导工作积累的经验，结合竺可桢校长的办学思想，依靠教授和教育行政管理干部的集体智慧，履行他作为浙大章则委员会主席的职责，对浙大的崛起起着重要的保证和积极的推动作用。1953年院系调整后，他任教务长，面对国家急需人才的形势，为了解决师资不足的困难，李寿恒先生组织部分教师到国内外进修，部分专业课教师带着教学和科研任务到有关工厂企业进修、考察，并且请企业有实践经验的专家和工程技术人员到校兼课。他还提出理工结合的发展方向，以及增设新专业的思路，重建了数、理、化三系。

1956年11月，国务院任命李寿恒先生为浙大副校长，主持学校的教学、科研工作。在新的工作岗位上，他决心尽最大的努力在本职工作中尽心筹划，推动工作，培养人才。在大好形势下，他和全校师生奋发图强，到1958年不仅使浙大的教学质量蜚声国内外，学术水平和科研成果也令国内外瞩目。当时的新浙大的确是腾飞了。

李寿恒先生毕生都奉献于教育和化工科技事业。1927—1958年正是浙大的创建、崛起和腾飞时期，也是他奋斗拼搏建功立业的黄金年代。

三、老当益壮，建立化工学院再铸辉煌

1959年浙江省委决定在衢州建立浙江化工学院，并于1960年调李寿恒先生任副院长。彼时正是国家经济困难时期，在山区办学，困难程度更是可想而知，但李寿恒先生牢记使命，在院党委领导下，党政团结一致，规划学院发展、专业设置、师资、设施建设等校政大事。加强政治思想工作，学习抗大革命精神，并提出"基础第一""质量第一"的口号，成为全院师生行动的指南。李寿恒先生又一次和浙大西迁一样举家从杭州迁至衢州农村，与师生共甘苦，再树艰苦创业、勤俭办学的好风气。

为了保证首届本科生的质量，李寿恒先生在建院初便成立基础师资班并亲任班主任，聘请浙大周茂清、浙师院王承基两位教授来院讲学、上示范课，并亲自讲授无机化学和化工原理，并在上海和全国同行老教授们进行了热烈认真的研讨，合作选编了化工原理统一教材。他严格要求学生，强调大学生首先要学好"三基"（基础知识、基本理论和基本技能），要求学生透彻理解、牢固掌握、灵活运用、举一反三。他强调"三基"也是"基础第一""质量第一"在业务上的要求。

所谓严师出高徒，在毕业实践环节，他聘请工厂、设计院、研究院有丰富经验的工程师为首届毕业生毕业设计答辩把关。通过校内外学习和实践，学生的政治理论水平和思想觉悟得以不断提高。学校培养的合格大学生342名，全部达到部定要求。在全国贯彻"调整、巩固、充实、提高"八字方针的大调整中，学院得到国家的肯定，这奠定了后来发展成浙江工学院和浙江工业大学的良好基石。这也是他继浙大办学成功后，又一次为我国高等教育事业做出的突出贡献。

四、注重实践，教育思想启迪后人

实践出真知，李寿恒先生在70年的办学和执教生涯中，悟出了一系列的指导思想。

（1）办学育人首要的是应营造和树立"三志""四风"。"三志"就是：学校要树宏图大志，教师要有雄心壮志，学生要有坚强意志。"四风"就是：学校要培养良好的校风，学生要有刻苦学习的学风，教师要有教书育人的教风，教师中要形成浓厚的学术风气。

（2）培养人才必须紧紧抓住"基础第一""质量第一"的基本要求。

（3）教学和科研并重，两者相辅相成，相得益彰。大学要建立研究所。

（4）大学是培养高级人才、推动科技进步，为经济建设、社会进步服务的基地。进行高深研究必须选科技发展和现实生产中的新的重大课题。开展科研同样要提倡艰苦奋斗、自力更生的作风，克服保守思想，要勇于实践并有计划有步骤地进行。

宝贵的教育思想是李寿恒先生和他的同事们（包括他的弟子们）的集体创造，集中体现了求是精神，过去已经取得了丰硕的成果，今后必将得到发扬光大。

五、宗师风范，享誉华夏

李寿恒先生执教数十年，教鞭常握，始终战斗在教学科研第一线，爱国敬业，忠诚于人民教育事业，坚持走社会主义道路，严于律己，宽以待人，谦虚谨慎，谆谆教诲，为祖国和人民的事业鞠躬尽瘁。他是一位可敬的教育和科研相结合的积极倡导者和勤奋的实践者，他在开拓化工科技事业方面的丰功伟绩有目共睹，在浙江大学和浙江工业大学两座高等学府中留下了丰硕的物质成果与精神成果。李寿恒先生是浙江大学和浙江工业大学的代表人物，是浙江工业大学"厚德健行"精神的奠基人与实践者。他思想与实践并行，始终战斗在教育科研第一线。李寿恒先生当为浙大、浙工大化工人之楷模，中国化工人之楷模。他的精神必将令世代化工人以振兴中国化工为己任，厚德健行，勤勇开拓，为化工事业的发展不遗余力。

［注：马瑞椿，男，1930年5月生，江苏宜兴人。研究馆员。1952年浙江大学化工系毕业，被分配至重工业部工作。1953年调至杭州化工学校（浙江工业大学前身）任教，承担化学工程教学与科研工作，1964—1984年间（"文革"期间除外）历任浙江化工学院、浙江工学院化机、化工（含轻工）系副主任，1984年调任图书馆馆长，1990年退休。后继续留馆工作，承担筹备有关李寿恒先生的纪念庆典活动，主编《化工教育先驱——李寿恒教授专集》（1992）和李寿恒教授亲笔题名的《桃李集》（1994），并负责筹建了李寿恒铜像。］

忆我国化工教育的先驱李寿恒先生

王国榜

1961 年下半年，我结束了在浙江大学化工系的进修学习，回到学校化机系化工原理教研室。当时，学校已经在衢州烂柯山下开始进行校园建设，并开始了浙江化工学院首届本科生的教学。李寿恒先生也已经受省政府之命来担任学校担任教学行政领导工作。

李寿恒先生是一级教授，在浙江大学当过副校长。他是浙大化工系的创始人，而浙大是我国最早创建化工系的大学。我在浙大学习时，就经常听那里的老师提到李先生的名字，那些老师中好多都是李先生的学生。李先生来浙江化工学院后，除了承担学校领导工作外，还亲自给本科学生上"化工原理"课。在我国，也是他最先在化工系开出"化工原理"这门课程。这是化工专业学生必修的重要课程，在欧美等西方国家的大学，该课程称为"化学工程"或"化工单元操作原理"，在苏联被称为"化工过程及设备"，而在我国则习惯性地称之为"化工原理"。所以，李寿恒先生确实是我国化工教育的先驱。

我回校后，当时的化工原理教研室主任马瑞椿老师分配我给李寿恒先生当助教。在我回校后不久，时任学校党委书记张庆三同志也曾经找我谈过一次话。他告诉我，让我给李寿恒先生当助教也是党委的意见，事前也跟李先生商量过，希望我好好跟着李先生学习，学习李先生的教学经验和治学精神。

能给李先生当助教我当然非常高兴，也感到很幸运，十分感谢党委对我的信任。助教的工作主要是批改学生的作业，给学生答疑和上辅导课。经过一段时间的教学实践，方可在主讲老师的指导下上部分章节的课。直到今天，我仍然觉得助教工作对青年教师能力的培养和教学基本功的训练非常重要，对保证和提高教学质量有着不可忽视的影响。我从1961 年下半年开始给李寿恒先生当助教，直到 1966 年由于"文革"运动学校停课为止。在给李先生当助教近五年的经历中，我学到了很多。李寿恒先生留给我印象最深的，是他对教学工作高度负责的精神和严谨的教风。

李先生跟我讲，不管是办学校还是教授一门课，最重要的是保证教学质量。保证质量的关键是教师的学术水平和教风。他说："一个老师要教给学生三分知识，自己必须得有十分的知识水平。"他不但要求我要精通教材内容，还要求我多看一些教学参考资料，要了解本学科的国内外发展动向。他当时就给我指定和推荐了好几本参考书，大多是英文版的。我的英语基础不好，但在他的督促和指导下，我认真读完了这些书，这不但使我的专业知识更加扎实宽广，也使我的英语阅读能力有了很大提高。

给李先生当了一年助教后，他开始让我教授部分章节的课。我记得，李先生让我教的是化工原理教材中的"液液萃取"和"固体干燥"两章，约十节课，这是我第一次正式上讲台给大学生授课。为了帮助和指导我讲好这些课，李先生专门把我叫到他的办公室，跟我一起分析这几节课在内容上的重点和难点，包括在教学方法上如何引导学生举一反三等教学中应注意的问题，还提醒我一定要认真写好备课笔记，即讲稿。我把讲稿送给他审阅，他对我的讲稿修改得十分仔细，连符号和标点的错误也不放过，这令我非常感动。

他不只是对我提出严格的要求，对整个学校的师资队伍建设和师资水平提高也十分重视。那段时间里，学校派了许多教师到国内各知名大学去进修学习，还在校内办了好几个教师培训班、提高班。他要求学校的每个教研室，都要积极开展科学研究和学术交流活动。在那段时间里，浙江化工学院教师的学术交流和教学研究活动相当活跃，学习的气氛是比较浓的，学习提高外语水平的积极性也比较高。这样的氛围，对每个教师都是一种鞭策和推动。

为了提高学校的教学质量，李先生十分重视教师的教学方法。他专门请了当时浙江大学和浙江师范学院的知名教授来给我校教师作示范教学，我也都参加了，确实觉得受益匪浅。

"化工原理"是一门理论和实践结合得比较紧密的课程，要求学生不但要掌握其基本理论和基本原理，还要有一定的实验技能和生产实际知识，所以对教师的实践知识和能力方面也就有比较高的要求。李寿恒先生经常跟我讲，要重视实验和工厂生产实践。要多下实验室，要多下工厂。有一次，李先生邀我到他家里吃晚饭，先生自己烧得一手好菜，红烧肉烧得特别好。饭后，他和我亲切交谈，在谈到创建浙大化工系的一些经历时，李先生说："创建中最困难的是实验室，浙大的化工原理实验室都是教师自己动手，一点一点建起来的。"他要求我一定要重视实验和实验室工作。当时，我校的化工原理实验室也正在建设中。按照李先生的要求，我经常到实验室去和实验室工作人员一起进行实验装置的设计，实验设备的安装、调试和指导学生实验。在给李先生当助教的几年里，我利用假期和教学空隙的时间，多次到一些国内的化工厂和大学的化工原理实验室去参观学习。当时国内较大的化工厂有南京化工厂、兰州化工厂、大连化工厂、太原化工厂等，我都去过；当时国内几个知名的大学如北京化工学院、大连理工学院、华东化工学院、华南理工学院等，他们的化工原理实验室我也都去参观学习过。

1965年上半年，我受学校派遣，参加了化工部组织的"化肥会战"，地点在上海化工研究院。我国是化肥使用大国，但大部分化肥还需进口，即使能进行一些生产，但关键技术和设备还得依赖国外。为了改变这种局面，当时的化工部组织了一批研究人员、工程设计人员和高等学校教师一起开展技术攻关，称为"化肥会战"。我校参加这次会战的还有刘化章、贾高顺等青年教师，我参加的是"尿素全循环"这个项目。会战进行了将近一年时间，通过参加设备设计、制造和实际运行操作，我得到了一次非常好的实际锻炼。

"文革"以后，由于身体等原因，李寿恒先生不再直接担任教学工作，不久就退休了，但他始终关注我国的化工教育事业，关怀着我们的成长。他1995年驾鹤西去，如今他远离我们已经二十多年了，但他的音容笑貌宛若在眼前，他对教学工作高度负责的精神和严谨的教风，始终是留给我们的宝贵的文化财富。

在科技和产业之间：高从堦院士的学术成长之路

陆韶华

高从堦，中国工程院院士，我国海水淡化领域的著名专家和膜分离工程技术领域的开拓者之一。在其 50 多年的学术生涯中，与同事们一起发表论文和会议报告 400 多篇，合译专业著作 1 部，合著专业著作 5 部；在国内最先研制成功中空纤维反渗透膜并实用化，建成了第一条芳香族聚酰胺反渗透复合膜生产线；获国家科技进步一等奖 1 项，何梁何利科技进步奖 1 项，省部级科技进步奖 10 多项；先后组建了数个重要的省级创新团队，培养了百余名硕士、博士研究生。多年来，高从堦院士一直被视为我国海水淡化和膜技术领域一面极具号召力的旗帜。这样的地位不仅与高从堦院士取得的一系列重大创新成果有关系，而且与其数十年如一日在海水淡化和膜领域孜孜不倦地耕耘和奉献密不可分。20 世纪 60 年代，我国的海水淡化研究起步不久，高从堦院士就开始参与其中。今天，我国的海水淡化进入规模化应用和产业化发展阶段，78 岁的高从堦院士依然活跃在海水淡化和膜技术领域的教学科研第一线。也就是说，高从堦院士的学术成长经历，基本可以概括我国膜法海水淡化的发展历史。

然而，对于这样一位在海水淡化领域极具代表性的科学家，迄今尚未见有全面、详细、深入的传记性资料或研究论著。为此，笔者开始有意识地搜集关于高从堦院士的资料，对高从堦院士进行访谈，并通过和其家人、学生、同行的沟通，试图较为全面地重构高从堦院士的学术成长经历。本文主要依据已发表的文献、原国家海洋局的部分档案材料、媒体对高从堦院士的公开报道，以及高从堦院士的回忆及其所提供的资料等，较为细致地勾勒了高从堦院士的学习、研究与生活经历，重点回顾了其参与海水淡化大会战的始末，并概述了其主要的学术成就和在产业化推广方面做出的卓越贡献，以弥补关于高从堦院士传记资料的不足，为此后的海水淡化技术史研究、科学家传记研究提供必要的基础；并尝试从社会和个人两个维度，分析高从堦院士的科研经历，为了解我国海水淡化的演进历程提供一个切入点。

一、少小求学：正是男儿读书时

1942 年 11 月，山东即墨——这个胶东半岛历史最为悠久的地区，正在进行着艰苦卓绝的抗日斗争。在西元庄的一户普通农民家庭，一个小男孩出生了。沿袭"姓＋字辈＋五行偏旁"的家族起名方式，父母为他取名"高从堦"①。从小，姐姐就尤为疼爱这个聪明伶俐的小弟弟。在那个动荡的年代，农村孩子很少可以进入学校接受教育。可是，姐姐却说，"与其让弟弟待在家里，还不如让他去学校上学呢"！于是，在 1948 年的秋天，姐姐牵着尚未满 6 周岁的高从堦进了旧小学。

1949 年 5 月，即墨解放，年幼的高从堦开始接受新式教育。尽管年龄比班级里的其他同学要小，但是他的成绩却相当优异、兴趣也比较广泛，尤其喜欢文艺活动，有时候还要表演节目。小学四年级的时候，各方面表现都很优秀的高从堦当上了少先队大队长。时值朝鲜战争后期，美国为了挽救战场上的失败命运，不顾国际公约，对中朝部队使用了细菌弹，并于 1952 年对我国东北、青岛等地区疯狂撒布带细菌的污物和毒虫。目睹着美国的非人道行径，小小年纪的高从堦充满了无限愤懑。他除了带头努力学习，还在辅导老师的指导下，积极开展抗美援朝的宣传活动，捕鼠杀虫，反对细菌战、反对战争、热爱和平。这一段经历在他幼小的心灵里留下了深深的烙印。

1954 年秋天，高从堦作为全村仅有的两名上线生，进入即墨二中。初中二年级的时候，他再次因为各方面优异的表现成为少先队大队委员。高从堦不但勤于学习，而且热爱劳动、多才多艺，深得老师和同学们的赞赏。他提前加入了新民主主义青年团，并被推荐参加了青岛少年夏令营。在那次夏令营中，他学会了在大海中游泳，学习了海洋知识、舰船模型制作和绘画等。而且，他第一次对神奇广袤的海洋充满了无限遐想。

不过，20 世纪 50 年代，在毛主席"开发矿业"②的号召下，无数热血青年都把"为祖国寻找宝藏"作为人生的理想。高从堦也不例外，他至今仍然记得当时极为流行的《勘探队之歌》："是那山谷的风，吹动了我们的红旗；是那狂暴的雨，洗刷了我们的帐篷……"当时他的班主任姜老师是教地理的，他也觉得当一个地质勘探员挺不错的。不过，想当地质勘探队员首先需要有一个强壮的身体。高从堦于是就在体育锻炼方面下功夫，坚持长跑、练双杠和打篮球等，为实现成为地质勘探队员的梦想打下了良好的身体基础。

1957 年，成绩优异的高从堦顺利考入底蕴深厚的青岛市第九中学。该校的前身是由被称为"伟大的德意志中国人"卫礼贤于 1900 年创建的礼贤书院，为清末"废科举、兴学堂"背景下知名的早期新型学堂，也是青岛近代史上第一所中学。荣获改革先锋称号的

---

① 取名用字用"五行偏旁者"，即以金、木、水、火、土为偏旁的字，并以五行循环相生为顺序。如，高从堦同辈人的取名用字都以土为偏旁，其子辈取名用字以金为偏旁，孙辈取名用字以木为偏旁，以此循环类推。

② 1949 年 12 月，毛泽东率团赴莫斯科参加中苏会谈，在中国驻苏联大使馆接见留学生代表时，为青年学生任湘亲笔题写了"开发矿业"四个大字。

两院资深院士、"两弹一星"功勋王大珩[1]，曾于 1929 年就读于此。迄今为止，该校至少培养出 8 位院士，还有一大批优秀人才。直到现在，还享有"学在九中"的美誉。在博学求实的校风熏陶下，高从堦以最饱满的精神状态投入到了高中阶段的学习。课堂上，知识渊博、治学严谨的老师们给他留下了深刻的印象。特别是教授化学课程的刘宗锷老师，饶有趣味地讲述化学的妙处、讲述生活中处处充满化学的鲜活案例，以及那些科学有趣的科学实验，深深地吸引住了少年高从堦，并让他深受启发。也就是从那时候开始，他对未来有了新的想法，"化学真有意思！我要去北京化工学院学化学"。那时候，社会主义三大改造已经完成，我国逐步过渡到了社会主义初级阶段，百废待兴，百业待举。作为班团支部宣传委员的高从堦把对祖国的热爱化成无限的力量，投身到日常学习之中。由于他的住处离青岛九中有 3000 米远，为了不耽误上课，高从堦每天提早起床，然后步行上学。那一段艰苦的求学生活，深深地磨砺了他的品格和意志。到了高中三年级的时候，他又赶上了三年困难时期。尽管吃不饱、家里学习环境差，但他始终保持着高昂的学习热情，向着他梦想的高校和专业努力。

　　然而，那个年代政治审查在高考中占据着突出的地位。由于高从堦的父亲合伙开过一个小店铺，家庭成分就被划定为中农。在高考填报志愿的时候，团支部书记看到高从堦填报了北京化工学院化学专业，担心北京的高校会因为家庭成分而不录取成绩优异的高从堦，劝说他报考青岛当地的高校。高从堦想起初中参加夏令营的那段经历，想到大海的神奇，觉得报考山东海洋学院也不失为一个不错的选择。

二、海大五年：问渠那得清如许

　　1960 年的秋天，高从堦不出意料地以第一名的优异成绩考进了山东海洋学院化学系。该校的前身是创办于 1924 年的私立青岛大学，后历经国立青岛大学、国立山东大学、山东大学时期，1958 年山东大学主体迁往济南，以留在青岛的海洋系、水产系、地质系、生物系、化学系和物理系等为基础，于 1959 年 3 月成立了山东海洋学院。1960 年，山东海洋学院被国家确定为全国 13 所重点综合性大学之一。那时候，山东海洋学院教学内容比较多，实行的还是 5 年制教学计划。在"教授高深学术，养成硕学闳材，应国家需要"的文脉传承下，高从堦开始接受系统而深入的专业学习。当时三年困难时期尚未结束，物资奇缺，大学也概莫能外，吃饭都要凭票供给。正在长身体的高从堦，克服物质上的种种困难，和同学们一起以坚定的信念积极地投入抗灾活动。怀着对年轻共和国的满腔热情，高从堦和同学们发扬"自己动手、丰衣足食"的延安精神，到青岛郊区的棘洪滩村安营扎寨、打井垦荒，进行抗灾斗争。为了鼓舞大家的斗志，作为系学习股长的高从堦不失时机

① 王大珩（1915—2011），中国科学院院士、中国工程院院士、国际宇航科学院院士，被誉为"中国光学之父"。2018 年 12 月 18 日，党中央、国务院授予王大珩同志改革先锋称号，颁授改革先锋奖章。

地写了一首诗歌，大概意思是"师生抗灾棘洪滩，犁地播种挥热汗。饥渴劳累全等闲，金秋丰登尽笑颜"，准备在业余时间为大家朗诵。谁知，领队杨靖先教授无意中得知了高从堦的"大作"后，一定要亲自为大家朗诵……最终诗歌取得了比预期更好的效果，大家深受鼓舞，以更加饱满的热情投入到了抗灾活动之中。

"做一个又红又专的合格大学生"，是那个年代大学生的真实写照。如果需要，他们可以为年轻的共和国付出他们的一切。要知道，那时候大学生屈指可数。这些"天之骄子"自己都还吃不饱饭，却还要想着为祖国尽自己的绵薄之力。年轻的高从堦就是如此，他不顾自己体弱，主动到青岛医学院附属医院为烧伤的病人无偿献血，看到医务工作者救死扶伤，他更加直观地理解了全心全意为人民服务的深刻内涵。

学习是大学生们的主要任务，作为化学系的学习股长，他不但自己带头努力学习，而且发动各班的学习委员抓好同学们的听课、自学、作业、实验、复习和准备考试等各个事项。虽然生活非常艰苦，但是在高从堦的感染下，同学们的学习热情却有增无减。对于这些目睹过战争、饥饿和苦难的同学，他们一心想的是建设祖国、为祖国奉献一生！他们的血液里奔腾着激情，他们要奋不顾身地贡献出自己的全部力量。他们尤为珍惜大学生活和学习的机会，他们要学习各种课程，从政治课程到专业课程，包括无机化学、有机化学、大学物理、分析化学、海洋化学、海洋有机化学和物质结构等等，此外还有俄语课程、教学实践课程，太多太多的学问等着他们去钻研呢！他们如饥似渴地在知识的海洋里遨游。高从堦学习成绩好自不待言，但是他一直以来都认为，天分固然重要，勤奋却更重要。他并不认为自己是班级里最聪明的学生，宁可下更多的功夫去学懂弄通每一门课程。整个大学 5 年，高从堦能够长期保持优异的成绩，和他坚持不懈的踏实努力是分不开的。

大学期间，对高从堦影响最大的老师是时任化学系系主任闵学颐教授。20 世纪 60 年代初期，美国加利福尼亚大学的科学家索里拉金（Sourirajan）和劳勃（Loeb）使用醋酸纤维素研制出世界上第一张可实用的反渗透膜，脱盐率可以达到 98% 以上。闵教授迅速意识到膜技术是海水淡化发展的新方向，也是海洋化学发展的新动向，并开始着力培养海洋化学的前沿性人才，1963 年闵教授的教研组就开展海水淡化反渗透膜的研究，属国内最先，成绩优异的高从堦等同学也开始接触到这个新课题，对我国的膜法海水淡化技术研究有了初步认识。闵教授治学严谨、追求完美，对学业的要求几乎到了苛刻的程度。然而，正是这种严格的科研训练，让高从堦迅速地成长起来，并且在他以后的学术生涯中，他也一直严格地要求自己和学生。当时，海军 166 部队的石松副研究员也曾经到过山东海洋学院就海水淡化的研究进展与闵教授进行过交流；北京化学所的朱秀昌研究员也是国内最早开展膜技术研究的人员之一。

高从堦读书的年代，还是共和国的早期。由于历史原因和现实需要，苏联是中国的"老大哥"，所以当时的学校多教授俄文而不是英文。到高从堦大学五年级的时候，山东海洋学院特别有远见地让一批俄文成绩优异的学生选修英文。于是高从堦才有机会在老师的指导下学习了近一年的英语。虽然那位英文老师曾被划为"右派"，但是他的教学水平却特别高。在这位"右派"老师的引导下，高从堦很快地入门了，并通过自学等方式基本掌握了英语，这为他后期从事科研奠定了良好的语言基础。

在忙碌而充实的学习中，大学五年很快就结束了。尽管我国社会这五年也在动荡之中，但是20世纪60年代初期为了纠正"大跃进"时期"左"的政治倾向，我国采取"调整、巩固、充实、提高"的八字方针，制定了"科研十四条"，大学还算是相对安稳的。这五年的大学生活，让高从堦的德智体等各方面得到了全面发展。所以，至今他都庆幸，庆幸姐姐在他不到6周岁的时候就把他送去了学校，才使得他能够在1965年就大学毕业。

三、淡化会战：以国家之务为己任

那个年代，毕业之后都是国家统一分配，"我是革命一块砖，哪里需要哪里搬"，对于高从堦而言，国家的需要就是他的选择。于是，他服从国家的分配，来到了国家海洋局第一海洋研究所海洋化学研究室。

该所前身为海军第四海洋研究所，始建于1958年，位于天津塘沽。1964年整建制划归国家海洋局，由天津迁往青岛。当时，海洋化学主要研究海水淡化、海水直接利用、海水综合利用、海洋防腐蚀等方面的海洋化学技术。特别是海水淡化技术，国家有这方面的需求，尤其是军队上需要这个技术。正好高从堦在大学期间接受过相关科研训练，他就主要从事海水淡化方面的研究。然而，研究还没有正式起步，他就被单位派到青岛棘洪滩参加了近一年的农村"四清运动"。这时候，我国已经到了"文化大革命"的前夕。等他结束"四清运动"回到所里，"文化大革命"的烈焰已经开始席卷全国。还好，国家和军队对于海水淡化的需求并没有因为"文化大革命"而取消。不久，转机出现了，1967年8月，国家科学技术委员会决定在全国搞海水淡化会战！当时是特殊时期，我国几乎所有的科研工作都处于停顿瘫痪状态，但是因为党和国家领导人的关心和支持，"海水淡化很重要，要研究解决"，国家科学技术委员会委托国家海洋局组织的全国海水淡化会战紧锣密鼓地开展起来了，一场全国范围的海水淡化会战不久就打响了。

国家海洋局第一海洋研究所作为国家海洋局的研究机构，其主体就是服务国家海洋局，提供所需的科技支撑。再加上该所就是从海军转化来的，国家和军队需要海水淡化，所里当然要义不容辞地派出技术骨干参与这项工作，25岁的实习研究员高从堦成为参加海水淡化会战的最佳人选之一。他出身中农，家庭成分不算很好但也不算太坏，业务精湛、踏实勤奋，各方面表现一贯不错，于是，所里决定抽调高从堦等人参加全国海水淡化会战。当高从堦接到所里的通知时，他明白这是海水淡化发展的关键时机，作为一名科研人员，还有什么比从事研究、让技术为国家和人民服务更重要的事情！再加上当时逼仄的科研环境，能够从事科研是一个多么宝贵的机会啊，高从堦欣然接受了这个任务。

全国多系统、多专业，包括水处理和分析化学、材料化学、流体力学等各个学科的科研人员被组织了起来，海水淡化会战在北京、青岛和上海同时展开。由中国科学院、国家海洋局、机械工业部和部分高校等24家单位的技术专家组成的研发团队，在中国科学院化学研究所朱秀昌研究员和海军166部队石松副研究员等的指导下，全身心地投入到了海水淡化的科研工作之中。遗憾的是，高从堦的恩师闵学颐教授、当时国内有名的反渗透不对称膜研究技术专家，因忍受不了红卫兵的折磨和迫害而去世。这一噩耗给高从堦带来了极大的哀痛！他掩饰住内心的悲痛，明白只有潜心科研，做好海水淡化，才是对闵教授最好的告慰。

按照当时会战的任务分工，青岛和北京主要进行反渗透法的研究，上海主攻电渗析技术。青岛会战点设在中国科学院海洋研究所，北京会战点设在中国科学院化学研究所，任务是研制性能优异的反渗透膜，并制作出小型的反渗透海水淡化样机，实现直接从海水制取淡水。1958年在我国率先进行电渗析技术研究的石松副研究员则是上海会战点的技术负责人，主要是研制和放大异相离子交换膜、整套电渗析装置（电极和隔板等）和针对性地解决除盐电渗析器在运行中的一些问题，以利于推广应用。

高从堦和同事们在青岛开始了反渗透膜的研究与开发。他回想起上大学时闵学颐教授在教研室演示的反渗透海水淡化实验，现在从膜到样机把海水变成淡水，可要比演示实验复杂多了。这是一套全流程的技术研发工作，从前期反渗透资料的收集和评价，到膜材料的选择、膜的制备配方和成膜工艺、膜性能的测试设备和评价方法，再到膜尺寸的放大、关键设备的选择和加工，最终到小型样机的设计、加工、测试和现场运作，处处都充满了未知数。为了尽快完成会战任务，高从堦和同事们夜以继日地实验、实验、再实验。除了每个星期六半天的正面教育学习，大家都按照膜材料、膜配方、制膜工艺、测试评价等实验分工，一心扑在会战上。起初，高从堦主要从事膜性能测试工作。随着理论知识的不断丰富和业务经验的积累，后来又加入到反渗透膜的制备工作。再加上那些经验丰富的专家指导，高从堦迅速地成长起来，成为会战的主力之一。由于北京会战点也在研究反渗透膜，高从堦等人要在青岛和北京两地奔波。因为有些同事已经成家了，还是单身的高从堦提出自己可以在北京多待一段时间，他在中国科学院化学研究所一待就是上百天。时间的确有些长，但是高从堦却把这作为学习交流的机会，不断深化自己对反渗透膜的认识。

当时，大家已经从美国商务部出版局（PB）的公开报告中，得知常温下使用甲酰胺作为添加剂可以制备醋酸纤维素膜，并用于海水淡化。但是，选用什么样的醋酸纤维素，选用什么样的溶剂，在什么条件下能够做出来，不少细节都是保密的。于是他们就在中科院海洋研究所的实验室里，从材料到配方再到生产条件，一次又一次地反复实验，试图寻找到最佳的方案，制备出有效的醋酸纤维素膜。功夫不负有心人，经过不断的改良和分析，研究终于取得了重大突破，在1968年初成功研制了高性能的醋酸纤维不对称反渗透膜，脱盐率可以达到96%以上。这就首先实现了我国海水淡化反渗透膜从无到有的目标，看到希望了，大家都由衷的开心！

然而，把膜变成样机，谈何容易？从膜组器技术来说，应该是板式、管式还是中空纤维状呢？又是成百上千次的反复实验，总算完成了反渗透法脱盐日产1吨淡水的板式海水淡化器的技术设计。可是，图纸设计出来了，材料从哪里获取呢？在那个特殊时期，物资奇缺、供应紧张，寻找这些多孔板、承压板甚至橡胶圈等材料都极其困难，找高压泵之类的物资更是难上加难。大家费尽心思，终于在上海的一家小型泵厂找到了一台高压泵。而那些不太复杂的材料，干脆就自己设计、加工。大家发挥各自的聪明才智，用聚氯乙烯烧制出多孔板、环氧树脂压制出承压板，密封的橡胶圈也都做出来了。就是凭着这股干劲儿，在1969年初研制出了日产1吨淡水的板式反渗透海水淡化样机，并在青岛的朝连岛上进行半年多的现场运转任务。

与此同时，上海会战点的电渗析研究任务也实现了会战预订的目标。1969年10月，中国人民解放军总后勤部组织了一个"技术革新展览会"，海水淡化技术也参加了展览。展览会上，毛泽东等国家领导人接见了相关参展人员，给了参加会战人员巨大的精神力量。

到1969年12月，历时约两年四个月的全国海水淡化会战，以制备出可以稳定产水的小型海水淡化器为标志，圆满地结束了。

四、转战杭州：咬定青山不放松

淡化会战结束了，但是海水淡化的研究并没有结束。为了更深入地研究开发海水淡化技术，参与海水会战的主力都被保留了下来。当时国家海洋局第一海洋研究所搞海水淡化研究的场地，是租借山东海洋学院的房子，而远在杭州的国家海洋局第二海洋研究所刚刚筹建不久，还有空置的房子可以集中安置这些会战期间使用和研发的仪器、设备，按照国家海洋局的规划，相关人员就集中到第二海洋研究所，并专门成立了一个海水淡化研究室，由上海会战点的技术负责人石松研究员担任研究室副主任。于是，高从堦和同事们就服从组织的调动，从全国各地会聚到了杭州。国家海洋局第二海洋研究所组建于1965年，当时人员分驻宁波、杭州两地，宁波有基地，杭州主要负责研究开发工作。1972年后，第二海洋研究所定点杭州。

1970年3月5日，28岁的高从堦带着资料、试剂、仪器、设备以及简单的行李，和其他两名同事一起远离家乡，首批从青岛来到了杭州。三月的杭州，万物复苏、草长莺飞、春暖花开，高从堦逐渐忘却了离开青岛的乡愁，喜欢上了这个"人间天堂"，并在杭州继续致力于海水淡化膜技术的研究。

经过会战的集中攻关，电渗析法技术进展比较快，并从海水淡化领域拓展到苦咸水淡化、污水净化以及矿区地下水淡化。而在反渗透膜方面，研究只能算刚刚起步。当时国外在这方面的研究水平较高，高从堦和同事们就通过国家海洋局海洋科技情报研究所等情报部门的资料，查看国外海水淡化研究的进展情况。为了更好地了解国外研究的实际情况，吸收国外最新的研究技术，高从堦利用他在大学期间打下的英语基础，下了很大功夫学习英语，坚持不懈地收听上海台的英语广播，使自己的英语水平进一步提高，在所里长期保持优秀。

除了借鉴国外的研究资料，高从堦和同事们还在会战研究的基础上，继续从材料、设备、工艺技术到各参数调控方面，探索制备中空纤维和卷式反渗透膜组件。当时，美国杜邦公司先后推出了 B-9 芳香聚酰胺中空纤维反渗透膜苦咸水淡化器和 B-10 芳香聚酰胺中空纤维反渗透膜的海水淡化器，引起科技界和工程界的注意，我国也开始尝试这方面的研究。高从堦和同事们进行了近一年的芳香聚酰胺中空纤维反渗透膜研究，中国科学院大连化学物理研究所和天津纺织工学院开展相关研究更早、投入人员更多。

由于日本在中空纤维膜技术研究方面比较先进，高从堦又决心学习日语，以更好地了解日本的研究进展情况。于是，从 1973 年起，高从堦连续两年多风雨无阻，每天晚上去杭州大学，跟着一个日语老师学习两小时的日语。靠着毅力和天分，他翻译并引进了不少相关的日文资料和专利，为我国的膜技术研究提供了很多有价值的信息。

1974 年，已担任第二海洋研究所副所长的石松研究员，极力推荐高从堦作为"中空纤维反渗透膜和组器研究"课题负责人。32 岁的高从堦带领着只有 4 人的课题组，充分分析了国内外中空纤维反渗透膜和组器研究的发展现状以及既有研发经验的利弊，毅然放弃已进行近一年的芳香聚酰胺中空纤维反渗透膜研究，决定在我国开展三醋酸纤维素（CTA）中空纤维形成的热致相分离研究。以 CTA 为原料的中空纤维膜研制，在我国尚属首例。高从堦和同事们一起克服资料少、原料短缺、设备改造等困难，对热致相分离过程中熔化、挤出、蒸发、降温、分相、收集拉伸、热处理及膜的致密层取向和控制等方面进行了逐一探讨和分析，通过一次又一次的反复实验和测试，终于摸索出了合适的助熔剂、添加剂以及压力式进料挤出、分段变温加热熔融、挤出后蒸发和降温的调控、膜分相和取向结构保证等条件。这一干就是将近八年，前前后后共有几十名同事参加。

八年沧海桑田，"以阶级斗争为纲"的时代终于结束了，我国进入改革开放和社会主义现代化建设新时期。八年乌丝白发，高从堦也进入了不惑之年，并成了一名中国共产党党员。这些年来，他见证了我国海水淡化科技工作的演变，从《1975—1985 年全国海水淡化科学技术发展规划》的制订，到国家科学技术委员会海洋专业组海水淡化分组的成立，从芳香聚酰胺膜材料的制备到反渗透卷式淡化组件研制成功，从反渗透元板式玻璃钢淡化器脱盐试验到西沙日产 200 吨淡水电渗析海水淡化装置现场运转，海水淡化的发展步入繁荣期，新的材料不断涌现，新的应用领域持续拓展。少年当奋鸿鹄志，高从堦和同事们一起攻克了一系列 CTA 中空纤维膜制备、结构和性能的调控和检测、中空纤维组器设计和制造工艺、中空纤维黏合成型技术、组器的配套应用技术等关键难题，终于使 CTA 中空纤维反渗透膜和组器研制成功并实用化，其性能与当时国际同类产品相当。就这样，我国自主研发、自主设计、自主生产的"中空纤维反渗透膜"横空出世，大大促进了我国反渗透膜与膜相关产业的发展。这种工艺制备出来的中空纤维反渗透膜，具有操作压力低、透水量大的优点，可以广泛地应用于纯水制备和苦咸水淡化。当时，国外产品单价大约为

15000 元，而我国生产的中空纤维反渗透膜价格为 5000 元左右。企业竞相购买，而且反馈说用起来比国外同类产品效果还要好。这就迫使国外企业不得不调整价格，相关产品应声降价 30%—50%。

五、淡化与膜：绝知此事要躬行

1978 年全国科学大会之后，我国科技工作迎来了发展的春天。"科学技术是第一生产力"的理念深入人心，广大科技人员深受鼓舞，焕发出极大的热情和积极性。在改革开放大潮中，我国开始拓宽与西方国家联系和交流的渠道，"在确保质量的前提下，根据国家的需要和可能，广开渠道，力争多派"。为了更好地学习国外的一些先进知识和技术，1982 年 2 月，高从堦以访问学者的身份赴加拿大滑铁卢大学进修学习。留学期间，他一如既往地刻苦学习、努力钻研，掌握了国际上膜技术的发展动态。

在遥远的异国他乡，高从堦徜徉在知识的海洋里，吮吸着科学的雨露。他去听化学工艺、计算机应用、化学化工进展等英语课程和学术报告，去参加膜分离国际会议，去拜访膜分离奠基人索里拉金。多亏了他坚持不懈地学习英语，在加拿大留学期间，语言丝毫没有阻碍他的学习和交流。当时国际上正在开展复合膜、荷电膜等相关方面的研究，高从堦和导师一起进行了离子交联聚丙烯酸（PAA）和磺化聚苯醚（S-PPO）与聚乙烯醇（PVA）互穿网络等荷电和复合膜研究，并在国际上首次采用了离子交联复合法、功能团等当量反应法和孔径热保护法等，制备了多种荷电和复合膜，最终完成了两篇有关荷电膜研究的科研论文。与此同时，他还对芳香族聚酰胺反渗透复合膜的研究进行了详细梳理和分析。

1984 年 3 月，高从堦学成归国，干劲十足。当时为了更好地促进膜技术和海水淡化技术的发展，国家海洋局以海水淡化研究室为主体，组建了国家海洋局杭州水处理技术研究开发中心。在这个新的平台上，高从堦开始思考我国膜技术的创新发展路径。结合他在访学期间的研究心得，他决定以荷电膜为突破口，在国内最先开展聚合物多元合金膜的研究，申报并承担国家回国人员科技活动资助项目"荷电膜及性能研究"。在基础研究方面，通过探索多元合金溶液顺序凝胶对膜孔径、孔径分布的影响，以及材料亲疏水和荷电强弱与膜孔径和性能之间的关系，为提高膜性能和增加膜品种奠定了基础。在评价方法上，高从堦和同事们也进行了大胆尝试，首创了荷电压力驱动膜的流动电位（SP）测定法，为推动荷电膜的研究和应用提供了技术支撑。该项目荣获 1990 年度浙江省和国家海洋局科技进步奖三等奖。

其实，这是他第二次以第一完成人的身份荣获省部级奖项。第一次获奖，还是他刚从加拿大留学归来的时候，之前他用近 8 年时间研制的 CTA 中空纤维反渗透膜和组器项目，就曾获得 1984 年度浙江省和国家海洋局科技进步奖三等奖。这些年来，高从堦与同事们还在不断改进和完善中空纤维反渗透膜的成膜工艺。

1986 年，44 岁的高从堦被评为副研究员。这一年，他主持了国家科技攻关项目"中盐度苦咸水淡化用反渗透膜及组器研究"。国家科技攻关项目是 20 世纪我国最大的科技计划，于 1982 年开始实施。高从堦承担项目后，更是全身心地投入到反渗透膜的技术研究之中，最终使 CTA 中空纤维反渗透膜和组器的性能得到了大幅度提升。该项目于 1991 年获国家海洋局科技进步奖一等奖，并与其他三个课题合并为"国家反渗透膜装置及工程技术开发"项目，荣获 1992 年国家科技进步奖一等奖。高从堦作为第一完成人，获得 1993 年"国家有突出贡献中青年专家"荣誉称号。

随着改革开放的深入，1985 年党中央做出了科学技术体制改革的决定，以改革拨款制度、开拓技术市场为突破口，引导科技工作面向经济建设主战场。膜分离技术作为一种重要的化工分离手段，已广泛应用于海水和苦咸水淡化、工业污水净化以及食品和医药领域的浓缩等方面。在科技与经济密切结合的新型科技体制下，高从堦更加坚信膜分离技术大有可为，中空纤维反渗透膜的技术产业化就是一个最好的例证。他决定在此基础上更进一步，把这张膜做深做透。

机会总是垂青有准备的人。在加拿大访学期间，高从堦就对芳香族聚酰胺反渗透复合膜有所涉猎，但是我国尚未开展相关研究，他决定在国内率先进行这项研究。1986 年，国家自然科学基金建立，面向全国，重点资助具有良好研究条件、研究实力的高等院校和科研院所的研究人员。1989 年，高从堦牵头申报的"均苯三甲酰氯的合成和新型复合膜的研究"项目获得立项支持。在国家自然科学基金项目资助下，高从堦与同事们完全凭借自主探索，与上海焦化厂研究所合作，合成了界面聚合成膜的关键单体——均苯三甲酰氯。"不实现这一材料的国产化，我们对复合膜的进一步研究就无从谈起"。有了这一关键原料，高从堦与同事们反复试验，终于解决了聚砜底膜的制备、水和油两相界面聚合的配方、成膜条件与调控以及后处理等一系列关键技术，在实验室制出了国内第一张小试的芳香族聚酰胺反渗透复合膜。

20 世纪 80 年代后期，一种新型分离膜纳滤膜问世。凭借多年的科研经验，高从堦意识到这是一种特殊而又很有前途的分离膜品种。1988 年，高从堦在国内首先开展纳滤膜的应用基础研究，并结合实验室的既有研究优势，相继研发了醋酸 - 三醋酸纤维素（CA-CTA）纳滤膜、磺化聚醚砜（S-PES）涂层纳滤膜、芳香聚酰胺复合纳滤膜和其他荷电材料的纳滤膜，建立了制膜、评价设施，中试了渗滤纯化和浓缩过程；1992 年，与上海染化八厂合作，用 4 英寸的卷式纳滤组件在国内首次实现了活性染料脱盐纯化制备高档次染料的工业应用。

进入 20 世纪 90 年代，世界的政治、经济、社会发生了巨大变化。我国也处于由计划经济向市场经济转型的关键时期，而科学技术也以前所未有的速度发生着一系列的变化。从"科学技术是第一生产力"这一论断出发，"坚持科技是第一生产力""只有坚定地推进科技进步，才能在激烈的竞争中取得主动"，我国的科技发展迎来了一个更为有利的环境。

1991 年，49 岁的高从堦被评为研究员，并开始招收硕士研究生，在潜心科研的同时亦传道授业、教书育人。20多年的科研经历，让他愈加深刻地意识到，膜技术可以在实践中得到更广泛的应用，从而形成巨大的生产力，推进经济的发展。高从堦敏锐地捕捉到反渗透复合膜的应用潜力，他认为有必要推动复合膜走出实验室，走进海水淡化等水处理应用领域。

前期良好的工作基础，也促进他再次获得国家自然科学基金项目的资助。于是，在复合膜小试的基础上，高从堦与同事们一起，从建立洁净室到设计建造自动化程度较高的大型支撑膜制膜机和复合膜制膜机，最终在国内最先建立了芳香族聚酰胺反渗透复合膜中试生产线，并不断改进完善设备和工艺参数，顺利完成了复合膜的放大试验，为工业化放大奠定了良好的基础。该项目获得1996年度国家海洋局科技进步奖二等奖。之后，高从堦与在美国有复合膜制造经验的王道新博士等合作，引进当时先进的关键设备，在国内最先建成芳香族聚酰胺反渗透复合膜生产线，产品得到了较为广泛的推广应用，初步实现了反渗透复合膜的产业化。

哪里需要水，哪里就有高从堦的研究团队。改革开放后，随着经济的发展、医疗水平的不断提高，对医疗用水要求也更严格。高从堦与同事们一起努力，在分析国外人工肾反渗透水处理装置的基础上，试制了专用高压泵，选用合适的反渗透装置，解决了预处理和后紫外消毒等问题，经浙江医院等试验并进行推广应用。该项目获得1994年度浙江省科技进步奖三等奖（第二完成者）。

类似这样的创新成果，在高从堦的科研生涯中不断涌现。与南京依维柯汽车制造厂合作，研制了处理阴极电泳漆的HNA型复合超滤膜和NH型超滤器，实现了阴极电泳漆循环回用，获1989年度国家海洋局科技进步奖三等奖（第三完成者）。

针对电渗析发展方向的问题，高从堦建议发挥电渗析的优势，进行制备纯水的EDI（电除离子）、高浓度浓缩、双极膜和CDI（电容除盐）等研究，高从堦与留学美国的李东研究员合作，用美国的双极膜，与同事们在国内最先进行了双极膜电渗析从甲酸钠制备甲酸和氢氧化钠的研究和中试试验，为国内新型离子交换膜的研究和双极膜的应用展示了新的内容……

1995年，我国首次正式提出实施科教兴国发展战略，科技进步对于实现国家的繁荣强盛，具有越来越深远的影响和意义。天道酬勤，53岁的高从堦在这一年成功当选为中国工程院院士，也是海水淡化和膜技术领域的第一位院士，实至名归。30余年来，他致力于功能膜及海水淡化等工程技术的研究和开发，从醋酸纤维不对称反渗透膜、中空纤维反渗透膜到芳香族聚酰胺复合反渗透膜、荷电膜及纳滤膜，从海水淡化会战到国家科技攻关项目、国家自然科学基金，从国家海洋局第一海洋研究所到第二海洋研究所、杭州水处理技术研究开发中心，从青岛、北京、杭州到滑铁卢再回到杭州，从懵懂少年到五十知天命，没有人比他更清楚，荣誉的后面有多少个不眠之夜、多少个没有结果的实验、多少篇烂熟于心的文献，还有多少已经故去的前辈和同事们……付出多少努力，就收获多少成果，多少人的齐心协力才促成了我国的海水淡化研究从无到有、从有到好。更重要的是，随着海水淡化技术的发展，我国的膜技术也随之壮大，并取得了突飞猛进的进步，成为解决人类面临的能源、资源和环境等领域重大问题的共性技术。能够为祖国、为社会作贡献，高从堦已经很欣慰了；而能够获得中国工程科学技术方面的最高学术荣誉称号，高从堦知道，他要做得更多、做得更好，才能不辜负"中国工程院院士"这个沉甸甸的荣誉。

六、院士魅力：直挂云帆济沧海

成为院士后，高从堦更加严格地要求自己。而我国一系列科技政策的实施，极大地促进了科技及经济、社会的协调发展，海水淡化和膜技术的发展进入"天时地利人和"的最佳时期。

高从堦院士带领着研究团队，继续深入开展反渗透膜、纳滤膜和相关组器以及荷电和多元合金超滤膜的研究开发及其应用。与过去一样，他依然奋斗在膜技术研究的第一线，每天阅读两三篇膜技术的最新外文文献，和同事、学生讨论实验思路和进展、分析实验现象和结果，不断地研究、发现、再研究，直到解决问题。甚至在实验室的仪器出现故障时，高院士把仪器捆在后座上，骑着自行车就去维修点修理仪器了……即便成为院士，他依然骑着自行车上下班，那么，骑着自行车去维修仪器，那也是再正常不过的事情了。

1997年，我国第一座日产500吨反渗透海水淡化工程在浙江嵊泗建成。看到海水淡化切实解决了嵊泗人民的用水困难，高院士的心里就像喝了甘甜的海水淡化水，那种满足比发表几篇重要的论文还要真切、还要实在。在他看来，好的技术就要推广应用起来，造福人民，这也是科研人员不断努力、不断改进提升技术的重要原因。海水淡化就是一个不断创新的过程，从蒸发—冷凝的蒸馏法，到利用渗透现象的反渗透法，不正是一条降低成本、提升品质的技术创新之路吗？早在16世纪，英国女王伊丽莎白在颁布一道关于海水淡化的命令时，就明确地提出要"发明一种价格低廉的方法"。在一定程度上，现代意义上的海水淡化技术发展线路，就是一条降低成本之路。高院士和同事们多年来在膜领域取得的科技成果，从建立国内第一条复合膜生产线，到第一套反渗透海水淡化示范装置，通过技术产业化之路更好地造福社会。

研究仍然在继续。在国家高技术研究发展计划、国家重点基础研究发展计划等项目资助下，高院士带领着团队成员相继合成了多种新的关键功能单体，以及多种新型复合膜材料，对常规聚酰胺商品膜进行改性并实现了耐污染、抗氧化、高通量等特定性能，部分元件已成功进行了现场运用和性能考核。基于国际上膜技术的发展趋势，他们又开发了超滤＋纳滤软化海水工艺，开展了反应型纳米颗粒复合（R-TFN）反渗透和纳滤膜的基础研究，进行了具有亲水、荷电、耐污染和抗微生物的超滤膜研究，制备了多种离子交换膜和双极膜小样，实现了双极膜的初步推广应用，并初见成效。在正渗透尚未成为国际研究热点的时候，1996年高院士就与留美回国学者一起进行了正渗透的初步研究，之后与中国海洋大学合作，最先在国内系统地展开对正渗透膜及其性能的研究，包括对正渗透膜结构改进、减轻内浓度极化、汲取液选择和回收等方面进行深入探索。

毋庸置疑，这些工作在填补国内空白方面具有举足轻重的意义。但是，在新科技革命迅猛发展的 21 世纪，我国已经具备了科学技术大发展的基础和能力，是否可以产生一些更具原创性的研究成果呢？高院士用他数十年如一日在膜技术领域的耕耘和奉献，给出了一个肯定的回答。

2002 年前后，高院士带领研究团队探索发现了一种对膜分离模式具有指导性意义的新理念，属于国际首创。2003 年，以"优先选择吸附—固载促进传递的膜分离新模式探索"申报国家自然科学基金，首次提出将优先选择吸附、固载促进传递和膜分离相结合，在提高传递速率的同时增加分离选择性，通过 3 年的深入研究，他们合成了具有良好的二氧化碳（CO_2）透过性和二氧化碳/甲烷（CO_2/CH_4）渗透选择性的复合膜，成功制备适用于蒸汽渗透分离甲苯/环己烷体系的双层结构支撑液膜等，这一理想模式既可解决料液中被分离组分向膜面富集问题，增大组分在膜中扩散的浓度差或促进传递的初始浓度，又可解决组分在膜中迅速向下游传递的问题，在膜分离技术领域具有更深远的影响和价值。

2018 年，高院士向国家基金委建议是否可进行一个"优先选择—强化和促进传递"的重点或重大基金的研究，优先选择（有孔径、吸附、亲和、亲疏、螯合、排斥、键合、反应……），强化和促进传递（有温度、浓度、pH、压力、电、磁、光、声、搅动、扰动、抗污染、去极化……），以及它们之间的合理组合。如果有可能，是否选一个有合适"帽子"、有能力、有威信的负责人，组织精兵强将，用大数据、分子模拟等先进手段，从不同膜过程的热力学和动力学分析入手，能形成一批定性和定量的阐述和精确合理的表达式，等等，形成我们自己的一些特色，促进膜的传递机理和强化的发展，同时带动和指导膜材料和过程的进展。

2006 年，杭州水处理技术研究开发中心转制，进入中国化工集团蓝星总公司，成为科技型企业，并更名为杭州水处理技术研究开发中心有限公司。在一定程度上，这种转变意味着中心的膜产品技术含量比较高、具有核心竞争力，可以走向市场，实现可持续发展。看到技术真真切切地孵化为产业，64 岁的高院士不由得想起那句耳熟能详的名言——"科学技术是第一生产力"，科技的魅力不正是可以向现实生产力转化，为经济建设和社会发展服务吗？就说 1997 年建立的第一条复合膜生产线，国内有关单位在此基础上又成功研制了海水淡化膜组件，仅杭州水处理技术研究开发中心年产值就达 3 亿元，年经济效益数千万元。技术创新不就是把科技知识转变为市场价值的活动吗？在高院士看来，创新是建立在坚实的理论和实践基础上的，只有通过一次又一次的实验，才能去发现问题、去研究解决这些问题，达到真正有所创新。在国家重点基础研究发展计划项目的支持下，高院士带领着研究人员不断深入研究，反复实验，努力研制基于纳米技术改进的更高性能的膜组件，为新型高性能混合基质膜的发展打下了坚实基础。2009 年，高院士的团队成为浙江省重点创新团队——海水淡化膜技术应用创新团队，更好地推动了产学研用紧密合作，团队的整体研究水平和创新能力显著提升。

在基础应用研究之外，高院士还承担了多项国家有关膜技术与海水淡化和水资源的咨询论证工作。从 1998 年承担中国工程院"中国可持续发展水资源战略研究"中的"海水和苦咸水利用"子专题，到 2017 年中国工程院重点咨询项目"膜技术在医药、医疗和保健行业中的应用现状、前景和发展建议"，从 2005 年我国首部《海水利用专项规划》的出台，到 2015 年《全国海水利用"十三五"规划》的印发，高院士为我国海水淡化和膜技术的健康快速有序发展，提出了重要的咨询意见和建议。

为人师表，答疑解惑，则为师。自 1991 年招收第一个研究生开始，高院士一直非常注重对学生的专业指导。无论工作多么繁忙，他都要挤出时间了解学生们的研究进展情况。2003 年，高院士作为中国海洋大学双聘教授开始招收硕士、博士研究生；2005 年开始在浙江大学招生；2006 年开始在中南大学招生。2013 年，高院士出任浙江工业大学全职院士、浙江工业大学海洋学院院长，并于 2014 年开始在浙江工业大学招生。在高院士的眼里，青年科技人才是科研主力军和生力军，他有责任也有义务为他的那些学生提供锻炼和成长的平台。中南大学远在长沙，距离杭州约 1000 千米，可是高院士仍然亲力亲为，悉心指导那些研究生。高院士给自己定了个规矩，只要出差到长沙，不管多忙，一定要在中南大学停一天半，全程用来指导他的研究生们。为了提高指导针对性，每次去长沙之前，高院士都要求他的博士研究生写好研究报告，他也会提前研究这些报告材料。对于每个研究生需要注意的问题，高院士都会根据他们提交的材料，并结合口头汇报，给出有针对性的指导意见。平日里，只要高院士看到有启发意义的文献，就会随时写下他的想法，并及时分发给他的研究生们，鼓励他们去思考，开拓他们的思路，打开他们的视野。就是靠着这份责任心和使命感，高院士已经培养出了百余名硕士、博士研究生，有些已经成为海水淡化领域、膜领域的中坚力量。

高院士不仅在学习和研究上给予学生们帮助，而且对学生们的就业和生活同样关心。如果有学生在生活上遇到了困难，高院士还会帮助他们解决燃眉之急。有些研究生毕业了，想去外企工作或者自己开公司，高院士同样给予鼓励和支持。在他看来，老师就是台阶，承载着学生一步步踏实地向上攀登，每个人的实际情况都不一样，只有具有扎实的功底和强大的学习能力，不管选择何种职业，都可以做得有声有色。学生毕业了，高院士还会挂念着他们。学生刚刚参加工作，高院士会送上买锅钱，寓意"新过"，钱不多却是一番心意。学生结婚生子，高院士也会送上一份贺礼、一份祝福。这些年来，高院士和学生们不仅仅是师生关系，还情同家人。几十年来，高院士忙于工作，对于家庭的照顾并不多。在他的儿子看来，他的父亲不是在看书就是在做实验。然而，在高院士的言传身教下，他的儿子一样爱读书、爱钻研，这份人格魅力的浸润，可能比其他教育来得更为深刻和彻底。

2018 年，高院士荣获 2017 年度浙江省科学技术重大贡献奖，他再次悄无声息地把50 万元奖金捐献了出去。与过去一样，他个人自掏腰包，多捐出去了 50 万元奖金，共100 万元给浙江工业大学……实际上，早在 2007 年，他就在浙江大学设立了一个 30 万元的奖学金；2016 年，他向中国海洋大学教育基金会捐赠 100 万元，奖励那些培养出卓越学生的老师，以及学业突出的本科生和研究生……

七、结论：把论文写在海水上

"历史是人民书写的，一切成就归功于人民。"同理，我国海水淡化技术史是由所有参与海水淡化的科研人员、技术专家以及行政管理人员等共同写就的。

我国海水淡化技术的研究始于 20 世纪 50 年代后期。1958 年，石松先生就开始进行电渗析技术的研究，参与朱秀昌领导的科研团队，在国内率先开展离子交换膜及电渗析海水淡化的研究。1967—1969 年，国家科学技术委员会会同国家海洋局组织了全国海水淡化会战，为醋酸纤维素不对称反渗透膜的开发打下了基础。20 世纪 70 年代，我国主要对中空纤维和卷式反渗透膜组件进行了研究开发；80 年代，我国主要对反渗透复合膜进行研究开发；90 年代，我国加大了对海水淡化技术研究的支持力度，通过国家科技攻关项目的持续支持，相继建成了一批 500—1500 吨／日反渗透海水淡化工程。这些工程较好地保证了海岛人民的生活用水，产生了显著的社会和经济效益，并为我国开展更大规模的海水淡化工程示范奠定了技术基础。进入 21 世纪以来，我国海水淡化技术取得重要突破，形成蒸馏法及反渗透两大海水淡化主流技术，先后完成 3000 吨／日低温多效蒸馏、5000吨／日反渗透海水淡化示范工程等具有里程碑性质的千吨／日级海水淡化示范项目，技术经济日趋合理。

高从堦院士的学术成长经历也大致相仿。20 世纪 60 年代，参与全国海水淡化会战，研制醋酸纤维素不对称反渗透膜；70 年代，进行中空纤维反渗透膜研究；80 年代，主要对反渗透复合膜、荷电膜等进行研究开发；90 年代，从事反渗透膜装置及工程技术开发，建成反渗透复合膜生产线，并用于海岛海水淡化工程；进入 21 世纪，进行正渗透、膜分离新模式等技术研发。可以说，高从堦院士的科研人生，完整地嵌合在我国膜法海水淡化的技术演进历程之中。也就是说，以高从堦院士为代表的科研人员，他们的研究方向、研究内容、研究成果就是海水淡化科技史工作者的研究对象。就海水淡化而言，高从堦院士是极具典型性的研究对象。他几乎完整地参与了这段历史，科研方向符合海水淡化和膜技术的演进逻辑。因此，笔者试图通过挖掘高从堦院士的学术历程来进一步重构我国膜法海水淡化的演进之路。

截至 2017 年底，全国已建成海水淡化工程 136 个，工程规模 118.91 万吨／日。其中，应用反渗透技术的工程 117 个，工程规模 81.36 万吨／日，占全国工程规模的 68.43%。国产海水淡化膜组器性能取得较大提升，建成了反渗透复合膜生产线，已成功应用于万吨级反渗透海水淡化示范工程；开发出与国外产品性能相当的高压泵并得到工程化应用；反渗透膜壳的生产已形成规模，占据国内大部分市场，并出口到国外。我国海水淡化从无到有、从有到好，经历了半个多世纪的历程。在不同的历史发展阶段，由于政治环境和科技政策的不同，海水淡化的发展状况也有所不同。值得注意的是，我国海水淡化起步较早，"文化大革命"期间受到的影响也相对较少，改革开放后，随着国家越来越看重科技和关心支持科技的进步，淡化技术逐渐成熟并开始服务经济发展和国家建设。这一从国家需求出发发展起来的技术，也开始真正为国家服务。当前在高质量发展和生态环境的严格要求下，海水淡化及其集成技术实现了水的循环回用、资源回收和零排放，保障了国家的"绿水、青山、蓝天"。

与科技的自然属性不同，海水淡化技术是由科技的社会属性所决定的，科技的最终成果是产品，而只有满足国家或社会需要，为市场接受的产品技术，才有生存和发展的基础。水是基础性自然资源和战略性经济资源。我国是联合国公认的13个最贫水国家之一，人均水资源量仅为世界水平的1/4。2010年以来，我国进入严重缺水期。据估计，2030年我国用水缺口将达到600亿立方米，水资源短缺已成为制约我国经济社会可持续发展的关键因素。开源节流是解决我国水资源短缺问题的基本途径，现在海水淡化技术发展已经成熟、成本正在逐步下降，市场前景越来越广阔。

纵观我国海水淡化技术史，高从堦院士是其中最具影响力的科研人物之一。天资聪颖、勤奋努力、自强不息，使学生时代的高从堦可以长期保持学业第一。青岛九中博学求实的校风、山东海洋学院先进的教育科研理念，以及刘宗锷老师、闵学颐教授和石松主任等的引导和提携，为其日后从事科研工作奠定了良好的基础。与那个时代的绝大多数知识分子一样，高从堦对祖国充满深厚的感情，关心时事，热爱和平，服从国家安排，具有强烈的社会责任感和使命感。在事业上，高从堦具有明确的科研目标，抱着必胜的信心去做科研，严谨自律，团结协助，以匠人精神长期致力于海水淡化和膜技术的研究。在生活中，高从堦喜欢文艺，热爱运动，平易近人，低调朴实，极具人格魅力。而且，高从堦在自己的人生道路上或被动或主动地把握住了几个重要机遇，比如不到6周岁就上学、大学期间学习英文、"文化大革命"期间参与海水淡化会战、改革开放后出国访学等等，使其能够长期稳定地从事定向科研工作，把握住海水淡化和膜技术发展的趋势。而在科技和产业之间，高从堦院士用持之以恒的毅力和数十年如一日的专注，找到了结合突破口，把论文写在海水上，为我国海水淡化的创新发展贡献了智慧和力量，也使自己的人生具有了非凡的价值。

追忆父亲徐崇嗣的似水年华

徐之超

徐崇嗣，1927 年生，原籍浙江宁波，教授，主要研究领域为化学工程尤其是塔设备的应用研究。从教近 50 年，是见证学校发展的第一代工大人。

1950 年浙江大学化工系本科毕业，1953 年起在本校任教，1983 年晋升为教授并任化学工程硕士生导师，1984—1987 年任浙江工学院化工系主任。

1983 年创建的化学工程硕士点是的浙江工学院首个硕士点，为学校学科发展打下坚实的基础。曾获校内首个国家自然科学基金，1991 年获国家教育委员会颁发的"从事高校科技工作 40 年成绩显著"荣誉证书。1992 年起享受国务院批准的政府特殊津贴。

一、小学换五所，中学穿四省——忆父亲坎坷求学路

父亲求学不易，小学、初中期间遭遇抗战，颠沛流离。小学就换了五所，第一所在绍兴，最后一所在永康。中学历程更是崎岖，穿越四省——浙桂黔川。

抗战时期，浙大经历苦难的四次迁移，最后一次定位在贵州遵义，父亲就是奔赴遵义参加了浙大的入学考试，当时的高考和现在的统一考试不同，各高校是单独设立考场，有的考生会南征北战到多地参加考试，就像现在的毕业生参加多个单位的招聘，完成后等待录取通知。父亲就读于浙江大学时已抗战胜利，浙大也已回迁杭州，他学的是化学工程专业，师从中国化工教育创始人、浙江工业大学老校长李寿恒先生。父亲受李寿恒先生影响颇深，毕业后曾在浙江工业干校授课，后在李寿恒先生推荐下前往杭州化工学校（浙江工业大学前身）化工科任教。父亲曾任浙江省民盟副主委、省政协常务委员，他加入中国民主同盟也是受李寿恒先生指引。

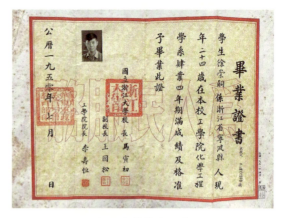

父亲徐崇嗣 13 岁时　　　　　　浙江大学毕业证书

二、获全校首个国家自然科学基金，熟悉多国语言——忆父亲钻研塔器技术

20 世纪 70 年代国内缺乏塔器研究方向的书籍，因此国家抽调了一批专家前往兰州集中编写，父亲徐崇嗣也在列。书中与苏联相关内容基本都是由他翻译编辑的，还辅助翻译了部分日文和德文资料。他一直坚持塔器研究，曾拿到全校第一个国家自然科学基金。

《化工原理》的主编谭天恩教授是我父亲读大学时的老师，父亲假期在杭州时谭先生经常来我家和父亲研究塔器技术。用亦师亦友来形容他俩的关系是非常合适的。

20 世纪八九十年代，由浙江大学的谭天恩教授、天津大学的袁孝竞教授和我父亲发起建立了中华塔器专家联谊会，父亲多次在联谊会上做精彩的专题讲座，为培养中国的塔器专家做出了较大的贡献。

父亲的英语水平较高，其基础是中学时打下的，他说那时有一个中学用的数理化教材是英文版的，老师也用英语上课。

改革开放后，父亲于 1987 年赴日本足利工业大学和群马大学讲学，次年赴加拿大阿尔培特大学进行科研合作。

1987 年父亲徐崇嗣（中）在日本讲学期间参加庆新年活动

三、因好文艺，结识吾母——忆父亲文体才华

除学有所成外，父亲在文体方面也很有才华。记得小时候听他讲，在小学、中学读书时很多当时的短跑、跳高的学校纪录都是他保持的，他们小时候，浙江化工学院（浙江工业大学前身）还在衢州，有一次放寒假回杭州时说参加了几届教工运动会，参加跳高项目，第一次夺得了冠军，第二次拿了亚军，第三次只得季军，可第三次一共才有三人参赛。

他的歌唱得很好，是男高音，在浙大读书时就加入浙大学生合唱团并担任领唱。也是在合唱团结识了我母亲，记得还珍藏有一本泛黄的《黄河大合唱》歌谱，想拍照留作纪念，可能藏得太好却一时未找到。20世纪50年代，杭州教育界成立过一个合唱团参加省文艺汇演，听父亲讲有一位专业音乐老师说他的男高音非常好听，有很不错的声乐天赋。我觉得他的音乐才华和他接受的中小学教育密不可分，当我在学唱歌讲到升调降调时，他转述了上中学时一位音乐老师讲的一句英文：Good deeds are excellent but few。它和音乐有什么关系呢？给大家一点思考时间，回答正确的必然是音乐高手，答案见本文尾。

父亲对桥牌、围棋、象棋、国际象棋这些智力项目都很精通，也是我的启蒙老师。

四、授课不辍，桃李无数——忆父亲对讲台的依恋

作为校重点扶持学科——化学工程学科——学术带头人，父亲长期给本科生、研究生讲"化工原理""化工传递过程""塔内两相流动"等课程。他有一大特点，就是很会讲课。比如化工原理，可以说是他最擅长讲的课了。他能把这些枯燥的原理娓娓道来，将所有章节间的关系有机地整合在一起，使学生听课后顿觉融会贯通、清楚明了。

曾听他讲一件事："文革"期间，学校办了一个针对化工工艺技术人员的培训班，"化

1948年4月浙江大学合唱团
第一次集体外出
后排左四为父亲徐崇嗣，中
右一为母亲柯士钫

2003年浙江工业大学五十周
年校庆无机302班师生合影
前排左五：徐崇嗣
三排左二：周光耀

工原理"是主要课程，他当时被下放在机械厂做车工，"化工原理"由其他多位老师分担
不同章节的课，这期间参训的学员也要去机械厂参观学习，学员们见到他都叫"老师傅"。
培训结束前要进行考试，考试前最后一节复习课由父亲去讲，一上讲台，全班学生都傻眼
了，怎么老师傅来给我们复习了？问了一下学员化工原理难不难，都说太难了。其实这个
版本已经是做了简化，父亲没带备课纸，就凭一支粉笔，用一节课时间，将各章节的要素、
公式及章节间的联系条分缕析，并结合化工厂的实际，讲述如何在设计中去计算应用，学
员听后方觉茅塞顿开，说听了徐老师的课后才终于明白了"化工原理"课程的真正意义。

中国工程院院士周光耀曾在庆祝浙江工业大学建校六十周年大会致辞中提道："母校
的老师都很优秀，无机化工专业像教我们分析化学的徐瑾老师，教我们硫酸工学的陈同素
老师，教化工原理的徐崇嗣老师……在他们身上有着最明显的共同点，那就是学识渊博，
又朴实无华、淡泊名利，他们一丝不苟，默默耕耘，孜孜不倦地向学生传授着人类文明和
工程科学知识。"

年近古稀，授课不辍，所带弟子，桃李无数。父亲徐崇嗣退休的时候，已经71岁。
他用一辈子来诠释如何做好"好学深思之士深研科学"，以及站好自己的三尺讲台，讲好
"化工原理""化工传递过程"等一门门课，引导学生在校期间始终抓好"三基"教育，
熟练应用，举一反三，学有所用。

［注：1.Good deeds are excellent but few和音乐中调式的关系：构成这句话的这
六个单词的首字母按顺序分别是G、D、A、E、B、F，对应G大调、D大调、A大调、E大调、
B大调、F大调，用五线谱表示，分别有1个升号、2个升号、3个升号、4个升号、5个升号、
1个降号。父亲没再往下说，可能当初老师后面还编了一句，是对应2—5个降号的词。2.本
文的架构及较多内容来自2021年6月20日发表在"浙工大卓越化工"上，感谢李丹琳老
师的文字编辑。］

致力于农药绿色化研究的徐振元教授[①]

周懿菁

  徐振元教授 1963 年从中国农业大学应用化学系毕业并留校任教，后调任西北大学化学系任教，于 1985 年来浙江工学院任教。教学工作方面，他秉承教师的作风，精益求精，传道授业，甘做人梯，为社会培养人才。科学研究方面，他始终保持对化工专业的激情，潜心钻研，在精细化工领域进行了大量卓有成效的研究，特别是在开发农药及其中间体和绿色合成技术及一系列产品工业化方面的研究取得了创造性的成果，做出了突出贡献。他的这份执着与坚持颇有东北人"一条道跑到黑"的风范，并将"敬业奉献、结合实际、关注前沿、开拓创新、转化成果"这 20 个字作为工作准则，这也是他想和有志献身于科研工作的年轻学者们共勉的人生之谈。

  浙江省是柑橘、茶叶等经济作物重要产区，螨害极为严重，而杀螨剂品种少，数量短缺。在这种急需"绿色"杀螨剂的情况下，1977 年，徐振元带领团队积极研制和开发杀螨剂，从甲脒类农药着手开始相关研究，首先研发了双甲脒。课题创新性地应用新催化剂，使合成总收率提高了 15%，生产周期从 42 小时缩短至 12 小时。1993 年团队又开发了双甲脒新工艺，比原工艺节省了 50% 的设备，总收率却提高了 10%。针对一些甲脒类化合物存在易分解的问题，徐振元从理论上分析甲脒类化合物不稳定的原因，发明了复合稳定剂，研发了清洁生产工艺，成功地创制了单甲脒水剂，并首先实现了工业化和商品化。与此同时，徐振元还开发了其配套中间体：2, 4- 二甲苯胺和 N- 甲基甲酰胺，填补了国内在该领域的空白。该系列成果在国内十余个厂相继获得了应用，取得了显著的经济效益，有助于解决当时杀螨剂品种短缺和供不应求的问题，因而获得国家技术发明三等奖、国家科技进步二等奖和国家技术开发优秀成果奖等科技奖励。

  20 世纪 90 年代，我国农药产品结构不合理的矛盾日渐突出，甲胺磷等高毒农药占农药总产量的 30%，每年有数以万计的人中毒死亡，并严重危害生态环境。为此，徐振元想为调整农药产品结构做些实事，他知道要克服的技术难关很多，但没有丝毫犹豫就承接了研发项目，决定坚持走绿色化工之路。随即徐振元便开始研发取代高毒品种的农药产品，先后主持省重点科技攻关和国家火炬项目——"高效广谱杀虫杀螨剂毒死蜱研究"和"年产500吨毒死蜱中试开发"，在反应的催化剂、溶剂、缚酸剂和分离助剂等方面进行集成创新，简化了合成工艺，降低了溶剂的毒性和对环境的污染，提高了收率，解决了产品难分离和质量差等问题。同时，将相关技术应用于三唑磷生产，有效提高了三唑磷产品的竞争力和经济效益。由于毒死蜱是取代高毒农药较理想的品种，"毒死蜱的产业化"项目于2001年被列入国家"十五"科技攻关计划，2003年10月通过验收；2005年，国家发改委将"新建年产3000吨毒死蜱原药和配套制剂生产线"项目列入第一批高毒农药转产和替代的国债投资计划。在整个毒死蜱的研发和产业化过程中，他始终坚持不断创新、提高技术水平的思路，使浙江新农化工有限公司成为我国生产毒死蜱规模最大、产品质量最好的国家高新技术企业，近3年公司生产毒死蜱的销售额就达4亿多元，出口创汇约5000万美元。毒死蜱开发成果先后获得浙江省科学技术一等奖、国家科技进步二等奖和中国专利金奖。

除草剂和杀菌剂的品种少、在农药总产量中所占的比例偏小等问题是我国农药产品结构不合理的另一重要问题。徐振元肩上的责任感和使命感又一次让他一头扎进研究工作，主持开发了优良旱田除草剂二甲戊灵及其中间体，在催化和合成工艺技术上取得突破，使合成中间体的4步反应"一锅法"完成，有效提升了其整体技术水平，实现了清洁生产。另外，徐振元的课题组还主持研发了氟噻乙草酯超高效除草剂、灭锈胺和青枯灵杀菌剂等农药，对取代高毒农药、调整农药产品结构和促进行业技术进步做出了积极贡献。

除农药开发以外，徐振元还一直从事绿色合成技术研究及其工程技术开发，主持了多项国家和浙江省催化加氢科技攻关项目，与课题组同志研究了一系列加氢催化剂，研发的绿色合成技术成功应用于生产2，4-二甲苯胺和2，6-二甲苯胺、2，2'-二氨基联苄二磷酸盐、1，3-环己二酮和3-氨基-9-乙基咔唑等十多个医药、农药和染料的中间体，同时研究了配套的产品保护剂和分离新工艺，不仅提高了收率和产品质量，增强了产品的出口创汇能力，更主要的是减少了"三废"，实现清洁生产。技术开发成果在多家企业成功应用，取得了显著的经济效益和社会效益，获得了国家科技进步二等奖。"催化加氢多功能装置的产业化开发"项目被列入国家"十五"科技攻关课题，2003年10月顺利通过验收。徐振元课题组将三氟甲基苯胺合成技术成果转让给浙江巍华化工有限公司，并合作开发三氟甲苯系列产品，在催化氯化、液相氟化和低压液相加氢等3类反应的催化剂、变温硝化和产品分离提纯技术等方面进行创新，增强了产品的国际竞争力，2001年该成果获国家科技进步二等奖；公司建成了1万吨的生产装置，现已成为一家年销售额有8亿多元、利税超1.5亿元的国家高新技术企业，也是生产高纯三氟甲苯系列产品的国内外知名企业。

徐振元课题组创建了浙江工业大学催化加氢研究中心和浙江省绿色化学技术创新研究与开发中心，积极推广绿色合成新技术，改造传统落后的生产工艺，从源头杜绝和减少"三废"，使企业走上可持续发展道路，对调整产品结构和发展精细化工做出了积极贡献。他负责的课题组还主持完成了863计划、"十一五"国家科技支撑计划、国家自然科学基金和浙江省绿色化工专项等科技项目课题，取得了一系列创新性成果，获得了40多件授权发明专利，在国内外重要学术期刊发表了百余篇SCI、EI收录论文。

作为浙江省应用化学重点学科的学术带头人，徐振元在学科建设方面做了大量的工作，注重学科队伍建设，努力培养年轻的学科带头人和学术骨干，建成了一支知识和年龄结构较合理的学术队伍。应用化学学科被评为省优秀重点学科，2004年又被评为浙江省重中之重学科。徐振元除了承担繁重的科研任务外，一直从事教学工作，培养博士和硕士研究生，言传身教，教书育人。50年来，他培养了大批德才兼备的专业技术人才。

徐振元具有敬业、奉献、求实和创新精神，积极承担科研和教学任务，几十年如一日，艰苦奋斗，充分发挥了一个共产党员的模范作用。鉴于徐振元取得的业绩和所做的贡献，党和政府给予他充分肯定和很高荣誉，他被授予国家有突出贡献中青年专家、全国先进工作者、全国模范教师、全国优秀科技工作者和浙江省特级专家、浙江省功勋教师和劳动模范等荣誉称号；2005年获得了浙江省科学技术重大贡献奖。

从教五十一周年感怀

刘化章

我于 1958 年考进化工学校，到 2015 年，转眼间已过去 57 年，其中在校读书 6 年，在职从教 51 年，也是我加入中国共产党 50 年，学校党委给我颁发了一张入党 50 周年纪念证书。同时，今年是工业催化研究所成立暨从事氨合成催化剂研发 45 周年，也是发现世界首创的 $Fe_{1-x}O$ 基催化剂 30 周年！冥冥之中感到，似乎应该写点什么。

我毕业于 20 世纪 60 年代中期，那是中华人民共和国成立之初的黄金时期。在那段激情燃烧的岁月，青年人意气风发、朝气蓬勃、满怀憧憬，纷纷响应党中央提出的"到祖国最需要的地方去，为祖国健康工作 50 年"的号召。很荣幸，在浙江省政府和学校的关心下，我实现了这个愿望！

一、成长之路——活到老，学到老，学校把我培养到老

我出生在文成县南田镇杨梅岗一个贫苦农民家庭，生活十分贫困，每年吃 8 个月的番薯丝，1 个月的马铃薯，3 个月的野菜加糠饼，度过了辛酸的童年。我 10 岁开始上小学，求学之路一直充满着艰辛和苦难。从初中到大学毕业，每年都享受"人民助学金"，不仅不交学费，还给我们发伙食费。1963 年国家刚刚度过三年困难时期，就将大学生的伙食费标准从每月 11.5 元提高到 14.5 元。在大学学习期间，每年寒暑假学校都给我提供了勤工俭学，但所得微薄，依然常常买不起教科书，大多靠记笔记。我盖的被子、穿的衣服，里里外外都是学校给的，我用的脸盆是向同学借的，一条毛巾我要当作三条用（用破了剪开，再缝成两条用），大三穿的第一双解放鞋是同学送的，我拍大学毕业照时穿的衬衫是向同学借的。没有人民助学金，我不可能上得了学！没有新中国，就没有我的今天。

从跨入校门以来，我一天也没有离开过工大。毕业留校任教后，学校把我定位为专职从事科研工作，并作为重点培养对象，陆续给我提供了各种培养、锻炼和留学深造的机会，

使我成长为一名由学校自己培养的土生土长的教授、第一个博士生导师。

1964 年，全国掀起"社会主义教育运动"（即"四清运动"），我随校党委书记张庆三带领的萧山闻堰公社裴家大队社教工作队参加"四清"工作。1965 年 5 月，第一期社教工作结束后，学校把我们一批青年骨干教师抽出来（不参加第二期）派往上海化工研究院，参加由化工部组织的"化肥大会战"。我参加了尿素半循环法中试研究和云南磷肥厂的设计。1965 年 10 月，学校又把我抽出来派往南通磷肥厂，带领 10 多名教师参加由化工部副部长、著名科学家侯德榜先生主持的化工部"三高一稀磷肥会战"，并任课题组长。1966 年 6 月奉召回校参加"文化大革命"。

1969 年 6 月，我参加了学校组织的教育革命小分队，到义乌化肥厂接受工人阶级再教育；1969 年 9 月，参加了衢县化肥厂的设计。这些都为我日后的科研工作积累了许多实践经验，增长了工程技术知识。

1966 年 4 月，新中国第一次向西方国家派遣留学生，教育部给了浙江化工学院一个名额。学校秘密地把我从南通磷肥厂科研现场召回，李寿恒先生亲自出题，对我进行了外语和专业考试，并让我到杭州进行了体格检查，等待下半年出国。没想到，同年 6 月初"文化大革命"爆发，留苏学生在我国驻苏联大使馆前闹事，派遣留学生工作被迫停止。"文革"中，红卫兵砸了学校组织部档案室，资料失密，我被扣上"修正主义苗子"的帽子，成为学校 108 个"牛鬼蛇神"之一。

1978 年，由于在科研工作中取得一些成绩，化工系把我作为重点培养对象，让我脱产进修一年。我从大学一年级就已经开始学习俄语，并一直坚持到 1978 年。但在科研工作中我深深体会到，不懂 ABC 还是不行，现在有了这个机会，我决定从头开始自学英语。在自学英语基础知识的同时，我借了一本英文原版教科书 *Inorganic Chemistry*，借助词典逐字逐句地学习。我这辈子一共学过 3 门外语，俄语已还给老师，日语用处不大，有用的正是自学的英语，并为我近年书写出版英文版专著打下了基础。

1978 年 10 月，教育部在厦门大学举办"催化基础理论培训班"，学校派我参加。这次机会，让我这个没有学过催化的人懂得了一些催化基础理论知识，为其后的催化研究发挥了一定的作用。

"文革"结束后，国家恢复了高考制度和派遣留学生制度。1978 年教育部给了浙江化工学院一个专业自选名额。学校进行了留学生选拔考试，我有幸被录取。留学的国家是日本，于是 1980 年 10 月到大连外国语学院参加了 6 个月的出国日语培训。1982 年 4 月赴日本横滨国立大学留学，为期 2 年。

1996 年，我已经 56 岁，学校决定再次以高级访问学者身份派我到日本北海道大学从事催化研究工作。这是为我提供的第三次出国留学机会。俗话说，活到老，学到老，学校把我培养到老！

二、创新之路——异想天开，百折不挠

1970 年 10 月，衢县化肥厂设计结束后，我回到学校参加了氨合成催化剂课题组"触媒组"，并任课题组长，从此开始了长达 40 多年的氨合成催化剂的研究。

我们的创新是在一无所知、一无所有的条件下开始的。我们学习大庆王铁人"有条件上，没有条件创造条件也要上"的大无畏精神，自力更生，艰苦奋斗，一切自己动手，克服了重重困难，其艰难是现在的人们难以想象的。没有实验室用房，我们自己设计建造实验室；没有高压实验装置，我们自己设计、安装，首创了我国第一套高压实验装置；为了建实验装置，硬是挖掉了房子旁边的一座小山丘；没有高温炉，我们自制土炉子；没有电动鼓风机，我们用手摇鼓风机，直摇得满头大汗、手酸背痛。经过 6 年的艰苦努力，终于建成了具备最基本条件的实验室。在这简陋的实验室里，我们边建设边进行氨合成催化剂的研究。

1976 年，我们研制成功我国第一个 A110-2 型氨合成催化剂，达到了国际同类先进水平。这是浙江化工学院第一项重大科研成果，开创了我国 A110 系列催化剂之先河，成为我国近 40 年、迄今依然应用最为广泛的工业催化剂。

也是在这个简陋的实验室里，1985 年 12 月 3 日，我们发现了世界上独创的 $Fe_{1-x}O$ 基催化剂。$Fe_{1-x}O$ 基催化剂的发现是一个典型的创新过程，从构思到产业化历经了 14 年时间，经受了三次生死攸关的考验，遭遇了无数次的困难、曲折和失败。

最初的构思始于 1978 年，从构思到发现历时 7 年。在 A110-2 型氨合成催化剂的工业推广实践中，我们发现工厂里将使用过的催化剂堆积在废物场里，不仅白白地浪费了资源，还污染了环境。于是我们试图利用废催化剂研制新型催化剂的探索。但是，废弃的氨合成催化剂是含金属铁达 85% 的混合物，要把它重新制成 Fe_3O_4，就必须通过氧化，经济上不合算。因此，在课题组讨论时，我的意见被否决了。如果就此放弃，那么 $Fe_{1-x}O$ 基催化剂就不会被我们发现了，这是第一次考验。但是，我始终没有放弃，废催化剂回收利用的念头一直在我的脑海中盘旋。

1985 年 11 月的一天，我碰巧看到校机械厂正在从合成塔中卸出废氨合成催化剂，触景生情，立即勾起一直深埋在我心底的研究废催化剂回收利用这件事，就叫助手取回来几千克废催化剂。12 月 1 日，我带着这些废催化剂到衢州去试图试制新的催化剂。由于一直未能找到有效的技术方案，我改换了思维，采取了"瞎搞"的办法，但多次试验都以失败告终。其他人劝我说："刘老师，做不出来的，别做了。"如果那时真的放弃不做了，那么 $Fe_{1-x}O$ 催化剂就不会被我们发现，这是 $Fe_{1-x}O$ 催化剂面临的第二次生死攸关的考验。

半途而废不是我的风格，既然要"瞎搞"，那就"蛮干"到底，不达目的决不罢休。我坚持今天一定要做出一个样品带回去！失败了，卸炉、装料、通电；再失败，再来；如此反复多次，终于试制成功一个 85-25 号催化剂样品。谁也没有想到，这次"瞎搞"的实验竟然是一次重大的突破性实验，它标志着 $Fe_{1-x}O$ 催化剂的诞生。研究室公用实验记录本详细地记录了实验全过程，当时的实验记录本和85-25号样品现在仍然保存在实验室。

$Fe_{1-x}O$ 催化剂的发明过程表明，搞科学研究要有异想天开的独创精神，要敢想、敢做，从前人没有做过的或按一般常识被认为是不可能的地方闯出自己的路。德国科学家、诺贝尔奖得主米歇尔说过："最重要的一点就是要去追求科学中意想不到的东西，如果你在做实验的时候，只期望得到所能期望的结果，那么你就停止了创新。如果你不得不思考想不到的结果，意料之外的新发现也许会让你拿到诺贝尔奖。另外一点就是要发现不可能的事情，我自己就一直珍视不可能的东西，如果它不可能，那么你不得不寻求方法来让它变成可能。"为此，必须首先改变思维方式。按照固定思维，要把废催化剂重新制成 Fe_3O_4 是不可行的。如果换一种思维，即不事先设定预期的结果，而是"异想天开"地采用"瞎搞"的思维，却"偶然"地发现了一种新型的 $Fe_{1-x}O$ 催化剂，这就是一种创新思维。按照固定思维不可能的事情，按照创新思维就成为可能。创新思维正是把不可能的东西，不得不寻求方法来让它变成可能结果的思维。既然是前人没有做过的、按一般常识被认为是不可能的，那就只有两种选择，要么放弃，要么实践。所谓"瞎搞"，是指在不违背科学基本理论条件下进行实践，它也是一种实验方法。同时，自然科学是实验科学，只有通过实验才能有所发现。我始终坚持"一切结论都在实践之后。尚未实践就下结论，就不可能有创新"的准则，这可能正是我们能够发现 $Fe_{1-x}O$ 催化剂的原因。

这个过程还体现了"机遇只留给有准备的人"，机遇属于期望成功的人，而偶然的机遇可以改变人的一生。自古机遇险中求，机遇钟情于冒险者，害怕失败就会错失机遇，懒于思考就与机遇无缘。别出心裁，突破惯性思维，从"不可能"中找机会，有时可以创造机遇，自信乃是抓住机会的第一秘诀。$Fe_{1-x}O$ 催化剂的三次生死攸关的考验，就是对这两种"思维"的抉择。

氨合成熔铁催化剂已有百年历史，被认为是研究得最透彻、最成功的，也被认为是不可能突破的。我们在创新思维指引下抓住了机遇，创新一个接着一个，几乎改变了整个熔铁催化剂领域原有的成熟局面。例如，在实验技术和方法方面，我们在翻阅有关产品广告中，偶然发现了隔膜式压缩机，因而首创了以氨裂解气为原料和隔膜式压缩机的高压催化剂性能评价装置，甚至包括无氨基空速的计算方法和公式，也是我首次提出来的，并被审定为国家行业标准。在催化剂研究中，我们还创新了三代催化剂：第一个低温型 Fe_3O_4 催化剂、最早研究了 Fe-Co 催化剂（1975 年化工系决定停止研究而被迫放弃，后被福州大学产业化）、首创新一代 $Fe_{1-x}O$ 基催化剂；在催化剂制备理论研究中，第一次提出了驼峰形活性曲线、铁氧化物分子比、单相理论、均匀性原则和活性模型等系列新的理论和概念，百年来第一次建立了熔铁催化剂的制备科学基础；在催化剂理论研究中，提出了助催化剂与 $Fe_{1-x}O$ 结构特征相匹配原则、表面酸碱协同效应、$Fe_{1-x}O$ 歧化机理、Al_2O_3 表面重构作用、竞争性还原机理、H_2 的强化学吸附和高活性本质等新概念和新理论，形成了以单相理论为核心的我国原创 $Fe_{1-x}O$ 催化剂特色理论体系。根据这些理论和概念，撰写出版的《氨合成催化剂——实践与理论》和 *Ammonia Synthesis Catalysts*：*Innovation and Practice* 中英文专著已在世界范围发行。

从第一个样品到研制成功又经历了 7 年时间，不仅遇到了极大的困难，而且 $Fe_{1-x}O$ 催化剂又经历了一次生死存亡的考验。

1986 年 11 月起，我们在上虞催化剂厂进行试生产，但效果不理想。1989 年，第一次工业试验又宣告失败。课题组在认识上和工作上发生了严重的分歧，少数人动摇了、退却了，有的认为 $Fe_{1-x}O$ 技术路线在本质上是不可行的，再继续下去也是"死路一条"，并退出了课题组。$Fe_{1-x}O$ 催化剂再次面临生死存亡的考验！

如果遇到困难和挫折就放弃，那就意味着 $Fe_{1-x}O$ 催化剂研究的彻底失败！在这个关键时刻，我向校长汇报了课题组遇到的困难和挫折，表达了我的观点和态度，请求领导给我们"背水一战"的机会。为了表示决心和鼓舞士气，立下誓言："誓与 $Fe_{1-x}O$ 催化剂共存亡，坚决完成国家任务！"可以想象，当时我承受了多么大的精神压力！

在领导支持下，我带领课题组继续日夜奋战。1992 年 12 月，世界上第一个 $Fe_{1-x}O$ 基 A301 型催化剂研制成功，技术达到国际领先水平。

然而，创新的故事还没有结束。1998 年，在 A301 型基础上又开发成功新一代 $Fe_{1-x}O$ 基 ZA-5 型催化剂。在工业应用中，遭遇了两次如出一辙的催化反应器重大破损事故。虽然两次都纯属设备事故，与催化剂没有直接关系，但催化剂都逃不掉"替罪羊"的命运，成为直接的"牺牲品"，给 ZA-5 造成了不可挽回的伤害和灾难性的影响！对我的工作和身心也带来沉重的打击。由此可知，科技创新光有异想天开的独创精神是不够的，还要有脚踏实地、实事求是的科学精神，坚忍不拔、追求真理的献身精神，它是创新的力量源泉。

在创新活动中，对自己从事的事业要有自信心和百折不挠的气概。$Fe_{1-x}O$ 催化剂的发明和开发过程中，困难、曲折和失败始终伴随着我们——小试失败了！中试失败了！工业应用也遭遇失败了！特别是小试和中试失败，是 $Fe_{1-x}O$ 催化剂能否被发现和能否被开发成功的两个关键节点：在小试过程中，如果没有坚持实验，没有"今天一定要做出一个样品来"这样的决心和坚持实验的科学精神，就没有这一重大发现！在中试失败后，如果没有坚持 $Fe_{1-x}O$ 催化剂技术路线，没有"誓与 $Fe_{1-x}O$ 催化剂共存亡"的不怕失败、百折不挠的献身精神，就没有这一重大成果！即使在工业试验失败的情况下，我们依然痴心不改，依然以严谨的科学态度，创造性地解决了一系列技术关键。在那 7 年的艰难岁月里，我们没有成果，没有论文（保密专利），没有奖金！（有一年，学校副校长同情我们，曾特批给我们课题组 1000 元奖金）

机遇是可遇不可求的，机不可失，时不再来；认定机遇，就要全力以赴，不要让机会溜走。但更重要的是要坚持不懈，不观望、不退缩，想到就做，有尝试的勇气、有实践的决心。成功需要拼搏，成功需要等待！成功往往就在再坚持一下的努力之中！成功与失败往往就差一步！

创新过程饱含着酸甜苦辣，有成功的喜悦，但更多的是失败的痛苦、委屈的伤心。人生之路坎坎坷坷，创新之道更是荆棘丛生。谁能经受住坎坷的人生磨炼，勇敢走向荆棘丛生的创新之路，谁就能有所成就。经受住人生和事业的磨炼，是人才成长的必由之路。我所经受的苦难与现在的年轻人没有可比性，但人生的道路是不可能平坦的，困难、曲折、失败、风险，伤心、委屈甚至是冤枉，也许会伴随着我们一生。这些我有幸都经历过了。这是我人生的宝贵经历，是金钱买不来的宝贵财富。正如余秋雨在凤凰卫视"世纪大讲堂"讲座中曾说过的：要振兴创新意识，最有效的办法就是去寻找一个个创新者。他们正被各种各样的争议包围着，那么，借几匹白马，把他们扶上马背，快速地冲出来。完全不去理会马蹄边的喊叫声，因为我们生活在一个伟大的时代。

三、创业之路——产学研结合、协同创新之路

国家提出全面实施创新驱动发展战略、加快建设创新型国家的战略，提出紧扣产学研结合问题，重点在推动科技成果转化上求突破。我是从事催化剂研究的，如果把"创新"比作经济发展的"催化剂"，那么这个"催化剂"必须与"经济"结合，才能"驱动"经济的发展。

"文革"期间曾有一股批判"唯生产力论"的热潮，我在实验室只贴了一张"抓革命，促生产"的标语，坚持科学研究（为此被扣上了"走白专道路"的帽子）。我们认为，没有创业的创新是无果之花，只能是多几篇论文，多几个科技成果奖而已，而科技与经济依然是"两张皮"。我们团队充分认识到，获奖不是我们的最终目的，必须将科研成果最大限度地转化为生产力，才能解决"两张皮"的问题，为社会创造财富，科研成果才能实现真正的价值。这是我们始终坚守的科研价值观。

从20世纪70年代开始，我们始终坚持走产、学、研结合的道路，在该领域率先提出"研究、开发、生产、应用"一体化的科研指导思想，并创新了成果转化模式和方式：一是在校内外建立中试和产业基地，包括校催化剂有限公司、校机械设备有限公司和上虞催化剂有限公司；二是技术转让曾几乎覆盖全国催化剂生产厂；三是解决成果转化和工业应用关键技术；四是从催化剂生产、合成塔升温还原到正常运行一竿子到底，为企业提供全方位技术咨询和现场服务。这4项系统的完整成果转化配套措施，有力地促进了成果转化，降低了企业采用新技术的风险，《中国化工报》曾评价我们的措施"把成果转化风险降为零"。

同时我们认识到，科研成果的产业化和工业应用过程不是简单的生产销售过程，而是创新的继续，需要不断地解决工业实践中遇到的新技术、新问题。例如，在A110-2型氨合成催化剂的工业应用实践中，发现原有的合成回路工艺设备不能充分发挥新型催化剂的优越性，我们与学校化学工程学科、机械学院机械基础学科、学校机械厂、上虞催化剂厂、海宁化肥厂等围绕A110-2型氨合成催化剂的工业应用所进行的系列配套技术的开发，带动了相关学科的科学研究，取得了一系列重大科技成果，从而形成了一套特有的新型催化剂使用技术，使催化剂的研究和使用提升到新的高度，使得我们开发的催化剂一枝独秀，

能够在全国得到最广泛的应用。从 1978 年迄今，我们的研发成果全部实现产业化，在全国大中小型合成氨厂得到最广泛的应用，其中包括世界上最大规模的年产 60 万吨合成氨的特大型合成氨厂，支撑了我国合成氨工业的"半壁江山"，且已持续了 37 年之久。

产学研过程同样充满着艰辛。我们见过冷面孔、坐过冷板凳、吃过冷馒饭、受过委屈和冤枉，甚至在去企业服务的路上挨过打，团队成员的足迹踏遍除西藏、香港、台湾之外的所有省区市的数百家化肥厂。虽然团队成员个人与企业之间没有经济关系，也没有形成产学研利益共同体，而且技术转让费也难以按合同足额、及时拿到，但我们始终坚持召之即来，无偿地为企业提供全方位的技术服务和咨询。

我们在产学研结合方面所取得的成绩得到了全国同行的公认，受到了浙江省和原化工部相关领导的高度评价。省科技厅原主管领导曾指出："实践表明，浙工大工业催化学科所走的道路，正是高校产、学、研并重，科、工、贸结合的成功之路，也是我省高新技术成果真正实现商品化、产业化的典范。"我们在产学研结合方面所走过的成功之路，是我校协同创新早期实践的成功案例。

我们深刻地体会到，在科学研究创新活动中，需要群体的力量和团队合作精神。40 多年前的 1970 年，我们组建了现在国家重点实验室和国家工业催化重点学科的前身——催化研究室（触媒组）。这个团队是一个团结的集体、合作的集体、拼搏的集体，也是一个特殊的集体，特殊就特殊在虽然团队中的一些成员因工作需要有进有出，先后有 70 多位教师在这里工作过，但团队的核心队伍 40 多年稳定不变，我自始至终是这个团队的领头人；它的特殊性还在于这个团队 40 多年来就是一个课题、一个目标，从事着同一个项目——氨合成催化剂的研究。我们所取得的所有成果和荣誉都属于这个集体。

四、学科建设和人才培养

我是学校第一位博士生导师，除了 2000 年以来几乎每年都给全校或化工学院的本科生进行一次成长成才的讲座外，却没有给本科生授过课，深感遗憾。1996 年以来，我给硕士研究生和博士研究生分别讲授过"催化作用导论"和"催化科学与工程"学位课程。2002 年指导我校完全自主培养的第一位博士生毕业、2005 年指导第一位博士后毕业，迄今培养了约 70 名博士和硕士。

我校第一个博士点、第一个国家重点培育学科，是在零起点、零投资、十分简陋和困难的条件下，从一个课题组发展而成的。在学科建设和人才培养中，如何把学科建成知识和技术创新基地、高新技术产业化基地和高层次人才培养基地，我认为应坚持以下原则：

（一）科学研究是它成长与发展的基础

我认为，只有加强科学研究，才能提高学科的学术水平和地位，才能提高教学质量和水平，才能获得资金的支持，带动学科建设。科学研究要有稳定的、连续的和强大的工业背景为研究方向。

在 20 世纪粮食短缺的年代，粮食是国家的重大战略需求，我们选择了合成氨工业为研究方向，并与中国石化等大型国企合作。在该领域 40 多年孜孜不倦，坚持不懈地开展了系统的研究，并取得了重大突破，极大地推动了该领域的技术进步，并获得了 3 项国家级大奖、6 项省部级一等奖和 12 项中国、美国、英国、德国、丹麦发明专利。在应用基础研究中，创立了以单相理论为核心的 $Fe_{1-x}O$ 基催化剂理论体系，发表论文 300 余篇，出版专著《氨合成催化剂——实践与理论》中英文版各 1 部，主要成果被编入高等学校教科书。这系列首创性研究成果代表了近 40 年来该技术领域的发展水平，在国内外产生了重大影响，引起了国际关注。这样就确立了我们在该领域国内领先的地位，赢得了在全国同行学术界和企业界的声誉和知名度。

20 世纪末，能源问题已经凸显，并将成为国家重大战略需求和瓶颈。1999 年我们及时调整研究方向，将 $Fe_{1-x}O$ 催化剂拓展到煤制油费托合成催化剂的开发，并与中国神华等大型国企合作，进入了这一战略性的能源工业领域，并为学校申报成功能源化工专业奠定了基础。

在科学研究取得骄人成绩的同时，我们在学科建设和人才培养等方面也取得了系列"零"的突破：1989 年成为我校第一个省重点扶植学科；1991 年成为我校第一个省多相催化重点实验室，2003 年在此基础上建成我校第一个国家重点实验室培育基地；1998 年有了我校第一个博士学位点，后来以此为基础建成第一个博士后科研流动站；2005 年成为省首批重中之重学科；2007 年成为我校第一个国家重点培育学科，基本上实现了我校2000—2010 年规划中四个"零"的突破中的三个突破。

（二）产学研结合是它的成功之路

工业催化学科从 20 世纪 70 年代开始坚持走产学研结合之路，在校内外建立了自己的中试基地，研究、开发与产业化一体形成了良性循环，既加速了科学研究，又促进了产业发展；既培养了研究型的企业家（本学科出了 3 位企业家），又培养了企业家型的科学家。本学科从企业获得的技术转让费 40 余年未曾中断，这是十分难能可贵的。这些经费为学科的正常运行和建设提供了基本保障。

（三）坚持学科建设与学位点建设相结合，把学科建成高层次人才培养基地

我们始终认为人才培养是学科的基本任务之一，同时，学生是科学研究的基本力量和生力军。本学科无本科专业，先天不足。因此，我们一直重视研究生教育和学位点的建设。

在未取得学位点之前，学科自 20 世纪 80 年代中期开始，挂靠在化学工程硕士点招收研究生，努力扩大招生规模，提高硕士生质量。1994 年开始，我取得了浙江大学、中国科学院的副博士生导师资格，与浙江大学、中科院煤化所联合招收和培养博士研究生，为 1998 年获得博士学位点创造了条件，使本学科成为我校第一个博士点。

在研究生教育中，我们坚持研究生教育的价值不在于学到多少实际知识，而在于思维训练和创新能力培养。具体知识能从书本中学到，而大学毕业生一般应该没有看不懂的书。这并不是说实际知识的学习不重要，而是说更重要的是学会学习的能力。思维训练和创新能力培养的基础在于对已有知识的系统、全面、深刻的掌握。因此在课本知识的学习中，应努力掌握基本理论、基本知识、基本技能（"三基"）。在指导研究生中，始终把培养学生独立思考、创新思维和创新能力等放在首位，鼓励学生用哲学思想来武装自己的头脑，养成严密的逻辑推理、敏锐的观察力、丰富的想象力和批判精神。如果掌握了"三基"和再学习的能力，培养了独立思考和创新思维，那么无论你现在学什么专业，将来从事什么事业，做什么工作，都是终身享用不尽的财富，概无例外。我认为，这就是同学们应该学到的精髓！

我的教学价值观和努力得到了同学们的认可。自 2010 年学校开展评选"我心目中的好导师"活动以来，我曾 4 次被学生推选为"我心目中的好导师"。

在校 50 多年，我虽然为学校做了一些微薄的贡献，但离学校的要求差距甚远。我始终认为做人重于做学问，努力按照共产党员先锋模范作用严格要求自己。在党的长期教育下，几十年如一日，勤勤恳恳、埋头苦干、默默无闻地工作在科研教学第一线。把事业视为自己终身的追求和目标，就会乐在其中。学校历届领导和广大教师对我的政治立场、思想觉悟、道德品质、作风学风、为人处世是十分清楚、有口皆碑的，也是经得起历史的考验的，因为长达 57 年时间都在一个单位里，任何不端行为都是无法隐瞒和掩盖的。我在工作当中当然会有许多缺点，也有错误，但我知错能改。在个人品行上，思想纯洁、品行端正、学风严谨，一辈子老老实实、光明磊落、清清白白，一辈子没有做过任何损人利己的事。这是我的人生态度和价值观。

这里敬引毛泽东《卜算子·咏梅》词的下阕作为结束语：

"俏也不争春，只把春来报。待到山花烂漫时，她在丛中笑。"

这应该是人生，特别是教育工作者和科技工作者的最高境界！

"三创"中的翘楚

——许丹倩研究员

夏爱宝

20 世纪末到 21 世纪初，我国的教育事业进入高速发展期，这给我校提供了新的发展机遇。尤其是近 20 年来，我校更是发展迅速，目前已成为国内有一定影响力的综合性教学研究型大学，综合实力稳居全国高校百强行列。学校先后有 600 多项科研成果获国家、省部级科研成果奖，其中国家科学技术奖 24 项，教育部人文社科优秀成果奖 6 项。截至2016 年底，学校有效发明专利拥有量居全国高校第 10 位。学校核心竞争力和综合实力快速攀升。办学声誉也在不断提升，在 U.S. News 2020 世界大学排行榜中列全球第 855 位；在 2019 软科世界大学学术排名榜中列全球第 501—600 位；在 2019 ESI 全球高校工科排名中列全球第 414 位、内地高校第 57 位；在最新的自然指数排名中列全球第 286 位、内地高校第 45 位。学校之所以能取得如此辉煌成绩，这是因为浙工大在教学、科研第一线拥有一批具有敬业、奉献、求实和创新精神，积极承担科研和教学任务，几十年如一日，艰苦奋斗、吃苦耐劳、不断进取、默默耕耘的优秀教师、学科带头人。许丹倩老师所带领的创新科研团队，就是其中杰出的代表。

团队带头人许丹倩老师，1989 年毕业于华东师范大学，1992 年进入浙工大化工学院，30 年来，勤勤恳恳、不辞劳苦地奋战在教学、科研第一线。她继承发扬了浙工大"艰苦创业、开拓创新、勇创一流"的优良传统，一心扑在教学、科研上，在科研上屡创佳绩，对精细化工领域进行了大量卓有成效的研究，特别是在开发新农药及其中间体、绿色合成技术及一系列产品工业化方面的研究，取得了辉煌的成果，做出了突出贡献。她带领团队完成的项目"安全高效杀菌剂噻唑锌的创制开发"，2019 年获得省科技进步一等奖。

近年来，许丹倩教授带领团队承担的噻唑锌项目，先后被列入浙江省绿色化工重大专项和"十二五"国家科技支撑计划研究内容，由浙江工业大学、浙江新农化工股份有限公司和浙江大学合作完成。项目组经过十余年的不懈努力，发明了具有防治作物细菌病害的噻二唑金属类化合物，创制了安全高效杀菌剂噻唑锌，研发了噻唑锌原药绿色合成及其清洁生产技术，设计开发了系列噻唑锌制剂。相关发明和创新技术已取得 8 件国内外授权发明专利，相关产品已有 1 个原药和 5 个制剂取得农药"三证"，实现了产业化和商品化，在全国 17 个省（自治区）的水稻、果树和蔬菜等作物上推广应用，取得了显著的经济效益和社会效益。项目鉴定专家一致认为："该项目成功地创制了新型、高效、安全农用杀菌剂新品种"，"技术处于国际领先水平"。噻唑锌被业界认为是我国"一个创制农药品种的成功典范"。

许丹倩老师带领团队在有机氟化反应领域也取得突破，相关研究成果在国际顶尖的化学类综合性期刊 Angew. Chem. Int. Ed.（简写为 ACIE）上发表，并得到审稿专家的高度评价，被选为"热点文章（Hot paper）"以及该期的"卷首文章（Frontispiece）"；该成果不久便被国内外知名期刊如 Synform 和《有机化学》等作为亮点工作进行了评述介绍。该工作由我校独立完成，娄绍杰博士后是论文第一作者，许丹倩研究员和徐振元教授作为通讯作者。ACIE 是化学学科最具影响力的期刊之一，其对所录用工作的原创性、重要性等有相当高的要求，期刊影响因子达到 11.336。这是该团队第二次在该杂志上发表研究论文。由于氟原子的特殊性质，有机物中引入氟元素可以显著提高其脂溶性、稳定性以及生物活性。正因为如此，近几十年来，有机含氟化合物越来越多地出现在医药、农药以及材料等领域。尽管氟元素在地球上的含量极其丰富，但目前已知的含氟天然产物却屈指可数，人工引入氟原子成为获得有机氟化物的重要手段。然而，由于氟原子的弱亲核性以及强电负性，有机分子引入氟原子较困难。传统的氟化反应往往存在反应条件苛刻、底物适应性差等问题，而这些问题的存在也严重制约着含氟医药、农药以及材料等领域的发展。近年来，通过碳氢键活化构建碳氟键作为一种有效直接地引入氟原子的手段，逐渐进入化学家的视线，成为目前研究的国际热点之一。尽管如此，当前已有的为数不多的碳氢键氟化反应仍然存在着氟化选择性差、底物适应范围窄以及反应条件相对苛刻等问题。因此，寻找更绿色温和的选择性氟化反应体系使之能够具有较高的通用性，实现有机分子的后期（late-stage）氟化而不破坏其原有结构是非常具有吸引力的研究方向。

在前期对过渡金属催化的碳氢键活化氟化反应研究的基础上，该团队发现在催化量的硝酸盐以及过渡金属钯的协同作用下，选用 NFSI 作为氟化试剂，能够在温和的条件下（通常在室温附近）实现羰基肟醚化合物芳基 sp2 碳氢键和烯基 sp2 碳氢键的选择性氟化反应，其中对烯基 sp2 碳氢键的导向氟化更是国际上首次报道。相比较此前的碳氢键氟化反应体系来说，该体系首次实现了室温条件下的碳氢键氟化，在氟化反应领域取得了突破性进展；所选用的硝酸盐添加剂无毒无害、廉价易得且用量少；同时该体系具有底物适应性广、操作简便以及底物导向基团容易安装和去除等优点，为在有机分子中引入氟原子提供了新的思路和方法，这是一个具有应用前景的氟化体系。

多年来，该团队一直致力于绿色有机合成与技术领域的研究，在精细化学品清洁生产、催化加氢、不对称合成以及有机金属催化反应等方面取得突出成果，多次获得国家级和省部级成果奖，并在 Angew. Chem. Int. Ed.、Green Chemistry 和 Chem. Commun 等国际知名期刊上发表多篇研究论文。这些成就的取得，得益于团队有一位优秀的带头人——

许丹倩老师。

许丹倩老师是研究员、博士生导师、浙江省特级专家，是浙江省化学工程与技术一流学科绿色化学与技术方向负责人、绿色化学与技术硕/博士学位点负责人和浙江省绿色农药清洁生产技术研究重点实验室主任；兼任中国氟硅有机材料工业协会理事和浙江省精细化工专业委员会副主任委员等职务。许丹倩老师长期工作在科研第一线，从事绿色有机合成和精细有机化学品等领域的科学研究和技术开发工作。主持了863计划课题、国家"十五"科技攻关、"十一五"和"十二五"科技支撑计划课（专）题、"十三五"国家重点研发计划项目课题、国家自然科学基金、浙江省绿色化工技术重大专项和浙江省重大自然科学基金等重大科研项目；发表了91篇SCI、EI收录的高水平研究论文，取得了53件授权国际/中国发明专利；以第二完成人获得国家科技进步二等奖2项、中国专利金奖1项，主持获得省部级科技进步一等奖5项。

进入21世纪以来，许丹倩老师先后被授予浙江省有突出贡献中青年科技工作者、浙江省优秀教师和"巾帼建功"标兵等称号，入选浙江省"新世纪151人才工程"重点资助和国家百千万人才工程，享受国务院政府特殊津贴。

许丹倩老师除了承担繁重的科研任务外，同时还从事一线教学工作，培养博士和硕士研究生。在教学工作方面，她言传身教，教书育人，悉心指导，培养了一大批德才兼备的高素质化学工业专业技术创新人才。

纪念我国电化学工程专业的开创者马淳安教授

褚有群　朱英红　毛信表　等

现在的浙江工业大学化工学院，是从 1953 年杭州化工学校初创时就成立的最早的系（化工系）成长起来的，在它 70 年的发展历史上有过多个名称（化工系、化学系、化材学院等等）。化工学院在 70 年的发展历程中，教学、科研硕果累累、人才辈出，就是因为在教学、科研第一线的师生们具有一种勇于传承和创新的好传统，有一批肯吃苦耐劳、不断进取、默默耕耘的优秀教师、学科带头人和教学科研团队。马淳安教授励志的一生就是化工学院广大教职工的一个缩影。

一、潜心育人，积极传播绿色电化学

马淳安教授，1951 年出生于浙江东阳，1978 年于北京大学毕业后，被分配到浙江化工学院（浙江工业大学前身）。自此，他凭着一腔热情和执着精神，全身心地投入到教学和科研之中。

1988 年，马淳安教授与杨祖望老师一起创建了浙江省唯一的电化学工程专业。多年来，他十分注重电化学理论知识的传授，先后为本科生和研究生主讲了理论电化学、电化学原理、有机电解合成基础、电极过程动力学导论、电催化、有机电化学导论、波谱电化学、电催化材料及研究方法等课程。指导 120 余名本科生完成了毕业论文工作，培养了 106 名硕士研究生、28 名博士研究生和 3 名博士后，为社会输送了一大批高质量的电化学人才。由于在教学方面的突出贡献，他在 1994 年获得了中华全国学生联合会颁发的"园丁奖"，并多次被评为浙江工业大学校级优秀教师、浙江工业大学校级"三育人"先进个人和浙江省"三育人"先进个人等。

马淳安教授很早就认识到电化学技术在有机合成工业节能减排方面的巨大作用。为此，他作为主要发起人，筹划建立了我国有机电化学与电化学工业联合会，承办了第五届全国有机电化学与工业学术会议（1996 年）和第十一届全国有机电化学与工业学术会议暨第一届国际有机电化学与工业研讨会（2008 年），并自 1996 年起先后担任联合会副理事长、理事长等职，为我国有机电化学与电化学工业的发展做出了巨大贡献。同时，他还非常重视国际学术交流活动，除多次邀请国际电化学专家来华讲学和参加国际电化学年会外，还承办了第三届国际分子模拟与信息技术应用学术会议（2007 年）、第二届国际绿色化工产品和过程工程研讨会（2010 年）、第五届东亚功能染料和先进材料国际学术会议（2011年）等大型的国际学术会议。通过多种渠道，积极推进和宣传我国在绿色电化学合成领域的技术进展工作。

二、醉心科研，勠力践行产学研合作

马淳安教授甘于科研的寂寞与枯燥，几十年如一日地坚守科研第一线。先后主持完成了 973 计划项目课题，国家国际科技合作重大专项、国家自然科学基金等国家级和省部级项目 30 余项；作为第一发明人获得授权中国发明专利 40 余件、美国发明专利 1 件；在 *Electrochim. Acta*、*Electrochem. Comm.*、*J. Electrochem. Soc.* 等国内外学术期刊上发表 SCI、EI 收录论文 300 余篇；出版《绿色电化学合成》《有机电化学合成导论》等专著 3 部。

他常常忧心于我国高校科研成果与工业化应用之间的脱节问题，强调浙江工业大学作为地方工科院校，必须要为地方经济建设服务。因此，他非常重视产学研合作，先后承担完成了 20 余项企业委托项目的研究工作。他发明的可调式制氧器、低压电解臭氧高效消毒器、电化学医用制氧机、丁二酸电化学合成、3，6- 二氯吡啶甲酸电化学合成等 8 项技术实现了工业化，对氨基苯酚电化学合成、电化学染色、茴香醛电化学合成等 5 项技术完成了中试或小试研究。在其领导下成功建立的 10000（吨／年）丁二酸连续式无隔膜电解合成工业化生产线和 500（吨／年）3，6- 二氯吡啶甲酸电化合成工业化生产线，是近年来我国有机电化学合成技术工业化应用方面的标志性成果，起到了重要的示范作用。

在 30 余年的科研工作过程中，马淳安教授先后获得了教育部中国高校科技进步二等奖、中国石油和化学工业协会科技进步一等奖、中国专利优秀奖、浙江省科技进步一等奖、浙江省科技进步二等奖、浙江省高校科技进步一等奖、浙江省高校科技进步二等奖、联合国 TIPS 中国国家分部颁发的"发明创新之星奖"等 20 余个奖项。由于他在基础研究和产业化推广方面的突出业绩，2010 年还获得了科学中国人年度人物奖，2013 年获得了中国产学研合作创新成果奖。

三、用心履职，精心搭建学术平台

马淳安教授不仅是一位优秀的科研工作者，还是一位出色的高校管理人员。他深知要实现科技兴国、科技报国的梦想，实现成果的产业化转化，离不开人才和平台的建设。在担任主管科研工作的副校长期间，他曾多次在学校科研工作会议上强调，要尽快争取到一些代表学校科研水平、带国字号的科研成果和平台。为此，他通过多方调查和深入研究，对学校各项科研政策和制度进行了大刀阔斧的革新，极大地激发了全校师生的科研积极性，显著提高了浙江工业大学科研工作的层次和水平。

为了搭建标志性学术平台，他经常通宵达旦地亲自整理申报材料、准备 PPT 和答辩讲解材料，先后组织申报成功了绿色化学合成技术国家重点实验室培育基地、科技部能源材料及应用国际科技合作基地、浙江省国家级大学科技园、机械制造及自动化省部共建教育部重点实验室、浙江省制药创新科技服务平台、"化学工程与技术"一级学科博士点、7 个浙江省"重中之重学科"等一系列学科建设平台，为学校的进一步发展奠定了良好的基础，从而在省属高校以及国内高校中确立了浙江工业大学的办学地位。

在马淳安教授的带领下，绿色化学合成技术国家重点实验室培育基地先后荣获 5 项国家技术发明二等奖和国家科技进步二等奖，承担了 76 项国家级重大科技项目、159 项省部级科研项目，完成了 9000 多万元的纵向研究经费和 6500 余万元的横向研究经费，获得授权发明专利 210 余件，申请了中国发明专利 380 余件，论文被 SCI、EI 收录 700 余篇。该培育基地已成为我国绿色化学研究领域的一支重要力量。

马淳安教授用自己的一生践行了一位科研工作者的科技报国之志。凭着对教学和科研工作的无限热忱，他用真情和汗水谱写了一曲动人的敬业之歌，用智慧和实干描绘出一幅奉献者的优美画卷。在他生前整理的《生命的痕迹》中，他这样总结自己的一生："我的生命过程十分单纯，且简单，我的大部分时间在学校度过……走过了一条艰难、好奇、有趣和拼搏的人生小路，基本实现了人生的愿望，同时也留下了教书育人、科学研究、社会服务和高校管理等方面的点滴痕迹。"

2016 年，马淳安教授因积劳成疾，不幸去世，过早地离开了他心爱的教学科研事业，令我们深感悲痛与惋惜。但他的科学奉献精神和卓越成就，永远铭刻在浙江工业大学的发展史册上，也铭记在我们心中！

历史将会记住你们[1]

——采访过中儒、徐慧珍教授

石发伍　金俊杰

　　2012 年的春天，我们采访了过中儒、徐慧珍夫妇。两位老教授虽然都已年逾八旬，可喜的是依旧面色红润，精神矍铄，思维敏捷。

　　过老师于 1953 年 8 月毕业于大连工学院（今大连理工大学）化工系液体燃料专业，随即被分配到中国科学院大连石油研究所（今大连化学物理研究所），从事铂重整催化剂的开发研究，参加我国第一代铂重整催化剂的小试研究工作，为我国铂重整装置的建立做出了贡献。在高级人员云集的大连所培养了良好的科研素质，他十分重视科研成果的应用和推广。1958 年催化室迁往兰州，在兰州分所（现为兰州化学物理研究所）仍主要从事铂重整催化剂的改进工作，还开展了丁烯—甲醛一步合成异戊二烯催化剂的研究，从小试到中试，取得了良好的效果。"文化大革命"结束后，恢复研究秩序，他看到了我国气体净化尚属初创阶段，决定开展气体净化催化剂及净化工艺的研究。当时在所里有一些人认为"这个研究方向太小了，在中科院应该搞大项目"。但是，他坚定地认为这是一个有前途的研究方向，力排众议，决定开创这方面的研究。亲自调研，选题，制订研究方案，确定技术路线，组织队伍，设计实验，开展工业应用，出色地完成任务，付出了许多精力，用事实回答了那些不同观点者。至今他开创的这一研究方向仍是兰州所催化研究中保持重要创收的唯一催化项目，且经济效果显著。成功的喜悦深深地埋藏在他的心中。在他 43 年的科研生涯中，一贯重视工业应用，作为科学家，和组内同志一起去工厂，下舰艇，取得第一手放大试验数据。由于他们的努力，把研究工作推向工业化，曾得到中国科学院化学部检查组院士们的赞赏与肯定。至今，当他看到他在兰州所开创的气体净化剂不断发展、效益显著时仍十分欣慰，由于他在科研上的成就，完成了一个又一个国家任务，于 1992 年开始享受国务院政府特殊津贴。

　　1982 年，国家学位委员会批准过老师为中科院硕士研究生导师，为研究生开设催化

---

① 本文由过中儒、徐慧珍口述，学生记者石发伍、金俊杰整理。

剂制备化学专业课程，他培养的研究生成绩优良。

1982 年初，过老师被中科院派往比利时列日大学做交流访问学者。

1985 年 4 月，过老师和徐老师来到了浙江工学院。学校为了让他们开展研究工作，在化工系成立了精细化工研究室，组建研究队伍。刚来到工学院的时候，这里的科研条件很差，只能想办法自己动手组建，创造工作条件。在这里过老师继续从事催化剂制备化学的研究，一方面扩大他在兰州化物所开创的气体净化催化剂领域的应用；另一方面，又与徐老师合作接受了浙江省关于非金属矿利用的攻关研究项目之一——嵊县硅藻土用作啤酒过滤剂的研究；还承担了珍珠岩助滤剂的开发研究，先后取得了成功，按时完成了任务。在省内参加该项目的单位中首先完成计划并进行成果鉴定，为了进一步用于工业生产，他亲自在永康珍珠岩厂进行放大生产试验，随后又在钱江啤酒厂进行了放大应用试验。结果表明，研制的助滤剂可以用于工业生产，该成果获省科技成果三等奖。过老师作为研究室主任与徐老师一起在完成该项目中付出了很多精力。他一生谦虚谨慎，不争名利，尽管在助滤剂研究中从方案到实际工作，乃至在放大的过程中均起着主导作用，但在珍珠岩助滤剂放大成果的署名时，鉴于我院名额有限，他主动提出将署名让给组内其他同志，又一次充分体现了他一生不计名利、埋头从事科研的高尚风格。

20 世纪 90 年代初，他又开展了催化剂制备的应用基础研究，成功地申请到"钯-铂双金属催化剂制备化学及反应特性研究（国家自然科学基金）"，试图将自己开创的钯系催化剂通过基础研究总结一些规律。他也重视发表学术论文，参加大型学术会议，为学校扩大知名度而尽力。化工系曾一度将研究室与教研组合并成精细化工教研室，过老师作为教研室主任向系领导建议，在精细化工专业应增设工业催化课程，适应化学工业迅速发展的形势需要，培养学生扩大知识面，使学生不但能用有机合成方法制备精细化工产品，还要能用催化的方法高效制备产品，以适应科学发展的需求。他在浙江工学院也为学校培养了催化剂制备化学的研究生，让研究生通过参加全国性学术报告会得到锻炼，增长见识。

徐慧珍老师于 1954 年从北京石油学院（今中国石油大学）炼制系石油工学专业毕业，1954—1958 年在中国科学院大连石油研究所（今大连化学物理研究所）工作，参加了 CO 加 H_2 熔铁催化剂的国家重点研究项目催化剂制备小试研究。她在这个高级研究人才云集的国家级研究所里锤炼了良好的科研素质，为以后几十年从事科学研究奠定了坚实的基础。

1958—1985 年在中国科学院兰州分所（兰州化学物理研究所）工作，主要从事催化剂和催化剂表面化学的研究。1958—1960 年从事丁烷一步脱氢制丁二烯催化剂的研究。1960 年开始，由于工作需要，按科学院对研究工作性质的要求，转向催化剂应用基础的研究，主要对工业催化剂表面吸附的研究。作为项目负责人，率领研究组从建立吸附实验室开始从事催化剂表面吸附的研究。"文革"期间，所内基础性研究工作受到冲击而停顿，她又转向应用研究而接受长链烷烃脱氢催化剂的探索任务。20 世纪 70 年代后期，"文革"结束，所内恢复研究秩序，开始恢复应用基础研究。她领导研究组在开展吸附剂及催化剂表面性质研究的同时，为适应国际科学发展的形势，她又开始发展新技术，探索将程序升温脱附技术用于工业催化剂表面活性中心研究的可能性。当时这一新技术在国内催化界尚在开创阶段，实践证明，它可以用于复杂催化剂表面吸附中心的研究，在第一次全国催化学术会上得到同行专家的认可而受到重视。随后，开始采用多种现代物理方法研究金属催化剂表面化学，为工业催化剂的研发提供科学依据。在国外催化研究技术迅速发展的形势推动下，成功地建立了在国内尚属起步的原位红外光谱技术，用于研究金属催化剂表面吸附中心与催化作用的关系。首次申请成功了 Pd、Pt 系催化剂表面性质研究项目——中科院自然科学基金资助项目。研究思路来源于实践，在所内均相催化获得良好结果的同时，她在国内率先开始探索担载金属羰基络合物极其分散型金属催化剂表面化学和催化作用的研究，得到了前辈催化专家及同行们的支持。

徐慧珍老师是一位地地道道科班出身、有着严格科研素养的教授，她热爱创造性的科学研究，热爱催化科学的研究，42 年如一日，全身心地投入催化科学的研究中。在中科院工作期间，从 20 世纪 70 年代中期开始，为适应科学研究的发展，跟上时代步伐，转向采用先进技术和多种现代物理方法开展催化剂表面化学的应用基础研究。领导课题组和学生们迎难而上，不断取得进展，在国内外催化学术会议上交流，并在专业期刊上发表有一定水平的研究论文，得到同行专家们的承认与好评，也得到中科院化学部检查组院士们的肯定与好评，作为体现中国科学院科研水平的开放实验室，接待来自国内外的同行专家们的参观与交流。她多次参加国内外学术交流会并在会上作学术论文报告。徐慧珍教授对于科研一直有着自己的信念，她说："搞科研就要有水平，要选前沿性课题，要迎难而上，不畏艰险。在学术上治学严谨，攀登、攀登、再攀登，才能对国家有所贡献。"她和同事以及学生们在一级学术刊物上发表论文数十篇，有的国外期刊还选登论文摘要。1982 年10 月作为中科院催化代表团成员被派往比利时、法国，参加在比利时召开的第三次国际催化剂制备学术会议，在法国里昂参加"金属—载体相互作用"学术讨论会，随后又参加了 NATO（North Atlantic Treaty Organization，北大西洋公约组织）在法国里尔召开的"金属氧化物的表面性质"高级博士后研讨班，在比、法两国参观了著名大学的催化研究室并与外国同行们交流。在国外的这些学术交流过程使徐老师获益匪浅，也坚定了她迎难而上进行催化前沿课题研究的决心。

1982 年徐老师被国家学位委员会批准为中科院硕士研究生导师，在兰州所招收催化表面化学研究生并讲授研究生课程，申请成功"担载片铂，钴羰基络合物及其分散型催化剂表面化的研究"国家自然科学基金项目，指导 2 名研究生进行研究。2 年里发表论文 8 篇，均为中科院基础研究成果。由徐老师指导的 2 名硕士研究生也以优秀成绩毕业。

1985—1996 年，在浙江工学院和浙江工业大学化工系，徐老师继续从事 Pd 系双金属催化剂的表面化学研究及担载 Ru 及 Ru-Co 羰基络合物金属簇催化剂的表面化学和催化作用关系的研究（连续 2 次获得国家自然科学基金资助），他们谢绝了兰州所科研处提出的以兰州为主的合作申请国家基金的建议，利用自己在前辈及同行专家中的信誉，为学校在前沿研究中争得了一席之地。鉴于当时浙江工学院工作条件太差，为了完成国家自然科学基金项目，他们又成功申请了厦门大学催化国家实验室基金项目。利用专长又成功申请了中国石化公司的"水和醋酸在氧化铝上的吸附"应用基础基金项目，为工业生产提供科学依据。当她以浙江工学院名义发表论文并参加国家级学术会议开展学术交流时，得到前辈和同行专家们的赞赏与好评，为提高学校知名度做出了自己的努力。这些应用基础研究除了发表论文外均进行了成果鉴定，获得同行专家的赞赏与好评。此外，与过中儒教授一起承担地方任务、浙江省非金属矿利用的重点攻关课题——嵊县硅藻土助滤剂的研究，以及膨胀珍珠岩助滤剂的研究，作为课题负责人在研究室主任过老师的协助下，领导研究组白手起家，克服困难，提前完成这两项计划。通过在钱江啤酒厂应用证明助滤剂品质优良可用于工业生产。在攻关单位中首先完成并进行成果鉴定，后来由于种种原因而未能中试立项。但是徐老师和过老师继续把助滤剂研究推向工业试验，还另辟蹊径从硅藻土助滤剂研究中扩大非金属矿利用的研究思路出发，同时进行珍珠岩用作啤酒助滤剂的研究，并在省教委立项。徐老师率领研究室同志从实验室小试到永康厂进行工业生产，乃至在钱江啤酒厂进行工业应用试验获得成功，还取得硅藻土—珍珠岩混合助滤剂的更佳结果，获浙江省科技成果三等奖。为了提升这一研究课题的学术水平，她和过老师一起发表论文，参加国家级会议和在武汉召开的国际非金属学术会议，扩大学校在非金属矿研究开发利用方面的影响。此外，在浙江工业大学期间，招收了化学工程—工业催化硕士研究生 3 名，其中 1 名因成绩优良而中途派往俄罗斯学习。先后开设并讲授了四门催化专业研究生学位课程：催化物理化学（吸附与催化），催化作用原理，催化表面化学，近代催化研究方法。1988 年徐老师被华东化工学院聘任为兼职教授，1990 年任浙江工业大学教授。

徐老师曾经有过多次选择机会，1984 年初在前辈院士推荐下有去美国表面化学研究中心做访问学者的机会，此时按政策规定有可能调回南方工作，在二者选择面前，她毅然决定选择后者。于是她和过老师挑选了在杭州的浙江工学院。当时的工学院条件相当艰苦，既无设备又无研究队伍。一些同行专家十分担心他们的工作条件能否继续进行研究，劝说他们去条件好点的单位。催化专业的院士们也十分关心他们的工作条件，经常询问他们的工作情况，建议他们到国家实验室去完成，但是徐老师和过老师说："既来之，则安之。没有条件创造条件。"学校为他们在化工系设立精细化工研究室，组织研究队伍，配备助手。徐老师与过老师一起克服困难建设实验室，不久在简易实验室里进行研究工作并做出成果。两年后当他们以浙江工学院的名义参加学术会议时，受到了同行们的欢迎。

在学校更名为浙江工业大学后，科研条件有所改善，徐老师仍主要从事催化剂表面化学的研究，主要采用新建立的原位红外设备培养队伍，进行国家基金项目的研究。继续发表论文，带领年轻教师参加全国性学术会议，为提高学校知名度而尽力。她还把以前在中科院高水平的学术传统带到了浙工大，也带动了与其合作的年轻教师向高水平努力。她凭借自己在催化界的影响力协助其他老师写出有水平的论文，建议他们投稿到有影响力的杂志上发表，并鼓励他们不断提高学术水平。

在 20 世纪 80 年代研究条件还很不完善的情况下，徐老师和过老师帮助学校成功申请了 3 个国家科学基金项目和 2 个省级重点课题，这在当时的浙江工学院是很难得的。为了提高学校在催化学术界的声誉，两位老师曾多次参加国家级乃至国际学术交流会议，发表论文。由于当时条件确实差，他们有许多实验只能到浙江大学等单位去测试，并申请了厦门大学国家实验室基金项目，以便在那里利用该校博士生力量进行测试，也使参加这一项目的研究生得到锻炼，开阔眼界。1988 年她与过老师任华东化工学院兼职教授后，将承担的中国石化公司基金项目以合作的方式在那里开展部分工作，作为该校石油系一位非洲留学生的研究课题。徐老师还让她在浙江工学院的研究生去该校利用他们的先进仪器完成测试，使学生扩大视野，增长见识。她利用条件好的单位完成测试任务，同时提高了研究生的素质。在教学方面，徐慧珍教授为本科生讲授工业催化课程，将催化知识融入精细化工学科。

在和徐老师交流过程中，我们感受到了她回顾自己一生经历时的骄傲与无悔，她为自己过去在科研和教学工作中曾经付出的努力而欣慰。虽然她 54 岁才来到浙江工业大学，但是我们可以看到如果没有这些高水平的专家的加入，浙工大很难达到现在这样的水平。徐老师直到 65 岁才退休，由此我们也可以看出学校也是很看重她，体现了学校惜才、爱才的作风以及向往建设研究型综合大学的决心。

过老师深有体会地说："科研要有水平，要为国家做出贡献，要能够切实解决国家所面临的问题，要创新。"从这里可以看到老一辈科研工作者对国家的无限热爱和建设祖国的坚定决心。

感谢老一辈科学家们为我校的繁荣昌盛做出的贡献，历史将会记住你们！

附：

（一）过中儒教授主要成果

1. 主要科研成果

LH-1 高效消氢催化剂（中科院 1985 年重大科技成果二等奖）。

尿素生产用 CO_2 原料气 DH-2 型消氢催化剂（中科院 1988 年科技进步一等奖，国家科技成果三等奖）。

钯系双金属催化剂制备化学及反应特性研究（国家自然科学基金）。

Pd Al_2O_3 催化剂的制备化学和表面化学（1986 年中科院自然科技成果）。

嵊县硅藻土用作啤酒助滤剂的研究（1986 年浙江省科技成果）。

珍珠岩助滤剂的开发与利用（建成年产 300 吨生产装置，1986 年省教委科技成果，1989 年浙江省科技成果三等奖，珍珠岩助滤剂产品获省计经委 1989 年新产品骏马奖）。

醋酸和水在 Al_2O_3 上的吸附（中国石化总公司科技基金资助项目）。

2. 主要论文

《钯催化剂的结构要求》（《燃料化学学报》）

《烯醛一步法合成异戊二烯硼磷催化剂的研究》(《燃料化学学报》)

《Pd Al₂O₃催化剂制备因素的研究》(《催化学报》)

《二氧化碳在 PdAl₂O₃ 催化剂上的吸附型式和加氢表面反应》(《催化学报》)

《尿素二氧化碳原料气在氢中的催化脱除》(《化肥与催化》)

《制备硅藻土和珍珠岩助滤剂的科学基础》(《武汉工业大学学报》)

《Pd-Pt 催化剂的除氢活性及其表面性质》(《石油化工》)

3.专利

合成尿素原料 CO_2 气用的除氢催化剂。中国发明专利 CN1,035,256(C1B0IJ 2358)06,9(1989),申请号:88100942。

钯铂除氢催化剂。中国发明专利 CN1,040,156(CIB0IJ 2344)07,3(1990),申请号:88107334,18 Oct(1998)。

(二)徐慧珍教授主要科研成果

Pd 氧化铝催化剂的制备化学与表面化学(1986 年中科院自然科学成果)。

担载 Pt,Co,金属羰基簇的表面化学(国家自然科学基金资助项目,1987 年中科院自然科学成果)。

嵊县硅藻土用作啤酒助滤剂的研究(浙江省重点攻关项目,1987 年省科委科技成果)。

珍珠岩助滤剂的开发和利用(建成年产 300 吨生产装置,1986 年省教委科技成果,1989 年浙江省科技进步三等奖。珍珠岩助滤剂产品获省计经委 1989 年新产品骏马奖)。

醋酸和水在氧化铝上的吸附(中石化总公司科技基金项目,1990 年中石化科技应用基础成果)。

Pd 系双金属催化剂的制备化学和反应特性研究(国家自然科学基金项目,1994 年应用基础成果)。

担载 Ru 系双金属羰基络合物及其分散型金属催化剂的表面化学和催化作用的研究(国家自然科学基金和厦门大学国家催化实验室基金资助项目)。

此外,还有发表于国内外催化会议和一级专业催化和石油期刊上的论文数十篇。

化工学院的脊梁

姜一飞

　　化工学院（原名化学系、化工系）是从建校初即成立的一个系，伴随着学校发展，成了校史发展的缩影，同时也为学校发展起到促进和支撑作用。无论是在教学上还是科研方面，都是学校的主力军，到目前为止，学校近1/4的学院都是化工学院衍生出来的，如药学院、海洋学院、材料工程学院、环境学院、生物工程学院。学校获得的国家级和省部级科技成果奖有50%以上是由化工学院贡献的，为校内外培养的人才更是数不胜数。化工学院之所以成果喜人、人才辈出，是因为在教学、科研第一线，有一批吃苦耐劳、不断进取、默默耕耘的优秀教师、学科带头人和一支教学科研团队。教师是大学教育的主体，是大学文化的创造者、承载者和传播者。教师在学生心灵塑造及价值选择方面的引领启迪示范不可替代，特别是名师，是学生的精神偶像和学校的精神象征，是知识的化身、人格的楷模、效法的榜样，对学生做人、做事、做学问起到潜移默化的作用。化工学院就有一批这样的名师，如张成荫、沈德隆、徐振元、刘化章、徐如玉、徐崇嗣等等。

一、张成荫

　　张成荫老师是学校一位老人了，从建校开始就进入学校工作，一直奋战在教学第一线，而且是孤身一人在学校，家属都在上海，这在现代是不可理解的，但在当时形势下还是比较普遍的现象。1970年6月，中共中央批转《北京大学、清华大学关于招生（试点）的请示报告》，提出废除招生考试制度，实行"群众推荐、领导批准和学校复审相结合的办法"招收工农兵学员。我校与其他院校一样，在经历了四年停止招生以后，开始恢复招收新生。起初全国确定10个省市搞试点，共招生90000人，学制二到三年，学生由工厂、农村、部队第一线推荐。浙江省属试点省份之一，分配到2300名招生指标，我校分配到153名（后来增加到154名）。浙江省是农业大省，除衢化、杭钢等少数几家大型国企外，化工类企业仅有县办的二十几家农药厂和三十几家化肥厂。按照"教育与生产劳动相结合"的原则，这一年招生就暂定为四个班：农药专业（一个班，41人）、化肥专业（一个班，44人）、化工机械专业（两个班，共69人）。"文化大革命"全盘否定了高等教育的成绩及其规章制度，教学计划、教材也遭到批判。在这种情况下，教育革命怎么个"革"法？于是在工宣队和革委会领导下，指派了以张成荫老师为组长，组成农药专业教育革命小分队去原杭州农药厂，由教师、学生和工人结合共同编写教材，在生产实践中结合典型产品进行教学。这些学生分别来自工厂、农村、部队农场，是名副其实的工农兵学员，他们经历各不相同、年龄差距很大（大小差30余岁）、文化程度参差不齐（低的小学没毕业，高的是大学肄业），因而教学难度相当大。张成荫老师带领教学组的教师们为提高教学质量而尽心尽力。从当时的实际情况出发，制订教学计划，编写教材，在工厂进行生产现场教学，按照典型产品结合实际组织教学，对学习困难的同学进行个别辅导，不让一个同学掉队。在当时形势下，教学中还要注意言辞，不能说错话，否则要受到批判，这给教师精神上增加了巨大压力，很多年长的老师都不敢上课，或在上课时胆战心惊。张成荫老师身为组长，时常要做不来上课教师的工作，劝说他放下包袱来上课。有的课没人上，他只好自己上，因此他常常一人讲多门课程。有一次张成荫老师与工厂工人闲聊时，谈到学生程度参差不齐，说了一句有的学生"一斤等于十六两"（当时实行斤两制）。由于这句话当天就受到大会批判（全班学生），批他污蔑工农兵学员文化程度低。因为他是教学组长，受批判的第二天，还得继续照常负责上课等教学活动。张成荫老师在教学上严谨，一丝不苟，上课内容博古通今，非常风趣，同学们都喜欢听他的课。他还童心未泯，一次在南京出差间隙去游南京玄武湖，听说岛上的一只八哥会说话，他就与八哥对话近两小时，竟然把喉咙都喊哑了。

张成荫老师业余爱好是泡上一杯茶或买半斤黄酒，边喝茶（或喝酒）边摇头晃脑地唱上一段京剧，而且他唱京剧已达到较高的业余水平了，原来杭化有个教物理的万桂斌老师与他配合拉京胡，据说他们两人曾多次上台表演。万老师也是个非常有趣的人，他业余制作的微型电影放映机、蒸汽机火车头、车厢等与实物一模一样，能放电影，火车头能自动开；他居住的房间就是一个钳工车间缩影。各种钳工工具一应俱全，还有微型车床，房间周边有一排工具箱，上面铺有微型双轨铁路，蒸汽机火车头、列车可以在微型铁路上奔驰。

20世纪60年代中期至70年代，是国际上石油化工发展最迅猛的年代，欧美和日本等国的石化产业日趋成熟，并向大型化发展。石油裂解制乙烯的装置，已从单套年产18万吨乙烯迈向年产30万吨、45万吨乙烯。在我国，大庆油田的发现使全国人民振奋，各院校一时都开始考虑成立石油化工专业。张成荫老师发现这是我校发展石油化工专业的好机会，于是他就积极向系领导建议成立新石油化工专业，同时他带领有关教师对国内石化厂及有关院校进行了一番调查考察，并收集资料，编写教材，准备筹建石油化工专业。并将基本有机合成专业的1972级、1973级、1974级学生专业方向都向石油化工靠拢。但是，当时国内的石油化工尚处在起步阶段，各厂的现有生产装置都只有几千吨规模，而且生产工艺落后，仅上海浦东高桥化工厂有一套年产 2 万吨乙烯的试验性生产装置，是为金山石化进行人员培训所引进的试验装置。如果各院校一哄而上，都办石油化工专业，学生参观、实习都会成问题。比如我校的学生只能到江苏丹阳化肥厂去实习，而他们仅有一套年处理能力 1 万吨原油的小石化，按乙烯计算年产仅 1000 多吨。生产工艺是国外早已淘汰的蓄热炉裂解。当时去实习时由于丹阳是小县城，各种条件都比较差，住宿开始是住在废弃寺庙内，师生都只能在地上铺稻草打地铺，而且去工厂要走近 1 小时的路程，张成荫老师也和学生一起上下班，还要上夜班。到有机 1973 级去实习时才找到一个空置学校，师生们住宿睡在教室地板上。石化企业属于高科技综合性产业，在当时的条件下，我国尚无能力自行进行产业化的研究开发，设备只能靠进口，而进口设备自动化程度高、集中控制，一套年产 30 万吨乙烯的生产装置，仅需几百个操作管理人员，而且投资费用庞大。这显然不适合于一般院校石油化工专业的学生，进行参观实习及毕业后就业。所以到 1977 年恢复正常招生后，我们学校只好放弃石油化工专业，还是按原先的基本有机合成专业招生。张成荫老师在 1977 年后才调回上海一所大学工作，与家人团聚。由于他工作认真负责、责任心强、业务水平高，后来升为教授、图书馆馆长、校长。

二、沈德隆

毛主席说："有钢有粮，心中不慌。"我国是人口大国，粮食是中央领导特别注重的大事，在"文化大革命"中更是被提到特别突出的地位，化肥、农药是提高粮食产量不可或缺的重要基础，因此，中央领导特别关注化肥、农药的工业发展。1970 年，在经历了"文化大革命"四年停止招生以后，开始试点恢复招收新生。据说教育部曾要求天津大学、大连理工大学、上海化工学院（现上海理工大学）三所大学的"染料及中间体专业"改成"农药化工专业"，但他们都以缺乏教材资料等原因不同意改，仅上海化工学院在"染料及中间体专业"课程中加了一章介绍有关农药的专业知识。20 世纪 60 年代末，沈德隆老师在一次全国农药会议上，碰到南开大学原校长杨石先老先生，他希望我校能承办"农药化工专业"，他们南开大学有国家级化学研究所，本科的化学专业都侧重于农药理论研究、小试开发。他要我们学校与他们联手使小试产品工业化，两校接力棒式发展我国农药工业。同时沈德隆老师又向原化工部争取到筹办"农药生产及应用技术"培训班，返校后即向系及校领导做了汇报，得到领导的大力支持，并成立由他为组长的农药专业筹备组，1975 年受化工部委托的"农药生产及应用技术"培训班开业。从举办农药技术培训班着手，沈德隆老师带领新成立的农药专业筹备组教师，一方面完成培训班教学工作，一方面通过调查摸底，收集有关我国农药研发、生产、应用现状资料，以确定农药学科发展方向。20 世纪 70 年代初期，我国农药工业刚刚起步，又受到"文化大革命"的影响，国内虽然有200 多家农药生产企业，但生产的农药产品大多是国外早已淘汰的品种，毒性高、残毒量大，而且生产规模小、生产工艺落后，由于缺少技术人员，在生产中经常发生重大人身事故，并对环境造成严重影响。20 世纪 70 年代初的钱塘江"死鱼事件"，就是由于钱塘江上游一家化工厂（生产农药原料的工厂），因暴雨冲刷，废水池中的废水溢出后排入钱塘江，使得钱塘江百里江面白茫茫一片死鱼，一直延伸到钱塘江出海口，这个事故当时惊动了党中央、国务院，李先念副总理为此次事故做了专门批示："彻查事故。"

通过调查研究，沈德隆老师摸清了我国农药工业生产现状，也确定了"农药化工专业"教学、科研的发展方向。沈德隆老师根据当时实际情况，一方面组织教师编写教材和完成培训班教学工作。同时积极努力争取，通过原化工部教育司与教育部高教司联系沟通，把"农药化工专业"列入教育部正式招生目录。1977 年恢复高校招生后，"农药化工专业"正式列入全国招生计划，并确定农药专业面向华东地区招生，为我校面向全国招生开了一个窗口，成为国内高校唯一有"农药化工专业"的地方院校。直到 1985 年教育部为扩大专业面，进行专业目录调整，将"农药化工专业"并入"精细化工专业"。从 1977 级到 1984 级，共招了八届学生，培养了数百名农药化工专业人才，较好地解决了当时社会对该专业人才的需求。

沈德隆老师还积极开展科学研究，以带动和促进"农药工业及专业"学科发展，在完成"黄磷炉尾气合成光气"项目后，又接着开展"提高氧化乐果收得率"项目研究，当时氧化乐果是一个新的高效低毒杀虫剂，国内需求量大但收得率低，使得生产厂亏损严重，难以满足农业生产需求。该项目是与建德梅城镇农药厂合作的，为尽快完成项目，沈德隆老师带领全组教师下到厂里，由于他爱人正好去外地进修，他只好把读小学二年级的儿子转学到当地小学插班。在建德梅城镇农药厂，沈德隆老师带领全组教师与工人同吃同劳动（三班倒），经过半年多时间的努力，最终解决了氧化乐果收得率低难题，为我国新产品推广做出了贡献。在此基础上，沈德隆老师进一步承接和完成省、部级科研项目："采用非光气法合成新农药杀扑磷和噻嗪酮的工艺路线开发"，研究开发新颖杂环类农药杀虫剂："甲基嘧啶磷、杀扑磷、噻嗪酮、噻唑磷和新颖除草剂草铵膦、甜菜安和甜菜宁"等七个新农药产品的工艺工程开发研究，这些产品工业化生产后，产生了显著的经济效益和社会效益。沈德隆老师还对农药剂型加工工程领域进行深入研究，取得一批优秀成果，得到上级有关部门的肯定和外国专家的承认。在 2009 年 10 月，中国农药工业协会在上海召开的全国农药会议上，对在中国农药化工领域的创新发展做出贡献的个人或单位进行表彰，沈德隆老师被授予国家颁发的"建国 60 周年中国农药工业突出贡献奖"。沈德隆老师承担并通过技术鉴定和验收的国家级或省部级科研项目达 35 项，荣获科技成果奖 18 项，其中荣获国家级发明四等奖 1 项，省部级二、三等级奖 17 项。申请 23 项国家发明专利，在国内外发表论文和研究报告达 200 余篇，其中 35 篇论文发表在 A 类以上学术期刊，16 篇论文被国际三大索引收录。

三、徐振元

在 20 世纪 80 年代初，为提高学校层次，夯实基础，学校引进了一批人才。徐振元老师是这批引进人才中的佼佼者，他一直奋战在教学、科研第一线。在教学工作方面，他秉承一位导师的风范：精益求精，传道授业，甘做人梯，为社会培养人才。科学研究方面，他始终保持对化工专业的激情，潜心钻研，在精细化工领域进行了大量卓有成效的研究，特别是在开发新农药及其中间体、绿色合成技术及一系列产品工业化方面的研究，取得了辉煌的成果，做出了突出贡献。他的这份执着与坚持颇有东北人"一条道跑到黑"的风范。他将"敬业奉献、结合实际、关注前沿、开拓创新、转化成果"这 20 个字作为工作的准则，这也是他想和有志献身于科研工作的年轻学者们共勉的人生之谈。

浙江省是柑橘、茶叶等经济作物重要产区，螨害极为严重，而当时杀螨剂品种少、数量短缺。在这种急需"绿色"杀螨剂的情况下，20 世纪 70 年代末，徐振元老师带领团队积极研制和开发杀螨剂，从甲脒类农药开始相关研究，首先研发了双甲脒。课题创新性地应用新催化剂，使合成总收率提高了 15%，生产周期从 42 小时缩短至 12 小时。1993 年团队又开发了双甲脒新工艺，比原工艺节省了 50% 的设备，总收率却提高了 10%。针对一些甲脒类化合物存在易分解的问题，徐振元老师从理论上分析甲脒类化合物不稳定的原因，发明了复合稳定剂，研发了清洁生产工艺，成功创制了单甲脒水剂，并首先实现了工业化和商品化。与此同时，徐振元老师还开发了与其配套的中间体：2, 4- 二甲苯胺和 N-甲基甲酰胺，填补了国内在该领域的空白。该系列成果在国内十余个厂相继应用，取得了显著的经济效益，有助于解决当时杀螨剂品种短缺和供不应求的问题，因而获得国家技术发明三等奖、国家科技进步二等奖和国家技术开发优秀成果奖等科技奖励。

20 世纪 90 年代，我国农药产品结构不合理的矛盾日渐突出，甲胺磷等高毒农药占农药总产量的 30%，每年有数以万计的人、畜中毒死亡，并严重危害生态环境。徐振元老师为研发取代高毒品种的农药产品，先后主持省重点科技攻关和国家火炬项目——"高效广谱杀虫杀螨剂毒死蜱中试开发"和"年产 500 吨毒死蜱生产工艺开发"，在反应的催化剂、溶剂、缚酸剂和分离助剂等方面进行集成创新，简化了合成工艺，降低了溶剂的毒性和对环境的污染，提高了收率，解决了产品难分离和质量差等问题。由于毒死蜱是取代高毒农药较理想的品种，"毒死蜱的产业化"项目于 2001 年被列入国家"十五"科技攻关计划，2003 年 10 月通过验收；2005 年，国家发改委将"新建年产 3000 吨毒死蜱原药和配套制剂生产线"项目列入第一批高毒农药转产和替代的国债投资计划。在整个毒死蜱的研发和产业化过程中，他始终坚持不断创新、提高技术水平的思路，使浙江新农化工有限公司成为我国生产毒死蜱规模最大、产品质量最好的国家高新技术企业。毒死蜱开发成果先后获得浙江省科学技术一等奖、国家科技进步二等奖和中国专利金奖。

另外，徐振元老师的课题组还主持研发了氟噻乙草酯超高效除草剂、灭锈胺和青枯灵杀菌剂等农药，对取代高毒农药、调整农药产品结构和促进行业技术进步做出了积极贡献。

除农药开发外，徐振元老师还一直从事绿色合成技术研究及其工程技术开发，主持了多项国家和浙江省催化加氢科技攻关项目，与课题组同志研究了一系列加氢催化剂，研发的绿色合成技术成功地应用于生产 2，4- 二甲笨胺和 2，6- 二甲苯胺、2，2- 二氨基联苄二磷酸盐、1，3- 环己二酮和 3- 氨基 -9- 乙基咔唑等十多个医药、农药和染料的中间体，同时研究了配套的产品保护剂和分离新工艺，不仅提高了收率和产品质量，增强了产品的出口创汇能力，更主要的是减少了"三废"，实现清洁生产。技术开发成果在多家企业成功应用，取得了显著的经济效益和社会效益，获得了国家科技进步二等奖。"催化加氢多功能装置的产业化开发"项目又被列入国家"十五"科技攻关课题，2003 年 10 月顺利通过验收。徐振元老师课题组创建了浙江工业大学催化加氢研究中心和浙江省绿色化学技术创新研究与开发中心，积极推广绿色合成新技术，改造传统落后的生产工艺，从源头杜绝和减少"三废"，使企业走可持续发展的道路，对调整产品结构和发展精细化工做出了积极贡献。他负责的课题组还主持完成了 863 计划、"十一五"国家科技支撑计划、国家自然科学基金和浙江省绿色化工专项等科技项目课题，取得了一系列创新性成果，获得了 40 多件授权发明专利，在国内外重要学术期刊上发表了百余篇被 SCI、EI 收录论文。

作为浙江省应用化学重点学科的学术带头人，徐振元老师在学科建设方面做了大量的工作，注重学科队伍建设，努力培养年轻的学科带头人和学术骨干，建成了一支知识和年龄结构较合理的学术队伍。应用化学学科被评为省优秀重点学科，2004 年又被评为浙江省重中之重学科。徐振元老师除了承担繁重的科研任务外，一直从事教学工作，培养博士和硕士研究生，言传身教，教书育人。50 年来，他培养了大批德才兼备的专业技术人才。

徐振元老师具有敬业、奉献、求实和创新精神，积极承担科研和教学任务，几十年如一日，艰苦奋斗，默默耕耘，充分发挥了一个共产党员的模范作用。鉴于徐振元老师取得的业绩和所做的贡献，党和政府给予他充分肯定和很高荣誉，他被授予国家有突出贡献中青年专家、全国先进工作者、全国模范教师、全国优秀科技工作者等荣誉称号，还获得浙江省特级专家、浙江省功勋教师和劳动模范等荣誉称号。2005 年获得了浙江省科学技术重大贡献奖。

四、刘化章

刘化章老师在回顾其科学研究历程时，颇有感慨地说"文化是我们创新创业的灵魂"。40 多年来他始终坚持将科研成果产业化，促进经济发展作为科研的目的和价值观，走了一条产学研结合的成功之路。学校于 1970 年下半年抽调一批骨干教师，组成了以刘化章老师为组长的合成氨催化剂研究团队，开创了学校科研先例，为我校在合成氨催化剂研究领域的突破打下了坚实基础。在科研硬件条件十分困难的情况下，以刘化章老师为组长的催化剂研究团队"发扬没有条件创造条件也要上"的大无畏精神，自力更生，艰苦奋斗，一切自己动手，克服重重困难，是现代人们难以想象的。没有实验室用房，他们自己设计、自己建造实验室；没有高压实验装置，他们自己设计、安装，首创我国第一套高压实验装置，为了筹建实验装置，还硬是挖掉了房子旁边的一座小山丘；没有高温炉，他们自制土炉子，没有电动鼓风机，他们用手摇鼓风机，直摇得满头大汗、手酸背痛；经过 6 年的艰苦努力建成了具备最基本条件的实验室。在这简陋的实验室里，他们边建设边进行氨合成催化剂的研究。1976 年研制成功我国第一个 A110-2 型氨合成催化剂，达到国际同类先进水平。这是我校第一项重大科研成果，并开创了我国 A110 系列催化剂之先河，成为我国近 40 年、迄今依然应用最为广泛的工业催化剂。

也是在这简陋的实验室里，1985 年 12 月 3 日，发现了世界上独创的 $Fe_{1-x}O$ 基催化剂。$Fe_{1-x}O$ 基催化剂的发现是一个典型的创新过程，从构思到产业化经历了 14 年时间，经受了三次生死攸关的考验，遭遇了无数次的困难、曲折和失败，小试失败了！中试失败了！工业应用也遭遇失败了！特别是小试和中试失败，是 $Fe_{1-x}O$ 催化剂能否从发现到能否被开发成功的两个涉及 $Fe_{1-x}O$ 催化剂生死存亡的关键节点：在小试过程中，如果没有坚持实验，没有"今天一定要做出一只样品来"这样的决心和坚持实验的科学精神，就没有这一重大发现！在中试失败后，如果没有坚持 $Fe_{1-x}O$ 催化剂技术路线，没有"誓与 $Fe_{1-x}O$ 催化剂共存亡"这样的不怕失败、百折不挠的献身精神，就没有这一重大成果！即使在工业试验失败的情况下，他们依然痴心不改，依然以严谨的科学态度，创造性地解决了一系列技术关键。

从 1978 年迄今，研发成果全部实现产业化，在全国大中小型合成氨厂得到了最广泛的应用，其中包括世界上最大规模的年产 60 万吨合成氨的特大型合成氨厂，支撑了我国合成氨工业的"半壁江山"，且已持续 37 年之久。他们的成果受到了浙江省和原化工部相关领导的高度评价；省科技厅原主管领导曾指出："实践表明，浙工大工业催化学科所走的道路，正是高校产、学、研并重，科、工、贸结合的成功之路，也是我省高新技术成果真正实现商品化、产业化的典范。"

刘化章老师是我校第一位博士生导师，1996 年以来给硕士研究生和博士研究生分别讲授过"催化作用导论"和"催化科学与工程"学位课程。2002 年指导我校完全自主培养的第一位博士生毕业，2005 年第一位博士后毕业，迄今培养了约 70 名硕士和博士研究生。

我校第一个博士点、第一个国家重点培育学科是在零起点、零投资、十分简陋和困难的条件下，从一个课题组发展而成的。在学科建设和人才培养中，坚持把学科建成知识和技术创新基地、高新技术产业化基地和高层次人才培养基地。

刘化章老师在该领域 40 多年孜孜不倦，坚持不懈地开展了系统的研究，并取得了重大突破，极大地推动了该领域的技术进步，共取得了 3 项国家级大奖、6 项省部级一等奖和 12 项中国、美国、英国、德国、丹麦发明专利。在应用基础研究中，创立了以单相理论为核心的 $Fe_{1-x}O$ 基催化理论体系，发表论文 300 余篇，出版专著《氨合成催化剂——

实践与理论》中英文版各 1 部，主要成果被编入高等学校教科书。这系列首创性研究成果代表了近 40 年该技术领域的发展水平，在国内外产生了重大影响，引起了国际关注。这就确立了我校在该领域国内领先的地位，为它赢得了在全国同行学术界和企业界的声誉和知名度。

五、徐如玉

徐如玉老师曾是合成氨催化剂研究团队的副组长，长期与团队成员一起，在科研硬件条件十分困难的情况下，克服重重困难，与催化研究室全体科研人员共同努力，首先研制成功我国第一个 A110-2 型氨合成催化剂，达到国际同类先进水平。这是我校第一项重大科研成果，并开创了我国 A110 系列催化剂之先河，成为我国近 40 年、迄今依然应用最为广泛的工业催化剂。在一次偶然的废催化剂回收中，发现铁比高的催化剂活性较好，凭着她丰富的实践经验，敏锐的科研观察力，感觉到这可能是很有探索前景的新型活性催化剂，她在机械系肖延龄老师的帮助下经 XRD 测试，确定了催化剂的结构为亚铁基（$Fe_{1-x}O$），命名为 Amomax-10/10H；之后为了继续研究探索该型催化剂，她与肖延龄老师合作，在人手少、实验环境差等极端艰苦的条件下，他们基本上是吃住在实验室，经过两年的坚持不懈努力，Amomax-10/10H 氨合成催化剂的研制终于取得了突破性的成果，可惜徐如玉老师因积劳成疾，英年早逝，在病重期间仍念念不忘该型催化剂的推广应用。Amomax-10 氨合成催化剂，无论是在使用性能、经济性还是在节能减排等方面均具有明显的先进性，其工业应用技术是成熟的。2003 年 1 月，首先在小化肥厂的生产中取得成功，同年 12 月向大化肥厂推广，2004 年推向国际市场。

2003 年至今，在肖延龄老师的努力下，Amomax-10/10H 氨合成催化剂已销往世界五大洲 72 个客户，其中 42 家为大化肥企业、30 家为中小化肥企业。Amomax-10/10H 氨合成催化剂，作为新型氨合成催化剂开发成功，是世界合成氨工业史上取得的又一项革命性重大科技成果，是中国人对世界合成氨工业做出的重大贡献，我们为此感到非常自豪。2007 年 10 月，Amomax-10/10H 氨合成催化剂项目被中国石油化学工业协会评为科技进步一等奖。这种新型氨合成催化剂的开发成功和实施，为推动世界合成氨工业的发展提供了有力的技术支撑。

六、徐崇嗣

徐崇嗣老师是学校元老，也是化工原理学科开创者，从 1953 年杭州化工学校诞生开始，徐崇嗣老师就组建了化工原理教学组，随着学校的不断发展壮大，徐崇嗣老师一直是勤勤恳恳、不辞劳苦地奋战在教学、科研第一线，带领着化工原理学科教师，为学科发展铸造辉煌。化工原理是化工工艺类专业重中之重的化工基础技术课程；我校的毕业生深受社会欢迎，除专业基础知识扎实外，主要还是动手能力强，这与专业基础课化工原理注重教学实验同时并举是分不开的。早在20世纪60年代初，徐崇嗣老师对化工原理教学和实验室的建设及发展就非常重视，在各方面配以最强的力量；当时化工原理实验室新建了十余套新的实验装置，成为在国内有影响的设备齐全、仪器先进的一流实验室。

20世纪70年代初徐崇嗣老师带领教研室的教师，开始进行多降液管筛板塔技术的开发研究。这项技术具有液气通量大、板压降低、板间距小和操作稳定等优点，在当时是一种新型优良板型。因此，在实验室研究成果的基础上，于1977年应用到杭州良渚化肥厂的水洗塔上，后又推广应用到江苏、山东等省化肥厂的水洗塔和衢州化工厂合成氨水洗塔改造项目上。这一科研成果于1979年获省科技成果二等奖。

从此化工原理教研室进入了国内塔器研究的行列，特别是对于多降液管塔板，在实验室做了不少工作。近年来，这一课题还被美国精馏研究公司（FRI）列为与浙江工业大学的国际合作项目，在DN1200的冷模装置中开展深入的实验研究。

在20世纪70年代到90年代，以徐崇嗣和董谊仁老师领衔，在国内率先开发、研究和推广了金属、塑料波纹填料。徐崇嗣老师在80年代研制了穿流塔板与规整填料的组合式塔板，命名为复合塔板。1991年由徐崇嗣为发明人的复合塔板获得中国发明专利。复合塔随后很快在精细化工和制药工业中获得广泛应用，并获得了浙江省科技进步二等奖。

1979年，徐崇嗣老师招收了第一届2名化学工程研究生。当时我校硕士点还没有授予权，硕士生的学位是委托浙江大学授予的。1983年建立了我校第一个硕士点：化学工程硕士点。这个点也是我国非重点高校的第一个化学工程硕士点，这也是浙江工业大学的第一个硕士点。随后30多年来，化工原理培养成长了硕士生导师20余人，招收的硕士生超过150名。2004年被授予化学工程的博士点。20世纪90年代以来，（1990年学校组建化学工程学科，化工原理的研究室、学科组和实验室又重新合并，成为化学工程学科下的一个研究方向，称为传质与分离研究方向）化学工程学科连续多次被评为省级A类重点学科，化学工程学科成为一级博士点。化工原理教师都是这一重点学科中的中坚力量。

我的博士之路

史鸿鑫

2002年6月30日，杭州上塘河蜿蜒流淌，东新关千年古桥静静地卧波而立。清风拂煦，绿水涟漪，柳丝摇曳，我身穿博士袍，头戴博士帽，穿行在浙江工业大学河边林荫路上，匆匆赶往河畔的子良体育馆，出席浙江工业大学2002届毕业典礼。

体育馆内人声鼎沸，本科生和研究生分区而坐，各自穿着学士袍和硕士袍，两眼左顾右盼，双颊喜气洋溢。主席台布置得简朴端庄，正中的花篮五彩缤纷，喇叭里传送着欢快的乐曲声。毕业典礼开始了，奏国歌，校长讲话，宣布毕业生名单，很快进入授毕业证书和学位证书的环节。当司仪宣布浙江工业大学自己培养的第一个博士史鸿鑫时，全场掌声雷动。我欣喜地站了起来，因为只有我一个应届博士，感觉到几千双眼睛聚焦过来。我轻轻地抖了抖宽松的博士袍，整了整博士帽，深深呼吸一下以镇定自己，迎着羡慕和热切的目光，坚定地走向主席台。众多领导向我祝贺，校长沈寅初院士紧紧地握住我的手，慈祥的脸庞、和悦的笑容、炯炯的眼光，表露出对我的祝贺与期盼，转眼把浙江工业大学第一本博士毕业证书和第一本博士学位证书慎重地交给我。瞬间，掌声再一次爆响。我缓缓地转过身，向着全体毕业生，高高举起证书，笑容满脸，频频向大家表达谢意。闪光灯下，照相机咔嚓咔嚓的快门声四起，留下了浙江工业大学第一个博士诞生的历史记忆。掌声中我快步走下主席台，手捧博士毕业证书和博士学位证书，看着证书上编号NO.00000001，泪眼婆娑，思绪万千……

一、历经坎坷，追梦大学校园

我来自浙江嘉兴郊区的一个千年古镇，父母都是普通劳动者，大字不识几个。我性格文静，喜欢学习。小学五年级时，同学借给我一套《十万个为什么》（四本），我读得爱不释手，从此对科学技术产生了浓厚兴趣。后一年，"文革"开始，正常的教学秩序被打乱，校园不再平静，读书学习几成奢望。1968 年，激烈的运动渐渐和缓，在复课闹革命的口号声中我走进了初中校园。那时候学制改为两年，校长作为走资派被关牛棚，大批教师作为资产阶级知识分子而成为改造教育的对象。一年级没有正式课本，主要学习"老三篇"，两报一刊社论和毛主席诗词。二年级时，党的九大已经召开，学校渐渐正常起来，但老的教材体系被抛弃，新的教材体系还没有建立。每天主要课程是政治、语文和数学。因为老三届中学生全部下乡插队，所以"读书无用论"思潮泛滥，学习普遍缺乏动力。倒是"学工""学农""学军"活动热火朝天。像我这样要学习的人，也因教材的问题，学无所学。1970 年，我初中毕业，面临进企业、下乡、支边和上高中四种分配选择。因为太爱读书，我义无反顾地选择了继续升学。许多同学被分配去大兴安岭林场支边，有的同学被分配下乡插队落户，多数同学进了企业，而我则成为"文革"开始后的第一届高中生。

由于教育改革，高中学制两年，学校统一春季招生。1971 年 2 月底入学，中学教学秩序已经正常。数学、语文、英语、工业基础和农业基础五大主科，都有省编统一教材。那时候主张实用主义，理论为应用服务，理论知识都是最基本的内容，强调在生产中的实际应用。比如，数学要讲农田水利建设的土方计算，三角函数要结合农田园田化测量规划，解析几何要测量桥洞抛物线、制作白铁管道等。"工业基础"主要讲发电机、电动机、拖拉机和水泵，即所谓的"三机一泵"。"农业基础"则直接参与水稻发芽、育秧、插秧、田间管理和收割等各个环节。由于学生基础差，英语从字母开始教学。刚被"解放"的校长教语文课，让我们第一次接触到《曹刿论战》等文言文。1973 年 1 月高中毕业后，又面临分配问题。由于当时的经济形势，我被毫无悬念地分配下乡。

当年 7 月，我在附近农村插队落户。繁重的体力劳动之余，我想尽办法收集了"文革"前的初中和高中教材，系统自学了初中代数、平面几何、高中数学和物理。白天田间劳作，晚上灯下夜读。总是心存念想，希望能进高等学府继续深造。但在当时条件下，我"参军"轮不上，被生产大队推荐"工农兵大学生"，在公社却被刷下。1977 年出现了转机，恢复高校入学考试。虽然 1977 级高考时，我还没有报考资格，但是参加了 1978 级高考，并一举考入浙江化工学院"农药化工专业"。

1978 年 10 月 20 日，我从嘉兴赶到衢县浙江化工学院报到。学校距县城 12 千米，坐落在烂柯山下，乌溪江畔。一进校门就是生活区，七幢师生宿舍楼错落有致地分布在山脚下，食堂和后勤设施蜷缩在宿舍区的一侧。生活区南端是运动区，球场和田径场高低排列。运动区东侧为教学区，主要由教学大楼、图书馆和化工楼三座建筑组成。另有机械厂、印刷厂和化学试剂厂零星穿插在学校的角角落落。校园不大（占地 270 亩），远离城市，倒是一个读书学习的好地方。

1978 级学院计划招生 300 人，后来扩招至 330 人，共有化工和机械两个系。化工系有无机化工、有机化工、农药化工和工业分析四个专业；机械系有化工机械、机械制造、化工防腐和工业电装四个专业。我们班级 33 名同学，分别来自山东、江苏、浙江、江西、安徽、福建和上海。有下乡插队十年的知青，有部队复员的退伍老兵，绝大多数是"文革"

开始后十二年来的历届生。年龄最大的"老三届"31 岁，年龄最小的应届生只有 17 岁。十年动荡让我们深感接受高等教育的机会来之不易，大家都十分珍惜难得的大学时光。

五年知青生涯，养成了黎明即起的习惯。一般，天一亮就起床。简单洗漱后，就拿一本英语课本，先到田径场上跑四圈，然后在旁边的树下朗读英语、记英语单词。因为英语基础参差不齐，学校经过摸底考试，对没有学过或基础极差的同学安排学日语，像我有点基础的安排学英语。即便如此，我们的大学英语也是从英文字母和国际音标开始的。当时改革开放刚刚起步，外语教育开始得到重视，但我们的英语基础实在太差，大家必须刻苦努力。那时候自己还没有英语词典，得利用图书馆的资源提前预习，查好单词，做好笔记，以便诵读记忆。为了提高记忆效果，需要高声朗读，又怕影响他人，就躲到田径场东南的幼儿园一角晨读英语至少 1 小时。防腐班的一个不知姓名的同学，晨读英语专注的神态，一词一顿，仿佛要把单词吞进喉咙的一幕，深深地激励着我。

上课需要抢位子，我们偏爱前几排居中的位置，这样听课效果会好一点，尤其是碰到方言口音重的或者讲话声音小的老师。上"化工机械基础"的王孚川老师，温州口音，嗓音小，必须坐到前排，才会听得清晰。课堂纪律出奇地好，老师热情洋溢地授课，板书都很规范；同学们学习热情都非常高，上课认真听讲，做笔记，几无开小差的现象。大学一般连续上两堂课，课间休息，我们会涌上讲台，围住老师提预习或听课时的各种问题。由于提问的人多，问题多，老师没有一点闲暇。给我们上"高等数学"的冯明庚老师，好几次迫不得已要求同学给他一点上卫生间的时间。有的老师上课热情高，课间不休息。我们乐得多听点课，少有人中途出去休息或方便。每当这些老师上课，大家会调整早餐，只吃馒头，不喝粥，免得课间憋不住。

下午和晚上除了实验课，很少上课，大家喜欢上教室或图书馆自习，我更愿意上图书馆。那时候新的图书馆刚落成，面积不算大，只有两个阅览室对外开放，位置并不多。三楼的阅览室多为期刊，二楼阅览室有许多各类教学参考书更受同学们青睐。但阅览室座位有限，争抢位置在所难免。我必须在阅览室开门 10 分钟之前赶到，才能占到一个座位，第一时间借阅相关的参考书。进校第一年学高等数学，吉米诺夫的《高等数学习题集》是大家争抢的数学参考书。跟着教学进度，除了完成教科书上的习题，还要阅读这本书上的内容，练习书上的习题。学微积分时，最多一次作业有 100 多题，再加上《高等数学习题集》上的习题，总共达到 200 多题。学习《有机化学》时，在阅览室翻阅相关的教科书，把课本上没有的内容摘录下来作为拓展和补充。因为有较强的自学能力，课前预习，初步了解下一堂课的知识点、重点和难点。课堂上特别注意关键内容，再有不懂之处就课间围着老师讨教问题。

作为工科生，工程实践能力尤为重要。我们在衢州化工厂认真实习，参观了化肥、电石和机械等分厂，对化工企业有了大概的印象。我们带着零号图板等全套制图工具，在上海农药厂进行生产实习，那时生产实习有四周时间。在老师指导下，四周时间深入敌百虫生产车间，分工段，按岗位，摸管道，走流程。弄清每步反应的合成原理和生产工艺，了解反应器、换热器等设备的结构，不同管件和阀件的材质和特点。白天在车间画流程草图，晚上和星期天画车间生产工艺流程图。实习结束时，对全车间每台设备大小尺寸、材质、结构和用途，每根管道的来龙去脉，从原料到产品的各步化学反应和工艺参数都了如指掌。毕业环节，毕业设计的任务是：年产3000吨氧化乐果生产车间工艺设计。按计划开始花两周时间，先后在兰溪农药厂、苏州农药厂和上海农药厂参观实习，考察相关工艺流程，测算有关设备的工艺参数，收集毕业设计所需的相关生产工艺数据，为完成毕业设计任务打下坚实的基础。整个毕业环节共有15周时间，通过毕业环节使工厂的工程设计知识有了质的提升。

为了实现中学时代立下的当工程师的梦想，大学三年级时我就与嘉兴农药厂联系挂钩，希望去家乡专业对口的企业工作，结果深受厂方欢迎。从那时起，我就注意从图书馆收集农药生产相关的资料，特别是当时有机磷新农药甲胺磷、杀虫双等生产工艺，以及散布于各类刊物上的涉及化工生产的小窍门、小发明，记了三百多张卡片。结果事与愿违，1982年夏天大学毕业时，被安排留校，留在本专业教研室当老师。

二、学海无边，荡漾知识海洋

我在五年知青生涯中曾经当过小学、初中和高中代课老师，特别是带过1978届高中毕业班，我和学生同时参加高考，并与其中两个学生同时考上了大学，对备课和上课不陌生，对教师这个职业有一定的体验。但是，当大学教师与中小学教师不一样，要当一名合格的大学教师要求更高。自己寻思首先要过好外语关、助教关和科研关。

我在大学才开始正规的英语学习，充其量掌握2000个左右的英语单词，还不能阅读专业英语文献。大学时英语听力不作要求，没有训练。入职后不久，学校人事处组织了新教师英语水平摸底考试。自己词汇量少，许多考试题型又没有接触过，结果可想而知。提高英语水平成了当务之急。当时英语教材少，没有听力资料，也无录音机，学习进步不明显。1984年春天，学校举办青年教师英语培训班，配备了英国外教老师，提供英语听力资料，有专门的语音教室，学习条件大为好转。为了扩大词汇量，我强迫自己每天记忆100个单词。毕竟是30岁出头的人了，不到一周时间就感到头痛欲裂。医生说这是短时间超强度用脑引起的，建议休息一段时间再学习。但完全休息是不可能的，只能适当放慢节奏，少记几个单词，多做一些阅读理解训练。英语学习是个循序渐进、积少成多的过程。入职头几年，相当大的精力花在学英语上，晚上几乎不到10点不歇手的。经过多年的学习，英语水平终于有所提高，先后通过了国家英语水平考试（EPS）和美国TOFOL考试。

化学化工专业的外文资料主要是美国化学文摘（CA），大学读书时还不知道这部文摘。工作后需要查阅专业文献，必须进入CA。在图书馆外文资料室，看着一排排大部头的CA文献，一年就有一百多本，真有点老虎吃田螺——不知从何下手。同在查资料的老先生齐植清老师看出了我的困惑，主动起身，在书架旁给我仔细介绍 CA 的结构和查阅方法。于是我知道了通过分子式索引、主题索引、专利索引等各种索引，查找所需文献的途径。打开 CA，各种化学化工专业英语词汇扑面而来，一开始必须借助于专业英语词典，查阅速度极慢。经过长期文献查阅，结合科研，日积月累，掌握了较多的专业英语词汇。查阅各类外文资料渐渐地得心应手了，进而达到熟练的程度。

我深知大学四年只是打了专业基础，作为专业课新老师，还必须在专业的深度和广度上下功夫。譬如，大学阶段有机化学，学习了各类化合物的结构、性质、化学反应，但没有涉及化合物的表征。而有机合成是我的主要专业内容，合成产物的化学结构分析鉴别必不可少。于是有机化合物化学结构表征的三大波谱——红外光谱、核磁共振谱和质谱——成为学习的当务之急。1985 年，核磁共振仪出现不久，杭州只有浙江大学有一台，浙大一位老师刚从美国留学归来，开了一门"核磁共振谱"的课程，向高校普及核磁共振谱知识。得知信息后，我跟着有机化学教研室的老师去浙江大学听课。课程结束时，还测试了科研时所合成的新化合物的核磁共振谱图。除了波谱学，还聆听齐植清老师为化工系青年教师开的"高等有机反应基础"课，认真学习了亲电取代反应、亲核取代反应、加成反应等各种有机反应机理，巩固自己的有机合成理论基础。工作中接触到催化剂，萌发了对催化的兴趣，又开始学习催化理论。

科研是专业教师的基本功，何海兰老师是我开展科学研究的启蒙老师。1982 年大学毕业后，我被安排在化工系农药专业教研室，进入何海兰老师团队，主要从事农药化工专业课的教学工作，也开展一些科研活动。1979 年，计显琨副教授主持水稻白叶枯病新农药创制，合成了上百个二噻茂烷衍生物进行筛选。后来因病，许教授长期住医院治疗，何老师接手后续的研究工作，带领我们继续合成新化合物，进行防治水稻白叶枯病药效测试。在大学期间学过有机化学实验课，掌握了初步的实验方法。在科研工作中，何老师帮助我熟练掌握了有机合成反应中的实验操作技能。当时我们专业教研室还在衢州石室村，坐落在山上的化工楼四楼实验室里实验设备十分简陋。除了合成用的玻璃仪器、真空泵和烘箱，最高级的分析仪器是紫外—可见光光谱仪。学校里没有气相色谱仪、液相色谱仪和红外光谱仪，更没有元素分析和质谱等高档仪器。结晶法或薄板层析法是常用的分离提纯方法。多用光谱比色法测定化合物含量。但是，即便在这样的条件下，我们还是合成筛选出几个对水稻白叶枯病有明显防治效果的新化合物。

1984 年夏天，农药教研室随化工系最后一批搬迁至杭州。第二年，学校顺应世界化工从煤化工、石油化工，开始向精细化工发展的大形势，决定投入 5 万元专项资金创办精细化工专业，从而成为国内最早设立精细化工专业的四所大学之一。教研室主任何海兰老师，带领我们几个青年教师，北上华东化工学院（现华东理工大学），与该校以染料化工为基础发展起来的精细化工教研室进行学习交流。随后，教研室编写了精细化工专业教材，开设了 10 多个精细化工专业实验，从原来的农药专业扩展到医药、农药、染料和表面活性剂等多个领域，形成了自己的特色。在 20 世纪 80 年代中后期，我们教研室也成了其他准备建立精细化工专业的大学来交流学习的对象。1985 年 10 月，适逢浙江展览馆举办国际仪器展，日本岛津公司展出最新型号 GC-9A 气相色谱仪。展览结束后，我们教研室以展销价八五折的价格购入了展销样机。这样精细化工教研室，乃至化工系终于装备了当时最先进的分析仪器：GC-9A 气相色谱仪。由于其双色谱柱、计算机控制，程序升温，自动打印等功能，它也成为我校当时最好的分析仪器。

我们的科学研究也从单一的农药领域，转向医药和染料等方向。1985 年何海兰老师申报成功浙江省科研项目"水杨酸的合成"，我作为主要助手，全程参加了项目工作。在何老师的指导下，我第一次使用高压釜，摸索用荧光硅胶制备色谱层析薄板，学习气相色谱仪的操作使用等实验技能，了解项目研究的流程和科研方法。

当教师的最初四年，我从当助教开始，观摩何老师的课堂教学，通过授课方式、重点把握、作业批改和试卷出题等多方面的学习，逐渐积累大学上课经验。通过指导专业实验、带领学生下厂生产实习，辅导学生毕业设计，慢慢积累大学实践环节的教学经验。最后通过试讲考核，才获得走上大学讲台的资格。

三、学无止境，拓展专业领域

1982 年大学毕业留校时，由于教学任务繁重，教师紧缺，时任化工系领导不准新教师报考研究生，提倡在工作中提高业务水平，而机械系领导却鼓励新教师报考在职研究生。随着国家对知识、科学技术和人才队伍的重视，特别是对高校青年教师的学历要求逐渐提高，化工系终于在 1985 年后不再限制青年教师报考在职硕士研究生。那一年我 32 岁，继续深造年龄偏大；但为了提高知识水平和学历层次，毅然决然报考在职研究生。在承担正常教学工作的同时，还要准备报考在职研究生的四门科目——政治、高等数学、英语和化工原理的复习。在短短三个月，每天夜以继日，一面工作一面复习，不到半夜十二点不休息。功夫不负有心人，硕士研究生入学考试一炮打响，成为本校 1986 级化学工程专业在职研究生。我的导师过中儒副研究员，1985 年秋刚从中科院兰州化学物理研究所调到我校，组建应用化学研究室，主要从事金属催化研究工作。1986 年，他申报成功国家自然科学基金项目"钯系双金属催化剂的制备化学及其反应特性的研究（1987—1989）"，这也成了我硕士研究生的研究课题。

与精细化工截然不同，金属催化对于我而言是全新的领域。从吸附催化机理到催化剂制备，从催化剂表征到催化性能评价，又得从头学起。过老师开设的催化理论课，徐慧珍老师开设的催化剂表征课，经过一年的努力，初步踏进"催化"学科的大门。好在研究课题已经定下，我从研究生第二学期开始查阅文献资料，为课题研究做准备。之前，人们对负载型铂（Pt）金属催化剂的研究比较多，而对相对价廉的贵金属钯（Pd）催化剂的研究却很少。我的课题任务是制备出在载体三氧化二铝（Al_2O_3）上分别呈蛋壳型、蛋白型、蛋黄型和均匀型分布的 Pd 催化剂，以及钯和铂（Pd-Pt）、钯和镍（Pd-Ni）、钯和钴（Pd-Co）、钯和铜（Pd-Cu）呈内外层不同分布的 Pd 系双金属催化剂，并评价其催化性能。文献只有在竞争吸附剂存在下，不同分布的单金属 Pt/ 载体催化剂制备的资料，我得解决在载体上不同分布 Pd、Ni、Cu 和 Co 单金属和双金属催化剂的制备方法。难点是针对不同金属离子和在载体上不同的分布位置，筛选出各自合适的竞争吸附剂；不同金属离子在载体上显色，以便观察和测量；两种金属在载体上不同层状分布的制备方法。直径3 毫米的载体 Al$_2$O$_3$ 上的 Pd 系双金属催化剂制备成功后，本研究室热心的张卫基老师用其照相机帮我拍照，以显示金属在颗粒上分布的直观影像。相片很清晰，但因为颗粒太小，照片上金属分布层不明显。后来辗转到浙江医科大学病理切片实验室，在显微镜下，拍摄得到理想的照片。

催化剂性能研究需要相应的评价设备，但研究室只有一台上海分析仪器厂生产的上分 −102 型气相色谱仪。在测试金属催化剂的程序升温还原性能时需要一台程序升温控制仪，只能自制设备。在过老师和徐老师的指导下，用一个电炉和一个电压调压器手动控制升温速度，通过上百次试验，掌握了调节控制要领，自制设备达到了程序升温的要求。评价催化剂的抗硫性能、氢氧反应和苯加氢反应性能时，因为没有整套评价设备，只能自己设计，制作评价装备。幸好化工系有玻璃作坊，方文真师傅根据我的图纸，吹制了一整套反应器（管）、液体蒸发器等玻璃仪器。利用玻璃二通阀和三通阀，把原料气体和反应尾气接入 GC-102 气相色谱仪，分析气体各组分及其含量。用过老师自制的开合式管道电炉给反应器加热，通过调节调压器的电压来控制反应温度。就在这样简陋但又实用的自制反应装置上，完成了各种催化剂抗毒性能和反应性能的评价。经过两年的努力，完成了所承担的国家自然科学基金项目，从金属离子在载体上的吸附规律，到金属不同分布的负载型 Pd 单金属催化剂和 Pd 系双金属催化剂的制备；从催化剂的程序升温还原特性，到催化剂的抗毒、加氢和氧化反应性能的全部实验工作。并在此基础上，撰写硕士毕业论文，顺利通过国内催化界老前辈金松寿先生主持的论文答辩。论文获得很高的评价，并高度肯定我"已经具备独立科研的能力"。1989 年，我由此获得了工学硕士学位。

20 世纪 90 年代，随着精细化工中化学药物合成的快速发展，有机物手性合成成为新的研究热点，引起了我的关注。时任化工系主任周执明教授提醒我，科研要跟踪国际前沿和热点，鼓励我走出国门到发达国家去学习交流。1993 年，经过努力，我获得了作为访问学者赴法国高校学习交流的机会。在国家教育委员会的安排下，我到上海外国语大学强化学习法语。从零开始，不计时日，不分昼夜，勤奋努力九个月，我初步获得法语听说交流能力，并通过国家法语水平考试和法国专家的法语面试。1994 年 9 月，赴法国著名的Paris-Sud 大学化学系做访问交流，学习先进的有机物手性合成理论和实验方法。每周一和周二的上午，听研究生课，学习五门相关理论。其他时间在实验室工作，学习该校独创的手性合成方法，并进行课题研究。实验室拥有气相色谱仪、液相色谱仪、红外光谱仪，学校有核磁共振仪和质谱等先进分析仪器，学习这些仪器的使用方法。特别是核磁共振仪，必须和研究生一起听课，理论和实验考试合格后方能上机操作。实验室规定要用法语做实验记录，同时为了与法国老师交流，我利用实验间隙、晚上以及周末等时间，背诵记忆了3000多个法语单词，并练习法语听、说。一年访问交流期满，我已经能以法语较熟练地进行交流。回国后根据研究成果，在外文期刊上发表了2篇学术论文，均被SCI收录。

四、自强不息，攀登学位高峰

1998年底，学校获得第一个博士学位授予权——工业催化博士点，1999年计划招收第一批博士研究生。由于种种原因，鲜有报名者。化材学院动员年轻教师报考，仍然响应者寥寥。我当年45岁，继续深造攻读博士研究生的积极性不高。博士点负责人刘化章教授和副校长葛中华教授亲自上门做工作，肯定了我的学业基础和科研能力，动员我报考。当时距离博士研究生入学考试不到两个月，指导6个本科生毕业论文等教学环节也处于关键时刻，毕竟年龄足够大，已经到了博士研究生最大报考年龄，思想一直犹豫不定。抱着让学校第一个博士学位点建设顺利启动出把力的想法，博士论文课题要与自己的研究领域相一致的想法得到了认可，于是我同意报名，放手再拼搏一次。接下来的两个多月时间，在保证教学工作正常进行的前提下，积极复习迎考。我把睡眠和休息的时间压缩到最少，把复习的时间和效率发挥到极致，终于在5月底参加并通过了全国博士研究生入学三门科目的考试。1999年秋天，我成为浙江工业大学第一届博士研究生，在职攻读博士学位，同一级总共3名博士生，我年龄最大。

为了提高博士论文的水平，我把选题瞄准化学药物的手性合成这个前沿领域。但当时实验室既无液相色谱仪和红外光谱仪，学校也无核磁共振、质谱和元素分析等有机化合物表征用大型仪器设备。为了解决课题要有高水准，但实验装备不匹配的难题，我想到了国际合作的途径。于是我与法国同行、法国科学研究中心（相当于中国的科学院）ORSAY分子化学研究所的Bloch教授，共同成功申报了中法政府科技合作项目——血小板致活因子拮抗剂反式-2,5-二芳基四氢呋喃MK-287合成的研究。1999年10月赴法国巴黎，利用ORSAY分子化学研究所的仪器设备和法国政府的40万欧元经费，开展课题研究。

针对当时现有化学合成反式-2,5-二取代四氢呋喃的几条路线存在收率低，异构体难分离，或立体选择性不理想等缺点，与Bloch教授讨论，提出新的合成方法：以（±）-乳醇，即（±）-4,10-二氧杂三环$[5.2.1.0^{2,6}]$-癸-8-烯-3-醇为原料，在其3-位和5-位先反向引入两个取代基,再经过热分解和催化加氢反应,高立体选择性地合成反式-2,5-二取代四氢呋喃。当然，课题研究并非一帆风顺，常常会碰到问题，需要及时调整合成方法，其中Bloch团队给予我很大的帮助。因为在法国的居留签证只有一年，又必须在法国完成全部实验工作，所以从进实验室第一天开始，我就统筹安排实验进度。一般开启两套反应装置，实验操作如加料、薄板层析、过柱分离等交替进行，头脑始终保持清醒状态，做到既紧张又有条不紊，避免手忙脚乱，做到实验不出差错。最紧张的时候，甚至同时开三套实验装置。Bloch 教授十分体贴地安排他的助手 Mandeville 先生协助我，负责合成化合物的核磁共振谱、质谱和元素分析，节约我大量时间，加快了我的实验进度。特别是离开巴黎前一周，Mandeville 先生和我一起整理实验数据，帮我复印了所合成全部化合物表征分析的全套谱图以便我带回国，让我有时间撰写出研究报告，提交给 ORSAY 分子化学研究所。

经过努力，我合成了 107 个化合物，其中 91 个为新化合物，全部做了红外、核磁共振、元素分析和质谱分析表征。研究结果证实了我们提出的合成新方法的正确性：从（＋）－乳醇或（－）－乳醇出发，经过加成、氧化、还原、热分解和催化、加氢六步反应，对应选择性地合成了（2S，5S）－和（2R，5R）－2，5－二取代四氢呋喃，如旋光纯的 MK-287；并以（＋）－乳醇为起始物，经过加成、甲基磺酰化、环合、热分解、氧化和还原六步反应，对应选择性地合成了脱氧维生素 H 的重要中间体（2S，3R，4S）－2－正戊基－3，4－二叠氮基四氢噻吩；从 3，4，5－三甲氧基苯胺出发，以较高收率合成了 MK-287 的重要原料——3，4，5－三甲氧基溴苯。我在法国勤奋了一年，以体重减轻 12 斤的代价，为 MK-287 等 PAF 拮抗剂和维生素 H 等手性五员杂环类化合物等药物的合成，提供了新途径，并出色完成了中法政府间科技合作项目的研究任务。

2000 年回国后，以不到一年的时间完成了博士课程的学习。根据研究成果，我先后在 *Tetrahedron*、*Tetrahedron: asymmetry*、*Tetrahedron Letters*、*J.Chemical Research* 和高等学校化学学报等中外期刊发表学术论文 10 篇，全部被 SCI 或 EI 收录。2001 年 12 月，我顺利通过以沈之荃院士为主席的答辩委员会组织的博士论文答辩。博士论文获得好评：合成了 107 个化合物，其中 91 个为新化合物，发表了 SCI 和 EI 论文 5 篇（截至论文答辩时），第一篇博士论文就为浙江工业大学树立起博士论文的高标杆。

一阵热烈的掌声再一次响起，我的思绪重回典礼现场，校长为最后一批本科生颁发毕业证书。毕业典礼在欢快的乐曲声中落下帷幕。步出礼堂，看到桥头"奋飞"的雕塑，我想到，是伟大时代开启了求学之门，是改革开放造就了良好环境，是浙江工业大学提供了工作条件，是勤奋努力成就了博士梦想。博士只是新的起点，我的命运与学校紧紧相连，唯有兢兢业业，共创工大辉煌。

2002 年 6 月 30 日浙江工业大学 2002 届毕业典礼
（右一为作者）

我与实验室之情结

朱锦忠

在母校校庆将临之际，回想自己在母校学习、工作的近半个世纪之历程，心潮滚滚，浮想联翩，感受颇多。回顾在母校的一生，只能以一句"我的命运与实验室有缘"来作为概括。

1960 年 9 月，我怀着年轻、天真的心情，进入母校的前身——杭州化工学校学习。因在中学年代，本人对化学这门功课似乎特别偏好，在中学简陋的实验室里，在老师指导下所做过的一些实验记忆尤深：把酚酞指示液滴入碱性溶液中，那溶液立即显示出红色；将铁棒插入硫酸铜溶液里，过了一些时间，浸没在硫酸铜溶液里那段铁棒就变成金灿灿的"铜棒"了；一杯石灰水，插入笔套（因那时没有吸管）吹几口气后，澄清的石灰水就变成了乳白色，老师告诉我们：你们所见的这些现象都反映了化学这门课中所涉及的一些本质问题，并且谆谆地引导我们明白"透过现象看本质"之哲理。各种实验，给我留下了十分奇妙的印象，也深深地感觉到化学这门课的神奇。怀着这种对化学知识渴求的心情，前来母校求学，想不到当初这一好奇的心情，竟使自己与母校的实验室之间，在不知不觉中有了一条隐隐约约的红线，更想不到自己会与实验室结下一辈子的缘分。

在母校读书时，正值母校的主体搬迁到衢州之时，即乌溪江化工学院，杭州的称为分部。由于历史的原因，在我们读书期间，许多的实验，尤其是许多专业课或专业基础课的实验，因实验室的搬迁而无法开出来。所以在我们的四年学习过程中，最可惜的是实验不足。老师们为了弥补这方面的欠缺，在教学上除加强教材中的理论知识传授外，还加强在下厂实习教学中的现场指导，从生产实践环节里尽量找一些同实验有一定联系的装置或设备作为例子向我们介绍其原理和作用；此外，也尽可能挤出一些时间，带我们到市内的其他学校（主要是浙大）参观一些实验装置。所以，我感到我们在那个年代的学习中，学校的教学环境，师资队伍的水平，教学环节的安排……样样都不错，唯有实验教学似乎有一些欠缺！这对于工科学生来说，总感到是一种遗憾！

四年的学习生活结束了，我们班 58 名同学，像一窝刚刚学会飞翔的雏燕，个个都抱着自己的理想，准备飞向祖国的化工事业所需要的地方。可当毕业分配方案一公布，学校竟然把我及其他四位同班同学一起留校时，心里不免产生一种说不出的苦闷感。那时，我倒不是追求和向往被分配在北京、上海、天津、南京等大城市的单位，而是觉得，以自己的爱好，倒是宁愿在任何一个化工生产单位，凭着自己四年来所学的知识，为这个单位的化工事业出一份力、流一滴汗就感到心满意足了。而现在却想不到仍要留在抚育了自己四年的窝里，心里那种说不出的郁闷真是一言难尽！但在当时的年代里，哪个人要是说不服从组织的分配，那是多么难听的话，甚至是一件可耻的事呢！经过反复思考，又想到自己学生年代那种缺乏实验教学的感受，因而也就以服从组织分配而自我安慰，勉强地接受了这一留校的选择。由此开始，在自己的历程上，与实验室之情结，就这样勉强地拉上了手。但当时也不会想到，这竟是本人与实验室结下一辈子情结的开始。

刚留校，学校领导为来自全国各高等院校的新同志开了一个隆重的欢迎会，当时的学院党委书记张庆山向全体新来校工作人员表示欢迎，向大家介绍学校今后的发展方向和目标，并希望大家为学校培养社会主义建设人才做出贡献。1964年，是学校自建校以来引进青年教师人数最多的一年，以我所在的化工原理教研室来讲，除我是留校的外，还有从华东化工学院新分配来的二人——吴志荣和任芝燕老师，从华南化工学院新分配来的一人——赵冬屏老师。在当时只有十几人的教研室里，一下子进了四个新人，新老人员的比例改变可谓大矣！在听了学校领导的鼓舞人心的讲话及见了自己所在教研室的具体变化后，当时因留校产生的郁闷心情稍稍得到了一些疏解。

平心而论，在我到教研室报到后，当时的化工原理实验室工作环境条件还是不错的，因为那时学校本部已经迁到杭州来了，本部学生的教学区就在当年的杭州师范学院的校园里，而化工原理实验室则就在原杭师院的一个大饭厅里，占地面积很大，可当时每学年要来开实验课的班级不是很多，故实验装置多以单套为主。因这些实验装置是在我留校前刚刚安装的，有一些甚至还没有完全安装好。当时在实验室里，主要是郑祖铭、朱秀钊两人负责工作，而在1964年暑假后，其他三位刚来校报到的年轻老师和我，还有几位自1960年之后来校的年轻老师，如董谊仁、周友生、蒋世秀等，他们在课余时间也常来实验室。按照当时的教学要求，每位上课老师得完成指导授课班级学生的几个实验任务。况且，当时实验装置刚从衢州搬过来而重新安装起来，这些新安装的实验装置及设备能否满足教学上的需求，大家都心中没底。所以，这些年轻的老师也经常和大家在一起调试实验装置、测定实验数据，然后再整理成实验报告；如果在调试装置、测定数据过程中出现问题，他们还要同实验室里的老师一起动手，对装置或设备进行调整，有时甚至进行重新安装。在这一段时期里，我跟着这些大哥大姐一边干一边学，心中倒感到挺愉快的，因我在这批人员里是最年轻的一个，干起活，我总是努力地干在前面，极为卖力，所以当时全教研室的老师都叫我"小朱"。直到如今，现在这些仍健在的老师，对我依然保持着这个称呼。当时，我除了在实验室里边干边学外，在分部的教研组里，还得抽一定的时间听其他三位老师的课，尤其是常连栋老师的授课，教研组指定我一定得听，还要协助他辅导两个班级的学生自修并批改一定数量的作业本。这一时期的工作非常紧张。因此，自从留校开始，我对自己的评述是我是一个已拿了毕业证书的学生，听课、看书、做作业、自学实验指导书，尤其当时由罗曼可夫所编写的《化工过程及设备实验指导》必须当作教科书来看；下午，在一般情况下，去实验室调试或安装实验装置、测定实验数据、写实验报告等。总之一句话，什么都得从头做起，完全是一个道道地地的学生，而且比自己做学生时还得努力一些。在我们那个年代，没有电视，更无电脑，生活的内容虽然单调，但生活的乐趣却很有味：那就是"紧张"二字！

但这种半学生似的生活只过了一年多时间，到了 1965 年，按省里的有关要求，我们这个"对外两块牌子，对内一套班子"的学校再次进行了调整，"一分为二"了。本部又得搬迁到衢州，分部则仍留在杭州，这样一个刚刚建立起来的实验室，又面临着搬迁的命运！我也就要和这个刚刚才有了一点认识的实验室分别了，也将和相处了一年多的本部老师们告别了！这就是我在母校读书和工作的最初五年中，所谓"五年三迁"之命运吧。

本部迁衢之后不久，"文化大革命"开始了。而当年留校时要求我来筹划的实验室，随着本部的迁衢也不见了踪影。因此当时自己心里倒暗暗高兴，偷偷地产生了一种从没对任何人说过的想法：待今后瞅准时间，力争调动工作，来一次"破师立工"，以圆梦刚毕业时的梦想。这个"破师立工"的美梦尚未做成，学校的命运又出现了一个转折点：1970年下半年，当时的浙江省革命委员会发文，要求我们从杭州迁到衢州，与当年也是从杭州迁到衢州的总部（已称浙江化工学院了）合并，这样，我和原杭化的大多数老师一起来到了烂柯山下。

我是 1971 年春节后到衢州的，在那儿又和分别了近六年的老师们相见了。当时衢州的实验室大概受"文革"的影响吧，只在当时的化工楼安装了一部分，另有一部分设备尚堆放在仓库里。原在本部教研室里的蒋世秀和任芝燕等老师也已经调走了，朱秀钊老师也正在办理离校手续准备调回老家去。因此我的到来，首先接手的是朱秀钊所移交的实验室的财产账，同时，要同郑祖铭老师一起，在其他一些老师的配合下，力争以最快的速度把一些尚未安装好的实验装置安装完毕，以适应当时的教学需要。因我们化工原理实验室的环境条件不是很好，再加上当时整个社会上的教学气氛也不是十分理想，因此我的感觉与当年刚留校时相比，热情不如当年。在朱秀钊老师调走后不久，陈善堂老师刚调入学校就分到我们实验室来了。陈老师是 20 世纪 50 年代在华东化工学院毕业后一直在有关厂里工作的，有着丰富的工程实践经验，他的到来给我们实验室增添了一份巨大的力量。

我对实验室在高校教学中的地位和作用的认识随之再次提高，是在 20 世纪 70 年代中后期参加了一个由化工部教育司在华南化工学院召开的化工原理教学会议后。那时，全国的教育战线形势有了很大的改观，当年在"文化大革命"中被冲击的东西很多已经恢复。在这种情况下，化工部教育司就如何搞好并提高化工原理这门课程的教学质量问题，在华南化工学院召开了一个全国性的研讨会。我校在马瑞椿老师率领下前去参加这次会议，我也是其中之一，这也是我留校工作后第一次出远门去参加的第一个全国性的学科性会议，在那儿，看了、听了华南化工学院等著名院校的课堂教学和实验教学的经验介绍，尤其是华南化工学院的劳健正老师有关他本人在本门课程里的实验教学情况介绍后，给我的启发和教育很深，鼓舞很大。在他们的实验室里，我们看到一排排装置整齐、四套为一组的实验设备，使自己大开眼界，心想：像我们这样的学校，何时能有这么规模的实验室呢？特别是劳健正老师以自己在实验室里的多年工作体会，言辞恳切地阐明了实验室在工科院校的教学环节中的地位和作用。在这次会后，我们教研室借此东风，全体人员在教学上更加齐心协力，而我们在实验室里的人也充分地发挥各自的特长：陈善堂老师工程实践经验丰富；郑祖铭老师思维敏捷，见解独特；而我在这两位老师带领下，努力学习，善于思考，动手能力也不差，和这样两位师长在一起干，受益匪浅。这样经过近两年的努力，改造或新添置了具有一定特色的实验装置，如：流体流线实验、多种类型传热管的效率比较实验、不同种类塔板操作情况演示实验以及为了增强学生的工程实践能力而开发出的化工管路安装实验等装置。这些具有一定特色实验的开出，在某种程度上来说，跳出了我刚留校时由罗曼可夫所编写的《化工过程及设备实验指导》这一所谓经典的指导教材的范畴，为实验教学提供了一个强有力的平台，也得到了国内同行们的首肯。现在回过头去想一想：在20世纪70年代末至80年代初，像我们这么一个地方院校，以我们当时实验室的情况来说，与其他省份的同类型院校相比，可以说是排在前列了，就是和有些重点院校相比，也不会差距很大。因此，在那个年代里，我校的化工原理实验室在全国兄弟院校的同行里说起来，也有一定的名气呢！到了1981年，李瓯老师也分配来到了实验室，实验室又增添了一个年轻的、安心于实验室工作的新生力量，这为我们实验室的今后发展和稳定下了一步好棋。后来的事实证明，李瓯老师的到来，恰逢我们实验室1984年由衢州搬迁来杭州之际，又遇陈善堂老师即将退休时，加上郑祖铭老师和我两人又在学科性公司上班，她为当时实验室教学工作的正常运行和稳定起了很大的作用。

加深本人与实验室的情结，另一条牵手的红丝带是实验室里的科研工作。我们实验室的最早科研项目是徐崇嗣老师在1972年开始搞起来的。当时他在兰石所编辑《塔设备》时，见到国外有一篇介绍悬空降液管筛板塔的小译文及几张照片，这篇译文的版面很小，它只简单地描述了这种板塔的一些操作特点，如：它的降液管的溢流周边比传统板塔的溢流周边要长得多，故其能通过的液量也就要比传统板塔要大得多；由于降液管是悬挂在下面一块塔板的上方而不同于传统板式塔那样插在下面一块塔板的液层里，从而可使在相同的塔板截面上开更多的通气孔，因此也就可以增加通气量……但对于它的操作原理以及它自身的内在机理，却几乎不予介绍。尽管如此，徐老师对这种国内从未所见的、把降液管悬空地挂在塔板上方的新型塔盘板，表现出极大的兴趣。据资料介绍，这种新型塔板最大的特点是：因为降液管是矩形而不是弓形的，其溢流周边比普通降液管要长得多，所以可通过更大的液量；再则因其降液管是悬空在塔板上面，而不再像传统的塔板那样占据着塔板面上的一定面积，从而可使在相同的塔板面积上，有更大的汽液接触面积，故这种塔板特别适合大液气比操作。从理论上来说，这个道理是合理的、正确的，但从传统的塔设备的操作原理来分析，像这样把降液管悬空地悬挂在距塔板上方的一定高度上的某一位置，它是怎样来实现塔内部汽、液二相流体的正常的合理流动，从而以实现这种塔板在工程实际中的使用价值，其中有许许多多的问题需要解决。为此，在徐崇嗣老师带领下，我们暂先决定在实验室搭起一套实验装置。因当时的教学经费有限，我们只能充分利用当时实验室的一些闲置的实验设备及学生实验结束后有一定空余时间的实验装置，如利用那时实验室仅有的一个直径为300毫米的精馏塔作为热模塔，而冷模塔实在无法解决，只好添一个直径也是300毫米有机玻璃塔节，再适当加工一些有机塔板、降液管之类的零部件，余下的在实验过程中所需要的零部件，我们不得不在实验室里自己动手来加工解决。至于在实验的测试过程中，我们在每测定一组数据时，必须本着一丝不苟的精神来操作并记录，当完成了这组的测定之后，首先将所测得的数据进行处理，根据处理所得的结果来决定这次实验值的正常与否。在做完这同一结构和规格的塔板所有的数据后，又得考虑另一组结构和规格的塔板的测定，这样，对原来已经安装好的实验装置，又得重新拆、装……有时在拆、装过程中，还会出现某些零部件的维修或者加工等活。总之，在每组的实验数据后面，不知包含每个参与人员的多少心血和汗水。在徐老师的带领和指导下，经过在实验室里近五年的各种不同结构、不同规格的热模、冷模测试，我们终于摸清并掌握了这种塔板（当年称为MD塔板）的各种操作性能参数。之后，以徐老师为首的课题组，就开始物色和寻找最能适合这种塔板在化工生产中的应用对象。1977年7月，终于和第一个应用的单位——良渚化肥厂共同开发，应用在该厂的半水煤气的水洗岗位上。因在氮肥生产中，水洗岗位中的脱碳是一个十分典型的大液气比操作，它又是一个十分关键的生产实际问题，尤其是在夏天的高温条件下，化肥是农民在那个年代最急用的农资品之一，而夏天的高温又是化肥生产中脱碳岗位上的一道大难题。因此当徐老师将这种新颖塔板在实验室里的研究情况及其所具有的特性向该厂有关领导及其有关的技术人员作详细介绍后，该厂以敢于"吃螃蟹"的精神，将我们这一成果应用于他们厂的水洗脱碳中。当这一新型塔板在良化的DN1400m水洗塔投入生产实际岗位中使用近八个月后，它的所有操作情况正常，生产能力完全达到了设计的指标，经过一段时间的稳定生产，于1978年3月上报浙江省石油化学工业局并申请鉴定。为了准备这次鉴定会的召开，我和其他几位老师来到良渚化肥厂对该塔进行实际测定，在现场，我和其他同来的老师一起，并会同厂里有关工程技术人员，接连几天围着水洗塔爬上爬下，调节和控制各种操作条件，记录各种操作数据，仿佛又回到了实验室，只不过这是一个正在进行实际生产的大的实验装置而已。我在这次的现场测试中，除了尽力做好自己该承担的测试任务外，本人对该塔板在塔内的具体布置、安装等机械方面的一些结构也特予以关注，面对生产实际情况，用眼看一看，再用脑想一想，这种型式和结构，哪一些是合理的，哪些还有可改进的地方。在当时的情况下，我的这一无意识的行为，想不到为几年后自己参与衢化合成氨厂的DN2800mm水洗塔改造，无形之中增加了不少学识。当然，这是后话。

在1977年3月通过鉴定后，由于我们这项科研项目在实验室里的基础工作做得扎实，在工程实际中又获得了较好的效益，尤其是在当时的形势下，对于一批老厂，在老设备的改造、挖潜中能获得较好的效果，因此，我们这一科研成果，于1979年3月，和良渚化肥厂一起，获得浙江省科技成果二等奖。这也是本人自参加工作以来所获得的第一个省级荣誉奖。这个奖的获得，又给本人与实验室的情结增添了一根丝带。我在感到高兴和自豪之余，更看到我们这个组的团结一致、齐心协力的团队精神以及这些老师对自己的期望。当然，这些用多年时间在实验室里所测的数据，更是为今后的DJ塔板在石化工业生产上的应用，打下了坚实的基础。

在良渚化肥厂脱碳塔的改造成功后，徐老师等人又有了更大更远的目标，希望能把这一成果应用到更大的设备上去。终于在1990年和衢化合成氨厂针对DN2800mm水洗塔的改造签订了合同，从而使DJ塔板为它进一步在石化工业生产中的应用找到了一条途径，但这条途径能否走得成功，这又是摆在大家面前的一个艰巨任务。为此徐老师除自己亲自前去外，还专门配备好有关人员，就各个方面的问题做了有针对性的准备，本人在这个项目里所担当的任务主要负责该塔的总体结构安装图。可这对我来说是一件真刀真枪的硬任务。但我对这个任务也并不胆怯，因我相信自己在这么多年的实验室工作中知识和经验的积累足以应对。更为重要的是，我们有一个团结一致、齐心协力的团队！在我这次塔体总装图的绘制过程中，当年本人在参加良渚化肥厂的脱碳塔测试时，那无意识的对其结构的关注也起了一定的帮助作用。为了更详细地了解、掌握这份自己亲手绘制的总装图，在其安装过程中的具体施工情况，在这个水洗塔内件的安装施工中，本人冒着酷暑，和工人师傅一起，在塔内共同劳动，并随时把存在的不足问题及解决方法一一记录在案。以后，我一直坚持这种工作态度和方法：凡是由本人为主所出的总装图，在设备安装过程中，我都要前去参与其安装的全过程。由于我们的认真对待、精心计算和合理设计，在大家的努力下，这个和衢化合成氨厂签订的水洗塔改造合同终于顺利完成。对衢化合成氨厂来说，经过一年的实际生产的考验，他们是实实在在地尝到了老设备的改造、挖潜所获得好效果的甜头，于是将该厂共有四个塔的第二个塔的改造任务又交给了我们，同样，我又担当绘制结构总装图的任务。当然第二次出图纸，肯定要比第一次容易一些，但也绝不是照搬照抄第一份图纸的结构尺寸，因每个塔的具体机械尺寸及其内部结构还是有一定的区别！因此，第二次图纸里的各种有关零部件结构，还得认真地对待。在完成第二个水洗塔的改造后，正值河南开封化肥厂有关人员来衢化，当他们听到并亲眼看到由我们所改造的两个采用DJ塔板的水洗塔的生产情况后，他们也打算采用这项新技术。继河南开封化肥厂之后，河北石家庄化肥厂也闻讯来找我们。这样，在短短的几年时间内，我们先后为这三家中氮肥厂共改造了10个DN2800mm水洗塔，为这些中氮厂老设备的改造、挖潜做出了一点贡献。当然，其间还有省内外许多小型化肥厂也闻讯前来找我们。

自20世纪90年代初开始，因我们这项科研成果在化工、石油系统的应用越来越广，为此专门抽出一些人员组成一家学科性公司。在公司的十余年工作中，在有关老师的互相协助下，经本人之手所出的各种塔结构图纸有40份之多，本人的足迹所到之厂家也有

20 家以上，为省内外的各类化工、石化企业的技术改造出了自己的一份力，也取得了一些成绩和荣誉：1979 年获浙江省科技成果二等奖外，1996 年获浙江省科学技术委员会颁发的科学技术进步二等奖，1997 年获浙江省石油化学工业厅颁发的科技进步二等奖、化学工业部颁发的科技进步三等奖，1999 年获中石化总公司颁发的科技进步二等奖，同时还有三个发明专利。面对取得的这些成绩，自己回过头去想一想，我还是认为，自己在实验室 20 多年的实践，特别是在这么多年实验中所养成的严谨的科学态度，实事求是的工作作风，较强的动手能力是自己在这么一个环境里能够取得成绩的基础；也可以说，本人在各类化工、石化企业能取得一些成果，实际上是自己与实验室的一份缘分的具体体现。

在公司干了十几年后，随着退休年龄的临近，自己也逐渐感到体力上的不适应，因此想回实验室工作的愿望日益强烈。在 2003 年完成了天津大港石化的一批塔器改造后，本人又重新回到了阔别多年的实验室。原想回到实验室里再随便干一年稍多几个月的时间后，就可无牵无挂地离开这个与自己相伴一生的地方，但想不到自己一跨进实验室不久，正值原郑州工学院因发展的需要而改为郑州大学并新迁校址之时，他们的化工原理实验室也得以重建。在他们重建新实验室的方案里，据说经当年的一位专门从事该校实验室工作的邓老师力荐，非要我们为他们建造一套流线示范实验装置不可。邓老师在 20 世纪 70 年代末到 80 年代初期，曾几次来我们当时还在衢州的浙江化工学院，亲眼见过我们这套实验装置，明了这套装置的特点。而我们当时所搞的这套流线示范实验装置，已时隔 20 多年，图纸也没有了，其中的当事人陈善堂、郑祖铭二位老师也已经退休了，甚至在 80 年代初来实验室的李瓯老师也调到学院办公室去了，而我也是刚回到实验室没几天。在这种情况下，我们原想借故谢绝的，但对方的请求心诚意切，尤其是年近退休的邓老师又亲自来电话。在这种情况下，我和当时在 20 世纪 80 年代末才调来实验室的王定海高工及两名年轻老师俞云良、姬登祥等人多次商量决定：为了校际友好关系，也为了让我们浙江工业大学的声誉可以在其他兄弟院校留下一点痕迹，我们实验室决定接受这项几乎没多少创值的项目。于是，我就和实验室里的这些老师挑起了这项看似简单但真的做起来麻烦得要命，而且给学校和学院里创值又不多的校际合作任务：总体方案的研定、具体图纸的测绘、外购部件或装置的采购及加工……直到整体实验装置的组装和调试。我们在这套实验装置总体方案的研定过程中，考虑到该装置是要给千里之外的兄弟院校用的，为此我们认真考虑了我们自己实验室里现有的那套装置在使用过程中，尚有些可改正的地方，本着对他人负责也就是对自己负责的态度，尽量将其加以完善。由于我们自从方案的研定到图纸的绘制等各个环节都认真对待，因此当我们将这套装置在郑州大学化工原理实验室安装完毕后，经对方有关老师的操作和调试，得到了他们的一致好评。这也是本人在即将退休之前，为其他兄弟院校的实验室建设而付出的一点微薄之力吧。

综观自己这辈子与实验室的情结，可以用这么一句话来表述：实验室锻炼了我，我为实验室的发展出了力。

传道育人的践行者

姜一飞

　　我是在特殊年代进入学校学习和工作的，在近40年的学习工作中，经历了学校（学院）教育拨乱反正、恢复高考、搬迁调整、教育大发展各个阶段；见证了学校从学生不足千人的单科性院校，发展成有三万多在校学生，并进入全国百强的教学研究型综合性理工大学，虽然此生经历称不上轰轰烈烈，但也算是精彩纷呈、绚烂多彩了。

　　我一直工作在教学科研第一线，古人说："师者，人之模范也。"教书育人是每一个教师的职责，在教学过程中我注重学生的政治思想工作，曾多次担任班主任和年级主任。平时在与学生接触过程中经常与学生谈社会经历、人生理想、奋斗目标，引导和培养学生树立正确的世界观、人生观、价值观；1989年6月正好是1989届毕业时节，我是他们班主任，根据自己经历及时组织全体学生学习，并劝说他们不要参加任何校外活动，当时他们班基本没有人参加校外活动；平时注意学生思想动态，有什么问题及时找他们谈心，消除思想中的隔阂；鼓励基础好的学生继续深造，帮助学生解决寻找工作单位的难题。指导的学生进入社会后，大多成为单位和部门的技术骨干或负责人。

　　我分别在四个教研室（教学组）和一个研究室工作过，参加了四个专业（石油化工、农药化工、精细化工、化学工程与工艺）和一个研究室（三废治理研究室）的筹建工作。从1977年恢复招生教学到2008年退休，共参与负责28届本科生教学工作，若算上参与的5届大专生、2届工农兵大学生、1届部属委托培训班（二年制），共参与36届学生教学工作；主要负责学生生产实习、专业实习、专业课教学（先后开出农药化学及工艺学、精细工艺学、化工设计概论、化学工艺学等七门专业课）、毕业环节的毕业设计和毕业论文指导。从20世纪80年代开始学校增设成人教育，我一直承担学校成教学院化工类学生教学工作，共参与30余届学生教学工作（2000年前以大专教学为主，2000年后主要是专升本教学）。退休至今还一直承担学校成教学院化工类学生的教学工作。

　　参加和负责的科研项目共获6项省部级科技成果奖，其中获省科技成果二等奖三项（二项排名第二位，一项排名第五位）、化工部科技成果三等奖一项（排名第二位）、省科技成果三等奖一项、四等奖一项。横向课题技术转让项目 10 余项，发表论文 10 余篇。

一、教学

我是 1970 年 12 月进校，当时是全国高校已停止了四年招生后的首次招生，"文化大革命"进行了五个年头，形势逐渐有所稳定。所谓大学的招生其实只是搞试点，全国仅选 10 个省市搞试点，共招 9 万名工农兵大学生，浙江省分到 2300 名招生名额，我校是招 154 人；这些学生都是从工厂、农村、部队（生产建设兵团）等生产第一线推荐而来，学校经历"文化大革命"后教育秩序已被打乱，只好将基础课、专业基础课、专业课教师统统综合在一起，成立一个教学组分配到各专业（按部队连排编制）。当时学校只有三个专业——化工系：基本有机合成（农药）、无机化工（化肥）各一个班；机械系：化工机械二个班。为总结经验，1971 年全国停止招生一年，1972 年开始全国招生，但招生人数不多，全国仅招 13 万人，一直到 1976 年共招五届，我省属试点省份，招了六届。这批学生都来自生产第一线，虽然文化程度参差不齐，但求知欲都很强，很珍惜这个学习机会，希望能多学些知识。

1973 年 9 月我毕业留校任教，分在基本有机合成教研室，当时共有 22 位教师，他们都是在"文化大革命"前从全国各大学分配来的佼佼者，具有丰富的教学经验，可以说是人才济济。"文革"结束后他们大都调离了教研室，成了各单位或部门负责人和学科带头人，如组长（教研室）张成荫调到上海某大学任校长、李恒铎任浙师大化学系主任、虞炳钧任生物制药学科带头人、沈德隆创办了农药学科等等。

20 世纪 60 年代中期至 70 年代，是国际上石油化工发展最迅猛的年代，欧美和日本等国的石化产业日趋成熟，并向大型化发展。石油裂解制乙烯的装置，已从单套年产 18 万吨乙烯，迈向年产 30 万吨、45 万吨乙烯。在我国，大庆油田的发现使全国振奋，许多院校一时都开始考虑成立石油化工专业。我校的基本有机合成专业，在组长张成荫老师带领下，也对国内石化厂及有关院校进行了一番调查考察，准备筹建石油化工专业。但是，当时国内的石油化工尚处在起步阶段，各厂的现有生产装置都只有几千吨规模（乙烯），而且生产工艺落后，仅上海浦东高桥化工厂有一套年产 2 万吨乙烯的试验性生产装置，是为金山石化进行人员培训所引进的试验装置。如果各院校一哄而上，都办石油化工专业，学生参观、实习都会成问题，比如我校的学生只能到江苏丹阳化肥厂去实习，而他们仅有一套年处理能力 1 万吨原油的小石化（采用国外早已淘汰的蓄热炉裂解技术），按乙烯计算年产仅 1000 多吨。石化企业属于高科技综合性产业，当时我国尚无能力自行进行产业化研究开发，技术设备只能靠进口，而进口的技术设备自动化程度高，一套年产 30 万吨乙烯的生产装置，仅需几百人，这显然不适合于一般院校的石油化工专业的学生进行参观实习及毕业后就业，所以到 1977 年恢复正常招生后，我校只好放弃石油化工专业，还是按原先的基本有机合成专业招生。

1974 年，浙江省从中央争取到建设年处理原油 250 万吨的石化厂（即现在的宁波镇海石化，其实当时仅是炼油厂），当时我校正准备筹建石油化工专业，所以在化机系、化工系抽调了五位老师（任贤鹏、高济生、庄毓萃、吴兰筠、姜一飞）参加镇海石化筹建处的筹备工作（半年时间）。

1975 年 5 月系里调我到新成立的农药化工教研室与沈德隆老师一起筹办农药培训班，这是化工部委托的，学校目的是为成立农药化工专业打基础；农药对农业增产是不可或缺的，但农药生产毒性大、污染严重、生产工艺复杂、更新换代快，在国内当时还是新兴产业。国外的研究机构主要研究新产品开发，而对相关基础理论的系统研究却很少，技术资料也很少，有关农药方面的教材根本没有。为了办好培训班，我与农药组的教师广泛查找资料、编写讲义，并结合科研精心组织教学，圆满完成了培训班任务。

在专业调查中得知，1972 年教育部曾经要求天津大学、大连理工大学、华东化工学院（现华东理工大学）三所大学的"染料及中间体专业"改成农药化工专业，由于缺乏教材资料等原因，他们都没有改。于是我们一边努力办好培训班，一边与化工部教育司联系沟通，希望允许我们能筹办"农药化工"专业。为了达到目的，我就经常往北京跑，因为我当时尚未成家，没有家庭拖累，所以跑化工部成了我义不容辞的责任，当时我成了化工部教育司、化工司、科技局的常客；与化工部教育司负责人一起去教育部联系汇报，经过多方努力，终于在 1977 年恢复高考招生后，教育部的招生专业目录增加了"农药化工"专业（全国独此一家），并且是面向华东地区招生，这为我校面向全国招生打开了一个窗口。"农药化工"专业从 1977 级至 1984 级共招了 8 届学生，这批学生进入社会后都发挥得很好，成了各所在单位、企业的技术骨干。

1984 年以后，教育部对全国大专院校专业做了调整，专业总数由 1300 多个压缩为 671 个（1987 年颁布实施）。对一些比较相近的、单一的专业进行了合并，如"农药化工"专业并入了"精细化工"；改革开放初期由于大学生需求量大，农药化工改成精细化工后，拓宽了专业面，原来每年招一个班改成招两个班，还要招一个大专班。1985 年学校搬迁工作已结束，但朝晖校区基建还跟不上，上课只好在临时房里，或借用农舍及中学教室，条件非常艰苦。为提高青年教师水平，教研组的青年教师都送出国，或送往国内高校进修提高，所以教学任务非常繁重，1985 年至 20 世纪 90 年代初，一人要完成 2—3 人的工作量，毕业环节一人要指导一个班（半个班本科生、半个班大专生），这种状况一直持续到 90 年代中期后才慢慢好转。其间，在繁忙的工作间隙，本人完成了研究生主干课程进修，使业务能力有了质的提升。20 世纪 90 年代末至 21 世纪初，教育领域开始大发展，我校的教育发展也顺势进入了快车道。

二、科研

在 20 世纪 70 年代后期，校园文化中学术氛围日趋活跃，教师们纷纷投身于科学研究，科研工作可有力地促进学科的建设和新专业的成长，并为学校发展创造良好的条件。1977 年我参加"黄磷炉尾气合成光气的研究"科研项目工作，这是一项变废为宝的"三废"处理项目，黄磷是有机磷农药生产的主要原料，但由于磷矿石煅烧时要排放出大量一氧化碳（含量 30%—40%）和二氧化碳，严重污染环境空气；光气是农药合成重要原料，但光气属剧毒化学品，只要吸入少量光气就可致命，在当时简陋的实验条件下做这样的项目是非常危险的，但参加项目的老师"发扬没有条件创造条件也要上"的大无畏精神，自力更生，埋头苦干，一切自己动手，克服重重困难，经半年多的努力，终于比较圆满地完成项目，该项目后来获省科技进步二等奖。

1978 年我由农药化工教研室被暂时借调到三废治理研究室，参加"处理有机磷农药废水"科研项目工作。该项目其实是我提议推荐给他们的，1977 年原化工部在广西南宁市召开全国农药会议，会上指出了农药生产领域存在的突出问题：生产、使用事故频发及"三废"排放严重污染环境等；农药生产产生的废水具有恶臭、毒性高、污染严重的特点，尤其是有机磷农药在生产过程中产生大量的工业废水，由于废水毒性大、浓度高，许多企业因没有合适的治理方法，直接将之排入江河，造成人畜中毒、鱼类死亡、水质富营养化等，严重破坏水体生态，对环境造成严重的危害，成为农药生产中一个十分突出的污染源。根据全国农药会议精神，在新成立的三废治理研究室选择科研方向会议上，我建议他们选择"处理有机磷农药废水"为课题，并依据有机磷农药易分解的特点，提议参照上海高桥化工厂采用低压水解处理无机氰方法，来处理有机磷农药废水。化工系的领导为加强力量，从当时农药教学组抽调朱良天和我，充实三废治理研究室，并任命朱良天为副组长，在条件十分艰苦、工作环境恶劣的情况下，经全体人员齐心协力共同努力，顺利完成作为省重点攻关中试项目"马拉硫磷生产污水闭路循环技术研究"（我是该项目负责人）。该项目在申报科技成果奖时还发生了一个小插曲，在即将召开省科技大会的前夕，本人正好去省科委（现省科技厅）汇报工作，顺道去成果处查看项目获奖情况，结果一查本项目没有获奖，成果处报奖时把该项目漏报了，我找到处长，他对项目漏报表示道歉，但表示已没有办法挽回，二等奖以上的成果需科委主任会议讨论确定，不可能为了一个项目成果再开主任会议讨论。眼看我们团队几年的努力就要白费了，我迅速赶到省石化厅，找到综合处科技负责人朱燮勇，把情况向他做了汇报；同时又到省环保局（当时省环保仅设局级单位）向负责人鲍来法做了汇报，最后通过省石化厅和省环保局联名给省科委打报告，纠正了遗漏的成果奖。由于有机磷农药是当时全国产量最大的杀虫剂，能为有机磷农药生产废水处理提供一种有效方法，具有重要意义。该项目获省科技进步二等奖（小试获省科技进步三等奖）。

1980 年我又参加"提高氧化乐果收得率"科研项目。这是我主持的与建德梅城镇农药厂签订的有偿技术转让合同项目，是当时国家开放技术转让后我校的第一个技术转让合同，合同金额五万元，现在来说是微不足道，但在当时月平均工资仅几十元的年代，这是一笔巨款项目。氧化乐果当时是一个新的高效低毒杀虫剂，国内需求量大，但收得率低，使得生产厂亏损严重，难以满足农业生产需求。该项目是与建德梅城镇农药厂合作的，为尽快完成项目，在合同生效后，我就先行下到建德梅城镇农药厂，对氧化乐果生产工艺提出全面整改，并配合厂方边调试边培训操作工人，提高工人操作技术水平。然后与农药化工教学组全组教师下到厂里，长期住在厂里，与工人同吃、同劳动（三班倒），经过半年多时间的努力，最终解决了氧化乐果收得率低的难题，为我国新产品推广做出一份贡献，当时《人民日报》还做了报道。该项目后来获省科技进步二等奖，同时获化工部科技进步三等奖。

我喜欢教师这个职业，热爱教育工作，曾多次有机会调我去管理岗位工作，都被我婉言谢绝了，有一次调令的文件已打印好，我知道后直接找到当时校党委书记屠德勇，说明自己只想在教学岗位做一名普通教师的意愿，得到屠书记的理解和支持，最后学校撤销该文件。作为一名高校教师，能为国家培养发展建设急需人才，为学校发展贡献毕生精力，虽然所做的工作微不足道，但自己感到很满意，可说此生无怨无悔。

如今高等教育与国家事业"同频共振"，进入新时代，我们站在了具有重要意义的"两个一百年"奋斗目标历史交汇点上。党的十九届五中全会更是擘画了我国建设成为教育强国、基本实现社会主义现代化的远景目标。在这种大好形势下，我相信凭借我们浙工大全体师生员工的智慧和凝聚力，勠力同心，奋斗不息，定能早日实现建成"双一流"大学的目标。

第四部分

校友篇

成长在红旗下，圆梦在改革开放中

陈诵英

编者按： 陈诵英，1939 年 6 月出生，浙江省新昌人，1964 年毕业于浙江化工学院化工系基本有机合成专业，并考取中国科学院研究生，是我校首批考上研究生的本科毕业生（当时这届毕业生考上研究生的有两人）。1967 年研究生毕业于中国科学院化工冶金研究所。1976—1996 年在中国科学院山西煤炭化学研究所工作，任研究员、博士生导师；历任课题组长、研究室主任、煤转化国家实验室主任。1984—1985 年作为访问学者在美国加利福尼亚大学 Davis 分校进修。1997 年以"人才引进"调杭州大学任教授、博士生导师、浙江省应用化学重点实验室常务副主任。1998 年任浙江大学教授、博士生导师。2002—2003 年应邀到台湾大学进行燃料电池合作研究。任华东理工大学等六所大学的兼职和客座教授；中国颗粒学会和中国色谱学会等多个学会理事；曾任《化工学报》《催化学报》等九个全国性杂志编委。长期从事吸附多相催化研究、涉及色谱、反应工程、超细纳米材料制备和应用、煤炭转化、动态表征和颗粒测试等领域。主持和参与的国家自然科学基金、省部级项目等近 30 项，多项科研成果获不同级别的奖励。在国内外学术刊物上发表论文 300 余篇，申请和获得国家专利近 20 项。受国内外大学研究机构邀请讲学数十次。培养研究生 50 名，获中国科学院"优秀研究生导师"称号。出版译著 3 部：《多相催化中的传质》《动力学与催化》《催化过程化学》。编著论文集 4 部：《环境友好催化》《催化剂制备技术基础》《可持续发展战略中的催化科学与技术》《催化剂制备科学与技术进展》。出版学术著作 9 部共计 460 万字，其中有催化基础 5 部——《吸附与催化》《催化反应动力学》《催化反应工程基础》《催化反应器工程》《固体催化剂制备原理与技术》，催化应用 4 部——《精细化学品催化合成技术》（上、下册）和《结构催化剂与环境治理》《煤炭能源转化催化技术》。本文系作者发表在《化工学报》2019 年第 70 卷第 10 期的文章，标题有修改。

时间过得飞快，如今迎来了中华人民共和国成立 70 华诞。中华人民共和国之初刚满 10 岁的孩童开始在新中国灿烂的阳光下茁壮成长。在中华人民共和国人才培养政策的滋润下，在老一辈导师、师长和领导的教育培养下，已经从年轻小伙成长为催化化工的有用人才。应该说只有共产党才能使农村娃完成初中、高中课程进入大学学习化工；在党的正确方针政策指引下，才有机会参加新中国成立以来研究生第一次公开招考，成为中国科学院的一名研究生，然后在中国科学院山西煤炭化学研究所从事催化科学技术研究发展工作。我成长为小有名气的催化化工工作者的过程是不断做催化梦和圆梦的过程。梦不断地做，不断地圆或者破。梦是理想、是目标、是追求、是向往，圆梦是努力、是奋斗、是拼搏、是实现。在中华人民共和国成立 70 周年之际，《化工学报》编辑部邀请我为《化工学报》庆祝中华人民共和国成立 70 周年专刊撰写回顾文章。作为一个 80 岁的老人和《化工学报》30 多年的老编委有义务和责任接受邀请，回忆和讲述"成长在红旗下，圆梦在改革开放中"不仅是一件乐事，更是一份责任和义务。

一、红旗下成长

1949 年中华人民共和国成立时，我正在偏远小县城读初小。应该说解放才使得我顺利读完小学、初中和高中。我高中时的梦想是读工程物理专业。1958 年毕业时，我国处于特殊的时期，虽然高考成绩很好，却被录取到完全没有想到的一所新的浙江化工专科学校，读了化工专业。在学校只念了一年书，学校让我留在已改名为乌溪江化工学院的本校当物理老师。留校当老师的我，在 1962 年 5 月再次被调整安排，插班读学校本科的有机合成专业，直到 1964 年 7 月毕业（学校名称已改为浙江化工学院）。那时在良好的科学氛围和环境下，全国第一次公开招考研究生（招收约 4000 名）。基于对自己良好的物理和化学化工基础的自信，我毅然报考了中国科学院化工冶金研究所陈家镛先生的研究生。没有想到的是居然被录取了。当时的中国科学院研究生院设在中关村中科院计算数学所大楼。就读研究生来自中国科学院各研究所，集中学习一年英语和哲学。很可惜，因接着的各种社会运动打断了研究生攻读；但已打下了做科研工作的良好基础。

1970 年被分配到中科院山西煤炭化学研究所工作，学习做制氢工、空分工、烧煤气和烧暖气。在彭少逸先生指导下，开始做催化研究的准备工作，包括学习基础知识、阅读文献和自制催化剂表征和评价设备。

1984—1985 年国家公派赴美国加州大学戴维斯分校做访问学者。1988 年被聘任为研究员后，1989 年所里就让我开始负责筹备和建设煤转化国家重点实验室（利用世界银行贷款），担任国家重点实验室主任兼开放研究室主任，1996 年通过国家正式验收。其间的 1991 年获中科院优秀研究生导师称号，享受国务院政府特殊津贴。1997 年 8 月以"人才引进"调浙江省杭州大学工作，1998 年 9 月四校合并，任浙江大学教授、博士生导师。2002 年 11 月—2003 年 11 月应台湾大学邀请，赴台大化学系进行固体氧化物燃料电池电解质材料的合作研究。2004 年 2 月被上海师范大学聘任为特聘教授，直至 2010 年 2 月。

不难看出，我是在中华人民共和国的红旗下逐步成长为一名催化化工工作者的。在我成长过程中应该特别提及的是导师陈家镛院士以及彭少逸院士的长期训导和培养。陈先生多次教导我要做一个正直的人，首先爱国，有一颗忠于祖国报效国家的心，要诚信诚实，有报恩的心；而要做一名科学家，第一是要勤奋学习知识打好基础，要有远大目标但要从有限目标脚踏实地一步一步做起，要坚持活到老学到老。而彭先生直言，希望我能够在化学和化工的交叉领域中做工作。我尽可能按这样的要求做。先辈们的教导和培养让我有了做催化梦的基础。梦有大有小，大至国家的复兴，小至个人的某个理想，也即梦是要随人、随时间和随环境改变的。圆梦，不管是大梦还是小梦，其历程总是曲折复杂和千变万化的，因为它是努力、奋斗、拼搏和实现的过程，不可能一帆风顺。因此，回忆和讲述圆梦经历是有意思和有趣的，下文讲述我做的催化梦和圆梦经历。

二、第一个追求目标：催化反应瞬态动力学

催化本质上是动态的。催化反应动力学研究有两个主要目的：建立用于催化反应器设计的可靠动力学方程和阐明催化反应机理。催化反应的进行必定包含传递过程，也即催化过程涉及催化表面反应和传递多个步骤。常用的稳态动力学方法不可能分离研究催化过程的各个步骤，进行非稳态实验测量成为催化科学技术发展的必然。为使用瞬态过程研究和测量催化过程各步骤速率，必须对反应物在催化床层中传递、吸附和表面反应行为做数学描述（数学模型）。该类数学模型的建立需要灵活运用数学、物理和化学方面的基本知识和定律。在研究工作中，我建立了在不同条件下各种吸附和催化床层的非稳定态一维数学模型（包括边界条件），考虑的过程包括轴向扩散、膜扩散、粒内扩散、吸附和表面反应。分别用于描述色谱填充柱和毛细柱、吸附床层和催化反应器中的行为。建立的数学模型通常是一组偏微分方程，求解是不容易的，只有特定简化情形下才可能获得数学解析解。研究催化反应动力学最重要目的之一是要计算和测量数学模型中包含的参数，如轴向扩散系数、膜扩散系数、粒内扩散系数、吸附平衡和速率系数以及催化反应动力学常数（对于两步机理，为吸附平衡常数和表面反应速率系数）。如果仅为获得这些参数，就有可能不需要模型解析解。对线性数学模型，可用线性积分变换把偏微分方程组转化为常微分或代数方程组进行求解，建立起模型参数与输出入信号间的关系。常用积分变换有 Laplace 变换和 Fourier 变换，由此发展出用非稳态动力学测量曲线计算模型参数的三个主要方法：矩量分析法、传递函数和 Fourier 函数法。

1978 年全国科学大会后，中国科学院率先设立自然科学基金（国家自然科学基金的前身）。为实现对催化反应瞬态动力学目标的追求，我先后获得了这些基金的资助。在《化学工程》杂志上首开讲座：用色谱技术测定吸附和传递系数，总共八讲（《化学工程》1979—1981）。为促进催化瞬态动力学和非稳态表征技术发展和促进科学家技术人员间

的交流，于 1988 年开始我在太原连续举办了三次催化动态分析学术研讨会。

瞬态动力学方法的应用范围是广泛的。应用于色谱过程（包括填充柱和毛细管柱），给出了色谱保留时间和色谱峰宽间的一般关系（双曲线关系，但绝大多数实际色谱条件下简化为线性关系），解决了国际色谱界长期争论的问题。同时给出了色谱柱通用的理论板高度通用表达式 [*Proceedings of Sino-West German Symposium on Chromatography*, Sience Press, 1983：313—327；《中国科学 B 辑》，1986（12）：1242—1250；《色谱》，1984（1）：6—11]。应用于纤维床层，给出了纤维催化剂高效性原因和纤维床层基础理论工作 [《催化学报》，1980，1（1）：1—14]。跟随当时非稳态技术发展的国际潮流，产生追求催化瞬态非稳态技术的梦想。在大量阅读催化动态分析相关文献和撰写文献综述和评论基础上，与博士生（博士论文工作）一道发展出一些新的催化动态分析方法，不仅有理论发展而且有实际的实验测量，包括反应催化色谱技术、动态稳态法、迎头反应色谱、单粒子反应器和珠串反应器技术的动态测量理论和装置。获得的测量结果颇有新意，如：①杂原子取代 ZSM-5 分子筛中烃类扩散系数与孔道尺寸及烃类动态直径间的关联，发展出对二甲苯在 ZSM-5 分子筛中高对位选择性的新理论模型；②获得铂催化剂上不可逆（产物乙烷）、可逆乙炔（产物乙烯）和乙烯的吸附平衡常数和加氢表面反应速率系数；③在 Cu-Zn-Al 和 Ni-Al 催化剂上，可逆吸附 CO 产物为甲醇，不可逆吸附 CO 不产生甲醇，给出甲醇生产需要高压的原因；④成功建立催化色谱技术的实验装置和用理论结果计算出钴钼氧化铝和负载铂上噻吩和苯加氢反应的吸附系数和表面反应速率常数；⑤建立浆态床反应器动态测量装置，并用理论结果计算钯氧化铝上苯乙烯加氢反应的吸附系数和表面反应速率常数以及催化剂表面总活性位数目；⑥使用实验测量和计算机模拟研究了催化剂制备中胶体粒子生成、分子筛中扩散反应、程序升温过程和单颗粒催化剂中复杂的扩散反应问题。这些尝试获得了催化学术界的好评和相继效仿。第一个梦想追求目标的实现体现在《吸附与催化》（河南科技出版社，2001）和《催化反应动力学》（化学工业出版社，2007）两本书中。

三、第二个追求目标：超细粒子（纳米粒子）催化剂

非均相催化剂几乎都是固体，催化反应发生于表面上是一种表面现象。显然，固体催化剂表面上活性位数目愈多活性愈高，而活性位数目一般与催化剂表面积成比例。为增加活性组分表面积和提高其利用率，通常会把它们分散到高表面积载体上形成工业上广泛使用的负载催化剂，也可以用降低活性组分粒子大小来增加活性物种表面积。因此，超细催化剂的制备和应用成为我追求催化梦的第二个目标。在一次参加跨学科的学术会议上，材料科学家特别提到超细（纳米）粒子的概念，这对从事催化研究的我触动很大。因为超细粒子具有的特别性质非常适合于吸附和催化应用，我很快把该纳米粒子概念引入到中科院

山西煤炭化学研究所催化课题组，憧憬能够制备和发展出性能优异的超细粒子催化剂。为此大量阅读有关超细粒子及其制备技术（特别是超临界制备）文献并撰写评述。在国家自然科学基金资助下，开始 2009 年在广州参加《化工学报》编委会会议追逐超细粒子（纳米粒子）催化剂的梦。已经认识到为保持胶体沉淀粒子的纳米大小，关键是后续的干燥过程，因为常规干燥总是无法避免气液两相共存阶段（因表面张力导致粒子变大）。超临界干燥因避免了气液两相共存阶段而能够获得超细粒子。为实现超临界条件，与博士生一道设计安装了国内第一套制备超细粒子的超临界装置。为避免压力过高，以乙醇替代水作超临界溶剂。

20 世纪 80 年代末期成功制备出超细氧化铝，消息在国内催化界快速传播，产生很大影响，很多大学研究所纷纷跟进，陆续到山西煤化所取经学习，形成该领域研究的小高潮。随后利用超临界、冷冻干燥和相转移方法成功制备了多种超细粒子氧化物载体和（负载）催化剂，并对每种超细粒子制备参数和相应吸附催化反应做了详细研究和性能评价。评价过的催化反应中，有的显示高活性、有的显示高选择性，个别反应超细粒子催化剂还显示了好的寿命。虽然充分证明了超细粒子催化剂的优异性能，但是由于制备过程复杂、成本高，没有能够推向商业化应用。后来转向把超细粒子应用于传感器和固体氧化物燃料电池电解质，初步探索获得令人鼓舞的结果。为促进催化剂特别是纳米催化剂的制备、发展和学术交流，煤转化国家重点实验室于 1993 年在太原组织召开了全国第一届催化剂制备学术交流会议。第二个追求目标的实现体现在《固体催化剂的制备原理与技术》（化学工业出版社，2012）一书中。

四、第三个追求目标：搭建研究和圆梦平台

在 20 世纪 80 年代末，国家从世界银行贷款 2000 万美元用于建设不同科技领域的国家重点实验室。由教育部和中国科学院牵头遴选。当时的山西煤化所领导让我负责筹备和建设煤转化国家重点实验室，并在国家计划委员会（国家发展和改革委员会前身）组织的答辩中胜出（165 个之中选出 19.5 个）。申请过程光申请书、建议书和计划书每书都各写三稿逐级申报批复修改，总共写了九稿（不包括中间若干修改稿）。获批的 19.5 个实验室，每个实验室的建设经费原则上为 100 万美元，牵头单位给每个获批实验室配套相应数量的人民币。中科院山西煤化所煤转化国家实验室于 1996 年 5 月建成顺利通过国家正式验收。该重点实验室为山西煤化所和国内相关单位的煤化学、煤转化科学技术包括煤转化催化技术、煤气化技术和相应反应工程技术的研究发展提供了极好的平台，也为该领域中科学技术人员圆梦提供了好的场所。应该说这个平台为我国 21 世纪煤转化技术包括洁净煤技术的发展做出了重要贡献。一个突出例子是，发展出具有世界顶尖水平的中温 F-T 合成油技术，400 万吨合成油工厂已经成功商业运转。另外，为促进催化科学技术的发展，

科技人员间的学术交流是不可或缺的。我为此搭建起若干学术交流平台，发起和召开的首届学术交流研讨会有：1988 年发起召开第一届催化动态分析技术及应用学术交流研讨会；1993 年发起召开第一届催化剂制备科学和技术学术交流研讨会，2018 年在四川大学召开的已经是第十届了；1997 年发起和推动召开第一届环境催化学术交流研讨会，已经发展成每两年召开一次的大型学术会议了；2006 年发起推动召开了第一届精细化工催化学术交流研讨会。建设国家重点实验室和多个学术会议的连续召开圆了我搭建研究和学术交流平台的梦。

五、第四个追求目标：为国民经济做贡献

催化不仅是科学，更是实用技术，可为国民经济创造大量财富。自 1997 年来到杭州后，我就投入到家乡的民营企业中，利用自己坚实的催化知识为企业创造利润，为国民经济创造财富。在与老家新昌的民营企业浙江新和成股份有限公司的合作中，有两件事很值得骄傲。一件是开发生产通用钯碳和铂碳催化剂，为公司建立年产 10 吨以上的催化剂生产车间，包括从废催化剂回收贵金属铂钯技术。该车间每年产生的利润应该在 2000 万元以上。另一件是对维生素 A 产品关键步骤缩合物加氢提出新工艺，小试获得很好结果。经我们和公司工程技术人员近 8 年的努力在工业生产中得以实现，使维生素 A 结晶收率从 56%—58% 提高到 66%—68%。技术人员告知增加一个百分点相当于每年增加 1000 万元利润，10 个百分点为公司一年增加 1 亿元的利润。

另外，为台州浙江东港公司建立铂碳催化剂生产车间和传授废催化剂回收铂的工艺技术，使 CBD 产品生产中加氢反应选择性从小于 75% 提高到超过 85%，催化剂成本从每吨产品 1 万元降到低于 1000 元；还为上海先尼科公司的氨氧化催化剂发展和西安凯立新材料公司催化剂生产提供了帮助；也为潜艇和载人飞船（狭小空间）用一个空气过滤器开发出关键吸附剂。这些对追求最终催化梦想的实现是非常有帮助的。

六、追求的最终目标：合格教书匠

我一生与教师极有缘分，且缘分不浅。上大学一年就成为教师的经历始终激励着自己要成为合格教师的梦想。为实现这个梦想，激励自己大学毕业后进入中国科学院深造。在中国科学院环境中获得的导师培养和熏陶，让我清楚地认识到要做合格教师必须先做合格人的道理。一个教师除了必需的爱国心、诚信和报恩这些基本做人准则外，还需要有艰苦努力和踏实苦干认真育人的专业知识和毅力。为圆合格教师梦，我一直有意识地大量阅读文献和书籍积累知识，扩充知识面。同时应聘多个高校、研究院所和企业讲授多个课程，

不仅掌握和熟练讲课技巧，而且积累做教师的经验。积极参与学术交流丰富经历，国外邀请讲学或作专题报告达 20 次；国内邀请 50 余次；参加学术交流会议超过 100 次。作为九种杂志的原编委每年审稿逾 100 篇，应邀评审研究生论文（主要是博士论文）接近 300 本。这也是追求合格教师梦所需要的。在一生中培养研究生 50 名，博士生占 2/3，为研究生讲授的课程达 9 门。培养人的真谛是首先培养如何做人，而专业知识和技能培养上要充分发挥研究生的主动性和创新精神。值得骄傲的是培养的研究生都很出色，如李永旺和李小年。为实现做教师的梦想，在煤转化国家重点实验室正式验收后就接受邀请，来杭州大学正式做大学教师，于浙大退休时接受邀请做上海师范大学特聘教授。讲授了化学动力学、传递过程、非均相催化动力学、吸附与催化、催化反应工程等课程，反映很不错。作为合格教师的另一种责任是，尽可能编写好教材和为总结研究生成果做贡献。2010 年从上海师范大学回杭州，就有足够时间来圆自己的教师写作梦。遵照陈先生"活到老，学到老"的教导和把研究生创新内容都写进教学书籍中的愿望，突然想圆写一套催化丛书的梦。从 2010 年到中华人民共和国成立 70 周年，靠梦想目标长期坚持每天平均写 2000 字，终于圆了写催化丛书的梦。催化丛书包括催化基础 5 本和催化技术应用 4 本（见参考文献）。完成催化丛书后，接着做"燃料电池三部曲"的梦，仅最后一本有关氢气的书仍在撰写中。

两山排闼送"卿"来
——记无机化工专业1973届校友王伟

黄格娇

编者按：王伟，男，1950年9月出生，汉族，天津静海人。浙江工业大学无机化工专业1973届校友。1970年进入浙江化工学院化工系无机化工专业学习。1973年毕业后分配至建德化工厂工作。1984—1989年，历任建德化工厂副厂长、厂长、党委副书记，1989年6月调离，任建德县经济委员会副主任、工业局局长。1991年9月调回浙江新安化工集团股份有限公司，历任集团董事长、总经理、党委书记等职。同时担任中国石油和化工联合会常务理事、中国农药工业协会副会长、浙江省石化协会理事长、浙江农药工业协会理事长等社会职务。曾先后获得"杭州市劳动模范""全国化工优秀企业家""浙江省优秀企业家""化工行业劳动模范""中国石化思想政治工作杰出贡献奖""浙江省优秀企业家""中国经营大师""中国首届石油和化工工业风云人物""浙江省优秀共产党员""优秀社会主义建设者""全国石油和化学工业劳动模范""风云浙商""中国石油和化工民营企业家创新成就奖""Agrow终身成就奖"等荣誉和奖励。

一、梦之伊始，尽尝人生百态

1957年王伟父亲参加修建新安江水电站，举家从天津搬迁到建德，那年王伟7岁。从那时候开始，王伟就在这片热土地上扎下了根。

初中毕业后王伟和大多数人一样，下放到农村参加劳动锻炼，艰苦的劳动环境，长时间的辛劳让他深深感受到劳动的不易和学习的必要性，在农村历练了两年后，受村里推荐，王伟进入浙江化工学院学习，他深深懂得这是一次不可多得的学习机会。由于学龄时学习缺乏系统性，基础不扎实，进入大学后大量陌生的新知识让他一时间难以适应，学习的难度和压力可想而知。但王伟义无反顾地选择投身于千载难逢的学习机遇中，夜以继日地刻苦努力学习，如饥似渴地汲取知识营养。老师们被王伟对知识的渴求热情深深地感染了，竭尽所能地帮助他。所以王伟和老师们建立起深厚的师生感情，师生之间更多的是像相交甚笃的朋友，没有隔膜，没有代沟，就好像同龄人，也就只有上课时知识的施与受的差别。一到下课，师生身份便消失了。大家同住在简陋的宿舍里，如同一家人那样紧密接触联系。这样的岁月带给王伟极大的温情——"实际上我们就是像兄弟一样，我们那时候和老师之间的关系真的很密切、最纯粹。"师生关系的融洽加速了王伟和他的同学对知识的汲取，促使他们快速地成长。

由于时代原因，尚处在"文革"时期的大学教学不同于传统的方式——基础理论的学习对于他们来说是近乎奢侈的，专业技能才是他们急需掌握的。在三年不到的大学生活中，王伟有近三分之一的时间是在工厂的生产实践中度过的。正是这样的教育方式，让王伟在接受有限的理论知识的同时得到了扎实的实践训练。"有了实际的接触，对所学合成氨专业的认识才更深入，于是到毕业设计、下厂实习乃至后续进入工作当中，都能迅速进入工作角色，格外顺利。"

带着一腔热血和学得的技能，23 岁的王伟响应国家召唤，来到建德化工厂开启了他的职场生涯。大学的学习对王伟来说既有收获又有遗憾。合成氨的学习为他后续从事的事业打下了基础。然而，"书到用时方恨少"，从专业角度来讲，仍有很多不足在工作中显现。带着这些遗憾，王伟怀着一颗赤诚的心开始后续的学习——在实际中了解，在问题中深究。他逐渐明白，学校里的学习只是一个开始，真正的学习贯穿于整个事业过程。前期的学习仅仅是针对适应事业的发展，而后面的学习是适应社会的发展，这两者不可脱离。

数十载光阴飞逝，王伟从基层的员工一步步"走到"副厂长，再到后来的厂长、党委副书记，一路上的努力从来不被辜负。

多年的付出让王伟明白，要想在企业中干成一件事，自身的努力决定了成败。企业若只是想正常经营，可能无须花过多的精力；但是要想做得出类拔萃，在行业中占有一定地位，就需要付出比常人更多的努力。

20 世纪 80 年代，时任建德
化工厂厂长王伟（中）带领
科技人员进行技术攻关

在建德化工厂十余年艰辛的劳动让王伟百感交集，他也想缓口气，看看自己的人生是否还有另一种可能。终于，企业和政府进出口畅通的时代环境给了王伟机会，他决定去政府机关做一番尝试。

1989 年来到建德市政府工作的王伟要直面一线企业，在这个过程中，要去维护企业的利益，自然无可非议。但是身处政府部门的王伟，不能只站在企业角度考虑：这到底该如何协调？因而，在政府部门工作了三年的王伟，最终明白自己更适合企业的工作。

二、新安之建，梦想扬帆起航

1990 年的秋天，时任化工部部长顾秀莲来到建德，在考察完当地的化工企业后，发出了深深的感叹："想不到一个县有这么多的化工企业，想不到这里的化工产品种类这么齐全，想不到企业管理工作抓得这么好，要是能向规模化、集团化方向发展，那么未来……"部长的这番话让时任建德市工业局局长王伟为之一振：的确，建德化工厂尽管拥有资金、技术、管理的明显优势，但是由于受产品结构和厂区环境所限，面临发展的瓶颈；同期的建德农药厂发展空间大，投资环境好，国际市场需求量大，发展前景好，但是由于受资金的困扰，企业面临难以为继的困境。如果能进行优势互补，联合发展，组成集团，问题不就迎刃而解了吗？

这样的想法让王伟兴奋异常，出于旧时的感情，王伟决心重返建德化工厂，全身心投入到建德化工厂与建德农药厂联合组建的新安集团工作中。

新安集团组建伊始，便呈现出强大的生命力，萌发出勃勃生机，通过不断的投入和建设，草甘膦生产装置得到了及时的改造与扩建，产量大幅提升，规模一再扩大，达到国内乃至亚洲领先，抢占了国际市场，大幅度提升了新安集团的效益，新安集团向着"具有国际竞争力和持续生命力的现代知名企业集团"的宏伟目标努力奋进。

在寻求进一步发展之际，资金的短缺成为当时的主要矛盾，新安集团的发展再次陷入困境。

1992 年春天，邓小平的南方谈话催生了王伟心中种子的萌芽，企业的经营机制是时候转变了。

然而，企业改制并非一条通衢大道，眼前的困难如同"之"字形的山路连绵不绝。由于市场不振等原因，人们对新安集团的股改充满质疑。新安集团出售的法人股少人问津，最终募集到的 5000 万元人民币更可谓是杯水车薪，这对即将成立的股份制集团造成巨大的资金压力。为了解燃眉之急，谋求发展，经过无数个彻夜难眠的深思熟虑后，王伟终于得出了答案——选择走上市融资之路。

1993 年 6 月，王伟率领团队顶着夏日的炎热奔赴海南省海口市。带着满腔的热血和热切的期望，王伟一行人来到新兴的资本市场海南证券交易柜台寻求机会。然而前行的道路困难重重，新安集团被看作运行不规范而被打了回来。同年7月，不肯放弃的王伟又去北京申请由人民银行主办的法人股自动交易系统上市流通，奔波操劳，将换来9月底取得通行证的预期。然而，变化总在瞬息产生，刚松了一口气的王伟遭到了政策的突变，国庆后一上班便被告知公司无法取得通行证，新安集团又被无情地拒之于外。

于是，王伟只能再次启程，寻求新的道路。1995年，上市公司的审批在当时采取额度制，捧着一颗热忱的心，王伟一次次地叩开了浙江省政府和化工部领导的办公室大门，希望得到浙江省政府和化工部的共同推荐。1996年，当王伟好不容易争取到浙江省政府给化工部的上市推荐函时，化工部答复当年指标已经用完，并表示如果次年仍采用额度制推荐制度，将与地方政府共同支持新安集团的上市。然而"好事多磨"似乎成了定律，政策变化再一次成为新安集团融资的拦路虎，企业上市由额度制改为按各省（区）、部排家数的办法。由于新安集团既非部属企业也非省属企业，当时浙江省和化工部大型企业排队等上市的有很多，新安集团作为地方小企业难以入上市计划序列，再一次错失机会。

努力奋斗的人生不会被遗忘，机会总是会给有准备的人。1999年末，出差途经杭州的王伟从浙江省体改委得知国家开通绿色通道，出台鼓励高新技术企业优先安排上市的政策，只要能通过科技部和中国科学院的"双高论证"，就可以优先进入初审程序。王伟敏感地意识到机会就在眼前——新安集团早在1998年就获得浙江省高新技术企业称号，其草甘膦生产及氯甲烷回收工艺既是一个环保项目，又属于高新技术，新安集团终于有机会自己把握命运了！但是，要想通过科技部和中国科学院双双把关的"双高论证"绝非易事。经过精心的准备，2000年9月，王伟带领新安集团顺利通过了科技部的论证。接下来就是至关重要的中国科学院评审，除了要准备充分翔实的材料，企业负责人需现场作40分钟的汇报，不仅要全面系统，又要简明扼要，难度很高。为了这个关键的40分钟，王伟及工作班子精心准备答辩资料，即便是大年三十和正月初一这样的特殊日子，王伟团队都在全力以赴地准备材料，反复进行演练。功夫不负有心人，新安集团令人折服的发展业绩和王伟在"双高论证"答辩会上的精彩论证，终于换来了专家的高票通过。

2001年3月，新安集团终于通过证监会的初审，开始上发审会的3个月等待期。然而这样的等待，对王伟和新安集团来说却是异常的煎熬——此时的新安集团正在经历最严峻的资金链条断裂的考验。3个月的时间对王伟来说是度日如年，因为资金紧迫而被要债人围在办公室里，门外是唇枪舌剑的喧嚣，内心是苦不堪言的折磨，万分煎熬。终于快到了提交上会审核的时刻，所有人都以为困难就要过去，马上将迎来新的篇章，却不料有人向证监会诬告新安集团在产品出口中有违规行为，眼看着只有几天时间就要上市了，如果没有上海海关的证明，新安集团就将功亏一篑。火急火燎之下，王伟连夜派人赶往上海。终于在提交上会审的前一天，拿到了证明。

而在这一刻，十余年的辛酸苦楚在王伟的身上积淀，在焦灼等待的时候他不幸病倒了。剧烈的腰痛时刻刺激着他的神经，使他无法站立。一切的结果就在明天了，王伟带着员工和股东沉甸甸的期望，强忍着病痛的折磨，一步一步挪到证监会大厅等待消息。终于，他

2001 年 9 月 6 日，"新安股份"
在上海证券交易所大厅挂牌上市

看到两个同事跟跄着拿着材料从楼梯上下来，激动的神情迎上王伟的目光，这一刻，没有人说话，却顿时潸然泪下……

2001 年 9 月 6 日，上海浦东新区陆家嘴的上海证券交易所大厅里，时任浙江省副省长叶荣宝与新安化工集团股份有限公司董事长王伟共同执槌，将十年的期望化为现实的锣鼓声。

新安集团，成功上市了。

三、农化之约，敢问谁主浮沉

随着新安集团的建设和重点发展草甘膦市场目标的确立，新安集团先后在白南山化工区投资扩建，大大提升了草甘膦的生产能力。然而，这样的产量仍然不能满足国际市场的需求，必须继续加大对草甘膦发展的投入。

时任新安集团董事长的王伟提出了自己的见解：要想重新投资建设一家企业，所需要的资金、场地、原料各方面都存在问题，而效益的产生更需要一定的时间，何况市场情况瞬息万变，谁都不能保证未来的需求。因而，借社会资源来发展壮大自己，通过合作来实现目标才是更为可行之策。

通过市场调查与分析，王伟将目光聚焦于当时的国内竞争对手镇江江南化工厂。此时，新安集团与镇江江南化工厂这两家国内最大的草甘膦生产企业受"世界草甘膦之王"美国孟山都公司之邀赴美访问。万米高空之上，十几年的竞争对手猝然相逢，具有前瞻思维的王伟率先向竞争对手抛出橄榄枝，提出占据中国草甘膦产量半壁江山的两家企业强强联合，共同应对国际跨国公司的挑战，实现共赢新局面，不料却被对方一笑置之，合作意向就此搁浅。

不到一年的时间，形势急转直下，草甘膦市场步入低谷，由于产品单一、管理落后、资金链断裂等诸多问题，镇江江南化工厂的生产经营遭遇寒流，企业危在旦夕。企业下一步该怎么走？如何才能带企业走出困境？镇江江南化工厂的当家人李远祥这时想起昔日对手的诚意之举，对于王伟的远见卓识更是钦佩不已，经过反复思考，他主动拨通了王伟的电话，相约江苏宜兴会谈联合之事。

　　合作的事宜在双方的公司炸开了锅，各种忧虑在人们心中覆上了阴霾。的确，此时的草甘膦市场处于低谷期，贸然的合作极有可能加大经营风险，造成拖累。这时，王伟的一番话展现出独具一格的睿智："尽管公司已经具备相当的实力，但是否经得起市场低迷的拖累和经营理念差异的考验，这确实是一个挑战，但是我们更应该把它看作新安集团加速发展的一个机遇，他们缺的我们都有，如果我们接手，很快就能见效。如果被别人接手，将马上成为竞争对手，若能为我所用，就能在最短的时间将竞争对手远远抛在身后。"这样一番话让新安集团每个人的心为之一振，拨开阴云、守望新日。

　　事实证明，王伟的选择是正确的。与镇江江南化工厂顺利取得合作的新安集团展现出蓬勃的生命力，一时间，新安集团的草甘膦规模牢牢占据国内行业的龙头地位。镇江江南化工厂这家老企业亦得以迅速脱离困境，再现昔日辉煌……

　　在那之后，由于世界生物能源产业的兴起与粮食价格的上涨，王伟预测世界种植业将会迎来大发展，而草甘膦作为一种广为使用的除草剂，这对新安集团来说将是一次不可多得的机遇。因此，王伟一方面带领新安集团迅速做出反应，通过大手笔的资金运作，购买装置，调用技术，争分夺秒地进行生产，大大增加草甘膦的产能；另一方面，及时着手调整产业结构，提高集团的核心竞争力。

　　终于，王伟"预言式"的智慧在迷雾中点亮。2007年草甘膦市场开始回暖，到了2008年上半年，世界草甘膦价格大幅度上涨，由过去的每吨3万元人民币涨到每吨10万元人民币。王伟不同凡响的经营胆略使新安集团把握先机，在这波市场潮流中占据高位，在2008年实现了营业收入72亿元人民币，利润22亿元人民币，赢得了显著的经营业绩。而王伟本人也由于其超凡的经营才能，获得了社会的关注与赞誉，更是在荷兰阿姆斯特丹获得"Agrow终身成就奖"，成为中国获得该奖项的第一人。

四、改制创新，直争时代先锋

　　随着新安集团草甘膦生产规模的不断扩大，物料不平衡的矛盾日渐凸显。经过进一步的跟踪研究分析，终于确认草甘膦尾气的主要成分就是氯甲烷——这种无色无味的物质恰恰是合成有机硅的重要原料，然而它却一直被当作废气直接排放。

　　为改变这种状况，王伟带领新安集团当机立断，将回收利用氯甲烷作为推行清洁生产、调整产品结构的重大科研课题，投资建设回收氯甲烷中试装置。

精妙的设想终于在不断的努力下化为现实，新安集团自行设计制造的氯甲烷回收中试装置建成投产，并得到了质量合格的氯甲烷，最终还获得了国家发明专利。

在此基础上，新安集团又将回收的氯甲烷用于有机硅的合成，成功合成了有机硅单体。至此，新安集团发展循环经济的课题有了重大的进展，"回收草甘膦副产氯甲烷并用于有机硅单体合成"的新技术步入正轨，在全球独创了农药草甘膦和有机硅单体两大产业的氯元素大循环。这样的成功让王伟等新安集团的决策层看到了发展新方向——大步迈入有机硅产业，将其变为企业主导的第二大产业。目标确立后，如何进一步实施并高效地完成循环产业链的建设成了重中之重。经过深入的了解接触，新安集团决定将并购开化合成材料厂作为下一步行动计划，这样既可以解决开化合成材料厂自身的氯甲烷资源不足的问题，又可以使新安集团加速进入有机硅产业，取得双赢。

1998年3月28日，这一天对新安集团来说是有历史意义的一天，开化合成材料厂的加盟无疑是新安集团循环经济建设的重要一步。此后，新安集团在草甘膦和有机硅两个产业建成了国内最大的氯元素循环经济示范基地。在减少有毒气体大量排放的同时，实现了两大产业的良性发展，高度发挥产业链价值：将生产草甘膦的溶剂、催化剂进行回收重复利用，并将锅炉余热用来发电；还利用有机硅单体合成过程中产生的废触体发展三氯氢硅、硅烷偶联剂系列产品和白炭黑，而白炭黑则用于硅橡胶的生产。无疑，集团此举既减少了污染、增加了经济效益，又提高了国内行业技术水平和国际竞争力。

之后，尽管有机硅产业的市场面临重重挑战，但王伟依旧坚持带领集团做大做好有机硅产业，不断促成其规模的扩大和技术的改进，以先进的技术、低廉的成本和优越的循环经济模式，实现了利润的最大化。目光长远的王伟再次做出了重要的布局——开发有机硅的下游产品：从生胶到混炼硅橡胶，他们不断地丰富下游产品的品种，向终端化市场稳步迈进……

在发展过程中，王伟始终有这样一个理念——"环境友好、生生不息"。为此，他不断开拓创新，以他独到的见解以及精锐的智慧进行改革，终于带领集团实现生产技术水平的持续提升和"三废"资源的综合利用，向相关产业展现了突出的先锋示范作用，实现了企业的良性发展。

五、国际之争，笑叹长路漫漫

在占领草甘膦市场并取得下游产品进一步发展的过程中，集团面临的竞争威胁从来都不仅仅来自国内。

从20世纪70年代开始，美国孟山都公司就凭借着草甘膦产品的专利，在美国、西欧、澳大利亚、南美等地大规模扩大生产，一直垄断着世界除草剂的主要市场，成为世界草甘膦市场当之无愧的霸主。到了20世纪90年代，随着孟山都公司的专利保护在世界各地陆续到期，为了在愈演愈烈的国际竞争中继续垄断市场，孟山都公司将目光瞄准了极富竞争性的中国，而新安集团是其主要竞争对手。于是，孟山都公司便派人前来新安集团商谈合作事宜，企图将新安集团变为其国外生产车间，从而垄断世界草甘膦市场。王伟一眼就看穿了孟山都公司的险恶用心，于是断然回绝。而孟山都公司为此恼羞成怒，针对新安集团的一纸纸诉状燃起一把没有硝烟的战火。

在1995年，"反倾销"这个词对于王伟和新安集团的每个人来说都是陌生的。当新安集团收到欧盟对中国草甘膦提出反倾销调查时，一层迷雾笼罩在每个人的心上。但是迷茫绝不代表选择无知，王伟团队连夜请专业的翻译将厚厚的英文申请书和调查翻译成中文，当发现申请书里的内容全是孟山都公司的恶意中伤后，王伟勃然大怒。面对这种蓄意，尽管新安集团没有反倾销经验，王伟依旧决定断然应诉——若是不应诉，新安集团必定走向深渊。

然而，数日的努力和坚定的勇气还是在歧视政策之下失去了光芒，新安集团出师不利，最终以征收24%的反倾销税的结果铩羽而归。但是，失败永远不会成为王伟的绊脚石，"一个人，既然认定自己所从事的事业是正确的，那就义无反顾执着地进行下去"。真正的战斗才刚刚打响。

就在首败的5个月之后，孟山都公司又在澳大利亚挑起新一轮斗争。此时的王伟和新安集团对于反倾销积累了一些经验，在面对澳大利亚核查官员的核查时决定挺身而出，主动接受反倾销调查官员的实地核查，展现出与众不同的气魄。

面对这一次暴风骤雨，王伟带领团队披星戴月。为了便于核查官员的抽查，他们不辞辛苦地加班加点，在最短的时间内将所需的各类数据资料全部整理妥当，但就在核查的第一天，核查官员提出的核查要求与先前准备的全然不同，所有的努力瞬时化为泡影。此时，没有一个人抱怨，在律师重新部署之后，十几名员工各司其职，通宵达旦，终于在第二天早上，桌上整整齐齐的资料和准确无误的数据换来了核查官员满意的点头。这时，王伟的脸上浮起了久违的微笑，整个新安集团都沸腾了。在此次的反倾销应诉当中，澳大利亚方面做出给予中国转型经济国家地位的决定，开创世界认可中国转型经济国家的先河，以零关税画上了圆满的句号……

到了2003年3月，多年的对手孟山都公司发起最后的进攻，在欧盟第一次提起日落复审。尽管提交了市场经济问卷，欧盟官员也进行了实地核查，但欧盟理事会还是认定新安集团不符合欧盟市场经济地位标准而拒绝给予新安集团市场经济待遇，甚至于2004年9月裁定对中国草甘膦继续征收29.9%的反倾销税。面对这种情形，王伟始终以他坚忍不拔的挑战精神进行正面对决起诉这次不公正的判决。诉讼的过程没有丝毫轻松可言，近五年的时间承载了太多的汗与泪，面对渺茫的希望，王伟和新安集团的每一个人从未想过放弃，而是迎着困难昂首阔步。终于在2009年6月的一天，当夏日的骄阳焦灼炙烤着每个人的心时，一个大洋彼岸的电话带来一股清凉的风："We won！We won！（我们赢了！）"

雀跃的笑容还挂在脸上，始料未及的意外再次凝固了欣喜，欧盟理事会不服中方胜利这样的判决，再次挑起事端，草甘膦反倾销日落复审被重新启动，又是一场新的较量……百般艰辛终于迎来了最终的胜利，欧盟公报上公告终止对中国草甘膦反倾销调查，取消对中国草甘膦征收反倾销税。历经十余年的奋斗，王伟带领着新安集团终于冲出了重围，扫清了反倾销税的障碍，使中国草甘膦向欧盟市场出口迈出了坚实的一步。

在十几年的应诉过程中，王伟和新安集团迎难而上，以超乎想象的智慧与勇气一路披荆斩棘，在反倾销道路上廓清障碍，也将新安集团送向了国际市场。

2007 年的新年钟声敲响，新安集团在美国市场的销售终于迈出了历史性的跨步。此后，新安集团凭借着过硬的草甘膦质量，一举成为美国市场上有力的竞争者，在国内外市场上发挥举足轻重的作用。

当新安集团的草甘膦销往越来越多的地区时，国内外的经济环境开始恶化。面对这种困境，王伟一语道破真谛："人无我有时，靠产品之新；人有我亦有时，靠规模之大；大家都上规模时，靠技术更新；大家都不相上下时，靠营销渠道和网络。"因此，新安集团的当务之急就是加速推动国际化进程，加速建设国外营销主渠道，在国际市场逐步建立属于自己控制的营销网络。于是在王伟的推动下，新安集团加大了业务整合力度，适时对机构进行调整以适应新的发展需求，新安集团也向着全球化与国际化日趋发展。

六、回首往昔，情诉岁时衷肠

回顾多年经营企业的经历，王伟不禁感叹道："在我们国家的体制之下，一个企业，离开了好的发展环境，离开了当地政府的支持，是不行的。"尽管近几十年间企业的生存发展面临前所未有的困难，但是倘若脱离了大环境，便如同幼苗失水，再无存活之可能了。反之，要想得到国家政府的认可、支持和帮助，使其资源向自己及新安集团倾斜，就必须有一己之长，表现出色，否则在那么多企业同台竞争的情况下，政府为什么要舍而求其次，给一个普通企业更多的机会呢？所以说在这种情况下，王伟能带领新安集团发展至今，成为行业内的佼佼者，他所付出的努力是巨大的。

"所以不管怎么说，自身的发展都是非常重要的，而且任何事都是这样。如果说你靠天靠地却不靠自己，最后都是空的。只有你自身做得好，你才能得到人家的青睐和支持。说白了，政府的支持就是锦上添花的事情，它绝对不会是雪中送炭；雪中送炭的事情是要靠自己去挣得的……"

王伟强调，企业还要注重自身的社会价值，自觉履行社会责任。在 50 多年的发展历程中，新安集团始终将实现经济效益与履行社会责任有机统一，构建和谐企业，参与社会救援，热心公益事业。2008 年 5 月 12 日四川汶川大地震对新安集团来说也是一场浩劫，当时新安集团一行中层管理人员正前往卧龙领养大熊猫，突如其来的地震刹那间夺去了他们宝贵的生命，整个企业顿时陷入巨大的悲痛。哀恸之余，新安集团当即向灾区捐款

116.39万元人民币。2008年5月22日，经董事会决定，新安集团向灾区再捐款3000万元人民币。此后，王伟带领着集团员工更加热心于公益事业。只要国内外发生重大自然灾害，王伟就组织开展企业和员工的捐助活动，集团也因此获得浙江省"慈善突出贡献奖"，王伟荣获浙江省杭州市"慈善贡献奖"。

这些年，王伟生活在浙江，与一方水土同呼吸，与新安集团共命运。幼时的搬迁让王伟在这座城深深扎了根。王伟回忆，有了新安江水电站后，这里的面貌发生了巨大的变化。也正是因为有了水电站，化工行业才得以发展，才有了王伟之后所从事的事业。所以国家政策和个人命运是紧密相联的。电站发展了王伟，王伟又在自己所从事的行业中体现了价值，为当地化工业争得了一席之地。

几十载，岁月悠悠，王伟为了集团日夜操劳，花白了头发。延迟五年退休的王伟在集团依旧发挥着重要作用，如今公司发展得越来越好。王伟决定接下来将更多的时间和精力投入家庭，现在他要好好地陪家人、陪亲友出去走走，希望能以此来偿还亏欠的情——作为丈夫，作为父亲，作为亲人……

七、放眼未来，寄望当代英华

谈及对创业的看法，王伟认为，在他们那个年代，毕业后讲自主创业是不大现实的，那是一种奢侈，近乎不可能完成的；但是到了现在它已经成为一种普遍现象。这说明国家在发展，社会在进步。国家的强大已经不仅仅体现于实体经济，就像这些年频频出现在国人口中的"弯道超车"，这个"超"就主要体现在新兴产业上，而这些正是新时代的年轻人在做的，而不是老一辈人做的。

"所以，我觉得你们这一辈很幸运。现在商机多，机会多，国家创新的环境和条件也很好，所以我觉得你们在学校里学的专业，无论你学什么东西，都只是给你一个公共的、接触社会的基本东西，而真的进入社会做什么，还要看你自身对未来的设想。"

王伟不断地强调，时代在发展，社会在变迁，边缘化的东西不断出现，除非将来打算做一个学者，否则很多专业就不是那么硬性规定在哪一项事业上了，或者说专业没那么重要了，学什么都阻挡不了一个人最终要做的事情或者设定。学生在学校的阶段，都要为自己走向未来、走向社会做准备，要以自身的努力为先。如果说连自己最基本的学习努力都做不到，那么未来事业也不可能取得好成绩。总之，努力是必须的，努力加上幸运、加上机遇，那就可能成功。如果说不努力，很多幸运、机遇就会失去，他始终相信："机会就是为那些有准备的人准备的。"或许毕业生选择自主创业会由于经验不足而遇到重重险阻，但是社会总是愿意为敢闯者提供机会的。年轻人钉子碰多了，自然而然成熟起来，毕竟现在社会机会多和包容性强，不像当初了。

关于创业经历，王伟总认为要始终如一。一个人在一生当中要想获得成功，在所处的行业当中占有一定的地位，选择从事多种事业是不大可能实现的。毕竟人生有限，任何成就都是需要积淀的。以他自己为例，命运促使他只能做成这一件事，尽管刚开始有很多无奈，但是随着日子的迁移，它似乎慢慢成了一件好事。这时候，他就觉得，自己能做这件事也是不错的。这样的感觉带给王伟极大的鼓舞——既然不错，那就坚持一下。当坚持了，初有成效的时候，又不再满足于现状，而这种不满恰恰又是一种动力。这种动力促使王伟不断树立新的目标，尽管表面上看没有什么变化，但是王伟却在所从事的事业阶梯上步步高升。"当时我就想，在建德那么多化工厂都在做的情况下，我能不能出头，第一步我成功了。在建德成功了，我就想，那么在杭州市，我能不能更上一层楼，我又成功了。接着又是浙江，当成功又来临的时候，我所想的就不仅仅是在中国获得成功。因为在这种情况下，所面对的竞争已经来自更高层次了，所以要成为中国一流，它就是一个自然的事情，于是就想要在国际上，为企业争得一席之地……"

王伟总说自己很幸运，由于自己的坚持，这些小目标、大目标都实现了。"所以，我觉得，一个人，既然认定自己所从事的事业是正确的，是值得付出的，那就义无反顾，执着地进行下去。"这句话虽不是金科玉律，但却是王伟一直坚守的。

一个人有了梦，要想实现的话，就要去追。"人的一生当中，不可能不遇到问题。一般人可能只会遇到普通的问题，但是要想成就一番事业，就很可能会遇到重大的问题和挫折。在这个过程当中，若是没有执着，怎么可能去解决？如果没有追梦的境界，可能就半途而废了。所以人生就是一个追求的过程，就是超越自我。"这是王伟对母校学弟学妹们的期望，亦是对未来一代的憧憬。

"有一点还是想说，现在的大学生心气都很高，这是应该的；但是对于走向社会要面对的挫折往往都没有什么心理准备，这方面做得还是很不够的，这也算是个告诫吧……我还是很愿意和你们这些年轻人交流的，希望我们所积累的经验还能在你们身上再创造一些价值……"

驻足于新安大厦27层的天台上，王伟静静地凝视远方……

"这么多年，您为自己感到骄傲吗？"

"骄傲谈不上，至少我不后悔。"

不辱使命　勇攀高峰

——记国贸学科崛起的带头人程惠芳

李宝泰

国际经济与贸易学科，是浙江工业大学的一个"王牌学科"，入选了国家级一流本科"双万计划"，是教育部"高校特色专业建设点"，浙江省"十三五"优势专业、一流学科（A类），拥有应用经济学一级学科博士点。在一个工科起家的学校内，短短40年就崛起了这样一个经济类的强势学科，确实很罕见。这不仅要归功于改革开放的时代大潮和学校各届领导的关心支持，也与国贸学科的带头人程惠芳教授的奋斗和才华息息相关。

在浙江工业大学，一提起程惠芳教授，人们都会投以钦佩的目光："女强人，了不起，是浙工大的自豪！"确实，程惠芳教授是浙工大"艰苦创业、开拓创新、勇创一流"精神最具代表性的人物之一。她1978年入浙江工学院任教，随着改革开放大潮跌打滚爬，干在实处，走在前列，勇立潮头，从一名普通的教师成长为经贸管理学院二级教授、博士生导师、"十三五"浙江省一流学科（A类）应用经济学学科带头人、应用经济学一级学科博士点负责人、浙江工业大学全球浙商发展研究院院长、全国教书育人楷模、中组部第二批万人计划领军人才（教学名师）、浙江省特级专家、浙江省政府咨询委员会首席专家。她还是2008—2012年第十一届全国人大代表、2013年全国三八红旗手。这么多的重担、这么多的荣誉集于一身，可谓少见。

程惠芳教授在浙工大任职已有40余年。40余年的风风雨雨、40余年的艰苦拼搏，在背后她不知经受了多少艰辛困苦，不知饱受了多少风言风语，不知遇到了多少挫折失败，但这些都没有压垮她。她以东阳人特有的一股韧劲、一种不服输的精神，克服了一个又一个困难，登上了一个又一个高地。她常常反问自己："别人行，我为什么不行？"她认定的目标就咬住不放，一步一个脚印地往前冲，从不后退，从不服输，而且一定要比别人做得更好！

一、填补短板，苦练内功，自定奋斗目标

1978—1980 年，她曾是浙江化工学院化工系的一名教师。1980 年，刚成立不久的浙江工学院，为适应浙江经济发展的需要，决定新设工业企业管理工程系。当时工业企业管理的老师凤毛麟角，绝大部分是从理工科转岗而来。程惠芳老师就是在这样的背景下从化工系调入工业企业管理工程系。

这是一个全新的学科，专业转换是她面临的第一个挑战。她迎难而上，全身心地投入，刻苦自学、边干边学，在实践中学、在科研中学。浙江的经济特点是中小企业占90% 以上，且以个体、私营企业为主，所以改善和强化中小企业管理是企业管理研究的重要领域。程惠芳老师积极主动参加省科委软课题项目。当时软课题支持强度很低，1 万—2 万元已经不错了，但要深入企业调研，要查阅大量国内外资料，要开各种类型的座谈会、讨论会，工作量很大。程老师不顾家有小孩、不顾教学任务繁重，总是主动承担重任，挤时间、想办法，完成课题组交给的任务。白天没有时间，就利用晚上，课题组常常交流、讨论到深夜，既没有补贴也没有夜宵，讨论结束就空着肚子各自回家，第二天照样按时上班。搞科研虽然很苦，但乐在其中。深入企业、查阅资料、互相争论交流，了解企业现状、掌握了省情特点，开阔了视野、增长了见识，也丰富了教学内容，所以争取参与省科委政策研究室的课题研究，成为程惠芳老师补短板、练内功的重要举措和途径。

1986 年 9 月，是程惠芳老师人生道路上的一个重要节点。在以往的教学、科研过程中，她深感理论基础的重要，要攀登学术高峰必须打好扎实的理论基础，于是她不顾 32 岁大龄和家务拖累，毅然决定攻读浙江省委党校和浙江大学经济学硕士学位。在丈夫的全力支持下，经过三年半早出晚归、顶风冒雨、刻苦攻读，终于在 1989 年 11 月获得了浙江大学经济学硕士学位。

古人云：种瓜得瓜，种豆得豆。昔日的付出才有今日的收获。1991 年 8 月，程惠芳老师的第一部专著《中国中小企业》（第二作者）由中国经济出版社出版。1994 年，《国际贸易理论与实务》（独著）由浙江大学出版社出版。1997 年 8 月，《国际贸易与国际金融》（第一主编）、《我国对外直接投资比较优势研究》由上海三联书店出版。1998 年 10 月 9 日，《欧美日中小企业政策比较与浙江中小企业发展政策建议》一文，引起时任浙江省省长柴松岳的重视。柴松岳批示："当前一个突出问题是小企业的贷款问题，如何做到既要少风险又要支持发展，是很现实的课题。"

1993 年，浙江工学院升格为浙江工业大学，工业企业管理工程系也升格为浙江工业大学经贸管理学院。1993 年 4 月，程惠芳被任命为院长助理，1994 年又被任命为经贸管理学院常务副院长，2001 年 3 月由副转正，成为经贸管理学院院长。对程惠芳老师来说，这是人生道路上面临的又一次重大挑战：一是从单纯的教师角色转变为教师和领导的双重角色，即所谓"双肩挑"，担子更重了，责任更大了；二是专业范围更广了，从工业工程管理，拓宽到经济贸易管理，即从微观管理拓宽到宏观管理。为挑起这副重担，她给自己

设定了更高的目标，继续苦学，进一步提高理论素养。1996年3月，她决定到复旦大学国际金融专业攻读博士，终于在1999年1月获得复旦大学经济学博士学位。

程惠芳老师深知，要使经贸学院跻身同行的前列、要占领学术高地，关键是人才、学科建设。她不仅自己带头苦学，也为学院的奋斗目标、人才培养、专业设置、学科建设、硕博点的申报、合作办学、MBA（工商管理硕士）点建设等等，制订了长远规划和实施计划，做了大量基础工作，在她15年院长任期内，学院从仅有4个本科专业上升到拥有2个博士点、多个硕士点、MBA、中英合作硕士、2个省级重点学科等较为完整的办学体系，为经贸管理学院的后续发展奠定了扎实的基础。她和经贸管理学院的全体老师共同制定了"博学经世"的院训，确定了"立足浙江，服务浙江，面向全国，走向世界"的宏伟目标，提出了"融合商学精髓，贡献学术新知，培养经世英才，推进商业文明"的学院使命，推进"开门办学、厚德育人、复合成才"的教学理念。

二、找准定位，独辟蹊径，创新教学模式

创新教学模式、提高教学质量，是一个教师最基本的任务。程惠芳老师在这方面进行了积极探索，如复合型教学模式、开放式教学模式、实践型教学模式、互动型教学模式等等，取得了可喜的成绩。

（一）复合型教学模式

1990年，学校本着"立足浙江、服务浙江"的精神，希望为浙江尽快培养高质量的外贸人才，在生源和教学计划上做了创新变革，探索和创建"工业外贸"（3＋2，2＋2）复合办学模式。所谓"3＋2"模式，就是在本校工科类专业已完成三年基础课程的学生，经过选拔，可转入工业外贸专业再学两年的工业外贸专业知识。所谓"2＋2"模式，则是在四年的本科培养方案中，前两年学习基础课和工程类课程（可选择化工、机械、制药等工程模块），后两年学工业外贸专业知识。程惠芳是主讲工业外贸课程的老师，她针对不同来源的学生，积极主动创新教材和教学方法，教材内容采用复合型教材，课堂教学则采用国际著名经济学家的经典全英文教材和自己主编的教材，并且与老师和同学一起调查形成的企业案例相结合，使学生既了解世界著名大学的经典教材和教学内容，也了解我国和浙江外贸的发展趋势和特点；而采用双语教学和案例分析，既提高了学生的外语水平，也提高解决实际问题的能力。采用复合模式培养出来的学生，很快成为企业抢手的"香饽饽"，他们既具有一定的相关工业知识，又具有专业的外贸知识，一到企业就能很快适应工作。

程惠芳老师的积极探索和具体实践得到了国家和社会的认可。1993年，《工业外贸

（3＋2）复合型办学模式探索》教学成果获得省级二等奖（排名第二）。2007 年，程惠芳老师成为国家精品课程"国际贸易实务"的负责人；2008 年，成为教育部第二批高等学校特色专业建设点"国际经济与贸易"专业的负责人。

（二）开放式教学模式

开门办学、开放式教学，是程惠芳老师提高教学质量的重要途径。她积极开展校企合作，成立校企合作大学生创新实践基地，组织学生开展创新实践大赛和课外科技竞赛，培养学生的创新意识和创新实践能力。如与新光饰品有限公司联合成立"新光大学生创新实践基地"，组织近 200 名本科生团队开展国际国内营销模式创新和创业实践。她还指导300 余名学生参加"运河杯"、省级与国家级"挑战杯"等课外科技竞赛，先后获省级及国家"挑战杯"等竞赛奖 16 项，其中，岑丽君的《浙江纺织服装业出口的国际竞争力分析——基于出口评价法与案例的实证研究》获浙江省第十届"挑战杯"一等奖和全国三等奖，郑忠贵的《上海外商投资环境的调查及对浙江的启示》获浙江省第八届"挑战杯"特等奖，周艺的《三层复式投资环境评价法——基于中国、浙江、杭州的分层实证研究》获浙江省第八届"挑战杯"一等奖。

程惠芳老师在课堂内实施双语教学、多媒体教学，与课外的"网络跨国经贸辩论大赛"互动，拓宽大学生的国际视野。2006 年以来，已连续举办十届"中美大学生网络跨国经贸辩论大赛"，大学生赴美参加国际贸易与金融实战夏（冬）令营也已连续举办十五届，参加中美大学生辩论赛的学生多达 410 人，参加赴美金融实战短期交流项目的学生共 400多人，参加中英国贸与金融合作项目的学生也超过 400 人。

程惠芳老师在教学过程中十分重视融入国际学术交流，鼓励学生积极参与。为了让师生有一个国际学术交流的平台，她千方百计组合多方资源，创建了"WTO 与金融工程国际会议"，至今已主持举办了 8 届国际会议，邀请近百所世界著名和国内著名的大学教授前来与会，包括美国诺贝尔经济学奖得主、哥伦比亚大学教授罗伯特·蒙代尔，诺贝尔经济学奖得主、斯坦福大学教授迈伦·斯科尔斯，诺贝尔经济学奖得主爱德华·普雷斯科特教授，WTO（世界贸易组织）前总干事摩尔等著名海外学者，让学生有机会聆听国际国内著名教授的学术报告，并与这些专业领域的大师对话交流。这对正在校学习的学生来讲，无疑是非常难得的机会。她还组织学生参与国际会议的组织和接待工作。粗略统计，参与的学生已超过 600 人。

（三）实践型教学模式

理工科学生都有在实验室学习的教学环节，而经贸管理专业的学生往往从书本到书本、从理论到理论。为了改变这种状况，程老师在校内建立了国际贸易模拟实验室，在校外建设了创新与创业教学基地，以"体验式教学"推动从单向知识传授向双向互动式教学的转变。学生在读期间均有机会进入民营企业实习实践，参与浙江企业国际化经营的实践训练，有效增强了学生的创新精神与创新能力，也提升了学生就业的竞争力和毕业后创业发展的潜能。

2010 年起，程惠芳老师还主持国贸金融实验班的教学改革，以小班化、个性化和部分课程全英文授课为主要特色，针对一些优秀学生的学习潜能和上升空间，专门配备教学科研经验丰富的教学团队给予重点指导。学生从大一开始就享受全程导师制，注重学生差异化培养，并打破单一导师指导的模式，配备专业导师组，以开拓学生的思维空间和加大指导力度。这样的实验取得了很好的效果，如 2014 年第一届国贸金融实验班共 29 人，一次性就业率达到 100%，攻读研究生和出国留学率达 62.07%。

由于程惠芳老师不断改革创新教学模式，学生质量明显上升。据 2008—2014 年统计，由她指导的本科毕业生中，论文优秀率达 27.59%，有多名保送或考取国内知名院校的研究生，或出国留学，远高于学校的平均水平。还有多名获得省级优秀毕业生和校级优秀毕业生荣誉称号。她指导的 36 名研究生中，有 4 名被评为浙江省优秀研究生，有 5 名博士研究生在《经济研究》《管理世界》《中国工业经济》《国际贸易问题》等一级期刊上发表了学术论文。

三、不断探索，勇创一流学科

1989 年，程惠芳老师经过刻苦学习，获得了浙江大学的硕士学位。又经过十年磨砺和攻读，1999 年她获得了复旦大学经济学博士学位。程惠芳老师一直奋斗在学习、求索、创一流的人生道路上，"勇创一流学科，攀登学术高峰"的目标一直在激励着她、鞭策着她。

她自 1988 年开始从事国际贸易金融研究，在科研上取得了丰硕的成果。由她主持的国家自然科学基金项目有 5 项、国家社会科学基金项目有 4 项（其中 1 项是重大招标项目）。她主持的国家社会科学基金项目"我国对外直接投资比较优势研究"（1994—1997 年），研究成果被评审为一等；她主持并完成的国家自然科学基金项目"国际产业资本流动与中国经济内外均衡发展研究"（2000—2002 年），研究成果被国家自然科学基金评委评审为优秀成果；她主持并完成的国家社会科学基金项目"中国民营中小企业对外直接投资发展研究"（2001—2003 年），研究成果被评为一等和国内领先水平。此外，她还主持了浙江省自然科学基金项目、浙江省哲学社会科学规划领导小组重大课题等 20 余项，在《经济研究》《世界经济》等著名学术期刊发表论文 70 余篇，撰写专著 15 部，获省部级科研成果奖 10 余项，研究报告获浙江省委、省政府领导批示 22 项，承担重要教学改革 18 项，主编教材多部，足见她的勤奋努力，同事们评价她是"连轴转的工作模式""惊讶于不输给年轻人的意志力"。

程惠芳老师的教学科研成果，获得了政府部门、经济学界和教学同行的高度认可。

中央书记处原书记、时任浙江省委书记赵洪祝，在 2011 年 3 月 14 日对《浙江工业龙头企业创新发展与转型升级案例》一书批示："多年来，程惠芳教授密切关注我省经济发展，充分发挥自身专长，潜心研究，成果丰硕。近日翻看《浙江工业龙头企业创新发展与转型升级案例》，感到选题角度好，调研深入，材料翔实，分析透彻，对于我省工业企业转型升级发展具有示范作用。"2012 年 7 月 30 日，赵洪祝又对《浙江百强企业创新能力评价分析与政策建议》批示："程惠芳教授对我省百强企业做了全面点评，尤其是对企业创新能力进行评价分析，依据翔实数据，指出百强企业仍然存在大而不强问题，主要表现为创新能力要素投入不大、缺乏现代先进产业链体系，这些观点很有参考价值。"

2012 年 3 月 24 日，时任浙江省副省长毛光烈对《金融创新支撑科技进步的对策研究总报告》做出批示："报告有参考价值，'支撑科技创业的金融创新'一要覆盖全省、全省出资的省、市、县（市区）、高新区与各类开发区的政府创业引导基金的体系与合力；二要形成社会资金尤其是民间资金、民营资金的各类创业资金（私募资金）等创业资金投资体系；三要形成成熟技术成果、产品的商品化交易的市场体系；等等。希望科技厅与程教授深化研究。"

2009 年 8 月 12 日，省委组织部原部长、时任杭州市市长蔡奇对《金融危机下浙江经济转型升级的战略思考与创新建议》批示："惠芳同志若干建议对杭州转型升级、企业做大做强有帮助，供沈坚、经委、经合办一阅，同时注重引进浙江百强企业，培养总部经济。"

2005 年 7 月 13 日，时任浙江省副省长钟山对《浙江民营企业接转上海，促进内外互动融合的调研分析》批示："程惠芳教授的这篇调研分析报告写得很好，很有启发。报告中提出的七点建议值得我们认真研究，转省发改委、省经贸委、省外经贸厅负责同志阅。"

由程惠芳老师主持的"国际贸易实务"课程教学模式的改革，获浙江省教学成果奖二等奖、浙江省政府奖，该课程被列入浙江省精品课程和国家精品课程，对国内兄弟院校有广泛影响和示范效应。由程惠芳老师主编出版的《WTO 与中国经济》，成为普通高等教育"十一五"国家级规划教材，已被浙江大学、宁波理工学院、武汉科技大学、山西财经大学、广西师范大学、浙江工业大学、上海大学、浙江科技学院等众多高校选用，再版印刷了五次。

南开大学国际经济贸易系主任周申教授的评价很有代表性，他认为："程惠芳教授的教学工作成果多年来一直处于国内领先水平。""她主讲的国际贸易原理、WTO 与中国经济、高级国际经济学等课程，教学内容规范、前沿，教学体系合理、完善，反映了国际经济与贸易发展的基本状况、运动规律。"她"教学方法和手段丰富、生动，注重使用双语教学、实践教学、案例教学等方法和现代信息技术的运用"，"专业特色凝练，建设成果突出，……对国际经济与贸易专业特色和人才培养模式进行了独到的探索。""程惠芳教授的科研水平和学术水平也被同行公认为国内顶尖水平。"

正因为教育界、学术界对程惠芳教授在教学科研方面成果的肯定认可，浙江工业大学经贸管理学院程惠芳教授的教学团队于 2016 年被评为"十三五"浙江省一流学科（A 类）应用经济学带头人，2018 年又被评审通过了应用经济学一级学科博士点。在众多院校竞争十分激烈的情况下，作为工科大学二级学院的经贸管理学院，能获批应用经济学一级学科博士点，实属不易，可喜可贺。

四、志存高远，自强不息，在报效祖国中实现自我价值

有人要问，程惠芳老师几十年刻苦学习，一心一意走"三创"之路，不知疲倦、不畏挫折、不惧压力，是什么力量支撑着她前行？也许程惠芳老师经常教育学生的一席话可以道出其中的缘由。

她常对学生说："中华民族正处于全面复兴的关键时期，经济社会的发展迫切需要大批有国际视野、有创新创业能力的高素质人才。希望大学生担当起时代赋予的伟大使命，学业上志存高远、勤奋好学，追求真理、勇于实践，敢于创新、自强不息，成为一专多能的复合型创新人才。道德修养上诚信俭朴、谦虚谨慎、心怀感恩，做品德高尚的人，做诚实善良的人，做有社会责任心的人，做能创新创业的人，做对国家、对人民、对家庭有贡献的人，在报效祖国中实现自我价值。"

程惠芳老师一直鼓励学生："人生要有理想与目标。理想能增强人的信心和勇气，实现理想的行动能激发人的潜能；目标使前进有明确方向，宁静致远、日积月累、自强不息。把人生目标追求同国家和民族振兴联系起来，心怀感恩，服务社会，报效祖国。"

程惠芳老师是这样教育学生的，自己也是这样以身作则的。这些话，正是她奋勇拼搏的目标，也是她取之不竭的精神源泉。她把自己的学习工作和祖国的强盛、民族的振兴融合在一起，在改革开放的大潮中锤炼自己，在报效祖国的伟大事业中实现自我的人生价值。

笔者曾好奇地问过程惠芳老师："你为什么要迎接一个接着一个的挑战？为什么要把自己搞得这么累？"她回答得很干脆："使命、责任。"她认为，既然当了老师，就是一份责任，要对学生负责、对学生家长负责，要向学校负责，要向国家负责，要把学生培养成国家需要的优秀人才。正因为有这样强烈的使命感和责任感，她在学生眼里是一位"严父般苛刻、慈母般温暖"的老师，学生议论说："程老师要求我们，不论是硕士生还是本科生都要学会查看外国文献，要用国际主流的研究方法和研究思路来做学问，要用计量的方法研究经济学，用数学模型来分析问题。课堂上，她一直采用独有的提问式和启发式教学方法。在讲述某一概念、讨论某一问题时，从不同角度由浅入深地提出一连串问题，要我们当堂回答，而且不能重复前面同学的观点。这一绝活、狠招，使我们都感到异常紧张，也不得不在课外恶补。虽然上课时胆战心惊，但听过程老师课的学生，都会觉得感受颇深、受益匪浅。"

程惠芳老师不仅教学严谨，更注重对学生品格的培养。她常对学生讲："做学问就是

做人，学问做得要真，做人做得要诚。"有一次硕士生论文答辩会，一个下一届学生没有来旁听，程老师就亲自打电话催促。"课题讨论会上，程老师不顾自己休息，与我们一直讨论到深夜 12 点。平时边讨论边与我们一起吃快餐更是习以为常。""硕士生的课堂上，我们因为准备不充分被程老师严厉批评而流泪，可同样，程老师给我们买书、买毛衣，关心我们的生活细节。我们都知道，不管是批评也好、欢笑也好，都是程老师慈母般的爱。"有一年母亲节，学生们在贺卡上写道："我们永远是您的孩子。"真可谓师生谊、母子情，纯真感人。

程惠芳老师是浙工大公认的走在"三创"路上的成功者，那么，她成功的秘密是什么？笔者也曾问过她。对此，程惠芳老师平静、谦逊地对我说：如果说我取得了一些成绩，首先，是改革开放给了我机会，时代召唤我们这一代人，要去学习和汲取国外先进的管理思想、先进的管理方法，来服务浙江的经济建设，逼着我们办好经贸管理学院，尽快培养大批国家需要的优秀人才。摆在我们面前的目标任务，逼着我们去迎接一个又一个挑战。其次，经贸管理学院前辈们的艰苦创业精神，为我们树立了榜样，也给我们创建了创业平台。程惠芳老师在说到自己时，只说了四个字：使命、责任。正是这四个字一直激励着她刻苦学习、勇往直前，不须扬鞭自奋蹄，自觉地迎接挑战，自觉地勇创一流。

也许，这就是程惠芳老师成功的秘密。

追求卓越

——记农药化工专业1982届校友王农跃

柯蕾蕾

王农跃，教授级高级工程师，男，1958年生于浙江省永康市，1982年毕业于浙江工业大学化工系，1985年赴德国莱比锡大学做访问学者，学习农药配方与制剂。1990年毕业于河北工业大学化工系，获硕士学位。2008年在河北工业大学化工学院获管理学院管理学博士学位，2010年在河北工业大学化工学院获高分子材料学博士学位。曾任天津农药工业研究所合成室主任、浙江农药中试基地主任、浙江大学开源公司总工兼化工厂厂长、山东圣奥股份有限公司总经理。现任上海圣奥实业（集团）有限公司总裁，方圆化工有限公司董事长，江西吉翔医药化工有限公司董事长。兼任青岛橡胶工程学院兼职教授、中国橡胶协会理事、中国橡胶助剂协会常务理事、《橡胶新材料工业》杂志理事会副理事长、《中国橡胶工业年鉴》编委、《中国化工报》理事、中国化工学会橡塑绿色制造专业委员会主任会员，技术组长。

在圣奥，他致力于推进技术创新与产品创新的事业，成功开发了各项新技术。通过改造现有生产工艺流程，实现了橡胶防老剂生产"三废"零排放。成功地把倒闭多年的国有企业转制后改造与发展成为世界橡胶助剂龙头企业。在方圆化工，他致力于光催化研究，开发世界领先的单体与聚合物技术，将芳纶新材料原料及合成技术推向新的高度。在吉翔医药化工，他致力于化工微型化，以化工工艺理想工艺与极限反应为目标，在根本性解决环保、安全上进行了有效的理论研究与实践。

他作为发明人，拥有20多项国内发明专利、7项十几个国家的发明专利授权，还有多项授权的实用新型专利与多项申请中的国内发明专利，以及欧洲发明专利。2005—2008年在美国打赢了橡胶行业最大的官司"337"知识产权案，为中国橡胶行业的国际地位做出了突出的贡献。

此外，他还获得：2003年度全国石油化工优秀企业家称号、2004年度石油化工协会科学技术进步奖一等奖（排名第一）、2004年度山东省科学技术进步一等奖（排名第一）、2004年度国家科学技术进步奖二等奖（排名第一）、2004年度中国橡胶协会科学技术带头人、2005 年度山东省劳动模范、2005 年度山东省菏泽市重大科学技术贡献奖、2005 年度全国橡胶行业优秀科学技术创新带头人、2006 年何梁何利奖、2008 年中国石化协会功勋企业家称号、2010 年度河北省科学技术三等奖（排名第二）、2013 年度河北省技术发明一等奖（排名第二）。

一、干一行，爱一行

1978 年，即恢复高考的第二年，王农跃考入浙江化工学院（浙江工业大学前身）化工系农药化工专业，当时大多以考上大学为荣，对专业的概念很是模糊，通常是服从分配。王农跃就是这样被分到了化工系农药化工专业。当时他对化工并无有特别的偏好，只是特别珍惜学习的机会。既然被分到了化工系，他就决定潜心学习。那时候学生的竞争相当激烈，王农跃的学习动机仅仅是想要学得比别人好一点。

1982 年王农跃从浙江工学院（浙江工业大学前身）化工系毕业，被分配到天津农药工业研究所。其间，他参加全国"六五"科技攻关项目"涕灭威"的研究开发，天津市重点课题大豆激素"7841"的研究与开发，天津市重点课题"中性造纸施胶剂 AKD 的研究与开发"。在参加工作之后，他发现通过不断实践，加深了对化工的了解，从而激发了对化工的兴趣，甚至慢慢地转化为对化工的热爱。

在他看来，不是"爱一行，干一行"，而是"干一行，爱一行"。他觉得有些东西不是说你觉得不喜欢就不去做，而是只要你深入进去了，你就会喜欢，你自然而然会因为随着不断深入了解而发现其中的趣味，从而爱上这项工作。"人的本性是懒惰的，而所有的机会总是出现在你持之以恒的努力之后。如此便意味着你必须要克服懒惰的本性，同时也不是说你吃苦就足够了的，而是要持之以恒地努力，才有可能成功。所以人不能只去关注自己喜欢什么，只去做自己喜欢的事情，要跳出自己的舒适圈，敢于去探索，去尝试。"王农跃一直都坚持着"干一行，爱一行，爱来自干、来自付出"的理念，他认为不管你做什么，你为此付出越多，你就会越爱所做的工作。

从事化工这一行，深深地爱上了化工。为了干好这一行，为了能够解决过程中碰到的大量问题，王农跃一直追求着知识进步。

1985 年，王农跃赴德国莱比锡大学，成为中国第一批被送到国外学农药配方的访问学者，学习农药配方与制剂。"到了莱比锡大学之后，发现中国的农药配方存在很多欠缺。"中国很关注农药的合成，却很少做配方研究，每种农药只有两三种制剂；相比之下，国外一种农药往往有几十种制剂，药效比国内好得多。在做访问学者期间，王农跃跟各国学生一起做实验，互相交流，收获颇多，"出去了解一下别人在做些什么，用的是哪些设备设施。现在是信息时代，信息的交互对科学技术的发展很有帮助。从了解别人的研究方向中，你可能找到灵感，发现自己想要研究的方向"。

1990 年，王农跃硕士毕业，到浙江省化工研究院浙江省农药中试基地任主任。两年后，他出任浙江大学开源化工厂厂长，浙江大学开源化工公司总工程师。1998 年，已经拥有丰富科研管理与企业管理经验的王农跃接收了倒闭多年的山东省橡胶助剂厂，并转制为山东圣奥化工股份有限公司，自己出任总经理。为了将公司建成世界顶尖的企业，为了实现企业高效有序的运作，他又拿下了管理学博士学位。2006 年，山东圣奥已经发展成为一个庞大的化工集团，他出任上海圣奥实业集团有限公司（下文简称圣奥）的总裁。

"工作之后与大学期间学习的方式不一样，学习针对性是很强的，完全就是为了解决问题。在不断向前发展中，每个人都有自己的追求。你想要成为怎么样的一个人，你自然而然就会关注那方面的内容，也就是所谓的职业生涯设计。你肯定会想要多学一些来填充自己，主动地去阅读相关的文章和信息，使自己慢慢往那个方向去靠拢。"平时王农跃重点关注两大块的内容：化工和管理。

"干一行，爱一行"是王农跃秉持的理念。他对事业的热爱不是凭一腔热血的肆意挥霍，而是有深度、有责任感的爱。因为他爱，所以他充实自己；因为他爱，所以他追求更好。

二、学有所悟，方有所成

"学有所悟，方为有所得，学有所悟，方能有所成。"这是王农跃对自己的要求。他认为，仅仅知识层面的拓宽，而不应用于生产实践，只能"纸上谈兵"。王农跃要做的是发展理论，并从中发掘灵感。

王农跃是一个严厉的教师，他的学生经常会受到他的批评。"在化工的研究工作中，会遇到各种各样的问题，不要想依靠自己的小聪明去解决，而应该立足于书本理论。要是脱离了书本的理论指导，单凭小聪明，或许可以解决掉一些问题，但是在大方向上已经走入歧途了。"王农跃教育学生要花时间和精力去学习，悟出其中的关联性，站在人家的肩膀上，建立起对研究方向有利的关系架构，从而达到应用的目的。

遇到瓶颈的时候，王农跃经常会想："我的研究方向有没有问题，方法对不对，知识面够不够，还有什么方法可以解决。"这种思考、学习、咨询、讨论、实验才会一步一步帮助他解决问题，突破瓶颈。

对于技术问题，除了自己去发现，王农跃还喜欢从别人那里寻找灵感。同学、同事、朋友、学生都是他的智囊团。遇到难题了大家坐下来一起讨论，出谋划策，寻找思想的碰撞。

"知识不是拿来炫耀的，而是拿来使用的。"王农跃总结自己学习心得是一个"悟"字，好比参禅，不仅在灵活，还在恒久。"只要老老实实、认认真真地做事，踏踏实实地做人。几年下来，你会发现积累的知识能量会远远超过其他人，甚至是那些比你聪明得多的人。"王农跃认为无论什么事情，既然选择了就要持之以恒，在这个坚持的过程中，会得到"悟"，会有所突破，有所发现，并有所创造。

王农跃觉得老实的人有着无穷的潜能。他自己也是一个很踏实的人，不沉迷浮华，不追求名利，真诚地对待每一个他所遇到的人，认真地从事他的科研工作。

三、不改劳碌，追求极致

2012 年，已经积累了可观财富的王农跃，不是去享受、周游全世界，而是选择了第二次创业，成为方圆化工有限公司的法定代表人。

彼时，王农跃管理的上海圣奥有限公司已是产业的龙头，生产的橡胶助剂产量是全球最大。"圣奥在这个产业做到了极致，反应路线是理想路线，收率是极限收率。别人充其量只能做到同一水平。"

"我就是一个劳碌命的人，不干活就不行，就不舒坦。"喜欢充实工作的王农跃这时已经看到化工未来发展的大方向，他希望自己在这个进程中起到一点点推进作用。第二次创业，他希望能把化工厂越做越小，向微型化发展。

我觉得化工是这样子干的："要去做到极致。"化工的研究是一个寻找反应路线的过程，要想做到极致就要找到最为理想的反应路线，最高的收率。化工反应直接走通原子收率最高的路线非常难，往往为了避免走难路，大家会考虑绕道而行。而王农跃喜欢迎难而上，选择最直接的道路，找到最适合的催化剂。"一旦有人直接走过去了，那绕道的人都完蛋。这就是极致，旁人已经无法超越了。"对于极致，王农跃还提出了极限收率的概念。化学是封顶的，最为理想的状态就是所有的原料反应物 100% 变成生成物，没有浪费。在他看来，最有可能做成这件事情的就是微反应。就好比将一杯水里的分子一个一个隔离开来，挨个儿进行反应，挨个儿结合，反应好之后再从反应器中出来，那么得到什么就是什么，不会有多余的成分。"只要做到了收率的百分之百，就是极致的存在。"

"化工领域实现了微型化，显然是一大进步。"王农跃已经预见了化工的发展方向，"我一直想像马斯克一样，把我的公司办好赚大钱，然后用这些钱来支撑我去做研究。通过一个强有力的企业支撑，引进人才，做研究项目。我想要对中国，甚至全球的化工产业做一点点推进，颠覆化工这几十年几百年传统的概念，让搞化工的人知道化工不是以大为荣，而是以微为荣的。"

近年来，王农跃致力于化工微型化。在他看来，现在的化工厂和自己读书时候的计算机一样，很大；但是我们都知道现在的手机功能比那时的计算机还要丰富。化工发展的方向也是如此，"可以肯定，化工未来的发展大方向就是微型化。把大化工厂做到一辆卡车的大小，届时无论用户需要什么，只要化工卡车开过去，直接在卡车上就可以做出产品。"这样提高了效率，免除了浪费，降低了成本，对环境也不会造成危害。王农跃是中国化工学会绿色制造委员会技术组组长，这个组里有不少院士、准院士在做微型化的研究，"我们经常会开会交流，了解彼此的项目，从中找到灵感。大家都有同一个理念，就是把化工项目微型化。"他表示，退休之后，希望办一个研究院，专门从事化工微型化中微分离的工作。

"反应器的微型化可以结合 3D 行业，用 3D 打印机解决很多反应器微结构的问题，不再需要一点一点地拼凑，完全可以实现一体打印。"王农跃有自己的想法，"微型化的反应器比大型反应器安全，即便发生爆炸，威力也不大。对化工产业的发展而言，微型化是必然的过程。如果做到 100% 的转化率，或 100% 的分离，不只意味着产量高，还意味着对环境无污染。微型化工是智能化工的基础，可以大胆设想，二三十年后，化工不是一个工厂，而是一辆化工车，全智能控制，安全，无污染。"

四、为化工发声，推其发展

20 世纪末，不少化工厂由于片面追求经济效益，在生产过程中污染了空气和水源，给老百姓造成了一种"谈化色变"的印象，这其实是一种误解。百姓的日常生活，方方面面都离不开化工行业。"这几年化工的发展，让老百姓意识到没有化工是不行的；与此同时，百姓又怕化工有污染，巴不得工厂建在其他地方。很多地方都是这样的，排斥化工。"对此，王农跃觉得需要有人站出来为化工行业发声，让大家知道化工没有什么不能解决的环保问题与安全问题，只是需要时间。因为化工的发展与其他行业如钢铁、材料行业，有着千丝万缕的联系。要是相关产业还处于很落后的位置，使得化工需要的配套设施跟不上，相关的研究材料与工具有欠缺，那么仅仅依靠化工一己的力量，有些问题是很难解决的。

王农跃接触化工四十余年，化工的配套设施比原来要先进得多，实验理论也完善得多，使得很多原先无法进行的研究可以重新启动，甚至获得了喜人的成果。王农跃在方圆化工有限公司做的光催化氯化反应就获得了成功。在对光进行研究后，王农跃的团队认识到光波的波长、波强、波幅等性质会对催化反应产生影响，他们选择用窄波幅单一光源去做催化剂，去引发这个反应，减少副反应。事实上，类似的项目在 20 世纪 70 年代的江西农药厂曾开展过，这个项目在当时的条件下无法突破，最终被停止。由此，王农跃得出，面对某些理论研究，化工领域的人未必可以做出结论，但是我们可以借助别人的发现去解决化工的问题。化工技术人员必须了解到其他领域的新生事物，懂得利用他山之石，让它成为推动化工发展的工具。王农跃正是借助外力，解决了前人无法解决的问题。

在化工这个领域深耕的王农跃，不忘初心，一门心思想把化工做好。这几十年来他一直都在追求卓越，完善自身，投身工作，不改劳碌。他的荣誉、他所获得的专利，都是他潜心研究，踏实做事所赢得的肯定。

五、管理企业的"两把剑"：公平和权威

有了发展化工的信念，还需要一个强大的企业作为支撑。王农跃身先士卒，致力于企业的发展，管理企业三十年，积累了丰富经验，有着深刻的体会。

"怎么样把企业管成一个自动化的企业？就像是一台机器，开关一打开，可以自动运行、管理自动升级，而不是靠人去管。"王农跃经常会思考这样的问题，他认为，企业需要制定大量的制度来保障企业的运营。有些企业无法将制度落到实处，制度只是无力的文字，无实质意义。究其原因，是制度上的不公平，员工认为权益得不到保障，无法认可。

"企业管理没有最好，只有更好，所以要求监督者一定要查出一点东西来。如果查不出来，就是你的境界还不够。"只要做到了管理机制在运行，监督每一个环节，管理自然而然就会提升。圣奥在管理上已经做到自动化，"即使废除了高层领导，还能够正常运行五年。五年的时间里，管理层总监以上的职位全部被免掉，不开董事会，不开股东大会，没有高层在统筹经营，管理也会自动运行，计划会自动产生，监督自动进行。像圣奥没有高层管理者（股东纠纷原因），照样每年可以有 5 亿元人民币以上的净利润"。这就是王农跃实践的管理模式。

每个企业家都重视员工对公司的归属感。员工对企业的忠诚度主要来源于两方面：一是工资薪酬是否略高于这个领域的平均水平；二是员工对企业发展前途的信心，具体体现在管理方面的公平公正。圣奥有上千名员工，坚持公开考核，公布考核结果，没有人有特权，让每个人心服口服。圣奥还设立了一笔董事长基金，奖励那些有潜力的员工和做过好人好事的员工，弥补了企业文化方面无法量化的缺憾。

任何一家生产型企业，秩序就是底线，车间和生产线是不允许创新的。员工必须按规定做，即使碰到问题，也要尊重生产线上的秩序，坚决不允许改动。但是王农跃鼓励员工创新，正如第一次工业革命做出伟大贡献的是手工工作者，员工才是最熟悉生产线上细节的人。圣奥提供了一个平台，鼓励员工提报创新的想法给科研处，一旦采用了，提出者可以得到奖励。

在企业转制的初始，员工进行了"实践是检验真理的唯一标准"的讨论。王农跃这样理解：在企业运行中，不同人的实践可能会产生不同的判断，所以标准在哪里？王农跃认为，参与实践的是技术人员、员工，负责检验的是老板。这里的老板不是董事长，而是员工的顶头上司，如班长、车间主任、部门经理、副总。"你所做的事情对错与否是由你的直属上司来判断的。他负责管理你，标准就在他那里。老板错了怎么办？上面还有老板，老板的老板错了怎么办？企业最高决策人错了，整个企业倒霉。董事长是整个企业的老板，不是某个人的老板。"所以王农跃推行"科学实践是检验是非曲直的最佳方法"。王农跃管理企业最重要的经验是要法治，避免人治，领导的权力要下放，不是把有些权力交给下面的人，而是下放给制度，一个好领导至少有 80% 的权力下放给制度。"权力越多越不是好领导。领导的权威是什么？不是权力而是责任。越高一级的领导，承担越大的责任，

这就是所谓的权威。"

　　为了减少错误，王农跃选择了风险管理的方法。王农跃认为，一个企业做得好不好，不是以大为标准的，也不是以盈利为标准的，而是以风险控制为标准的。有能力控制风险的企业才是好企业。王农跃的风险控制理论是短板理论，将企业风险要素分成若干个模块，每个模块就是一块桶板，设计桶板高度的模型，每个月进行桶板高度分析，最短的这块就是必须解决的风险板。比如人力资源、市场、技术、财务、生产、项目、行政、安环等都可以是独立的风险模块，通过风险评判，做出同比是进步还是退步的结论，从而可以量化比较，很容易知道短板，并可以通过分析找到成为短板的原因，有的放矢解决短板问题。哪里有短板就补哪里，针对性地去完善企业的各个方面。王农跃认为，制度确定风险，制度解决风险是企业最大的进步。凡是民主讨论、会议协商都是逃避责任的出口，是企业最大的风险。

六、主动出击：校企合作巧分工，身处困境强反击

　　圣奥、方圆与清华大学、浙江大学、浙江工业大学和河北工业大学等院校都有合作。"学校和企业的结合是比较好的，学校作为一个前端，主要负责打通路线，得出可行性。由企业实现工业化，把实验室技术演变成生产的工艺流程。"

　　一个企业不可能投入资本在那些使用率不高的设备上，就像医院里的 CT 设备和 X 光，可以在医院得到非常频繁的应用，但在企业可能只用过一两次，设备失去了它应有的价值。学校里的设备资源是企业所不具备的。也就是说，学校里研究的工具要比企业多得多。再者，学校里老师的理论知识要比企业里的研究工作者扎实得多。所以，有些难题攻关的前期要放在学校。

　　一个企业的发展，不可避免要面临很多抉择，有些抉择微不足道，有些抉择促其发展，而有些抉择指示了未来的道路。企业选择和高校合作非常明智，是主动出击，有助于加快企业创新的脚步，抢占先机。

　　2005 年 2 月，美国 Flexsys 公司利用美国国际贸易委员会知识产权"337 调查"，申请对由圣奥生产的中间体 RT 培司、由 RT 培司制成的防老剂 6PPD 进行相关专利侵权调查，并要求对涉案产品及使用该产品的下游产品即轮胎和所有橡胶制品，颁发排除令和禁止令，不得进入美国领土。当时的圣奥从濒临倒闭的国营企业转制刚刚步入盈利阶段，面对国外巨额赔偿的要求完全没有应对经验。王农跃知道，若不应战，中国橡胶行业将面临灭顶之灾，应战至少可以给整个中国橡胶行业争取到应变的时间。由于关系到中国橡胶行业的安全，受到了科技部、外交部的高度重视。王农跃领队积极应战，最终历时 3 年，耗资近 2500 万美元的知识产权国际诉讼，终以中国橡胶防老剂龙头企业——圣奥的胜利而落幕。圣奥没有侵权，甚至技术比美国 Flexsys 公司要略胜一筹，同时圣奥一跃成为橡

胶助剂的世界第一品牌。

圣奥的发展过程中，经历了若干官司，王农跃在美国、德国、印度、日本、韩国都打过官司。一个企业要进军国际市场，超越国外的企业，不可避免都会打官司。打官司是一种市场保护的需求，"当一个公司感觉他的老大位置被动摇的时候，他一定就会千方百计寻找一个理由与你打官司，然后他告诉全世界，我在打他的官司，他有问题了"。有了这样的经历之后，王农跃也总结出了一些经验，要想做成国际型企业，必须拥有独立自主、不受制于人的知识产权，否则再大也会轰然倒下。同时要熟悉国际规则，不能靠补助成长，要实实在在拼实力，拼管理，拼成本，拼技术，拼市场，这才是市场经济。

七、创业路上的三个法宝

王农跃所描述的创业，不是披荆斩棘地从原始社会而来，而是广泛地去学习，积累经验，然后再跨过一路的障碍。少走弯路方为正道。王农跃在创业路上积累了三个法宝：公司文化、不断创新、心怀善良。

"养成公司文化很重要，首先你不是一个人，而是一个团队；其次要有朝九晚五雷打不动的制度规定，要严于律己，公平待人。"公司需要管理，要有完善的公司管理文化。"中国的公司走向市场经济才几十年，欧洲有200多年了，有很多值得我们去理解，去思考，去学习。你不接受这种市场经济的文化，要自己去搞，那就会乱七八糟。大学生创业之前必须要知道公司文化到底是什么，所以建议大学生先打工，接受公司文化的熏陶，再创业。"

企业发展需要大量的资金，吸引投资的人就要让别人相信你的项目有希望盈利，你愿意倾尽所有去尝试。发展的动力是拥有独立的知识产权，这一方面不能有一点虚假的成分。经过一定规模的项目生产后，别人才有可能投入资本。资本的注入是对企业知识产权的最高奖赏。所以无论市场地位，资本介入，发展动力都源于知识产权。是不是好企业，知识产权是关键。

人们常说，商场如战场。在竞争中，总有企业会垮掉，总有人被迫无奈离开，充满了"不是你倒下去，就是他倒下去"的残酷现实。但是商场上的战争要想取胜，关键不在于心狠，而在于善良。"一个产品卖出去，人家不满意要退，按照法律条款、合同，他退货的理由可能很不合理，你完全可以拒绝；但是你要是善良的话，你就会允许他退货。"王农跃表示，"善良的人会从对方的角度考虑问题，体谅对方的难处，愿意尽可能地提供帮助。"这种善良，大家都能懂，只要一直心怀善良地去经营，慢慢就会在这个行业中树立起企业的威信。要多为对方考虑，这是一种善良的基础。企业的市场竞争总免不了"几家欢喜，几家愁"。看似无情，实则有着另一种善良。"只要你不去做小动作，光明正大地竞争，你永远是一种善良的表现，对方都会理解你，而且会赞同你，我们在市场上也是这样的，圣奥从只占据5%的市场到占据80%的市场，有多少企业被优胜劣汰。当时很多被我们挤垮的企业是我的好朋友办的。现在我们关系依旧很好，在长期来往当中，还有人要跟着我们干。靠什么呢？就因为他知道你是善良的，你做的事情是对的。"竞争就是博弈，若一着不慎输了，那是棋艺不精，下棋者自有一番判断。只要不去做小动作、耍小聪明，那么竞争无论多么激烈，大家都会理解。商场上要善良，不要想着靠小聪明取胜，否则失败是迟早的事情。因为谁都不比谁笨，别人很快就能看出来，就会远离你，想要靠小聪明取胜，简直天方夜谭。

王农跃一心想着化工的发展，如今圣奥在世界舞台上熠熠生辉，王农跃却埋头重新去开创了方圆化工。一个有信念者所坚守的力量让人感叹而敬畏。

生命不息，奋斗不止，王农跃一直都在实现目标的道路上。

初心在方寸 匠心在咫尺

——记有机化工专业1982届校友柴茂荣

戴天悦

每年的 3 月中下旬，日本的樱花灿烂地如期开放。当柴茂荣看到微信朋友圈中一张张日本樱花盛开的美景照片时，都会不由得想起 2017 年的春天，他不顾家人的反对，毅然从日本三井公司辞职，匆匆地赶上一架航班，飞往彼岸的中国。

"樱花以毕生的美丽印证爱的坚贞，如说这一瓣萎而不凋，凋而不碎，碎则至末，如此傲骨谁若堪比……走过了多少个繁花岁月，如今却在中日两国之间繁忙地奔波。但愿有一天，能够静下心来，如樱……去寻找心灵深处向往的美丽和心灵执念去抵达的归处……"

回望柴茂荣的一生，就如他自己所写的这首《樱花赋》，理想如樱花一般坚守，盛放如樱花一般灿烂。

一、除了学习，那都不是事情

1978 年，在 15 岁的柴茂荣面前，是烂柯山下那一间间不太起眼的小房子。浙江化工学院，就是一切缘起的地方。

15 岁的柴茂荣刚刚结束高考，原本的出国求学计划却因为其年龄太小而被搁浅，省内的浙江大学也已经完成了录取填报，此时他将目光投向了近在咫尺的浙江化工学院，也就是现在的浙江工业大学。

仍在旧址的浙工大，就和往常一样接收了一名懵懵懂懂的新生。殊不知，这个还只是一张白纸的孩子，在今后会成为国际上赫赫有名的大人物。但在掀起波澜之前，他们也只是茫茫人海中的一员，享有小人物的快乐与忧愁。

当时的柴茂荣也是如此。一方面是他年龄尚小的缘故，未成年的心灵刚刚接触到大学，或多或少会有一段对新的环境新的教学方式的适应期。"也没有太多的目标。就是当时的话，就想毕业了以后能找到一个比较好的工作。"柴茂荣的想法很单纯，和当初大部分大学生的想法如出一辙。另一方面，当时的中国刚刚提出改革开放，国内的经济发展趋于加速，前方仍是一片未知的大海，跳，还是不跳，柴茂荣选择了保守的一派。

不过最终，19 岁的柴茂荣考上了研究生，进入大连理工大学 & 中科院大连化物所联合应用化学研究生班，主攻分子筛催化。当时他所在的有机化工 78 班上就只有两个人成功上岸，一个是他的班长，另一个就是他。

"当时除了学习，也就没有别的什么爱好了。"15 岁的柴茂荣在刚进入学校之后就发现自己是最小的那一批，与他同寝的一个老三届的大哥，比他大了足足 13 岁，相关的课程如高数和物理化学他已经修了几轮了，于是在大学一开始柴茂荣就被拉开了一大截。

但是这些差距都被柴茂荣用时间和汗水追了回来。"当时我们就是拼了命地学，希望能够撵上他。"除了他之外，班上和他年龄相近的那些孩子也都怀着同样的目标在奋力追赶。从一开始的追赶者变成领先者，柴茂荣仅用了两个学期，原来的后进生成为班级的骨干。

"就当时的精神生活肯定是比不上你们现在有手机有电脑的样子。当时的浙工大也不像现在，那时是在衢州烂柯山下，依山傍水，交通什么的也不方便。"四年光阴似箭，柴茂荣就把一切押在"学习"二字上。每当周五放学，柴茂荣就回家短暂地待上两天，再之后又迎来一个忙碌的学习周。他恍若达到了做学问的最佳状态，将身边的事物都抛到脑后，甚至都没有把除学习之外的看作一件事。在他尽情地汲取那些陌生的知识之后，尽管他笑称自己是个偏科的学生，但他的高数及化学成绩在班级里都是名列前茅，文科方面也是丝毫不落下。

"但我喜欢高数和化学。"柴茂荣对浙工大的记忆，就像是一个梦想启航的起点。于他而言，印象最深刻的是教他高数的施公才老师以及之后的物理化学老师杨祖望，他们是柴茂荣走上燃料电池一路的一大推力，将他引上一条注定要他走出来的康庄大道。

二、历史时刻！催化剂开拓者

在研究生毕业之后，柴茂荣在大连理工大学任教师两年，在拿到日本文部奖学金（日本中央政府对外国留学生提供的最高等级的奖学金）之后的 1988 年前往日本留学深造。日本方面的补贴，为柴茂荣的静修深造提供了一个良好的生活环境。又一次来到一个全新的环境中，他依旧像是一个知识的无底洞，许多在国内不曾涉及的新技术新科学向柴茂荣源源不断地输送。而他就读的燃料电池专业，在当时的世界还只是初具雏形。就在 1986 年，与质子膜燃料电池相关的第一篇文章才刚刚出现，更准确地说，不过只是关于它的一篇新闻报道。在当时那个信息技术仍不发达的时代，像这些科学上的伟大猜想也只能通过报纸和娱乐新闻、股票市场一同传播到世界各处去。那时，这篇报道传到日本，报纸上就只给了它一个角落的空间，大多数人都不会太在意，并且这些文字对所有人来说都太陌生。但柴茂荣的日本导师却敏感地觉察到了燃料电池的发展潜力，他将报道的那一角剪下来交给柴茂荣说："你就按这个做做看。"因为一开始的电解制氢采用的大部分是纯铂做的铂黑催化剂，无法做到回收再利用。而柴茂荣的导师给他的任务就是尝试将铂黑溶解后担载在碳粉上，从而实现催化剂的改良。那时的柴茂荣就像 15 岁的他一样，也是抱着尝试的心态接下了这个项目。事实证明，这条无人探索过的小径走得绝不容易。他在实验中发现王水溶解后的铂载到碳粉上就像炸药，干燥过程中极易爆燃和爆炸，必须除氯、除硝酸根，更不能用氨水沉淀还原。每一步的操作，柴茂荣都得时刻紧绷心弦，应对着随时可能出现的意外。终于在经历了无数次失败后，他才得以将铂安全地载到碳粉上——铂碳催化剂就此诞生！这是能源领域的一个历史瞬间，这一步不仅开创了世界贵金属碳载催化剂的一个新天地，也为之后的膜电极催化剂打下了坚实的基础。紧随柴茂荣的脚步，世界上的贵金属碳载催化剂成为一时的热点，而当下大多数的贵金属催化反应掺杂了碳或氮以提高催化的速率以及保证反应的可循环，也都是靠着铂碳催化剂做了开路先锋。而柴茂荣作为"第一人"，凭借铂黑催化剂在 1988—1994 年陆续发表了 19 篇文章，其中在 Science 和子刊上就有 3 篇。

在此之后，柴茂荣在燃料电池催化剂这座高山上再度攀登。和荒井教授等合作提出了膜表面催化理论以及氢气溢流理论，完成相关理论基础的研究之后进入了日本地球环境研究机构，因其卓越的成就和热爱学习的优秀品质，在工作几年后进入了三井集团下的三井金属矿业株式会社，直至最终担任主管科研的综合研究所副所长和副总裁助理一职，可以说是华人在日本骨干企业里所能取得的最高职位。

在日本将近 30 年的旅居时光，柴茂荣始终坚持初心，既然一开始选择催化剂，他就将此生最宝贵的年华都奉献给了这些斑斓的金属。除了燃料电池，他还参与了汽车尾气处理的贵金属催化剂的研究，有机物分子除臭等与环境有关的项目。

"我一直没有变化我的方向，所以我的成果会做得比较大。"电话那头的柴茂荣仿佛还是那个在校园内低头钻研燃料电池的少年，从一开始只想学得更多的孩子变成了如今站在知识顶峰的大先生，他从来没有对自己的选择感到后悔。正所谓知识就是力量，他将这股力量凝聚为冲击世界能源的巨锤，将自己氢能燃料电池技术开拓者的头衔一锤定音。

"我做了一辈子，就只是想把它做到底而已。"

三、回国！五年"氢芯"打造中国电池

2017 年 3 月，柴茂荣 54 岁。那时的他感到了些许紧张。

因为不久之前，时任中国科技部部长万钢访问了日本，并且与柴茂荣进行了会面。此时的他，正是日本国家电池开发研究机构 15 人专家小组成员中的一员。

柴茂荣带着万钢部长参观了日本的氢能源汽车，并展示了其完整的生产链。就在那段时间，万钢部长向他提及了 2022 年中国将要举办北京冬奥会。

2020 年东京奥运会，日本已经宣布将会普遍使用氢能作为奥运会场馆的主要能源使用，包括作为交通工具的燃料电池汽车。在当时，氢燃料电池是能够作为国家综合科技实力的一大指标。很显然，这是日本向中国投来的一纸挑战令，中国自然不遑多让。

"冬奥会上所有的大巴都要用氢能车。"就是这一句话，将柴茂荣的心勾了起来。当时的中国在锂电池上已经取得了相当可观的成就，在国内也形成了锂电池车的风潮。

但是冬奥会在张家口、延庆等山区野外赛场，冬天的室外温度往往接近于−30℃，凭借锂电池电动汽车是无法在极低温环境下在坡道上行驶的。

"冬奥会只能用氢能车。你愿不愿意回来帮国家做点事？"万钢部长语重心长地向柴茂荣询问道。

这是一个国家的嘱托，柴茂荣意识到了。他之前曾作为三井的外派人员在中国出差过一段时间，当时国内的燃料电池技术仍与世界存在一定的差距，这是他能够真切地感受到的。于是在出差回来后，柴茂荣就在想他能不能将自己所掌握的燃料电池的技术应用到中国的市场上。

正如毕飞宇所说："人就是这样，一旦有了信仰，他就有决心和毅力去浪费时光。"经过深思熟虑之后，柴茂荣毅然决然辞去三井金属综合研究所副所长兼电池研究中心主任，历经曲折后终于在 2017 年 4 月回到了祖国的怀抱，结束了在日本旅居 30 年的生活。

这些年，柴茂荣也不是没有加入日本国籍的机会。他在燃料电池方面的贡献尤为突出，也成功融入了日本的相关圈子，并成为其最顶尖的技术人才之一。但是他从未忘记自己是一个中国人。"我是中国人，我一定会回来，我应该属于中国。"

浓浓的家国情怀使他临危受命，在中国最需要他的时刻，柴茂荣天降而来，两手空空，但是带着一脑子的理念和满腔热血。

不过现实给他泼了一盆冷水。2017 年的中国，燃料电池的市场支离破碎，核心技术少，技术人员少，产业布局散。

"除此之外，当时国内好多人都不相信我能够在五年时间里把中国的氢能燃料电池搞出来，包括著名高校的教授，甚至是国内赫赫有名的氢能专家，他也不相信我这五年能干出什么事情。"

起步是艰难的，而不被看好更是对他的一大挑战。虽然早有预料，但柴茂荣也对现状感到头痛。"燃料电池的产业链相当长，从一开始源头的制氢开始，到储氢运输，然后落实到客户终端使用。"于是，柴茂荣作为首席技术官，决定带领初创的国家电投集团氢能公司先从上游的技术突破开始做起。

"这个公司其实是为了我工作方便才成立的，当然我会扶持它起来。"从建立实验室开始，柴茂荣一步步扩充自己的团队。

那自己又如何管理这样一支新兴团队呢？柴茂荣考虑之后，决定借鉴之前在三井工作时的经验，用三井的管理体系。"一个专家带领一个方向"，在初期，柴茂荣手把手带了 8 名徒弟，在他们圆满毕业之后，他以"领头人"的身份确认了催化剂、质子膜、碳纸、膜电极、双极板、电堆、系统、氢安全8个方向，并由那8名弟子各把关一个方向，做一个"把关人"。再之后，随着团队人才的引入，他又要求每个"把关人"逐步向下带弟子，形成一个人才梯队。就像一棵大树的根系一样不断外延开去，柴茂荣带出了一批氢能方面的主力军，他们极大地扩充了国氢科技的科研队伍，夯实了国氢科技的科研实力。

不过相较于曾接触过电池方面的学生，柴茂荣更倾向于选择那些基础知识扎实的学生。"曾接触过锂电池和燃料电池的人中，可能没有我需要的人才。相反，那些基础化学学得好的学生，会更容易接受我的理论。"

"刚开始柴博士几乎就是手把手教我们。"周明正博士，柴茂荣回国后带的第一个徒弟，现如今已经是国氢科技关键材料部门的主任，"他一步一步耐心地指导我们，教会我们如何看书，如何做实验。"

除此之外，国电投作为中国一家重要的能源央企，在柴茂荣建设公司期间提供了源源不断的资金和人才支援。"它给了我很大的支持，所以我才会做得比较容易。"正因为中国需要柴茂荣，信任柴茂荣，他的创业之路尤为平坦顺利，至今国氢科技已经拥有一支世界领先的科技团队，其中包括100多名博士、400多名硕士。

柴茂荣就如刚回到祖国一般的自信，他在短短五年，从无到有，带出了一支精锐之师，并将氢能燃料电池的产业链尽数打通，在国内已经打通了催化剂、双极板、膜电极、质子交换膜、碳纸五大关键材料和部件。这些都意味着国氢技术在燃料电池技术方面的自主化和国产化都取得了巨大进步。

于是，在柴茂荣的期待下，2022年，北京冬奥会来了，考验他是否能为这一阶段画上一个句号的时刻到了。

2021年4月，一辆车身由一条红绿缎带缠绕的大巴安稳地行驶在博鳌论坛会场之外。仔细一看就会发现车身上还有氢气的标志。它就是一辆以"氢腾"作为引擎的燃料电池汽车。2020年，柴茂荣带头研制的燃料电池电堆及动力系统产品通过了强检并正式发布。"电堆就相当于计算机里的芯片"，这款电堆额定功率88kW、体积功率密度达到了3.2kW/L，最重要的是，它能够实现在−30℃的低温环境下启动，全方位地领跑行业，与国际上的老牌产品做到了同台竞技。而它，正是"氢腾"的心脏，律动着中国人的心跳。

"氢腾"在博鳌论坛上的出色表现，让它成功跻身北京冬奥会的决赛，而它的对手就是日本丰田燃料电池汽车。

作为世界上声名显赫的老牌，丰田自然是没有把只有五年历史的"氢腾"放在眼里。

"除了学术界，我也受到了来自国内产业界的一些压力。"就在柴茂荣加紧测试"氢腾"性能的同时，他遭遇到了来自北京市内的突变情况。

"没有经过两冬一夏的测试，氢腾燃料电池汽车不得参加冬奥会。"来自政府部门的通知让柴茂荣心里一凉。其实从一开始，他就听到了国内对他不信任的声响。"因为我刚刚回国，在科研界还是一个新参与者，国内许多机构往往对我的项目申请都置之不理。"一开始的碰壁很正常，面对一个新面孔，学术界的大腕都还持有疑虑。"他究竟行不行？""我们支持他做电池，风险多大？"于是在柴茂荣的起步期，他的同僚只是将他视为一个竞争对手，从而大大限制了柴茂荣在研究上的深度和市场上的广度。

面对这些，他也是举步维艰。"很难突破，就需要更多的时间。"在柴茂荣非同凡响的魄力下，"氢腾"一点点地展现出了它的实力，短短时间内就达到了业内人士几十年都达不到的高度。他的惊人进展，令所有人刮目相看。

但是作为本次冬奥会的赞助商，丰田当然只想独吞这块肥肉。它以安全性能为借口，向柴茂荣的"氢腾"施压，希望直接将他拒之城外。

还没抵达冬奥会场就遭到如此打击，柴茂荣没有表现出丝毫退让，"氢腾"作为国内氢能燃料电池的标杆，无数次的测试表明它在技术和安全方面都是过关的，那为什么不能让它参与冬奥会？难道说就只是因为丰田作为本次冬奥会的赞助商之一，从而不允许其他的燃料电池汽车出现在冬奥会的会场上吗？难道说这次要让别人的汽车开在自家的马路上，而把自家的汽车拒之门外吗？

柴茂荣想起了五年前万钢曾对他说的那句话，以及从那个时候起就暗自在心里许下的诺言。

"能用中国人自己的材料做出自己的车，在中国的冬奥会上用上自己的车子。"回想起这五年，他一个人住在距离单位不远的地方，不分昼夜地钻研，连续工作 20 小时以上的情况都出现过。他精心策划，细心指导，专心工作，五年来风雨兼程，也就是为了这一刻啊！柴茂荣不甘心，他决定再搏一把。

成功总是垂青那些有真才实干的人。国家电投集团通过与北京市政府的沟通，"氢腾"最终还是登上了冬奥会的舞台，而且它的表现出乎了包括柴茂荣在内的所有人的预料。150 辆"氢腾"大巴功率大，雪道爬坡能力强，以零排放、零故障，圆满地完成了冬奥会和冬残奥会的赛事接驳任务，挑起了冬奥会上的大梁。此时已是全国政协副主席和中国科协主席的万钢乘坐了一次"氢腾"大巴后，对柴茂荣竖起了大拇指。

"尽管延庆那里道路的坡度接近有 20°，但我们的燃料电池大客车却毫无难度地就爬上去了。接待专家告诉我，冬奥期间，延庆晚上的气温常常在 −20℃，但我们的燃料电池汽车大都能在户外过夜。"

这时，柴茂荣心中很是平静。他已经赢了，在国际舞台上堂堂正正地告诉全世界，中国人也能造出自己的氢能车。

最终，柴茂荣通过冬奥会的出色表现，向祖国和人民交出了一份完美的答卷，也在中国埋下了一颗氢能的种子，在时光的浇灌下，相信它能成长为一棵参天大树。

四、氢能，承接煤炭的时代

"但现在中国的制氢仍还有一些问题。就比如说像是做一张质子膜，其所需要的原材料就要十几种，然后还需要加工好几种零部件，如果说我们这些企业各自为政，那肯定是干不了的。"现如今中国有四五千家做制氢的企业，但都还是不成规模的中小企业，而它们都在蠢蠢欲动，希望能在氢能最热的这段时间分到一杯羹。"但这是错误的。第一，氢能燃料电池，整个行业的难度都很大；第二，氢本身的安全性还无法得到很好的保障；第三，需要的资金也要很多。"所以柴茂荣表示在这种情况下，首先就需要大型企业起一个牵头作用。就像是雁群中的头雁，它往哪儿飞，雁群就跟着它的指挥走。就和做芯片和做汽车一样。但很遗憾的是，这么多企业中能够意识到这一点的很少。每一家企业都不过是简单的竞争关系，并且没有做大的可能性。所以柴茂荣的国家电投集团氢能公司正是要做头雁。其所做的氢燃料电池是从产业链的顶端制氢开始，一步一步向下直到最后的产品使用，国氢始终坚持"以技术为主导、创新为动力"，坚持走"正向开发"之路。

那么氢能究竟行不行？柴茂荣给出了中肯的回答。现在的氢大部分来自水，我们就可以简单理解为从水里面拿出了电。一方面，这整个过程是完全可再生的；另一方面，其原料水，目前来看是取之不尽、用之不竭的；再一方面，制氢的反应链就像燃料电池的产业链一样，牵扯到很多元素，其中就有太阳和大气。通过太阳能电解水，之后再通过氢能燃料电池将氢储存起来。当我们需要的时候，就可以从电池里将氢拿出来还给水，形成一个电—氢—电的循环，于全球来说，太阳能的利用率还在 3‰左右，而中国只要能将它提高 2‰，那么这部分的能源就不再成问题。而中国也正在西部地区积极开发相关的太阳能产业链，不久之后制氢就不用再为这一部分而烦恼了。

"不管是国内国外，发展氢能都是为了替代化石能源。"相对于锂电池 GWh 的储存能力，面对中国万亿千瓦的耗电量，即使将国内所有的锂材料都做成储能锂电池，不出半小时，它们就会被存满。所以，只能用比锂电池单位储能密度高百倍的氢能源来储能。因为氢来自水，取之不尽、用之不竭。

"所以未来的能源体系里，氢将占据重要角色。"柴茂荣表示就整个能源革命的历史来讲，人类从煤炭到石油花了 300 年，从石油到电花了 150 年。那至于氢能，至少也需要 50—100 年的时间才能完成能源的切换。从 2000 年才刚开始发展起来的它，到现在也正值其青春期，伴随着国际国内的政策施行，氢能将接过时代的接力棒，迎来属于它的辉煌。

除此之外，发展绿氢一直是柴茂荣的目标。在 1 月份北京举办的"零碳＋"沙龙上，他对氢能的未来做了相关陈述。现在的制氢链是零碳的，而在全人类减碳的大背景下，中国一年的二氧化碳排放量有 110 亿吨左右，占世界的 30%，而中国的人口只占世界人口的 18%。也就是说，中国人均二氧化碳的排放量是世界平均值的 1.6 倍。所以中国要减碳，就得发展氢能。

但他也表示我们的能源转型也不能只局限于氢能。"我们国家体量太大，用一种能源是万万不够的。"氢能会走向能源的中心，是因为能源属性和储能属性它都拥有。柴茂荣表示这两种属性促使着未来能源会慢慢地向氢靠拢。电、热将会是这一块的核心。

目前，柴茂荣的国家电投集团氢能公司在北京、武汉、宁波、长春、济南、佛山以及日本东京等地设立有 10 家子公司，员工 500 余人，其中研发人员超过 400 人，研发队伍中硕士超过了 85%，博士超过 15%；是国内首家以氢能为主业的央企二级单位，也是国家科改示范行动唯一的氢能企业，致力于成为"第二个华为"。以技术为主导，创新为动力，柴茂荣凭着他的才干、技术以及一颗热忱的心，会将"氢芯"提到怎样的一个高度，来日方长，拭目以待。

五、大国工匠，柴茂荣寄语浙工大

2021 年，柴茂荣荣获能源矿山冶金学部"大国工匠"称号。

"我也没有什么感想吧，就觉得这是国家对我工作的肯定。"在提起这个的时候，他谦虚地回应。

习近平总书记在致首届大国工匠创新交流大会的贺信中，强调"技术工人队伍是支撑中国制造、中国创造的重要力量"。大国工匠是什么？他们敢为人先、勤学苦练、深入钻研、勇于创新，对自己手上的每一个零部件都严格要求，聚焦于生产体系中的薄弱环节，突破那些"卡脖子"技术。强国建设，"匠心"铸就。他们就像零件上的大齿轮，一刻不停孜孜不倦地转动着，让中国这部历史上的宏伟古钟继续运行下去。

从小到大，柴茂荣一直都有一个习惯，那就是晨跑。

"读书那会儿，别人都是七点钟起床开始上课，我是六点钟起床。那个时候宿舍旁边就是操场，我就在那里跑步。跑完几圈之后就会跟着一起背英语。"如今已经 60 岁的柴茂荣仍然坚持六点多起床晨跑。身体是努力工作的前提，几十年如一日的锻炼让他依旧保持着良好的状态迎接每一天的困难。

另外面对反复出现的新冠疫情，柴茂荣表示世界格局是多变的，与其去跟随它的改变，不如做好自己，"以不变应万变"。他回忆冬奥会前，"氢腾"也被疫情影响到了。那时"氢腾"大巴在河南郑州，正完成最后组装生产。但就在启程前往北京的几天后就暴发了疫情。这也是当时"氢腾"大巴被拒之门外的影响因素之一。"但我们还是成功克服了，这不是问题。"

做好自己，努力追赶，与时间赛跑，是柴茂荣这么多年来的学习工作得到的最大经验。纵观他一生，从进入浙江化工学院，到日本留学，最后回国支援，每一次都在与时间对抗，将差距通过一天天的学习积累来缩小，最终一举夺魁。

"以梦为马，不负韶华；不忘初心，牢记使命。"2021 年 7 月 1 日，庆祝中国共产党成立 100 周年大会在北京天安门举行，柴茂荣作为央企代表受邀观礼，见证了这一历史时刻。百年征程波澜壮阔，百年初心历久弥坚，柴茂荣看着今日这条腾飞的中国龙，眼中充满了对未来的展望。

"习近平总书记的讲话，全面回顾了中国共产党百年奋斗的光辉历程，豪情展望了中华民族伟大复兴的光明前景，更加坚定了我们投身绿色能源事业扛起科技自立自强重任的信念。"柴茂荣作为一名科技工作者，在这个领域已经默默耕耘了三十多年，而在未来，他将迎难而上，大力攻坚，为国家科技创新贡献力量，为加快建设科技强国，实现高水平科技自立自强努力奋斗终身。

最后，柴茂荣在电话那头寄语母校："浙江工业大学是一所优秀的学校，排名靠前，作为招牌的化工专业学科评估也拿到了 A⁻。在我看来，在未来它还有很大的发展空间。接下来，我期望校方能够多引进一些院士，参与浙工大的建设。浙工大应该敢发言，多发言。建设高质量团队，引领学校越来越好。"

人生漫漫，"魏"热爱矣

——记无机化工专业1982届校友魏建华

胡淑敏

从浙江化工学院的"魏学霸"到相识人口中的"魏老师"，从上海化工研究院的"小魏"到上海华谊集团副总裁，从自愿申请到车间的"魏班长"到成为各领域的"魏专家"，魏建华用自己40多年的经历，讲述了他从跟随时代到引领时代的故事。

一、烂柯山下好读书，超级学霸养成系

"我会给99分，不给100分，是让自己永远有进步的空间！"1978年，在浙江化工学院，衢州城南12千米的乌溪江畔、烂柯山下，迎来了一名无机化工专业的16岁少年——魏建华，从此他踏上了漫漫化工之路。

二、忆工大往昔，感恩师教诲

"我非常愿意到浙江化工学院化工系念书！"

魏建华喜欢接地气的学科。"初中、高中化学课上学过 NaCl 是盐，调味剂味精都是化工产品，离开化学化工，这个世界就没有色彩了。"魏建华追寻远久的记忆，向我们娓娓道来。少年的魏建华很喜欢数学，因此高考只填报了计算机以及化工两个志愿，最后他以浙江诸暨中学考生中较好的成绩被浙江化工学院的化工系录取。

"所谓大学者，非谓有大楼之谓也，有大师之谓也。"魏建华从中学开始就遇到从北大、复旦毕业的名师，大学里则更是大师云集。"学了熔不含含糊糊，学了熵不伤脑筋。"魏建华笑着说道："这些老师的讲课和板书都很生动，有些老师在我工作后也有联系。"

从浙江工学院毕业已有40年了，魏建华依旧清晰记得教高等数学的徐铜老师，教物

理化学的杨祖望老师，教化工热力学的董鸿昌老师，教大学物理的斯公才、王信国和范竞藩教授，教分析化学的周昌明教授，教制图的周宝梅教授……"我曾是班级的物理化学课代表，负责学生与老师之间的沟通。"时隔多年，魏建华仍清楚地记得带他做实验的老师："当年是舒季钊教授领进门，开始认知 k 和 E，合成氨催化剂的催化反应动力学。"当年学过的一阶导数、二阶导数，魏建华到现在都还能不假思索地写下来，说出其中变量的物理意义。甚至在他 40 岁留学美国西弗吉尼亚大学攻读工商管理硕士学位时，还帮助南开大学的经济学博士解决二阶导数问题，友人戏称"你不仅可以念 MBA，还可以读经济学博士"。

除了老师，魏建华还结识了很多志同道合的朋友，其中印象最深的就是陈银飞同学，他也是魏建华当年的本科班长，现在是浙江省工业催化"重中之重"学科方向负责人、浙江工业大学催化反应工程研究所所长，他们曾一同前往衢州化工厂实习。

或许命运就是如此，喜欢做出美丽的选择，不管沿着哪一条路，只要大胆往前，都会走得很远。当时因为查资料的需要，魏建华来到了上海化工研究院，恰巧这里的图书情报专业正在招研究生。衢州化工产业化阶段的大背景，让魏建华有机会接触到更多的东西，使他看到了化工更多的可能性，于是他毅然选择继续深造读研，并进入大学没有学过的未知领域。

学生时代的英文学习经历也让魏建华印象深刻。可能和现在的很多人感受一样，魏建华笑称学的都是"哑巴英文"。当时的学习资源确实有限，唯有的条件就是几盒 VOA 磁带和一个播放器，当年的那些磁带现在还在书架里放着。记得每天上完课后，魏建华一有时间就会反复听 VOA，然后跟着磁带读英文。就是在这样的条件下，他攻克了"英语关"，甚至在上海化工研究院攻读硕士学位时，全英文的教科书也完全能应付下来，即使后来留学美国，仍能进行无差别对话。直到现在，闲暇之余魏建华也能够用英语与他人顺畅地聊上一整天。魏建华骄傲地表示，在"60 后"中，像自己这样，留学西弗吉尼亚大学，将 listening、Speaking、Writing、Reading 全面掌握的人很少。

大学毕业之后，魏建华也一直与浙江工业大学的很多老师保持联系，如刘化章教授、沈寅初院士、郑裕国院士等，一同交流化工领域的事宜。他也一直积极参加同学聚会，由当年的同班同学，现任浙江工业大学环境学院环境化工与资源化研究所所长潘志彦组织，邀请当初的任课老师、辅导员，一同走遍曾经学习的地方，无论是在杭州的其他地方还是在乌溪江畔、烂柯山下，大家欢聚一堂，一起回忆大学的美好时光。

三、重理论知识，养学习习惯

"重视基础知识、基础理论学习。"在烂柯山下，魏建华真正做到了"废寝忘食"。四年的大学时光，除了学习，还是学习，一有时间就泡在图书馆，有时甚至忘记吃饭。这种心无旁骛的学习态度，让魏建华的学习基础非常扎实。

正是这段坚持不懈的沉浸式学习时光，让少年魏建华对知识有着超出常人的求知欲，并且在追逐学习的旅程里，沉潜下来，积攒力量，厚积薄发，渐渐成为未来专家级的"魏建华"。

如果你问魏建华为什么能够保持如此旺盛的学习动力，他会回答你"求知欲，使我天生好奇，如饥似渴"。因为热爱而学，而非应付老师，"可能考 90 分的同学，还不如我考 80 分呢，因为我是真的学进去了"。

"不论学什么，必须学透。"这也与浙江工业大学化工教育创始人李寿恒先生提出的"三基"理念不谋而合。物理化学、化工热力学等时至今日都是理论性极强、难度系数极高、学习起来有很大困难的学科，必须肯下足功夫才能学有所成。魏建华用行动证明，只要吃透理论，学习就无难事。"所有热力学的理论，我都能用自己的语言重新表述，并且可以举出工业运用的例子来，这就是真正把理论吃透。"魏建华扎实的基本功，为他日后在化工领域的成功发展打下了坚实的理论基础。

能够做到把理论知识学透，并熟练举出工业案例，这与魏建华良好的学习习惯密不可分。对魏建华来说"学习方法非常重要"，他每天课前都会做好充分的预习，不懂的地方用铅笔备注，课堂上重点听老师对此的讲解，从来不只是单纯地记笔记。魏建华上课认真听讲，通过自己的逻辑推导公式，如此学习的好处就是课后可以直接做题，也正是得益于这个学习习惯，魏建华成了大家公认的"学习效率高"的同学，10 点半准时上床睡觉，从不开夜车。用比其他学生都短的复习时间，考上了上海化工研究院的研究生。当年报考研究院的学生共 77 人，最终 7 人被录取。值得注意的是，当年研究生录取前需要进行走访调研，研究院考务办的老师特地走访了魏建华的老师、同学，只要提起魏建华，大家都会竖起大拇指，称赞他是真正的学霸。

走向工作岗位后的魏建华依旧保持着这种学习习惯，甚至更加地拼搏。他既是能在实验室里干上五天五夜的"科学狂人"，也是车间里"撸起袖子"实现 Scale up 的"金领工人"。

四、拒设限人生，敢多向融合

"知识面不要被局限，所有的知识都可以融会贯通，互相借用，反而可以有新的发现、创造。"魏建华用自己的真实经历完美诠释了这句话。

本科阶段，魏建华主要研究催化反应动力学合成氨方向；研究生开始接触工业结晶动力学相关研究；踏上工作岗位后，转向分离工程，做吸收塔、精馏塔装置；最终到华谊集团担任副总裁后，关注化工新材料——聚合物等领域的研究。丰富的经历让魏建华感叹道："要建立个人的知识库，知识贫乏是不能忍受的。"

人生三次专业的转换绝不是偶然，它反映出的是对自己的了解，对时代的洞察，对未来的把握。"对于有好奇心的人，是没有专业可言的，我希望我招的研究生也是跨专业的。"

确如他所说，魏建华曾经在一个项目里招了 4 个不同专业的研究生，其中一名本科和硕士跨专业的研究生能力最强、成长最快。

魏建华十分赞同并反复强调马斯克的第一性原理："在互联网时代，通过三次'弱连接'，一定能找到这个世界上这个领域内顶级的专家！"他鼓励大家深入学习第一性原理，像马斯克那样能够将不同的方向融合并做到极致。同时也要学会提出一个问题，并能够自己独立解决问题，而"不是死读书，读书死，把书读死"。

现在，已是花甲之年的魏建华表示："人不在于远大理想，要脚踏实地。我也从没有想过会取得今天的成绩。一个人在历史长河中是很渺小的，过去的知识不知道，未来的知识也还不知道，但总是要想着去发点光、发点热，面对工作学习的现实，着眼于现在的事情，带领团队一起成长。"

回忆自己的四年大学生活，魏建华表示："在乌溪江畔、烂柯山下的四年，是一段非常重要的时期，是我一辈子最值得怀念、最美好的四年。"如果给在浙江化工学院的这段旅程打一个分数，满分是一百分的话，魏建华说："我会给 99 分，不给 100 分，是让自己永远有进步的空间！"

五、千帆过尽，英雄本色尽显

"学历、专业不重要，我最看重青年人的能力。"一个时代有一个时代的色彩，历经千帆，英雄的最终归处仍是故里，最初的、最执着的梦从未改变，并且会随着时间愈发清晰。

六、抓实践技术，做接地气人

1985 年 12 月，魏建华在上海化工研究院硕士毕业后，就留下来参加工作。从基层开始，魏建华每天都是第一个到办公室，扫地、抹桌子、烧开水，科研不懂的地方查文献，文献看不懂的地方就找写文献的人，大家亲切地称呼魏建华为"小魏"，也都很愿意帮助他。硕士毕业的魏建华很接地气，他并没有眼高手低、选择待在舒服的办公室里，而是专门申请到车间，当了一年半的小班长。做设计，做研究，和车间工人打成一片，把基本的问题都熟记于心。

1987 年，化工计算机模拟发展的初期，魏建华是将化工模拟软件 PRO/ Ⅱ 的前身PROCESS 引进国内来的第一人。

"我很喜欢化工模拟软件，这是一个普适性的平台，但是不同的人遇到一个题目，会有一百个答案，但聪明的人可以将答案落地，产生效益。"为了做好流程模拟的边界条件数据，魏建华专门跟着车间工人学习硬件、Packing、流体速度等的做法。多年积累下来，魏建华有了一句经典的话："让理学更理、工学更工，理工能完美结合在工厂车间"，如此才能创造效益，创造利润，创造价值。

"要把学过的知识真正应用于实际之中，然后理性分析，这是很重要的。"在上海化工研究院时，有一个工况的 BOD、COD 开车不正常，并且一直没有找到解决的办法。当时关注魏建华的人很少，时任院领导突然想起了"小魏"是做分离工程的，便让他也去旁听大家的讨论。讨论中，有人认为设计有问题或是最初数据不足，最后魏建华选择到现场调研。在认真观察玻璃液位计、流体泛点情况后，魏建华大胆判断系统信号失真，这些仪表是测不准的。因为在一线持久的观察，魏建华决定翻出最初设计图纸，仅用数小时便找出问题关键点——缺少质量衡算，最后通过简单的实验，仅用两天时间就解决了上海化工研究院长达两年没有解决的问题。当时在场的一个资深专家评价道："听'小魏'一句话，胜读一百年书。"

由于工作表现出色，1997 年，36 岁的魏建华开始担任上海化工研究院副院长，领导近千人的团队，成为当时最年轻的领导。同时，他也带领 10 余个研究生参与科研工作，经过之前数十年持续的努力，1998 年，魏建华获得国家科技进步二等奖，同年参与撰写并出版了《现代填料塔技术指南》以及翻译德国作家莱恩哈特·毕力特（Reinhard Billet）的《填料塔》一书。

2001 年，魏建华前往美国西弗吉尼亚大学攻读一年工商管理学硕士，以 3.8 的绩点（满分绩点 4.0）高分毕业。当时在美国的导师想要挽留魏建华在当地发展，但魏建华坚持最初的方向，最终还是选择回到上海，开创自己的事业。

"调到华谊后变得更忙了。"2009 年魏建华被调至上海华谊集团任技术研究院院长以及华谊集团副总裁。刚调任到华谊集团，魏建华便成了"最平易近人的领导"，因为不论是谁，无论多晚给魏建华发信息，他都会在线并且秒回，看到好的文献也会分享给大家，大家都很喜欢这种互动、讨论。魏建华也很重视车间生产，有时间就到一线工厂去调研。有一次去现场考察时一眼就观察到有个法兰是漏的，冷态也没开，就直接讲道："在塔顶是不可能有产品出来的，都在法兰里漏着。"后来车间队长也回应道："魏总，您怎么知道的，我这边还没有汇报。"魏建华也笑着表示，学习要学到这种程度才可以。

2010 年，长年在化工领域深耕的魏建华，在经过深度学习、思考和工作后，决定重组氟化工研究团队，组建上海三爱富新材料科技有限公司近二十人的重点项目组。该团队历经十几载、斥资数亿元，注重 STEM，最终成功研发了新型显示用含氟高分子材料聚三氟苯乙烯（PT853）和 YPI（PT953）新材料。其中 PT853 在全球首次且唯一实现了三氟苯乙烯单体和聚三氟苯乙烯的商业化生产和应用，革命性地解决了光学补偿膜的技术缺陷，极大地改善了电子终端的显示效果，使我国在含氟材料又占领了一个新高地。整体技术自主可控，提升了国产显示终端产品在国际上的竞争力，还荣获 2020 年第 22 届国际工业博览会大奖！

尽管现在不再兼任华谊集团副总裁、上海三爱富新材料股份有限公司董事长等职位，但魏建华仍然在帮助华谊集团解决技术更新、技术改造等相关技术领域问题，用魏建华的话来讲："这个世界永远可以'Make to innovation'。"

从上海化工研究院副院长到上海华谊集团副总裁，魏建华很好地完成了身份上的转换，在被问及这样完美的转变是如何完成时，魏建华说："我一辈子都在做技术，技术是一个灵魂的东西。"一直身在第一线，直击现场，长期下来，进到车间里，魏建华便能一眼看出问题所在，因此不论担任什么职务，技术经验丰富的魏建华都能很好地胜任。

七、喜桃李天下，愿后浪翻涌

认识魏建华的人，都会尊称他为"魏老师"。

"愿做幕后"一句道出魏建华培养人才的初心。2005年至今，魏建华担任国家和上海市科学技术奖的评审专家，18年来，不少院士、院长都曾在国家科技进步奖的材料申报和答辩中得到魏建华的指导；魏建华也是不少提名上海和国家科技奖候选者的"教练"与"裁判"，声名远扬。

魏建华结合自己在美国留学攻读MBA的学习经历，对短时间演讲、如何写PPT等有着很深的体会。他能够从如何避免"视觉污染""听觉污染"和"双污染"等国际视野角度，从如何通过STEM把握答辩内容方面对被评审人进行详细的一对一辅导，对"Key words""Key sentances""5 line""少于20汉字"，甚至"倒三角"模型等理论联系实际，讲解如何实现第一性原理。魏建华的指导使互动对象均有较大的收获，他们后来也均评上了国家科技进步奖，有的甚至在得奖后成为院士。回顾18年来的评审经历，魏建华辅导过的院士、校长、教授、博导，遍布国内外各大省市。对此，魏建华也提出了自己的建言，"多做报告，国内学者相较国外，就是少了很多做报告的契机"。其实多做报告，就会提高一个人的逻辑思维以及表达能力，让你的综合能力得到全面提升。2008年，魏建华被华东理工大学聘任为教授。

魏建华一直致力于STEM科学法则的培养与落地，即一个人要体现科学（Science）、工程（Engineering）、技术（Technology）、数学模型（Mathematical Model）等四个方面的素质特征来，才能取得成功，缺一不可。完美镶嵌SETM法则，将Science、Engineering、Technology、Mathematical Model理念完美融入答辩者实践的科研课题中，只要讲出自己的化工味道就能获得评委的一致好评。

谈及国内相关领域的现状时，魏建华说："中国是氟材料领域的人才洼地和产业洼地。"他谈到，"没有一个大学学氟化学或者氟材料，因为相关人才缺，所以发展起来的氟材料企业更是缺"，魏建华在氟化工领域研究多年，发表了很多相关研究文献，深知中国的氟化工产业现状。过去，很多高品质的氟材料聚合物中国是没有的，国内众多的氟化工与同行相比，也是有差别的。

"只要你有一点闪光点，比我强，我就会招你，希望团队代代强。"2010年，魏建华组建了一支用国际化视野培育的中外科研团队，专注氟化工领域。曾有一位德国博士是这么评价魏建华的，"你真是在用老师的心态培养人才呀"。帮助他人成长，这是一件令人感到快乐的事，而魏建华也很享受尽己所能，帮助有梦想的青年人的感觉。

魏建华曾在一线车间里面试复旦大学的研究生，问其"什么是熵"。学生很标准地回答道："分子的无序运动就是熵增原理。"虽然学生的回答是正确的，但魏建华还是耐心地补充强调，在车间里看不到"分子"，很多概念我们要有直觉和体感。熵是一种被浪费的能量，车间里常常有阀门、输水机，这就是熵增，要学会活学活用，将所学理论，扎实地应用到实际的工厂中，就一辈子都不会忘记。

"Learn from each other""马斯克第一性原理"，每当有人来找魏建华请教问题时，魏建华总是谦虚地提及这两句话。人如其言，在与他人进行探讨的过程中，魏建华总是一语中的。"希望大家少走弯路，看到很多人走弯路就感觉很'冤枉'。"魏建华如是说。魏建华也乐于分享，开放才能熵减，不断学习，才能不断输出，才能触发思维的火花，就像不断注入活水的水潭，不断地迭代更新。

八、做无界研究，展宽广格局

"其实我是没有专业方向的人，我经常换方向。"魏建华也会借此告诉年轻人，要勇于跨界，敢于学习新事物。

在2020年第22届中国国际工业博览会上，华谊集团的"新型显示用含氟高分子材料（PT853）"获得工博会大奖。而在此之前的数十年，聚三氟苯乙烯（PT853）因合成路线复杂，成本居高不下，华谊集团经过4年小试和不断应用研发，创新合成方法和工艺，形成了一套三氟苯乙烯低成本的、绿色环保的合成路线，在全球首次实现了三氟苯乙烯单体和聚三氟苯乙烯的商业化生产和应用。而实现氟化工材料这一革命性产业成果的领头人就是魏建华。

2010年，魏建华兼任上海三爱富新材料股份公司董事长。过去由于氟材料合成路线复杂，单体纯度和聚合物分子量控制无法匹配工业化实现条件，从而导致该产品成本高达800万元。之前的研究也已耗时两年，研究经费高达数千万元，但仍旧未见起色。全世界大大小小的公司也都做过，但都没有成功推广应用，很多专家也都劝魏建华不要做了。对此，魏建华说："没有人做的话，这就变成沉没成本。"

魏建华想要继续做下去，因此之前的企业就面临重组的唯一选择，这就需要招一位Leader，魏建华顶住压力，承担了领头人的责任。仅用1年时间，魏建华就发现原来是氟工艺过程中的工程与科学之间的问题，他带领团队历时7年，全力研发，终于获得了成功。2017年，含氟聚高分子材料的PT853的生产成本就只需要原来的1/10，实现了氟化工的产业化生产和应用。

除了有关氟材料的研究，魏建华也曾经研究过锂电池的相关项目。魏建华快速调动周围资源，了解最新资讯，参考世界上最先进的日本锂电池相关工艺流程参数，走访一家山东锂电池公司。参观完手忙脚乱的车间调试，走进研究室，魏建华的问话一语中的："中国的工艺流程指数是 1.33，日本的是 1.6，你们的工艺流程指数应该有 1.33 吧？"公司相关负责人都很震惊，表示从来没有人这样讲过，公司的院长也惊讶地回答："工艺流程指数定量不出来。"工艺流程指数定量不出来，就意味着公司的中试和工艺化是不相关的，设计整段的中间自检要有几百个控制点，而这里只有几十个，因此锂电池的产品质量是不可控的。这个问题引起了公司的高度重视，最终应公司邀请，魏建华留下来讨论了很久，尽管最后没有收购此公司，但此公司负责人表示收获颇丰，彼此之间留下了良好的合作印象。最终，魏建华收购了一家跨国公司的中试技术。

因为长期在工程与科学之间探索，魏建华于实践中逐渐形成了用科学的角度对待工程问题的认知。如工程科学与（纯）科学在 Polymer 中的应用，在工艺和装备运行中，碰到不符合"安稳长满优"的状态时，团队需要格外重视。如不能长期运行，则以产品不合格为停车点，检查流程中的各个环节。如不掌握科学的流体力学方法，只凭眼睛见到的事实，就对部分运行设备进行重新设计和优化并制造更换，那这样的解决方案是不彻底的，有时甚至是徒劳的。对于新流程与新设备在运行中的挑战，就是时间与金钱的耗费，这是STEM 全方位究理后发觉的，也是让理学更理、工学更工，"三传一反"在装备运行中实现"安稳长满优"操作的生动应用。

纵观国内某些行业的设备，一代代的更替进步，化学工程人员在这过程中做出了很大的贡献。例如魏建华回忆，2009 年自己刚入华谊集团时，在年产量 3000 吨到 3 万吨的新工艺开发中，用 CFD 纠偏，解决了 3 万吨反应器"安稳长满优"的这一案例。同时，魏建华也鼓励并且期待化学化工从业者对动量传递、流体力学行为有更加理学的认知，并能在工学中自如应用，使经典实验室实验和数字实验室实验相结合，做到事半功倍。

魏建华不仅理论、技术过硬，其眼界与格局也令人敬佩。"要有大格局、大视野"，他曾如是说。魏建华在华谊集团任职期间，一直致力于校企产学合作共赢，其视野之宽广让人叹服。也曾受邀访问过一众高校，如复旦大学、上海交通大学、东华大学、上海理工大学等，校企双方就上海化工新材料科技园合作事宜展开对接交流，加强校企协同，服务上海经济，对接国家、上海战略性新兴产业发展需求。

"其实我也有很多事情是不懂的，但我会很快地与国际接轨，快速学习的能力非常重要。"在互联网的世界里，到处都可以和专家沟通，查到最新的文献、标准，"我是不怕任何新鲜事的"，魏建华表示。尽管已有宏大的格局，并且将技术与事业融合得很好，但魏建华也一直很努力，经常与各类项目负责人讨论到深夜，往往凌晨才能躺下来休息一会儿，第二天一早又开始新一天的忙碌。

"只会做技术，最终也是做不好技术的。"正如魏建华所言，真正的专家"既能务虚，也能务实，'八面玲珑'，才能做好技术"。

九、热爱生活，做精神世界的王者

"在精神追求与物质追求之间，我毫不犹豫选择前者。"

每个人都想打造属于自己的精神王国，在里面放上自己喜欢的一切。魏建华的精神世界是充实的，他会在房间里面放上几架子的中英文书籍，播放音乐，偶尔驻足摄影，这是一个满是人间烟火的精神世界。

十、追心之所爱，过平淡生活

"从小，我的父亲就教育我们要艰苦朴素，所以形成了物质层面容易满足的特点，在精神追求与物质追求之间，我毫不犹豫选择前者。"

甚至后来，已是华谊集团副总裁的魏建华，一日三餐都吃得很简单，有时间了就自己做饭，如蒸包子、包饺子，很容易满足，对物质没有太高的要求，他把足够的热爱投进了精神追求里。上海市科委高新技术处处长方浩这样评价魏建华："魏建华老师，你真正是科学家、企业家、教育家和美食家的完美结合体。"

魏建华是非常重视良好生活习惯的养成的。他认为"会生活的人才能工作得更好"。他喜欢唱歌，曾担任上海市欧美同学会合唱团里的男高音。疫情之前，每周三晚是独属于魏建华音乐世界的时间，他组织同学们参与合唱排练，安排大家一起学习线上音乐课程等。魏建华总是能调动大家的积极性，出色的节目效果更是受到一众好评。他们的节目曾登上北京人民大会堂、上海音乐厅的舞台演出。

魏建华也会自己包包子、包饺子、做老上海油酥饼，他常常将"自己动手、丰衣足食"挂在嘴边，也乐于在厨房中发现"三传一反"等化工理论，如做酥油饼时用秤称量，采用量纲分析，不断上下变化拓宽操作条件，摸索其间的操作边界。

目之所见，皆是人间唯一，谁能不爱这美好世界的每一瞬间呢！魏建华也一直都很喜欢用摄影的方式，记录人与人之间的点滴故事。在这次上海疫情期间，魏建华就用镜头记录了浙江杭州医护工作者忙碌的身影，其拍摄的疫情主题的作品，每周都会在"突出贡献"微信平台上推出。

"不读书，我就睡不着觉。"魏建华对阅读是发自真心的喜爱。他的英文阅读多于中文阅读，学生时代的英语学习经历使他渐渐养成了英语阅读的习惯，当然各种化工类的书籍也是每天必须学习的。魏建华一有时间就阅读，晚上睡觉前更是必读不可，阅读占据了魏建华每天五分之一的时间。

近段时间，魏建华向好友周卜峰推荐了几本自己在读的书，如《给科学家的科学思维》以及化工相关书籍，周卜峰看了一会儿惊讶地讲道："我大致浏览了一下，好多公式，脑细胞要坏了，怪不得听您分析问题时的思路这么清楚。"魏建华也向正在写博士论文的高振明推荐读《王基铭传》《改变思维》等关于中国现代院士的书籍，提升专业思维高度。

"生活需要平衡，除了工作，我对文体都很有兴趣。"回忆在烂柯山下的四年大学时光，每天下午魏建华都要进行体育活动，他认为不运动效率就会很低，而打篮球、打排球、跑步等都是魏建华常做的运动项目。

正是几十年如一日的坚持，使魏建华像开足了十倍速的发动机，不断地拓宽生命的宽度，触类旁通，仿佛没有边界，无所不知，无所不能，用自己的实际行动向我们阐释了"唯有热爱可抵岁月漫长"的意义。

十一、学一生不止，行与理相融

"我们这代人是和中国的改革开放史连接在一起的，因为总设计师邓小平提出恢复高考，大家就有机会参加高考，上大学了。""在1978年，如果没有高考，我就要当农民去了。"那时候知识青年上山下乡，一家一户只允许有一个学生参加工作，因此魏建华也一直强调"我是非常感谢总设计师邓小平同志这个伟大创举的，也非常珍惜这来之不易的学习、工作机会"。

"周恩来总理也是我的榜样，他提出的'活到老，学到老'，我也一直践行着，这可能就是榜样的力量！"从小学到浙江化工学院再到40岁留学美国，参加工作近40年的魏建华，一直认为知识的海洋浩瀚无边，"所以终身学习是必须的，并且在实际工作中，很多都不是你原来做学生时所学过的东西"。魏建华也常常建议青年一代，"无论找到何种工作，这种学习的能力，要一辈子保持住，这样任何工作你都能拿得起手来"。

"面对不同的工作问题，要学会深思考，我也比较愿意深思考，这样学习能力才会进一步提高，才能应对所有问题。"现在回忆起来，不论是本科期间的课程，还是实习期间的翻砂、做榔头、电工实验，都使魏建华受益匪浅。

过去，魏建华也像大多数人一样，认为美国是因为聚集了全球优秀人才才取得今天的成就。但去了美国留学后才发现美国本土的学生也都很努力。"美国人的学习、工作量都很大。"如一个企业的中层干部在读MBA时，做兼职、教师助理以及工厂管理的助教，做三份工作的同时依旧在学习，且绩点都接近满分。美国学生学的东西都是要以案例、数据、团队等来直接应用的，因此他们也很容易就想到理论联系实际。"当年条件有限，学的知识比较多，动手的机会少一点，只有真正将学过的知识应用于现实，才是永远属于自己的东西。"魏建华笑着说道。

面对简单的事情，魏建华也谈道："不要看事情简单，你有丰富的知识，简单的东西就会出彩，如果太复杂的东西，你就会感觉很头疼。"要学会把复杂的事情做简单，简单的事情做复杂。"简单的事情做出自己的 feeling，人往往都是从简单开始的，不要对简单有误解。"

十二、扬新程之帆，续时代之航

今年初，魏建华从华谊集团退休了。但魏建华的事业追求并没有戛然而止，他开始担任工业协会会长，主要进行产品、技术层面的战略研究，为未来的行业发展谋大局，崭新的人生才刚刚拉开帷幕！

作为专家，他永远是很忙的。现在的魏建华依旧身兼数职。如：他是遴选三十名青年科技工作者的专家，是上海"十四五"重点研发项目的专家委员会专家，也是上海市聚氨酯工业协会会长，等等。

最近，魏建华担任了新成立的上海电子化学品创新研究院特别顾问一职，作为专家组组长受邀在列，辅助创新研究院成功开题。

"过去一直要跑现场，现在因为疫情，很多都变成线上视频会议了。"即使到了周末，魏建华也都是 12 点以后睡觉，线上线下两头抓，每天的日程都满满当当。

2022 年，魏建华受邀参加《共生·智库》杂志筹备会，提出了很多令人印象深刻的专业意见和建议。最近他被推荐为中国共生智库国际研究院理事会副主席。

2022 年 4 月 13 日，魏建华应邀参加市产业技术创新促进会秘书长李昌浩开展的线上讨论交流科技成果转化事宜。

2022 年 5 月 15 日，魏建华受邀参加香港中文大学举办的"聚合物产品工程高端论坛"线上会议。除此之外，魏建华还解锁了一个新身份，升级为华谊集团中央研究院技术经济委员会 2022 年度特邀专家委员组的特邀专家。现在，魏建华的步伐愈走愈稳，以化工领域为切入点，向不同领域辐射自己的能量，发挥个人独到的见解，不断学习，也不断输出，帮助中国化工领域少走弯路，驶入快车道，走到世界前列，甚至引领世界。

回顾自己的学习历程，魏建华说："非常感恩老师和学校为我打下人生启航的坚实基础和养成良好习惯！"在浙江工业大学校庆 70 周年到来之际，魏建华对青年学生有这样寄语："不要有专业概念之分有专业概念的人，不会成长得太快。"他也衷心地祝福母校："希望浙江工业大学在人才培养上与时俱进，形成一个好的科研教育环境。祝福浙江工业大学更上一层楼！"

胸怀制药强国梦　心忧百姓康泰事

——记省特级专家苏为科教授

徐文英

　　苏为科，浙江省特级专家，浙江工业大学教授、博士生导师；现任长三角绿色制药协同创新中心执行主任、国家化学原料药合成工程技术研究中心常务副主任、浙江工业大学药学院院长、绿色化学制药国家地方联合工程实验室主任、绿色制药技术与装备教育部重点实验室主任、第七届教育部科技委化学化工学部委员、药学省一流学科（A 类）建设负责人。曾获全国化工优秀科技工作者、浙江省优秀科技工作者、浙江省有突出贡献中青年专家、浙江省职工职业道德建设标兵等称号；2004 年起享受国务院政府特殊津贴；2014 年 5 月获"全国五一劳动奖章"；2015 年获"浙江省民革骄傲人物"称号。

　　苏为科教授长期从事基于本质安全的绿色制药技术的研发与应用，其研发的 20 余项重大科技成果实现了产业化，在企业建起 18 个全球或全国最大、最强的大宗产品生产示范基地，为推动区域和全国制药产业转型升级做出了重大贡献。作为第一完成人获国家技术发明二等奖 1 项、省部级科技成果一等奖 6 项，获中国专利优秀奖 2 项、中石化工业专利金奖 1 项，授权国家发明专利 150 余件。取得 3.1 类原料药批件 1 个和新药临床批件 2 个，发表 SCI 收录论文 200 余篇。其牵头组建的长三角绿色制药协同创新中心为首批国家"2011 协同创新中心"，并于 2014 年获"全国教育系统先进集体"称号。由他牵头打造的浙江省长三角生物医药产业技术研究园，先后获国家级"众创空间"、中国产学研合作创新示范基地、国家引才引智示范基地等称号。

　　30 多年来，苏为科为实现中国的"制药强国"梦，带领他的创新团队，秉持"攻坚克难、创新超越"的精神，以求真务实、敢为人先的魄力，坚持以促进区域经济社会建设为己任，主动对接浙江省医药产业重大科技需求，长期深入企业开展技术合作，创造了显著的社会效益和经济效益，为引领区域制药产业转型升级，全面提升浙江工业大学的制药人才、学科、科研三位一体创新能力，推动学科支撑区域制药产业发展，做出了不可磨灭的贡献。其突出的工作业绩多次受到党和国家领导人以及科技部、省委省政府的充分肯定。

　　在浙江工业大学，有这么一些"土生土长"的工大人，他们从青春年少踏进大学之门的那一刻起，命运就将他们与浙江工业大学紧紧结合在一起。从此，与工大"同呼吸、共命运"的交响乐，在他们默默无声的奋斗中奏响了一曲又一曲。苏为科，便是在工大历史长河中奏响交响乐的"土生土长工大人"之一。

毕业于浙江化工学院（浙江工业大学前身）的工大人苏为科，秉持"艰苦创业、开拓创新、争创一流"的老一辈浙工大精神，长期奋战在教书育人、学科建设、科技工作第一线，至今已有三十八载。

而今，已不再年轻的苏为科，初心不改、矢志不渝，如同年轻人一样，在学校、浙江省长三角生物医药产业技术研究园、制药企业等各条战线上，继续为学科建设、学校发展到处奔波……身边跟随苏为科多年的老同事们，都由衷地赞叹："苏老师就是典型的'拼命三郎'。"

一、卅载青春年华，只为研发基于本质安全的绿色制药技术

2008年1月8日上午，2007年度国家科学技术奖励大会在北京人民大会堂隆重举行，苏为科团队完成的"替代光气、氯化亚砜等有毒有害原料的绿色化学技术开发及推广应用"项目因获国家技术发明二等奖受到表彰。为了研发成功这一绿色制药技术，苏为科在科研第一线和企业车间足足度过了20年的青春年华……

20世纪80年代，发达国家率先研发推广绿色、清洁生产技术，并将存在安全和环保隐患的工业生产逐步转移到我国等发展中国家。为了从工艺源头消除或减少安全和环保隐患，解决中小医药企业生存和环保之间的矛盾，1988年，时年27岁、刚刚硕士研究生毕业的苏为科，开始了他寻找替代光气、氯化亚砜等剧毒生产原料的绿色制药技术之路。

因为是白手起家，不可能立即通过政府立项得到资助，苏为科那段日子是极其艰难的。没有资金，就自己到处跑，那时的化工企业环保意识远不如现在这样强，难度可想而知；为了节省时间，他不顾自己重度萎缩性胃炎，常常吃住在实验室，连饭也在很长一段时间让家人送。废寝忘食、带病工作更是常有的事。苏为科的一名博士生曾这样说，她刚到苏老师身边做学生的时候，苏老师曾跟他们讲："搞科研讲究的是态度，做实验很枯燥，也很辛苦，不能按时吃饭，不能困了就睡觉，现在你们做'三锅反应'（三个实验同时进行）就已经忙得不可开交了，以前我在'三化大院'的时候一个人要完成'七锅反应'（七个实验同时进行）。"

天道酬勤也酬智！通过近20年坚持不懈的努力，苏为科带领他的创新团队终于成功研发出用双（三氯甲基）碳酸酯（简称BTC）替代光气、氯化亚砜等有毒有害物质生产氯甲酰胺等5个系列产品的绿色制药技术。这一新技术不仅具有原料易得、收率高、成本低、产品质量好等优点，而且实现了原料、催化剂和反应过程的绿色化，真正从源头上消除或大幅度减少了环境污染和安全隐患，走出了一条与国外完全不同的技术路线，开发了

具有显著特色和自主知识产权的绿色制药技术，建立了一套全新的、完整的绿色制药集成技术体系。这项成果先后获得国家授权发明专利40余件，在浙江利民化工有限公司、浙江昌明药业有限公司等12家企业实现了产业化。他们开发的氯甲酰胺等5个系列产品，总体生产技术处于国际先进水平，部分产品质量处于国际领先水平。

正是这种不同寻常的专注与执着，才使苏为科一步一步、脚踏实地走向成功。值得骄傲的是，苏为科在科研探索之路上，带出了一支众志成城、顽强拼搏、富有战斗力的科研团队。在他那吃苦耐劳、坚韧不拔的精神引领下，苏为科团队成员个个心齐肯干，没有寒暑假。为了培养团队的实干精神，苏为科还不断将他的"立地"科研理念传输给团队中的年轻老师们，"做技术研究的人，一定要深入企业，从解决企业技术难题着手""要把论文做在车间里，把科研做在浙江大地上"……苏为科在他身体力行的同时，更以一套严格规范而又富于人性化的管理制度，激励他的创新团队不断追逐梦想，不断品尝到事业的成功与喜悦。2011年，苏为科带领的绿色制药工艺创新团队被评为浙江省重点科技创新团队。

30余年来，苏为科带领他的创新团队重点突破了反应方式与路径的绿色设计技术、有毒有害原料与溶剂的替代技术、高效催化剂及催化反应技术、副产物综合利用技术等绿色制药关键共性技术，开发了维生素D3系列等9个大品种原料药生产新工艺，建成了10台工业生产装置，并在合作企业建立了生产示范基地。

化学原料药生产过程涉及的重氮化、硝化、氧化、加氢等属于国家安监局规定的18类重点监管的危险化工工艺，传统间歇釜式生产工艺普遍存在安全隐患大、能耗高、"三废"产生量大等问题，致使我国医药化工行业群死群伤的重大安全事故频发。

针对此现状，苏为科提出以本质安全的连续管式反应替代间歇釜式反应，突破了连续重氮化、硝化等系列关键共性技术，并研制了与工艺高度匹配的成套自动化制药装备，大幅提升制药行业智能化、信息化水平，彻底解决化学原料药行业普遍面临的"高风险"问题。该项技术以直径为几毫米至十几毫米的管式反应器替代大型反应釜，危险物料在线量从吨级减少至几百毫升，大大提升工艺本质安全性，其技术水平国内领先。

传统的医药工业常常存在工艺烦琐、效率低及溶剂污染等问题，因此，苏为科与俄罗斯合作，引进了世界先进的机械化学技术，创立机械化学新学科，并形成了机械化学辅助提取、无溶剂绿色制剂及药物绿色合成三个产学研充分结合的优势方向，产生了显著的经济社会效益。

近些年来，苏为科带领机械化学创新团队开发了针对动植物有效成分的选择性提取与综合利用技术，其中栀子综合利用技术实现产业化，成果实施企业已建成栀子系列产品生产线。该技术生产的栀子黄色素色价高，栀子提取流程时间缩短至原来的1/10，"三废"排放量减少了97%，产品质量达到国际先进水平。

针对难溶及不稳定药物固体分散体的无溶剂制备，苏为科机械化学创新团队研发成功适合产业化的自主新技术，并将新技术应用于多种难溶药物新制剂的开发中，提高了药物的溶解性、稳定性及生物利用度，生产能耗显著下降，且不存在溶剂污染问题，利于药物制剂领域的绿色化和节能化。还通过与药企合作，研发了高效球痢灵及水溶性氟苯尼考固体制剂，填补了行业空白。

维生素 D_3 系列产品是国际公认治疗佝偻病、骨质疏松等疾病的首选药物之一，亦是保健品和动物饲料的必要添加剂，全球终端市场销售超 100 亿美元／年。苏为科带领团队，历经 15 年协同攻关，发明了维生素 D_3 系列产品的绿色合成关键技术，全面改造了维生素 D_3 生产工艺，并首创了化学法生产 25- 羟基维生素 D_3 的新工艺，打破了全球维生素生产龙头企业——荷兰帝斯曼公司的生物法生产技术和市场独家垄断，填补化学法生产技术的国际空白。经中石化联合会组织的以谭天伟院士为主任的鉴定委员会鉴定，该技术具有原创性，整体技术及产品质量均达到国际领先水平，先后获得中国专利优秀奖、中国石油和化学工业专利金奖等多个奖项。

2020 年，全球新冠肺炎疫情肆虐，抗新冠病毒（COVID-19）药物开发迫在眉睫，也是全球科研工作者关注的热点。苏为科充分发挥国家级协同创新中心和国家工程技术研究中心的科技创新载体优势，面向全国联合多家制药企业、药物研究单位，快速启动了 6 个应急科研专项，支持开展重大科学问题的协同攻关。疫情期间，绝大多数人居家躲避，苏为科却带领团队核心骨干成员，在实验室进行抗新冠病毒药物开发研究。经过一段时间的努力，能有效抑制新型冠状病毒的瑞德西韦创新工艺及产业化研究取得部分阶段性成果，具有自主知识产权的瑞德西韦合成工艺新路线开发成功，瑞德西韦创新剂型研究取得进展。

二、牵头组建"国字号"科技创新平台，建立科技成果转化新模式

提及苏为科，更多的浙工大人会把他的名字和国家"2011 计划"长三角绿色制药协同创新中心、国家化学原料药合成工程技术研究中心等浙工大为数不多的带"国字号"平台联系在一起。而这两个平台的成功建设，都离不开苏为科早期负责的浙江省新药创制科技服务平台的基础。

制药产业与人的生命休戚相关。只要生命不息，制药产业的发展就永不停止。同时，制药产业的发展水平直接影响着人民群众的生命健康与安全，也事关国家和地区的经济社会发展。为进一步提高制药企业的新药创制能力，加快浙江省由医药大省向医药强省发展的步伐，2004 年 10 月，以苏为科为负责人的浙江工业大学省制药工程重点实验室牵头组建了浙江省新药创制科技服务平台。

在苏为科的带领下，平台先后与杭州中美华东制药有限公司、浙江海翔药业股份有限公司等企业共建了 20 余个研发中心以及多个合作研究院，研发成功有毒有害物质绿色替代技术、不对称生物催化技术、化学与生物耦合技术、管式反应技术、资源综合利用技术、机械化学技术等一批拥有自主知识产权、达到国际先进水平的制药关键共性技术。该系列技术被广泛应用于浙江、江苏、山东等国内 200 余家医药骨干企业，解决了包括新产品研发、

工艺改造、环保处理以及安全生产等方面的诸多难题。技术成果在企业建立起 18 个全球最大、最强的大宗产品生产示范基地，创造了显著的社会效益和经济效益，推动了经济社会与生态文明的协调发展。一些濒临破产的企业应用了平台研发的绿色制药关键共性技术，不但起死回生，还成为医药上市公司或知名制药企业。

平台自组建以来，多次得到了党和国家领导人、教育部和科技部等领导的充分肯定。2012 年 4 月 28 日，中共中央政治局委员、国务委员刘延东同志视察浙江工业大学时指出："你们这个平台是产学研结合的一个典范，真正做到了资源整合、开放共享，而且瞄准世界前沿、服务制药产业的需要，体现了胡锦涛总书记去年提出的'协同创新'的要求，做到了国内一流、国际接轨。"《教育体制改革简报》《教育部简报》《中国教育报》等纷纷对平台主动对接浙江医药产业重大需求、服务区域经济社会发展的经验给予报道，受到社会广泛关注。

以浙江省新药创制科技服务平台为基础，2011 年 8 月，浙江工业大学以药学院、生物与环境工程学院为依托，又牵头培育组建了长三角绿色制药协同创新中心。中心由浙江工业大学、浙江大学、上海医药工业研究院、药物制剂国家工程研究中心、浙江省医学科学院和浙江省食品药品检验研究院等 6 家核心协同单位组成，并吸纳美国 IPS 公司、美国 UCI、俄罗斯科学院西伯利亚分院等国际创新力量以及华东医药、浙江医药、海正药业等一批制药龙头企业，共同开展科技协同创新和制药人才协同培养。身为长三角绿色制药协同创新中心执行主任的苏为科，深感肩上责任重大。数年来，他与中心人员夜以继日，同心协力，积极探索协同创新和人才培养的有效模式，寻求各创新资源和要素更深层次的协同，以加速推动我国从制药大国向制药强国的转型。

2013 年 2 月 27 日，为了圆满完成国家级协同创新中心申报答辩工作，腰椎手术后需要休养的那段日子，苏为科仍然坚持躺在床上一遍遍练习 PPT，腰上捆绑着钢板上京答辩。在苏为科等人的共同努力下，2013 年 5 月 17 日，中心终于从在全国首批申报"2011 计划"的 167 家协同创新中心中脱颖而出，被教育部、财政部认定为 14 个首批国家协同创新中心之一，成为浙江省唯一入选国家"2011 计划"的协同创新中心。

为了学校的发展，苏为科可谓殚精竭虑。那两年，苏为科除了要谋划集全校力量、协同单位资源申报国家级协同创新中心，同时还要主持国家级工程研究中心申报的繁杂工作。皇天不负有心人。在大家共同努力下，同年 10 月，由苏为科担任常务副主任的国家化学原料药合成工程技术研究中心，通过了科技部专家组可行性论证批准成立，成为浙江工业大学首个国家级工程技术研究中心。至此，浙江工业大学终于拿到了两张"国家名片"，也保证了浙江工业大学在浙江省属高校中的龙头地位。从另一个角度而言，苏为科数十年的汗水和智慧，终于结晶成为两个"国字号"科技创新平台。

依托长三角绿色制药协同创新中心和国家化学原料药合成工程技术研究中心的技术优势，自 2014 年起，苏为科又马不停蹄地整合各类创新力量，突破科技成果转化体制的"壁垒"，牵头与浙江省湖州市德清县地方政府共建浙江省长三角生物医药产业技术研究园，建立了创新创业和成果转化新模式，打造成科教融合新高地。该研究园建筑面积 1 万平方米，累计吸纳地方政府投入 1.2 亿元，孵化科技创业企业 32 家，转化创新成果 30 余项，吸引海内外高端创新创业人才 60 余人，以产业园为载体培养了硕、博研究生 100 余人，有力地提升了我国区域制药产业转型升级的能力。

浙江省长三角生物医药产业技术研究园下设生物制药研究院、绿色化学制药研究院、中俄机械化学研究院、中美新药开发研究院、中药研究院等 10 家研究院，分别由支撑原料药、制剂、药效学、药物安全性评价和药品质量控制等各个环节研发的 10 个创新团队创立，形成非竞争性的、链式联合的开发研究产业体系，实现了优势互补和协同增效。该研究园组织实施的甾体药物基本中间体 4-AD 系列绿色集成技术开发及产业化项目，与湖南一家上市公司合作实施后，第一期实现产量 1000 吨，成为国际上最大的 4-AD 系列产品生产企业。治疗帕金森病药左旋多巴的绿色集成技术经中石化联合会鉴定，达到国际先进水平。浙江省长三角生物医药产业技术研究园富有成效的成果转化模式，使得园区不仅得到行业的认可，成为地方产业园的典范，还先后被认定为国家级"众创空间"、中国产学研合作创新示范基地、国家引才引智示范基地等。

两个"国字号"大平台的成功认定，让苏为科实现中国"制药强国"梦的脚步更加坚定有力。在浙江省政府的大力支持下，苏为科带领中心科研骨干人员，以"做精原料药，做强制剂"为目标，先后编制完成位居台州临海的国家浙东南化学原料药出口基地和位居上虞的杭州湾工业园区的规划工作，制定现代制药模式转型示范试点方案，全力打造"低能耗、低污染、高效益"的现代制药模式示范园区。同时，苏为科的目标是依托两个"国字号"平台突破的制药工艺路线绿色设计、有毒有害物质绿色替代、高效催化反应、管式反应、现代缓控释制剂、药物晶型控制与转化等 20 余项重大关键共性技术，用以支撑现代制药模式示范园区建设，努力将现代制药模式及关键共性技术推广应用于江苏、江西、安徽、山东等制药产业集聚区，提升我国制药整体水平。

在改革的浪潮中，苏为科是那个勇立潮头的人。为了保障百姓用药安全，降低药品检测费用，促进我国药品质量检测与控制同国际接轨，协助制药企业实现制剂出口欧美市场，2011 年，苏为科多次不辞辛劳赶赴美国尔湾 IPS 公司洽谈，终于赢得美方信赖，使长三角绿色制药协同创新中心与美国尔湾 IPS 公司成功共建符合美国 FDA 要求的亚洲唯一的第三方独立药学检测实验室。该实验室经过几番努力，终于在 2015 年 6 月完成基础建设并正式对外开放，并建立起与国际接轨的化学原料药、制剂的研发服务体系。新的国际化服务体系将有效解决我国低端原料药出口、高端原料药进口、制剂出口的技术壁垒，为国内外企业提供国际一流的药品质量研究与检测等服务，以实现保障人民用药质量和安全、增强我国制药企业国际竞争力等目标。

面对我国制药产业的发展现状和欧美制药强国的技术壁垒，苏为科从不气馁："通过强强联合、优势互补、各个击破的办法，我们有信心让中心突破一批重大关键共性技术，使绿色制药技术达到国际先进水平。未来的中国必将在国际制药领域占据一席之地。"

三、坚持以学科建设为主线，不断提升药学学科核心竞争力

2015 年 11 月，苏为科受命担任浙江工业大学药学院院长。对于学院和学校发展而言，学科建设是重中之重，学科建设水平直接代表着学院、学校的整体实力，也影响着人才培养质量和科技创新能力。

始建于 2001 年的药学学科，由原浙江省重点扶持学科药物化学、微生物与生化药学等学科联合组建而成。2004 年，药学学科入选首批浙江省"重中之重"学科，2014 年 3 月被批准为"十二五"第二批浙江省重中之重一级学科，成为浙工大 3 个浙江省重中之重一级学科之一。2015 年学校实施"浙江省重点高校建设计划"药学重中之重学科入选首批重点支持学科；2015 年 12 月，药学学科入选浙江省一流学科（A 类）建设工程。

长期担任药学学科建设负责人的苏为科，继续担负起药学省一流学科（A 类）建设任务。在 2015—2021 年间，他带领浙江工业大学药学院、绿色化学制药协同创新中心全体教职工，以学科建设为主线，坚持走产学研结合、协同创新发展道路，顺势而为，砥砺前行，逐渐建立起完整的药学学科体系，有力地提升了学科核心竞争力。

在苏为科的带领下，药学学科建设和专业建设均迈上了新台阶。2017 年，依托绿色化学制药协同创新中心建设的绿色制药学科创新引智基地入选国家"111 引智计划"。"111 引智计划"是教育部和国家外国专家局联合实施的旨在推进我国高校建设世界一流大学的重大引智工程。于 2018 年、2019 年，药学学科接连获批药学一级学科博士授权点和药学博士后科研流动站，历经 18 年建设的药学学科本、硕、博完整的学科体系终于得以完善。绿色制药学科创新引智基地和学科体系的完整建立，便于学院和中心在绿色化学制药、生物技术制药和天然药物领域协同开展国际化研究，以便更好地服务于绿色制药领域行业发展和地方经济发展。

与此同时，药学学科专业建设也取得喜人的成绩。2016 年制药工程专业通过了中国工程教育专业认证，并于 2018 年通过教育部组织的工程教育专业认证复评；2019 年，制药工程专业和药学专业又分别获批国家级和省级一流本科专业建设点，成为首批入选"双万计划"的专业，其中制药工程为国家级特色专业和浙江省优势专业。至此，学院立足区域社会经济重大发展需求，逐步形成了布局合理、特色鲜明的专业体系和人才培养体系。

多年来，在苏为科的努力下，以药学学科为主体学科牵头建设的科技创新平台，除了长三角绿色制药协同创新中心和国家化学原料药合成工程技术研究中心这两个国家级平台之外，还有绿色化学制药技术与装备教育部重点实验室、绿色化学制药国家地方联合工程实验室、浙江省新药创制科技服务平台等多个省部级科技创新平台。依据邱均平《2016—2017 中国研究生教育及学科专业评价报告》，药学一级学科位居同类学科前 10%，在参评的 143 个学科中名列第 11 位，其中二级学科药物化学学科已列全国第 3 位。在 2016 年教育部第四轮学科评估中，药学学科被评为 B 类学科。

四、站在国际前沿，为青年开启梦想天窗

人的追求、理想和信仰是实现梦想的内在动力。苏为科有感于国家对他的培养，时刻不忘回馈社会、报效祖国。为社会努力培养更多有用的专业人才，这一信念始终驻守在苏为科心中。在他的心目中，教书育人是他作为一名人民教师的本职工作。

苏为科是浙江工业大学学生们投票选举出来的"我心目中的好导师"和首届"我最喜爱的老师"，更是学校首届"教书育人贡献奖"获得者。虽然已是资深博士生导师，但是苏为科对本科生的教学工作从不怠慢。一直以来，他坚持结合自己的科研工作经验，将课本上的理论知识同具体的生产实际相联系，授课注重取材举例的科学性、语言运用的幽默性和趣味性。为了提高主讲课程的教学质量，开阔学生的知识面，使本科教学与国际惯例相接轨，苏为科还用自己的经费购买了20多种英文原版教科书，作为教学辅助和参考资料。针对国内出版社教材周期长、知识更新慢，很难适应新的教学要求的现状，苏为科在国外原版教材和多种相关教材的基础上，结合多年教学实践自编了"制药工程"讲义。该套讲义目前已在本科生中使用并获得一致好评。此外，苏为科还精心制作了"制药工程"多媒体教学课件，使"制药工程"课程在浙江工业大学首次实现多媒体教学。

30多年来，苏为科从未停止过在绿色制药领域奔跑的脚步。他始终以一名绿色制药工程领域学者的身份，站在国际前沿，在课堂上、在企业里，传播着他多年积累的技术知识和科研工作经验。他培养的学生业务精湛、求真务实，不论是留校还是在企业、环评机构，都是绿色制药领域的技术骨干和佼佼者。在同事眼里，苏为科谦逊和蔼、为人低调、精力充沛、踏实肯干。

然而，苏为科的身板事实上不是旁人想象的那样健康、硬朗。他曾经为了赶平台建设实施方案的论证答辩，把手肘骨摔裂成了四片。常年的劳累，更使他的腰椎病严重到不得不做手术治疗……

制药产业转型升级迫切需要创新人才体系的支撑。为了培养制药领域拔尖创新人才和未来的领军人才，苏为科大胆创新人才培养模式，以高校为主体，依托行业产业，加强校校、校所、校企、中外多元合作，开展跨单位、跨领域、跨地区的协同培养，建立起制药行业急需的国际化人才的协同培养体系和长效机制。苏为科率先在长三角绿色制药协同创新中心开设"2011"创新试验班，并践行"寓教于研、创新主导、协同培养"的理念，对课程体系设置进行了全方位、革命性的改革，实施人才培养的卓越化和国际化战略。

在人才培养方面，苏为科有很多独到的理念和模式，其中最核心的理念就是"将科学研究、技术创新贯穿整个培养过程"。他让学生深入企业，接触企业遇到的实际技术难题，将服务中发现和提炼的技术及其科学问题作为论文题目进行研究。为此，苏为科通过多种途径吸引国内外知名学者和行业精英，为中心汇聚了一支既注重基础研究又具备产业实践经验的"顶天立地"式的高水平师资队伍；与此同时，又通过推进学生自主创新实验室建设，使学生有机会接触各创新团队的最新科研成果，以真正实现"科教融合、寓教于研"

的教学理念。

在苏为科人才培养理念的指导下，中心荣誉生制度、短期海外访学制度、"Summer School"（暑期班）、绿色制药论坛、博士生招生的"申请＋考核"制、学生自主创新实验室等系列特色做法陆续推出，拔尖创新制药人才的多元化培养不断推进……UCI 国际交流部副主任 Kelly 女士评价中心 2014 学年美国访学团时说："这是她从事 17 年海外交流项目以来所接触到的中国大陆高校访学团中学生专业素质和英语能力最强的访学团体。"

苏为科一生热爱绿色制药技术研究与开发。在 30 余载教书育人生涯中，他时刻传递着这份热爱与担当。每年新生开学之际，苏为科总是寄语新生，祝贺他们选择了绿色制药专业。在他眼里，"医药产业是永远的朝阳产业，是 21 世纪的战略性产业，是关系国计民生的产业。因此，选择绿色制药专业是最明智、最有远见的选择"。他要求每一名新生记住："你们肩负的重任是建设制药强国。无论是学习还是工作，都须用百分之百的负责态度对待！""要团结协作，认真学习，刻苦钻研，努力实践，勤于思考，敢于冒险，勇于开拓！只有这样才无愧于父母亲友的嘱托，无愧于人民的期望，无愧于当代大学生的称号，无愧于新世纪青年的光荣与责任！"

五、不事张扬，道是无情却有情

与苏为科对事业的专注和执着形成巨大反差的是，他对名利的淡泊以及对当今社会流俗的拒斥。在许多同事和学生眼中，他是一个十分低调、不事张扬的人。然而，苏为科创新团队里的同事、民革工大总支的党员一谈到苏教授，却不约而同用"人情味"三个字来形容他。多年前，民革工大总支有一位老师去世了，总支的同志们考虑到苏为科工作太繁忙，就没有通知他去参加追悼会，学校也只是在告示栏里贴了张讣告。结果追悼会那天，支部同志发现苏为科早就已经到了。

而苏为科本人生病住院从不通知大家，生怕同事、学生来探望他。不料有次因为骨折入住浙江省人民医院，结果却被消息灵通的学生知道了。于是乎，同事、学生纷纷前来探望，送来的花篮一直从病房摆到了楼梯口。

作为一名民革党员，繁忙的工作导致苏为科教授不能像其他党员一样经常参加组织生活，但他还是尽自己最大所能参加民革活动。有一年，民革省委会组织文艺演出，苏为科匆匆赶来表演了一个歌曲节目，随后又拖着行李匆匆赶往机场出差了。

2008 年汶川大地震，民革省委会向全省党员发出捐款号召，苏为科及其团队成员二话不说，把他们刚刚获得的国家技术发明二等奖的奖金 9.5 万元捐献给了红十字会，用于援建地震灾区爱心学校。2010 年，他又带领团队将浙江省科学技术一等奖奖金 10 万元捐出，设立药学院"药学专业学习单项奖学金"，以鼓励青年学生努力攀登科学技术高峰。

2012 年，经过浙江省民革组织的推荐，苏为科成为浙江省第十一届政协委员会委员；

2018 年，苏为科连任为浙江省第十二届政协委员会委员。作为医药行业内的专家，他时常把行业内遇到的问题转化为提案带到两会上，以寻求政府部门的政策支持。

除了医药领域的建议，苏为科在《关于加强城乡规划地方立法的建议》《关于强化中小学校的法治教育工作建议》《新常态下经济工作要更加科学化》等系列提案中，也提出了自己的真知灼见。

作为一名民革党员，苏为科所有的付出和努力，都只因拥有一颗服务人民的心。2015年 11 月，苏为科被授予"浙江民革骄傲人物"称号。在颁奖典礼上，"浙江民革骄傲人物"评委会给予苏为科的颁奖词是："绿色和制药相结合，走出了环保科技之路；科研与应用相携手，造福万千企业和苍生；平台建设与协同创新并进，造就产学研结合典范。你，胸怀制药强国梦，心忧百姓康泰事，坚毅果敢为人先，创新超越摘硕果。你的名字，恰为人生最精彩的诠释！"

苏为科忘我的敬业奉献精神、刚毅坚卓的精神气质和高超的人生境界，只因心中装着民族的兴盛、百姓的健康、学生的成才。而今，已在制药领域奋斗了近 40 年的苏为科，仍然不顾劳累和病痛，执着而默默地耕耘在教育和科研一线，为心中的"制药强国"之梦继续奋战……

"领先一步"，要勇于做第一个吃螃蟹的人
——记分析化学专业1983届校友陈保华

李晗薇　毛信表

"奇迹每天都在发生。"获得奥斯卡金像奖、金球奖等多项重磅大奖的电影《阿甘正传》中，主人公阿甘正是因相信这句话，才在母亲的鼓励下，凭借上帝赐予的"飞毛腿"，开始一生不停地奔跑，直到成为橄榄球巨星和亿万富翁，完成从无名之辈到亿万富翁的华丽蜕变。现实生活中，像阿甘这样相信奇迹终将发生的小伙子不在少数，陈保华就是其中一位。从2万元起步的作坊小厂，到创办中国原料药的龙头企业，最高市值达655亿元！陈保华是如何做到的？

一、破釜沉舟勇创业

1983年，刚刚毕业的陈保华被分配到浙江海门制药厂（海正药业前身）工作。由于工作岗位和自己所学专业关联性较强，满怀斗志的陈保华，积极投入到自己的工作当中去。此后六年的时间里，陈保华通过自己的不懈努力，一路从普通技术员干到了质检科副科长的职位。

20世纪80年代末，改革开放的浪潮席卷大江南北，无数人争相下海，意图闯荡出一番事业。在古城临海，年仅27岁的陈保华，也抱着这样的想法，希望能自己投资办企业。在当时，下海有两种办法：一是停薪留职，万一创业不成功可以回原单位上班，这样风险小一点；二是不给自己留后路，以破釜沉舟、置之死地而后生的气魄直接辞职。陈保华选择了后者，毅然辞去了拥有优厚待遇和平稳前程的"铁饭碗"下海经商，仅凭2万元起家创办了临海汛桥合成化工厂（华海药业前身），开始了华海药业艰辛而辉煌的创业征程。

"刚开始的时候，什么都没有，条件相当简陋，租用了生产队一排灰砖房做厂房，厂房总面积只有300多平方米，一堆自制仪器，外加6个员工，开始做医药中间体。唯一的交通工具就是停在厂门口的一辆摩托车，换个电灯泡都是自己动手。"在这种艰苦的环

境下，陈保华开始思考，化工厂应该如何起步。

通过市场调查，陈保华发现治疗胆囊炎、胆结石的舒胆通市场需求量很大。于是，他决定将舒胆通的中间体作为化工厂的第一个产品。等到第一批样品出来时，陈保华便指挥厂里加快产品生产。产品出来之后，下一步就是销量了。既当掌柜又当伙计的陈保华查询了全国各个大型制药厂的地址，开始全国各地跑业务，甚至逐一上门拜访客户，亲自推销中间体。那时的他，常常在拥挤的火车车厢地板上铺张报纸，钻到座位下面就睡了。作为知识分子的陈保华，能够做到这一点实属不易。但付出总是有回报的，第一年陈保华就顺利拿到了第一桶金——销售额 30 万元，利润 14 万元。

1990 年，华海药业进入了快速发展期。陈保华敏锐地意识到，单一的产品带来的收益是相对较小的。于是，除了舒胆通中间体外，他也开始布局酮替芬、卡托普利等品种，并自建厂房。这样的成功商业模式循环利用，陈保华同样收获了丰收的喜悦。

1995 年，公司在陈保华的带领下，以"提升质量和管理水平"为目标，引入了 ISO\ 质量体系认证。同年 7 月，华海药业销售收入达 5000 多万元，完成了原始资本积累，改制并增资更名为"临海市华海化工有限公司"。经过前两年的努力，华海于 1997 年成为临海第一家顺利通过 ISO 质量体系认证的企业。正当中间体产品赚得盆满钵满的时候，陈保华做出了让人意想不到的决定：从化工企业向制药企业转型。陈保华之所以会做出这样的决定，是因为他认为中间体产品附加值太低，长期经营下去，会制约企业的长远发展。于是，陈保华以 GMP（药品生产质量管理规范）改造为载体，轰轰烈烈在全厂进行了改革，并开始涉足原料药领域。其后，经浙江省医药管理局发文归口医药行业管理，企业更名为"浙江华海医药化工有限公司"，并奠定了企业"质量和管理是发展之本"的理念。

1998 年，国家药监局发布我国第一部《药品生产质量管理规范》，陈保华带领公司紧跟行业发展，同年启动 GMP 提升计划。同年，首家全资子公司"临海市华南化工有限公司"成立，浙江华海医药化工有限公司工会成立。

1999 年，公司更名为浙江华海药业有限公司，建立现代化企业管理机制。

2000 年，公司首个原料药产品瑞巴派克通过国家 GMP 认证；2001 年 2 月，陈保华带领公司进行股份制改造，设立全资子公司"浙江华海进出口有限公司"、华海药业—中国科学院上海有机化学所研究中心，国家原料药基地——华海川南工业园区总平面规划通过评审。

2002 年，公司首个固体制剂车间通过国家 GMP 认证，标志着公司一次转型升级，成功从化工企业转型为制药企业。陈保华首次召开企业文化建设动员大会，投资 900 多万元建成的综合大楼正式投用，投资 500 多万元建成的首个固体制剂车间（片剂、胶囊剂）通过国家 GMP 认证，抗艾滋病制剂药物奈非那韦被列入"国家技术创新项目计划"。

二、绿色环保促发展

华海药业从创办初期起，就一直把环保工作作为头等大事来抓，恪守我国关于环保设施和主体设施同时设计、同时施工、同时运行的"三同时"法规，是台州市最早达到国家污水排放一级标准的医化企业。要保护环境，治理废水，工艺与设备十分关键。

从 1996 年开始，陈保华就亲自挂帅，跑遍了国内外在医化废水治理上有先进技术的企业，吸取当时国内外先进技术与经验。2000 年，在多方考察以及省环科院的推荐下，最终日本荏原公司的废水处理技术与系统（运用反硝化生物脱氮＋超细 PW 膜过滤处理医化废水）让决策层露出了满意的笑容。可是，这套设备的引进建设需要耗费近千万元，而企业 1999 年整年的净利润仅为 3000 多万元。换句话说，这套昂贵的系统，要花费企业当年近 1/3 的盈利数额。

"我们是生产药品的，关爱生命是企业的使命，我们决不能以牺牲环境为代价来换取高额利润，该花的钱就要花。"对此，华海药业的决策层态度高度一致。在这样的共识下，华海毅然引进了这套设备。

2000 年 6 月，这套日处理 700 吨的废水处理系统建成并投入使用了。这套当年最高规格的环保处理系统，甫一投入使用，便吸引了省内很多企业派人来考察学习。当时的国家环保总局局长解振华亲自来华海视察该套系统运行情况后，也给予了高度评价。

2003 年，华海药业又投资了 800 多万元，建起了第二套废水处理系统。而这两套环保系统，更是华海药业在 2005 年成为国内首家荣获"国家环境友好企业"称号医药企业的大功臣。

环境保护只有起点，没有终点；只有进行时，没有完成时。华海药业在川南的新厂区，2003 年只有 1000 多万元销售收入，但环保设施已经投了 3000 多万元，所有的废水、废气管道都留足提前量，而且全部架空铺设。"其实，这比今后生产规模扩大了，再被动补课，投资要节约得多。"陈保华这样算账。

在不断提升环保处理装备的同时，华海药业也十分重视源头上的控制，开始全面推行 ISO14001 环境管理体系和清洁生产，确立了公司在环保治理中"以源头控制为重点、过程管理为手段、末端处理为把关"的管理原则。

此外，作为一家与世界医药巨头共舞的国际化医药企业，华海药业追求和谐发展的步伐一刻也未曾停歇。"安全是稳定之本，环保是生存之本，质量是发展之本，员工是财富之本"成了华海人的共同理念。

EHS（环境、职业健康、安全管理）体系，既是众多国际大客户合作的首要条件，也是完善员工职业健康体系的重要组成部分。华海药业创立以来，始终把环保作为企业的生存之本，把"呵护环境、和谐发展"作为企业的环保管理理念。同时，公司逐步建立和完善了 EHS 管理体系，提升管理水平，不断完善员工的安全保障和职业健康体系。

"在以前，车间工人的防护眼镜才几毛钱一副，现在全部换成了 23 元的 3M 品牌眼镜。"车间人员的作业鞋也由二三十元的普通回力鞋，一律换成了 150 元的特种鞋，能够防 600 千克铁块的砸轧，还能防刺、防滑、防腐蚀。陈保华说，欧美大制药厂在选择长期供应商时，除了考察企业的生产能力、质量保证体系外，还要实地考察企业的环保状况等。他们认为一个企业只有拥有强烈的社会责任感，才能生产出过硬的产品。这恰好与华海崇尚的"以人品制造产品"理念不谋而合。

三、领先一步天地宽

2003 年，华海药业在上海证券交易所上市，成为临海首家上市公司。总裁陈保华曾说，上市对公司发展的好处有六点：第一，进一步优化法人治理结构；第二，促进规范化管理；第三，吸引人才、留住人才；第四，推动产品研发和市场拓展；第五，建立长期稳定的融资平台；第六，提高企业的品牌形象。

华海药业的发展得到了各级党委和政府的关心与支持。2004 年 6 月 8 日，中共中央总书记习近平（时任浙江省委书记）来到华海药业视察，走厂区、进车间，在充分肯定公司的相关工作和发展成绩的同时，对华海药业提出了更高的要求和目标：要把华海药业发展得更加壮大，要走出国门，为社会做出更大的贡献！陈保华始终牢记习近平总书记的期望，并将其转化为提速发展的强大动力。也正是在那年，华海在美国新泽西州设立华海美国（国际）有限公司，开启了国际化之路。

陈保华以振兴民族药业为己任，勇当医药国际化的领头人和探路者。2004 年，陈保华首次赴美国 FDA 总部考察，FDA 的官员告诉他，印度已经有 36 家企业拿到了 38 个文号，而中国一个也没有。美国 FDA 认证作为全球最高的药品质量标准认证，一定程度上代表了一个国家的制药水平。听闻这番话，陈保华暗自下定决心，立志回国后要让华海的产品拿到中国第一个 FDA 认证。

"当人家在做中间体的时候，我们开始做原料药；当人家开始做原料药的时候，我们做原料药海外认证……"陈保华说，"当今时代瞬息万变，如果没有'领先一步'的理念指引，没有对市场的超前把握，没有足够的预测能力和很强的创新能力，企业就很难长足发展。'领先一步'，也是重要战略，我们要勇于做第一个吃螃蟹的人。"坚持这一战略，华海药业开始进军生物药、创新药领域，力求做到总是先人一步。

明知山有虎，偏向虎山行。陈保华说干就干，投入了 500 万美元引进高端人才，由具备 20 多年从业经验的专家带头组建团队，从高起点开始研发。

在这之后便是长达八年的不断投入——先进的设备要投入，人才的引进和储备要投入，研发和产品注册认证也要投入。制剂产业不像是原料药，它需要高投入，但几年之内可能都不会立刻产生效益。但陈保华深知在制药行业要走得比别人更远，获得更长远的利益，必要的投入和对周围遭质疑的忍耐是至关重要的。

作为国际上对品质要求最高的药品认证，FDA 认证不仅要求产品的工艺研究、质量研究、稳定性考核等各项指标都必须经过验证，同时还要做药理研究和生物等效性测试，只有以上结果达到与原研药相同的药效，才有资格去申请美国 FDA 认证。申请认证的时候，企业还必须按照美国 FDA 注册的要求编写文件，准备充分后才能递交给美国 FDA，美国 FDA 按照仿制药审查的要求对资料进行反复审查，审查通过后，再派专家到公司进行车间现场 GMP 认证。陈保华说："如果你前面这些工作没有做好，没有达到美国 FDA 的要求，对方是不会派人来认证的。"宝剑锋从磨砺出，梅花香自苦寒来。从 2003 年到 2007 年，历经四年的努力，华海药业终于收到了来自美国 FDA 官方的函件，确认抗艾滋病药奈韦拉平制剂产品以及生产线以零缺陷通过了美国 FDA 药品质量认证，并自主拥有 ANDA 文号。美国 FDA 官方函件的发放，不仅圆了华海药业多年的梦想，还改变了世界对中国制药的认知，改变了中国对美国只有进口药没有出口药的历史。

华海药业的"先人一步"，不仅体现在他们的产品研发与提升中，更体现在他们的企业发展规划上。企业发展，规划先行。华海药业从 2000 年就开始进行发展规划的编制工作，对后五年的发展战略作通盘考虑，这在民营企业中是比较超前的。2010 年 10 月 15 日，华海药业"十二五"及远景发展规划论证会在杭州浙江宾馆举行。以中国医药企业管理协会会长于明德为组长的论证组经过认真评审，认为该规划切实可行，一致同意通过论证。

华海药业五年发展规划编制论证工作引起了媒体的关注，《中国经济时报》记者邹建锋在《浙江：民企转型需要新的着力点》一文中称，华海药业积极编制论证"十二五"及远景发展规划，是临海市民企转型升级的典型，是在发展过程中不断谋求新思路、新战略的有力之举。

2011 年 7 月 21 日，时任浙江省委书记赵洪祝率领的浙江经贸代表团在美国新泽西州与当地企业举行投资贸易洽谈会，陈保华代表浙江企业分享华海在新泽西州的成长和发展。

2012 年 5 月 25 日，由新华网、中新网、新浪网、和讯网、浙江在线等 40 家网络媒体组成的"民营经济在浙江"全国知名网络媒体采访团走进华海药业总部，实地参观了公司即将投入生产的年产 100 亿片固体制剂车间和制剂研发中心，并与陈保华进行面对面交流。这次活动由浙江省委外宣办（省网信办）、省发改委、省工商局、省政府经合办和浙江在线新闻网站共同举办，华海药业是此次全省活动中唯一被选定受访的医药企业。

2012 年 9 月，由中国医药企业管理协会主办的"2012 中国最具竞争力医药上市公司 20 强"颁奖典礼在天津举行，华海药业成功入选，是浙江省唯一上榜的医药企业。

2013 年 7 月 17 日至 18 日，作为医药行业风向标的"第 30 届全国医药工业信息年会暨 2012 年度中国医药工业百强榜单发布会"在上海元一希尔顿酒店隆重召开。开幕式上，中国医药企业管理协会会长于明德宣读了"2012 年度中国医药工业百强榜"企业名单，华海药业名列榜单，且相较于 2011 年度排名上升了 5 位。

四、为有源头活水来

药品是特殊的商品，直接关系着人类的健康与安全。华海药业始终贯彻"以人品创造产品，以创新推动发展，以品质塑造未来"的理念，将质量视为企业的发展之本。陈保华常说，"制药企业生产、销售的不仅仅是药品，对于患者来说更是健康和希望。"

"质量不是检验出来的，而是设计和生产出来的。"这是华海人的共识。为了保证药品质量，华海药业以国际顶尖的 CGMP（动态药品生产管理规范）为基本标准，在严把产品检验关的同时，将 GMP 管理理念前移，对药品的全过程包括研发、采购、生产、仓储等环节进行严格管控，同时通过多种方式对公司的整个质量体系进行管理和监督检查，确保产品百分之百合格。正是由于对质量的高度重视，华海药业在打造高品质的道路上取得了非凡成绩。目前，公司所有产品均已通过国家新版 GMP 认证，大部分产品已通过美国、欧盟、澳大利亚、韩国等官方机构的认证，是国内通过国际药品质量认证最多的制药企业之一。

在近 20 年的国际化发展历程中，华海取得了中国医药历史上的四个首家：中国首家通过美国 FDA 认证（2007 年）、中国首家获得美国 ANDA 文号（2007 年）、中国首家制剂规模化销售美国市场（2009 年）、中国首家挑战美国原研专利（2016 年）。

中国登陆美国零售市场的首款制剂产品——盐酸苯那普利片，现在在美国的市场份额达到了 84% 以上。当年，这个产品在美国上市的时候，美国的药店纷纷表示不敢卖，因为是中国制造的，他们没有卖过中国造的药，上升到董事会去讨论，并在没有通知华海的情况下把产品送去第三方质量检测，最后测出来其质量稳定性比美国同类产品还要高，这才得以在美国上市。

六年前中国想挑战美国原研专利是不可能的，但是 2016 年，华海的帕罗西汀胶囊在美国新泽西州跟美国原研公司打过专利官司，最后法庭当场宣布华海胜诉，宣布美国两项原研专利失效。这是中国第一次能够挑战美国原研专利，改变了中国没有挑战美国原研专利的历史。成功的背后依托的是陈保华振兴民族药业的深厚情怀和公司累积的雄厚实力。

作为一个土生土长的临海人，陈保华也不忘践行责任，反哺桑梓。企业做大了，许多人劝他把总部搬到沪、杭这些大都市去，他却坚持留在临海。"我要回报家乡党委政府和人民成就事业之恩。"他每年投入上亿元的环保费用，捐建了"保华大桥"，用以建设青山绿水的美好家乡；为所有员工设立了孝心基金，传承中华美德，对员工的婚嫁、孩子入学教育、住房交通、大病特困给予全面的保障和补助，让大家无后顾之忧。

授人以鱼不如授人以渔。他倡议实施"民营企业薪火传承行动计划"、创办了《企业家》杂志、利用市委党校平台等从多方位向台州市新生代企业家传授创业创新心得体会，帮扶新生代企业家的创业之路。他坚持教育是第一位的，建立华海高级职业学校、华海干部管理学院等培育专业人才；为台州中学、浙江工业大学、沈阳药科大学、中国药科大学、浙江大学等设立了教育奖励基金，鼓励学业提升，吸纳专业人才。

以社会责任为己任，积极参与东西部结对帮扶活动等。陈保华个人和公司累计已为定向扶贫、美丽乡村建设、教育帮扶、抗疫救灾、共同富裕等公益慈善事业捐赠或资金支持超亿元。默默奉献的背后是责任、担当和为实现梦想所做的努力。

从临海市到台州市，从浙江省到全中国，陈保华作为人大代表，无论走到哪里，都始终坚守"人民选我当代表，我就要为人民着想，替群众说话"的信念和执着。

陈保华以其敏锐的洞察、深入的思考和使命的担当，认真参与到国家社会治理和经济发展、行业改革和民生问题等事务中，积极履行代表职责，踊跃建言献策，积极摸索和总结代表履职经验。他提交的议案和建议的规范性和质量得到了省人大和全国人大的一致认可，多件议案、建议被国家有关部委采纳并得到了社会高度关注与点赞。

2017年，华海药业科技产业园项目在各级党委政府的关怀下顺利启动。整个华海药业科技产业园规划面积共1200亩，总投资100亿元，固定资产投入65亿元，研发投入35亿元，建成之后可实现产值400亿元，利税80亿元。整个产业园可分为制造中心、研发中心、文化会展中心、生活服务中心、华海学院、人才社区六大部分。

产业园建成后就是工业4.0智能工厂，严格按照国际CGMP标准设计，规划建设高端固体制剂、创新药物、新型抗生素、抗肿瘤药物、高致敏药物、原研合作六大制造中心。生产区将以国际一流设备为主，像德国的格拉特流化床、德国的菲特单双层高速压片机、英国的曼尼斯特多层压片机等，达到生产自动化、信息化、智能化。华海药业科技产业园建成之后将会成为华海药业的全球总部、全球总负责地。目前，华海正沿着内生增长和外延扩展并举的发展之路，充分发挥华海产业链垂直一体化优势。

陈保华笃守实业兴国理念，专注制药事业发展，努力造福人民群众身体健康；坚定践行习近平新发展理念，善于抢抓机遇，转危为机，实现逆势快速增长。

五、疫情当下勇担当

2020年1月，国内新冠疫情突发，人民的生命健康受到了前所未有的严重威胁。疫情就是命令，陈保华迅速响应国家号召，抽调华海药业在上海、临海和美国新泽西州三地研究院的101位硕博科研骨干，成立抗新冠药物研发紧急攻关组，并亲自挂帅担任项目组长，提出了"与病毒抢速度、为生命抢时间"的全员号召。在陈保华的带领下，公司全面进入战备状态、调集各方资源，项目组每天24小时连续作战，通过分组同步研发攻关、研发放大同步推进、生产质量控制同步完成等多途径缩短攻关时间，不计成本地推进抗疫药品产业化生产。凭借强有力的项目攻坚队伍、多功能可在线监控的设备系统配置，以及健全的工艺质量研究能力，华海投入近4000万元，仅用不到40天时间，便先后开发3款抗新冠相关药品，实现了快速度、高质量、规模化的研发目标。成功研制生产的药品作为国家应急药品战略储备，服务于新冠肺炎疫情的防控，服务于人民健康和国家安全。

在全力开展抗新冠药物研制的同时，作为国家集中采购药品的主要生产企业之一，如何在疫情期间实现国民用药保供保稳，也始终牵系着陈保华的心。在他的带领下，公司先后成立两级疫情复工保供保稳工作组，从疫情防控、组织指导、人员安全、后勤保障等多个方面建立了科学有序的企业防疫复产机制，并提前在 2020 年 2 月 12 日复工。此后仅用 7 天时间，便实现了集采药品生产产能恢复率 95% 以上，有力地保障了国家集采药品的稳定供应。面对国内防疫物资紧缺的局面，陈保华发动华海全球资源，通过美国、日本、欧洲等海外分（子）公司全球紧急采购防疫物资，全力支持国内抗击疫情。他先后 8 次向国内各级疫情防控指挥部、红十字会、专科医院捐赠抗疫物资及药品，主动践行了一名民营企业家的社会责任与担当。

六、落实规划促发展

2021 年 1 月 18 日晚，浙江经济界的"奥斯卡"——"2020 年度风云浙商发布仪式"在杭州举行，十个风云浙商奖和一个特别奖逐一揭晓，浙江华海药业股份有限公司创始人陈保华获得 2020 年度风云浙商殊荣。陈保华极其重视以规划引领企业高质量发展。从 2000 年编制华海"十二五"规划开始，到今年编制公司"十四五"规划，他坚持亲自领衔，群策群力，统筹规划今后 5—10 年的发展战略与思路目标，并狠抓落实。他坚持以高质量发展为主题，通过狠抓高层次人才集聚、新药生物药开发、研发资金高投入、生产设备大提升等环节，推动公司高质量发展。

七、而今迈步从头越

陈保华认为，华海药业一次次成功转型的背后，是华海药业 33 年以来对创新的不断追求。公司现有研发人员 1500 多人，其中国家引才计划专家 15 人、浙江省引才计划专家 22 人、海外背景的高层次人才 100 余人、硕博人才近 700 人，连续多年研发投入占销售比重超过 10%，具备生物药研发、化学创新药研发、细胞治疗研发、仿制药研发和化学原料药研发能力。公司举办一年一届的"华海科技节"，并重奖有突出重大贡献的科技人员。也正是这些人才，以科技的力量推动华海药业在创新的道路上不断前进，让华海能够永远领先一步、快人一步。

陈保华认为，华海的发展之所以能够如此顺利，是因为华海人一直秉承着这样的经营理念：修德立身（要有责任担当和事业心，要有公平公正之心，要有定力和毅力，要低调做人、认真做事，要坚持自我反思）；善思立志（要有远见卓识，要有战略思维，要有辩证思维，要有创新思维，要有逆向思维）；经营立业（要有适应企业规模的管理理念，要有谋划全局和顶层设计的能力，要重视研发和销售，要注重人才和团队，要重视财务，要有防控风险的能力，要有处理好各种关系的能力，要事必躬亲）；勤学立才（要终身学习，要善于学习，要重点学习，要学思结合）。

　　如今，华海药业已拥有注册资本 14.9 亿元，总资产超 154 亿元，占地面积 150 多万平方米，现有员工 7000 多人，在全球拥有 40 多家分（子）公司，包括中国、美国、日本、德国等，与全球 800 多家制药企业建立了长期合作关系，为 100 多个国家和地区提供健康医疗产品。"雄关漫道真如铁，而今迈步从头越。"面对经济发展的新常态，企业的发展将面临新的挑战，同时也迎来了新的发展机遇。对于未来，陈保华心中有一份清晰的"战略地图"。站在新的起点上，蓄势待发的华海药业将围绕成为"国内一流、国际知名、极具竞争力和上规模的制药企业"的愿景，不断突破自我，成就梦想，超越巅峰！

"志"向"宏"伟 前程远大
——记分析化学专业1984届校友沈志宏

吴文雨

　　大半辈子的人生，在沈志宏的描述中异常简单。一个在 1984 年算是"稀有人才"的大学毕业生，被分配到事业单位之后不甘寂寞，自找门路去了国外留学。然后回来创业，赶上改革开放的好年景，顺风顺水地做大了两家公司。他说起这些时，带了点漫不经心，仿佛一切都那么自然。然而成功的背后是一次次审时度势、谋定后而动的理性判断。面对自己一手创立发展的事业，他又流露出感性的一面，"工作不再是钱的问题，公司相当于你的孩子，你创造了它，看着它健康成长，心里高兴"。

　　谈及事业，他颇有些"溢美之词，不敢领受"的谦逊与赧然。他对过往的事情记忆清晰——对时间，可精确到具体日期；对资金，可精确到个位数与百分比。或许正是这种敏感，才能及时洞察了解市场变化。他并没有单纯罗列枯燥的数字，也没有执着公司业绩夸夸其谈，而是富有细节和情感地讲述那些惊心动魄的商海故事，传递着为商者的谋断与决策。从当初怀揣创业梦的热血青年，成长为两家全国五百强企业的首席领袖，他在波澜壮阔的贸易市场奋勇前行，一步步实现自己当初的远大志向。

　　在沈志宏的身上，有着传统宁波商人的内敛与自信，或者说是沈志宏式的人生信条。交谈中，他像一个善于汲取他人养分的智者，"择其善者而从之"——从他娓娓道来的只言片语中，你会发现他深度关注财经事件及其中的传奇人物，譬如柳传志、牛根生等，他们的商业思想与管理理念被沈志宏反复提及，相信他肯定曾经不止一遍地翻看过他们的人生经历，回味他们的经商之道，细细咀嚼并汲取营养。

一、辞职深造两次留学而后选择回国创业

　　1984 年，大学生还不像当下那么普遍，事业单位更是香饽饽———代人心目中的"铁饭碗"。彼时，中国正迎来改革开放，公派出国成为出国的主流方式。从浙江工学院毕业

后被分配到了事业单位——二轻工业研究所的沈志宏在这次出国风潮里报考了托福培训班，随后在 1988 年获得了去美国参加迪士尼文化交流项目为期一年的培训机会。一年的交流，如同与世界对话的窗口被开启，先进生产力与创新思想带来的冲击让沈志宏再次萌生离开安逸、走出去看看世界的念头。1990 年 1 月，他再一次打包行囊，前往澳大利亚悉尼伦敦英语学院进行为期两年的外语学习。这一次，他把事业单位的"铁饭碗"也辞了。

在今天，光鲜亮丽的高档写字楼是很多高校毕业生内心向往的地方，他们无一例外地想象着，有一天能够踏进这样的写字楼里，做着体面的工作，从此事业人生平步青云。而彼时，从美国到澳大利亚，青年沈志宏做过中国文化产品的推广者，做过工厂勤工俭学的凌晨清洁工，也在澳大利亚日照充足的农场里挥汗摘收过瓜果蔬菜……凭借着谦虚努力、博学友善、聪敏风趣的特质，雇主们总是乐于主动给予更丰厚薪酬和更多工作机遇，这位中国青年让他们惊讶赞叹不已，从他身上，他们看到了一个勤劳智慧、充满生机的青年中国。

生命就像一趟旅程，这些丰富的跨文化交流经历和生活体验，就像冬季无风夜里静静飘落的雪花，积淀在这位时空"旅行者"的心里，让这个"不安分"的年轻人在一次次世界之旅的认知探索中，开始了对未来的思考。

1992 年，邓小平南方谈话让从不甘安逸的沈志宏马上嗅到"机会来了"！ 1992 年 10 月 14 日，适逢党的十四大召开。这一天，沈志宏回国了。

二、达则兼济天下的情怀与开挂的人生版图

刚回国时的沈志宏，被诸多亲人朋友不理解，与回国需要成为一名重新应聘就业的"待岗青年"相比，应该没有什么比拥有一个国外的身份、丰厚的收入、先进社会所能享用的丰富物质供给更好的选择了。但沈志宏认定了，这是我的祖国，回国，是兼具机遇与使命的选择。面对长辈的担忧，他对父亲说："我试试，再不行，就去干出租车司机。"

人生的旅途中，你永远不知道会遇见什么，那就带着一颗无为而治的心先学会出发。

在沈志宏的回忆中，20 世纪 90 年代正是宁波刚开始工业化进程的初级阶段，大家都在相同的起跑线上，没有强大的背景，没有深厚的资本，拼的就是创业的热情和选择产业方向的正确性。他将自身的创业历程概括为"相对比较容易演绎出一个白手起家、创业成功的动人故事"。

1979 年，中国出台"三资法"，但许多配套法律并未出台，因此大多合资的项目都是餐饮、加工类的项目，而邓小平的南方谈话则真正打开了对外开放的大门，开放了几乎所有的投资领域，包括房地产类、金融类等，虽然还有些尚未放开的条条框框，但至少是打开了大门，准许进入。

多次留学的经历带给沈志宏开阔的视野和深邃的辨析认知能力。1994 年 7 月，沈志宏联合一众好友，组成了"甬上合伙人"组合，在宁波创立浙江远大贸易公司，成为改革

开放政策下的第一批弄潮儿，在诸多未知和不确定因素中凭借着勇气和智慧探索前进。宁波迎凤街老年活动中心五楼，成为日后连年入围中国 500 强民营企业、年销售额达数百亿元的浙江远大物产集团有限公司的最早办公场所。弄潮儿勇立潮头，手把红旗旗不湿！中国的一代青年创业家从这里踏上辉煌征程。

新兴的远大很快成为行业新星——公司成立第一个月就实现盈利；成为宁波外贸行业第一个上马 ERP（企业资源计划）系统，采用信息化手段对企业业务、财务数据等开展可视化、精准量化管理的公司；收获大量银行授信支持；员工业务分配激励机制更是成为一代宁波外贸行业竞相效仿学习的标杆。远大迅速成为宁波外经贸系统的一个知名品牌。

在竖起业内一个又一个旗帜的同时，远大带着谨慎感恩的心不断总结成功经验，续写新篇。在沈志宏看来，企业要做大做强必须依靠团队的力量，在团队分工中，基层主要应立足于创业，高层主要立足于创新。把企业的成长与个人的收益紧密联系起来的最好办法之一是给管理团队以股份，使他们能够在与企业的共同成长中收获实效。

1999 年，沈志宏及其合伙人向中国远大申请改制，改制后的股份制公司由中国远大控股 52%、公司 13 名骨干持股 48%，注册资本 1150 万元人民币。在接下来的 9 年间，浙江远大的销售额从 1999 年的 15 亿元人民币上升到 2008 年的 180 亿元人民币，利润从 1999 年的 2000 万元人民币上升到 2007 年的 15000 多万元人民币，年均净资产报酬率为 58%，向股东分红达 3 亿多元人民币。在这期间，13 名原始股东的股份通过稀释的方式让更多核心人才受益，如今，这 48% 比例股份的主人已经增加到了 49 名公司元老和骨干。

在沈志宏的理解中，企业的竞争就是人才的竞争，要留住人才，不仅要舍得散财，更要舍得分权。在他总结的浙江远大的 7 条成功经验中，有 3 条都与"人"有关，它们是——"保持员工工奖总额的持续稳定增长""保持员工对公司经营管理水平较高的满意度""保持核心及重要员工较低的离职率"。

正是在以人为先的思想指导下，股份改制公司和绩效股份分配的"双引擎内核驱动"的做法使得沈志宏缔造的这家全国 500 强企业以及后来同样晋升 500 强的浙江前程投资集团股份有限公司的许多员工一跃成为千万、亿万富翁。员工工作自主性、满意度提高，组织团队凝聚力、匹配性更上一层楼。在公司开会时他经常讲的一句话就是："企业好的前提是员工很好，员工好的结果是企业更好。"信任是价值的放大器，无论是资源还是技能，对于拥有者而言，如果因为私有化而没有充分得到运用将是巨大的浪费，而改制后，无论人才还是资源都将得到更广阔的价值。

"'十三五'时期的新口号是包容性增长，我们要把发展企业给人幸福作为一切工作的出发点和落脚点。在企业经营过程中一切常人看来很严肃的名词——制度、分配、股权，都可以用作实现员工幸福的具体工具。"沈志宏如是说。

怀着"达则兼济天下、财散人聚"的理念，沈志宏在成功缔造并带领浙江远大前行的 15 年里，除了成功令企业诞生了一批富翁员工外，更开创了宁波外贸史上诸多业务模式的先河，成为业内同行竞相效仿的典范。企业利润、纳税、社会美誉度连年保持高增长，一时令远大成为许多优秀大学毕业生最希望进入的外贸公司。

沈志宏对员工的挖掘与培养所秉持的观点：埋头认真干活的人，会是一个优秀的员工，边干活边思考怎样才能做得更好，那样的人会成为出色的领导。他希望自己能够在退休前帮助更多的年轻一代创业致富。"现在公司管理层平均年龄只有 27 岁，在未来我们也非常欢迎更多的'90 后''00 后'加入我们。"他说道。

三、复制奇迹，于乱世中寻契机；延续精神，于顺势里显作为

老一代宁波帮大多为草根起家，他们能够成就一番事业，靠的是诚信经商、求新求变、吃苦耐劳的精神，更是富有民族大义、家国天下的赤诚情怀。

2008 年，在席卷全球的亚洲金融风暴中，已卸任远大董事长职务，本计划"登东皋以舒啸，临清流而赋诗"提前退休畅享快意人生的沈志宏，临危出任浙江前程投资股份有限公司董事长，作为一家成立于 2003 年由一起创业打拼的同事共同出资成立的公司，此时的前程集团在这场裹挟全球的金融风暴中风雨飘摇。对于是否再次挂帅出征，沈志宏内心是有过挣扎的，毕竟，在最辉煌的时候选择"急流勇退"能够让人留下的是对曾经璀璨的美好记忆，而继续前行，则需要拥有继续穿越丛林与荆棘和泥沼对抗的勇气。

在这个过程里，光环可能会暗淡，辉煌也许会不再。在选择面前，是流淌在甬商血液里烙下的责任与家国情结，让沈志宏最终下定决心的是"这是自己创造的'孩子'，做企业不单是为了赚钱，这是对全体股东与员工生活与发展的一份责任，我们要用尽全力让企业走出险滩，平安进港"。

"火炬已经交到了我们这一代手里，我们就得把宁波帮的精神气质传承下去。目前虽然遇到一些危机，但再困难也没有 20 世纪二三十年代乱世中的上海滩和五六十年代百废待兴的香港困难。"2008 年第四季度的大宗商品大跌一度让企业遭受重创，随之而来的人心也不免惶惶。带着每临大事有静气的气魄，沈志宏带领前程团队一边对当时国际国内行业形势展开详尽分析，凭借专业的能力、清晰的思维和前瞻的眼光，让队伍重新树立了信心，迅速稳住了阵脚；一边又积极与政府、上下游供应商、银行等展开多边积极斡旋，令各方力量在达成共识的前提下共面危局，同心同德。

也许应了"认真的人运气总是不会太差"的话，2009 年，随着中国政府 4 万亿元投资计划，前程集团抓住政策利好，在强大的国家信心的支撑下，成功顺势做多大宗商品，终于在一年后脱离险滩，重回上升通道。

在沈志宏的身上，可以看到传统宁波商人的内敛与敦敏的特质，他们总是谦逊微笑着学习各行业前人的优秀做法与经验，低调是他们普遍的标签。他们同样会在惊涛卷来时感到压力，但他们更善于在压力与平凡中发现一闪而过的机遇；他们会在热潮迭起中选择旁

观，就像善于汲取他人养分的智者，在观察中分析，在分析中梳理逻辑，并建立独立的思考认知，最终用于对未来的指导和判断。

一个人用 15 年的时间打造两家全国 500 强企业，奇迹的复制从来离不开运气，但同样需要的是领袖的智慧、定力与心态。如今 25 岁的远大和 15 岁的前程是中国与世界商业环境接轨同步的缩影，是中国栉风沐雨砥砺前行成为世界两个最大经济体之一的亲历者，更是善良勤劳的甬商精神在收获物质富裕之后，以感恩之心回馈社会的践行者。

在延续甬商精神，高举前辈火炬奋力前行的坚实步伐里，沈志宏就是这样带领团队用努力提高企业效益、提高员工收益、提升政府纳税，热衷回馈社会公益事业，以一颗始终怀揣谦虚感恩的心践行着新时代甬商的从商理念与家国情怀。

四、十年一剑整装再发，不忘初心砥砺前行

2018 年是改革开放四十周年，同时也是落实党的十九大精神的开局之年。这个伟大国家正在进入新的发展时期，前程集团也正发生着自我蜕变。纵观全球大宗商品贸易变迁史，可以看到这是一个相较其他行业受不确定因素影响更多的行业，汇率变动、国际政治力量博弈、自然天气变化等都有可能成为"蝴蝶的翅膀"，不经意间掀起滔天巨浪。历史上不乏巨无霸级外贸集团在做大做强大宗商品贸易的过程中，无数次遭遇惊涛骇浪，而最终折戟沉沙的例子。作为企业领头人，怎样平衡好"风险厌恶、安全前行"与"抓住机遇、抢先发展"之间的关系，是一门艺术，更是对人心最直接的考验。

对于进入"新常态"时期的国内发展环境，沈志宏认为中国经济从高速狂奔到提质降速是个好事。企业家应当从心理上适应中国经济整体放缓的形势变化，在企业战略、转型升级、投资布局等方面主动做出调整。他认为，这个时期的企业要更加恪守主业、拒绝投机，找准定位，苦练内功，培育更具稳定性、抗震性和持久性的核心竞争力。

其次，企业要更加重视模式转型。随着政府投资拉动的效应持续减弱，中国经济体制的转型将逐步成为社会关注的焦点。在这种背景下，中国企业家必须考虑转型问题。再次，企业要降低业绩增长预期。对于过去年利润翻番增长的企业家，要习惯于今后每年 10%—15% 的稳定投资回报率，企业要实施稳健的财务管理，时刻坚守"现金为王"的理念，保持现金流通畅优先于利润增加。

他是这样想的，也是这样在做的。为了在风险与机遇间做好平衡，2017 年，沈志宏带领前程引进了新希望集团及大宗商品领域的精英翘楚作为公司新的股东，希望借由各方独特优势的赋能，在分散风险、寻找机遇的基础上对业务布局实现转型与突破，将前程塑造为稳健发展型企业，为前程员工带来更强劲信心。

每个人都是时空的旅行者，旅途中的经历总在不经意间塑造了你的人生。

从青年时期留学国外谋求拓宽眼界的沈志宏，到投身参与中国改革开放伟大举措各时

期进程的创业家沈志宏；从亲历国内外巨大发展差距的沈志宏，到为今日强盛中国尽己所能贡献力量的沈志宏。他所经历的时代正是现代中国从迷惘走向警醒、从积弱逐步强盛的过程，他与团队所创造的成功同样是一个国家与时代发展的代表与见证，在他身上所体现的创新、感恩、隐忍、勤奋也是整个华夏民族性格特征的缩影与表达。

作为企业，沈志宏重视企业愿景与社会责任，在自身创收时不忘回报社会；作为个人，沈志宏坚信天道酬勤、克己复礼，因而他既能够在历史机遇期抓住机遇大有可为。三十年前，他选择了归；三十年后，他选择了离。归与离，在某种程度上也印证了道学中豁达淡然的人生态度。

时代的机遇成就了个人的辉煌业绩，也正是因为有许许多多像沈志宏一样的个人，以对国家的笃信而奋力投身在伟大中国的各个发展时期因而缔造了今天的中国。天下势，大道至简，因势利导，则万物皆为我所用；循势而动，则顺境与危机中皆能捕捉到商机；钱散人聚，包容增长，则万人成势。时代已经迎来又一个新的历史阶段，在这个阶段里，机遇与挑战依然并存，坚强乐观的民族从来都善于在严峻的条件里保持坚忍的心和寻求突破的方法。沈志宏，恰巧也是拥有这样性格的人。

精益求精　甘之如饴
——记化学工程专业1991届校友陈德水

郭海峰

30多年来，他从技术员成长为正高级工程师、从学徒成长为浙江省"万人计划"科技创业领军人才、从普通劳动者成长为浙江省劳动模范。他用青春年华书写责任和担当，用自强不息创下了糖醇事业的传奇。

一、晦养厚积，十年一剑，他磨出了自己的锋芒

1991年8月，陈德水从浙江工学院化学工程专业毕业。按照当时浙江省高校的要求，毕业生的工作分配要尽量保证每个人都能找到专业对口的岗位，于是陈德水就被分配到了华康药厂担任技术员，回到开化发展。由于是初涉糖醇，对于他来说，一切都是陌生的，但骨子里与生俱来的坚忍与刚毅，使他比任何人都吃得了苦，化学工程科班出身的他也比任何人都好学和热爱钻研。

"来到一线岗位，就应该沉下心来，把学到的东西与实际工作相结合，从实践到理论，再从理论到实践，相互融合，互相辅助，互相验证，做出相结合的深度思考，真正把学到的知识用到生产当中去。"对于陈德水来说，在一线深度实践，一方面可以与实际生产相结合，提升自己的技术；另一方面，他又能理解一线员工的思维，利于管理技能的提升，为日后他带领一家庞大的企业蓬勃发展奠定了基础。对于刚毕业的大学生陈德水来说，这几年一线岗位的工作经验对他影响极大。"如果我当时好高骛远，急功近利，日后的职业发展就很容易'浮'在面上，肯定不能从员工的角度思考问题，也不能对生产配置有深入的了解，那样也就没有现在的我了。"

华康药厂是县级国有企业，由于体制的约束，企业发展一直很缓慢。在20世纪八九十年代，有段时期厂里效益十分不景气，工人工资普遍下降，甚至有时只能达到平时的70%，厂里一片寂寥。这番景象深深地刺激了陈德水，他暗下决心："一定要找到管

理好企业的方法，要让所有员工拥有良好的就业环境，要让企业焕发生机与活力。"

1999年，陈德水担任华康药厂厂长，都说十年磨一剑，这一剑，他磨出了自己的锋芒。2001年，新世纪曙光带来了新的发展机遇，也带来了全新的挑战。国企面临着体制的重大改革，是被迫收购还是以民营股份制形式重组，华康迎来了最艰难的命运选择。身为厂长的陈德水，毅然决然地坚持要以民营股份制经营形式放手一搏，那是所有努力的心有不甘，更是肩上背负的初心使命。破旧立新后，华康克服重重困难，建立了适应市场经济的现代企业制度，把握住了时代的脉搏，完成了命运的全新转折，也正式开启了华康全新的发展时代。从此，他与甜蜜的糖醇事业彻底结下了不解之缘，与华康命运生生与共。

"改制遇到的最大问题就是工人们意识不到企业现有的发展束缚，他们不理解为什么要改制。从国企改制为民营企业，他们普遍有心理落差，为此我们团队需要做大量的解释、安抚等思想工作。"那个时候，作为国企，员工家里用电、用水都由厂里承担费用，不可避免造成浪费。改制后，员工家里用的水、电按照成本价向员工征收，同时将节约下来的水电费拿出一部分以奖金的形式发给员工。"本质上就是把物质性福利转变为货币性福利。"

在改制期间，陈德水团队提出了八字思想——学习、服务、团结、效率。学习，就是要向市场学习，在市场化中积累经验，开展批评与自我批评，同时要走出去学习，不能故步自封，要打造"学习型团队"。服务，就是为客户服务，以客户需求为中心，同时公司内部的部门之间也要做好服务与被服务，这样公司内外都能达到和谐运营。团结，这对改制期间的企业尤为重要，陈德水笑着说："中小企业的股东的团结，是第一生产力。"余建明、程新平、徐小荣和陈德水都是工大化工的校友，四位组成的经营团队目前也是公司控股股东及实际控制人，构成一致行动人。效率，就是要做好统筹规划，提高企业的运营效率。

学习、服务、团结、效率，陈德水一直将这八个字作为公司管理运营的指导思想，"这也是让中小企业保持活力的关键"。

2001年6月，陈德水带领华康药厂顺利完成企业体制转换，组建了华康药业有限公司，企业产权机制的成功转换为企业提供了良好的发展机遇和空间，陈德水作为公司董事长大胆地对企业内部管理进行变革，按照市场经济规律和现代企业要求，建立了内部法人治理制度和扁平式的组织架构，完善各项管理制度，提升企业管理水平，初步形成适应市场经济的现代企业制度。改制后，华康药业得到了快速发展。也是在这一年，华康销售收入首次突破1亿元。然而，陈德水对于"亿元大关"却看得很淡，在他眼里，这是水到渠成、顺其自然的事。"我们积累得好，发展得很踏实，这就像滚雪球一样，势必越滚越大。"

二、筚路蓝缕，精益求精，栉风沐雨砥砺行

2007年，陈德水开始筹划公司上市工作。然而，2008年全球金融危机爆发，海外市

场低迷，糖醇销量急剧下滑，产能过剩、产品积压、资金断链，一连串的连锁反应使得上市的议程被迫取消，企业也面临着生死存亡的巨大考验。"如何才能带领企业走出困境？"面对这个问题，陈德水陷入了沉思。想到国外市场表现颓靡，陈德水果断把目光转向国内市场，准备搏出一线生机。然而，公司的产品十分单一，开拓新的市场又谈何容易！陈德水意识到，只有开发新的糖醇产品，才是打开国内市场的唯一出路。

在深入调查当时的市场需求后，陈德水带领技术研发团队着手研发新的产品——果葡糖浆，一款在生产工艺上可以实现与麦芽糖醇生产线部分共线生产的产品。这样不仅降低了企业投资成本，又拓宽了企业的产品市场。在经过 3 年的艰苦探索后，2011 年，年产 10 万吨果葡糖浆项目投产，当年，企业实现效益新高，一转之前的颓势，打破了自 2008 年金融危机以来公司连年亏损的局面，企业获得生机。

2009 年，华康在荷兰成立分公司。在 2000 年前，华康 95% 以上的产品是外销。当时外销靠中间商代理销售，其中就存在着上下游信息不对称的问题。为了解决这个问题，自 2008 年开始，华康逐步确立自己的大客户群体进行长期合作，不再依靠代理销售。"这是很辛苦的事情，所有的活儿都要我们自己解决。"但陈德水还是觉得这是明智的选择，一是可以打破华康与客户信息不对称的局面；二是这样更容易与客户建立紧密联系，从采购到研发，再到高层对话，都能开展深入的交流合作；三是这种"门到门的服务"，便于为客户提供及时性服务，以往通过代理销售、订货、走船运发货，一个单子要两三个月完成，现在在欧洲建立了仓储，客户下单到华康送货上门，2—3 天就可以完成，这样既提高了华康服务品质，又提升了客户对华康的黏性。

精益求精，打造出顶级的产品，是陈德水毕生追求的目标。

"我们崇尚工匠精神，追求精益求精。选择了糖醇这个行业，那我们就一门心思扎根下去，在糖醇领域做到最精、最优、最专，成为行业领头羊。从木糖醇、麦芽糖醇再到山梨糖醇等六大糖醇系列，丰富和优化的产品结构充分满足客户多样化的产品需求，全面提升华康的综合竞争力和抗风险能力。"

由于南部的玉米减产，木糖醇的原料供应出现了缺口。木糖醇原料玉米芯必须从北方采购，而从北方采购则会大幅提高生产成本。该怎么做？陈德水的解决之道在于"走出去"。2003 年，他带队到河南焦作进行了一次考察，收购了一家当地的乡镇企业，建成了首个生产木糖醇的原料基地，保证了原料的供应。河南木糖有限公司经过十多年的不断技术革新和不断提升生产能力，已经成为全国最大、综合竞争力最强的木糖醇厂。

植物中的半纤维素是木糖醇的重要成分，它的来源是什么？陈德水的思维很活跃，喜欢研究，总是能从一些意料之外的东西中找到新的突破口。灵活多变，就是解决问题的办法。早在 2012 年，他就以材料的共同特性为基础，向湖南一家国有纸浆公司求证，只要能从纸浆中提炼出半纤维素，生产出木糖醇的原材料，那么木糖醇的短缺问题就会迎刃而解。这个设想很大胆，但现实却很残酷，经过一年多的试验和技术研究，已经证明了这一技术的产业化，不但成本高，而且工艺复杂，且质量也达不到要求，最后只能作罢。虽然这个项目以失败告终，但他收集到了大量的实验数据，他相信，只要有正确的想法，就能解决问题。2016年，他带领研究小组到四川一家生产黏胶纤维的公司，希望能以半纤维素为原料，再一次从木糖醇中提炼出木糖，这一次，他带领技术小组研究出了半纤维素低水解法等关键技术，突破了木糖醇的原料瓶颈，实现了企业的绿色发展，并推动了资源综合利用和产业循环经济，为行业转型升级和绿色制造谱写了高质量发展的精彩篇章。

经过多年的发展，华康木糖醇的技术已经跻身国际先进行列，其整体规模、市场份额均处于全球前列。在陈德水的领导下，华康已经成为"天然、安全、健康、甜蜜"的民族糖醇的代表性品牌，在"振兴民族糖醇工业，促进健康中国"的路上走得更稳了。

为了满足市场日益增长的多元化产品需求，2013年，陈德水带领技术研发团队，开始研发结晶山梨糖醇产品。从技术层面来看，以国内当时的技术水平仍存在着难以突破的技术瓶颈，放眼全球也只有法国一家跨国公司拥有这种工艺。

面对这种情况，陈德水下定决心要攻坚克难，做出自己的"独家秘方"，于是他开始踏上求师之路。来不及过完春节，陈德水就带领几名技术骨干，奔赴台州的一家大型化工企业。寒冬腊月，大雪纷飞，国道封道，陈德水一行在盘山公路曲折前行，只为登门学技；理论准备充分后，他们又带上原材料去往江苏常州找相关设备制造商定做实验仪器……他带领着自己的技术研发团队，在国内的相近行业进行调研学习，前后做了20余次的实验；在几个月后，陈德水又带上团队前往德国做"结晶造粒成型"实验。短短一年的时间里，他的足迹就遍布国内国外，誓要做出"中国制造结晶山梨糖醇"。"现成的设备满足不了生产技术要求，那就改！"他一点一点钻研，比较测试数据，一步一步调整，拿着改良的设备图纸寻找合适的生产厂家，在生产车间进行反复实践。渐渐地，一套完善的生产工艺路线成形了。

在2015年，结晶山梨糖醇项目正式投产，打破了行业壁垒和国际垄断。自此华康实现了从单一木糖醇产品发展为六大功能性糖醇系列产品，丰富和优化的产品结构，打造的产品市场优势，全面提升了华康的综合竞争力和抗风险能力，华康成为国内功能性糖醇的领军者，为中国乃至世界的糖醇产业发展添上了浓墨重彩的一笔。

华康对于糖醇类产品生产线切换非常果断。2018年，华康利用麦芽糖醇生产线部分设备，调整工艺生产参数，改为生产部分景气度较高的木糖醇产品；年产3万吨高纯度结晶赤藓糖醇建设项目于2022年5月份正式投产。

华康是如何练就敏锐的市场洞察力的呢？陈德水解释道："华康选择新产品一般考虑两个方面，一是按照市场需求，二是结合企业自身的核心生产工艺，开发优势产品。目前大家对健康饮食、保健养生越来越重视，低糖、低油、低脂、低盐正在成为全球公认的健康饮食方向。2020年疫情又一次惊醒了大众，改变着消费者的购买行为，消费者饮食健康意识的觉醒推动着传统品牌到新锐产品的一轮又一轮食品健康革命。所以我们选择扎根糖醇领域，根据市场的机会点、发展空间来引入、研发新产品，华康的糖醇产品"三高"人群也可以吃，属于健康、保健类产品，是对国家的一些指南中提到的控糖、减糖倡议的答题。我坚信在'减糖'的时代大背景下，这将会是华康的又一次发展机遇，在不久的未来，在全体华康人的拼搏进取下，我们必将迎来华康甜蜜事业发展的又一次高峰。"

2021 年 2 月，浙江华康药业股份有限公司在上交所上市，成为衢州市第 8 家、开化县第 1 家主板上市企业。上市就好比一顶皇冠，如何戴好这顶皇冠，而不是被这顶皇冠压倒，这便是陈德水在公司上市后时常思考的问题。

"以前，我们的工厂就好比中巴车开在乡间小道上，现在，便是换成了大巴车，在高速公路上奔驰了。我们怎样才能在高速公路上开好车呢？这就是我们要思考的。"上市意味着华康要被放到资本市场的赛道上，如何用好新赛道赋予华康的新资源？这是陈德水团队思考最多的问题。也正因为如此，陈德水团队对产品、管理、运营、研发等各环节的评估更加谨慎。

近几年，华康在流程建设、卓越绩效模式推行等方面都提出了具体要求，下了很多功夫，也取得了明显的成效。"市场瞬息万变，竞争愈趋激烈，我们要时刻保持危机意识，永远别让自己被动淘汰。"这是陈德水对每一个华康人的要求。

三、和谐发展，未来可期，华康定会欣欣向荣

企业效益搞上去，环境保护也不能落下。

自 2001 年企业改制以来，陈德水始终坚持"实施清洁生产，发展循环经济"的理念，认真执行国家有关环境保护方面的法律法规和方针政策，在落实科学发展观，实施可持续发展战略，实现环境与经济协调发展，改善环境质量，维护群众环境权益等实际工作中起到表率作用。陈德水非常注重公司项目实施过程的环境管理机构建设，他组织制定、修订、完善了《环境目标及管理方案控制程序》《合规性评价控制程序》等 15 个环境管理标准及制度，设立节能管理机构，明确职责和奖罚办法，并在日常工作中付诸实施，带领华康全体员工从源头抓起，以高度的污染治理、保护环境的自觉性，大力抓观念创新、技术创新和管理创新，探索生态文明与经济建设和谐并进的新路子，大力推行污染治理的长效管理，规范企业的环境行为，致力于企业与环境的协调发展。陈德水说道："我们的目标就是努力打造'绿色华康，生态华康'，让华康成为经济效益一流的环境友好型企业。"

陈德水对环境保护、节能减排和发展循环经济等方面始终予以高度重视。在他的要求和带领下，公司通过采取改进设计、使用清洁能源和原料、引进先进工艺技术与设备、改善管理和综合利用等措施，从源头削减污染，提高资源利用率，减少在生产、服务和产品使用过程中污染物的产生和排放，提高企业的环境效益、经济效益和社会效益，实现企业的可持续发展。陈德水在环保领域积极开展各类环保宣传和教育，充分利用广播、板报、横幅、标语等形式进行环保宣传；对新来的员工，陈德水会集中组织起来进行环保教育，并建立培训档案，把环保工作列入工地管理和监督的范畴；陈德水还设立专人负责日常工

作，并严格组织环保检查，定期召开环保例会，通报环境检查情况，落实整改措施，定期聘请环境影响评估师、节能顾问及其他环境专业人士，对公司在保护环境、节能、清洁生产等方面所采取的对策进行评价，以期提升公司的环境保护与资源综合利用水平。

陈德水领导华康早在 2003 年就建立了符合国际管理标准的环境管理体系，并通过 ISO14001 环境管理体系认证；2004 年 10 月，公司成为浙江省首批通过清洁生产审核的企业之一。近年来，华康加大在节能降耗、环境保护等方面的投入，各项资金累计达 5000 多万元。公司通过引进先进工艺和设备，并进行技术改造，如 EGSB 厌氧加好氧污水处理工艺、反渗透膜分离技术、污染源在线监测设施、锅炉、自动化脱硫除尘技术、MVR 机械压缩式蒸发器技术、自动混床离交技术等，很大程度上削减了废水排放量及污染物总量，在节能降耗和环保处理等方面取得了显著的效果。公司现已实现污水处理能力达 1500 吨 / 天，年节约标煤 3502 吨，年节水 10800 吨，环境保护水平居国内同行领先水平。

陈德水说道："在未来，我国功能性糖醇市场规模预计将进一步增长。"他总结了四个方面有利于功能性糖醇行业发展的因素：社会整体健康观念不断增强，带动功能性糖醇等健康产业持续发展；下游行业稳步发展，为功能性糖醇产业带来更广阔的市场需求；产业政策支持，为功能性糖醇产业发展提供了良好的宏观市场环境；全球范围内的控糖、减糖建议，为功能性糖醇产业发展提供了广阔的发展空间和重要的发展动力。

随着社会整体消费观念的改变和人民生活水平的提高，人们的饮食消费逐渐由温饱型向营养型、保健型转变，健康食品成为当今食品市场的消费热点和开发重点。作为重要的无糖、低热量食品原料，功能性糖醇有望进一步走进大众生活。我国人口众多，功能性糖醇在无糖糖果与食品添加剂的应用方面有着广阔的发展空间。随着功能性糖醇生产规模的不断扩大以及对功能性糖醇功能研究的不断深入，功能性糖醇的应用领域也愈加广阔。另外，我国政府相关部门近年来发布的对控糖、减糖的相关指南或者建议，有助于作为国际公认的安全的食糖替代品的功能性糖醇行业市场规模进一步扩大。

面对前景大好的功能性糖醇行业市场，陈德水说道："在未来，华康将以'成为世界领先的糖醇专家，推动糖醇事业发展'为使命，紧紧围绕'共创甜美事业，共享健康生活'的企业发展愿景、秉持'共创、共享、共荣'的企业价值观，致力于功能性糖醇生产技术及产品应用的研究与开发，通过技术进步和管理创新，提升企业品牌形象，提高企业核心竞争力，致力于成为全球领先的功能性糖醇及应用技术解决方案专业供应商。"

"同时公司将根据市场情况及公司储备，进一步扩展和延伸产业链，全面涉足功能性糖醇的应用领域，加强特医（特殊医学用途配方食品）食品的开发，扩展高倍甜味剂和新型功能性糖、糖醇的研究。不断开发赤藓糖醇、甘露糖醇、异麦芽酮糖醇等系列糖醇产品，适时开展新产品线建设，进一步丰富产品结构，形成木糖醇、山梨糖醇、麦芽糖醇等支柱性品种以及多个储备品种相结合的较为丰富的产品族系，降低或避免产品单一所受到的市场波动风险，优化公司主营业务结构，满足客户的多元化需求，增强公司持续盈利能力。"

四、不忘母校，饮水怀源，学其成时念吾师

陈德水在经营好企业的同时，秉承"源于社会、回馈社会"的理念积极带头参与支援灾区重建、国家公园、五水共治、爱心助学及精准扶贫建设等各类社会公益事业，累计捐资 1500 余万元，为社会的发展尽一份责任。

公司致力于功能性糖醇产品的研发、技术创新和工艺改进，一贯重视与高校及相关科研院所进行研发合作，长期以来与浙江大学、浙江工业大学等知名院校建立了紧密的产学研战略合作关系。公司于 2017 年成立了"华康—浙江工商大学糖醇应用研发中心"，2018 年成立了"浙江省博士后科研工作站"，与浙江工业大学成立"功能糖与糖醇工程技术研发中心"。

2020 年 12 月 10 日，"浙江工业大学华康教育基金"捐赠仪式在朝晖校区举行。在仪式上，浙江华康药业股份有限公司捐赠 60 万元设立"浙江工业大学华康教育基金"，主要用于奖励和资助品学兼优的家庭经济困难研究生，以及相关实验室的基础建设。

近期，华康还将在母校举行专场招聘会，期待能有更多工大的同学进入华康，一起成就这份甜美的事业。陈德水认为，一份好的工作要满足 3 个条件：一是能让人成长；二是能提供创造幸福生活的条件，其实就是薪酬有竞争力；三是让人有成就感。而华康便可以提供这样一份"三全其美"的工作。

那什么样的毕业生最能得到陈德水的重视？答案是足够勤奋的人。自 1962 年建厂伊始，浙江华康至今已走过了 60 年的历程，从一个只有几十个人的小厂，企业规模不断发展壮大，综合实力日益提高，特别是在陈德水 1991 年从浙江工学院毕业分配到浙江华康工作后，历任技术员、车间主任、副厂长、厂长，带领领导班子锐意进取、开拓创新，一直专注于功能性糖醇行业的技术革新和健康发展。先后经过 2001 年企业改制，2007 年股份制改造，最终成立浙江华康药业股份有限公司，并建成焦作市华康糖醇科技有限公司、四川雅华生物有限公司、唐山华悦食品科技有限公司、浙江华康贸易有限公司和浙江华康制药公司等 5 家下属公司，构建了原料自给、生产销售一体化的经营体系，创立了"华康"品牌形象，使企业走上了飞速发展的快车道，保持了在糖醇行业中的领先地位。在陈德水的带领下，浙江华康被全国总工会评为安康杯优胜单位、浙江省五一劳动奖章，荣获全国食品工业优秀龙头食品企业、中国轻工业优秀成长百强企业、国家知识产权优势企业、节能环保领军企业、浙江省食品添加剂和配料行业龙头企业、浙江省食品工业百强企业、浙江省技术创新示范企业、浙江省绿色企业、浙江省标准创新型企业、衢州市政府质量奖企业等多项殊荣，并获得由中国生物发酵产业协会颁发的"行业突出贡献奖"。可见"勤奋"二字贯穿陈德水的整个奋斗史，不失为这辉煌历程的根本所在。

陈德水曾被授予"浙江省优秀共产党员"、浙江省"担当作为好支书"称号，作为一名有着 22 年党龄的优秀党员，陈德水对党员发展有着严格的管理。他的观念，就是要让骨干员工发展成党员，让党员发展成骨干。党员骨干是企业人才队伍中的精华，他们在关

键岗位中发挥着重要作用，是推动企业可持续发展的动力源泉。将骨干培养成党员、党员培养成骨干培养机制，就是把党的思想政治优势、组织优势转化为企业的创新优势，全面提高华康党员素质和思想觉悟，创新党员教育模式，改进党建基础工作，逐步优化培养方案，探索出一套卓有成效的培养机制，为企业发展提供一批有思想觉悟、有创新精神、又爱岗敬业的人员，从而带动提高全员的整体素质，有力推动生产经营高质量发展。

30 多年来，从风华正茂到年过半百，陈德水坚持不懈、精益求精。面向未来，他将继续带领华康秉承"共创甜美事业，共享健康生活"的宗旨，以建成拥有一流技术和核心竞争力的国际现代企业为目标，全身心地推动糖醇事业的发展，致力于做世界领先的糖醇专家。

陈德水认为，全球化竞争其实就是一场经济实力竞争，而经济实力竞争要落脚到企业、产品竞争，而企业、产品竞争归根结底是人才的竞争。陈德水说："我很欣赏勤奋的人，要追赶上乃至反超一些行业巨头，除了勤奋，别无他法。未来国内化工行业一定是会向技术密集的方向转变，而要实现化工行业成功转型，实现产业升级和赶超国际一流化工企业，化工方面的人才是必不可少的，因此化工专业的学子要重视自己的专业，千万不可轻视，不要被网上一些言论所影响。化工专业永远不会被淘汰，勤奋的化工学子永远不会被淘汰，希望每一个同学都能严格要求自己，也希望母校更上一层楼。"

以振兴民族制药行业为己任

——记化工工艺专业1997届校友褚定军

步晨姣

天台山是活佛济公的故乡，济公的故事广为流传。自小就受到"济世为公、无我利他"理念的熏陶，他的心中根植"护佑健康、造福人类"的大爱情怀。

作为一位从实验室成长起来的企业家，30多年来，他聚焦生物医药的研发与制造，以匠心致初心，以初心致未来，执着勇攀行业高峰，生动诠释了新时代企业家的责任、担当与爱国心。

他，就是奥锐特药业股份有限公司总经理褚定军，一个坚守主业、专注实业、以振兴民族药业为己任的民营企业家。

奥锐特药业股份有限公司创建于1998年3月，主要从事特色原料药和医药中间体的科研、生产和销售。主要产品包括抗病毒类、心血管类、神经系统类、呼吸系统类等药物，主要业务遍及欧洲、南美、北美和亚洲各地。公司拥有良好的质量管理体系和EHS管理体系，已通过WHO、中国NMPA、美国FDA、欧盟COS等注册认证，已通过ISO体系认证。公司立足科技创新，始终坚持不懈地加强科技创新体系建设。公司持续加大研发投入，近三年每年平均研发投入2700余万元，为公司后续强劲发展提供技术支撑。奥锐特药业公司是国家高新技术企业，建有省级高新技术企业研究开发中心、省级企业技术中心和省级企业研究院，设有院士专家工作站、博士后创新实践基地，与国内知名院校、科研机构有着长期的合作关系，同时拥有现代化的制药设备、先进的生产工艺，并拥有按照GMP高标准要求建造的生产车间、严格的质量保障体系和一流的控制检测手段。

2020年9月21日，褚定军带领奥锐特药业股份有限公司在上交所首次公开发行A股并成功上市。在全体奥锐特人的努力下，公司已规划原料药和制剂的一体化发展战略，努力完善产业链，力争在未来十年跻身国内一流、国外极具竞争力的医药企业之列。

褚定军自1998年奥锐特药业创建伊始即加入公司，从一名基层技术员做起，在公司产品研发、工艺设计、质量管理等技术及生产经营岗位长期工作。历任公司质量、生产、研发负责人、副总经理、常务副总经理。公司税收入库和出口额近年连续位居全市前列，保持"天台县工业（民营）企业十强"并不断进位。褚定军进入公司核心管理层以来，以振兴民族制药行业为己任，积极推进技术引领产业升级、资本驱动公司治理变革、安全环保坚守社会责任底线。加强现代企业制度建设，不断推动公司上市进程。为推进公司长远发展，围绕资本市场化目标，带领公司完善公司治理结构和内控体系，规范公司运作和管理，为企业作为公众公司及今后长久健康发展引入了良好的机制；同时，着手解决公司在发展过程中遗留的历史问题和瑕疵，积极为公司上市扫清路障，为公司利用资本市场做强做大创造条件。目前，公司已通过省证监局辅导验收并成功报会，上市申报材料已获中国证监会正式受理并处于等待发审状态。注重公司技术研发投入，潜心打造企业发展之重器。通过研究，成功开发出替诺福韦、氟替卡松、依普利酮等抗艾滋病毒、呼吸类、心血管类医药关键中间体及其原料药的高新产品，在研发和成果转化中取得了重大成果，曾先后主持并完成国家创新基金、国家新产品、省科技重大专项、省重点技术创新和省级新产品试制计划等项目，获得国家授权的发明专利 9 项、美国授权的发明专利 1 项。在褚定军的领导下，近年来公司广搭人才创新平台、广揽高层次人才，公司取得了高新技术企业、省级研发中心和技术中心、省级企业研究院及省创新型中小企业的认定，建立了博士后创新基地、院士工作站，引进了 500 位精英并主动对接国际行业专家。强化企业安全、环保、质量管理，促进公司和谐发展。

特别是褚定军任总经理以来，坚持企业发展与承担社会责任相适应的原则，"抓住技术创新关键，突出绩效考核重点，强化 GMP、EHS 体系推进力度"，通过了"省安全生产标准化达标企业"验收，被评为"市安全生产示范企业"和"环保绿色企业"，还先后通过了世卫组织、欧盟以及美国 FDA、德国、英国等国际组织和西方国家的官方检查。

面对庞大的企业，褚定军有一套自己的管理方式。一是提升生产装备水平，实现高效长远发展。任职期间，褚定军深入调研国内外同行业装备发展水平，考察西门子等公司系统集成供应商，加强技术改造投入，提升企业生产装备水平，改造生产线，逐步实现制药流程密闭化管道化生产，并向自动化生产方式转型，不仅提升了生产效率，而且大幅减少"三废"产生，改善了生产员工的工作环境。二是与全体员工分享公司发展成果，让员工以在奥锐特工作为荣。自 2017 年成为奥锐特药业总经理以来，褚定军坚守职工利益至上，以发展提升公司职工薪酬福利、让职工在公司工作有成就感、在社会上有地位、实现全体员工职业发展为目标。近年来，褚定军召开公司内部一线员工代表座谈会和大学生代表座谈会，充分听取基层职工的心声，了解职工的需求。新增点餐系统及发放餐费补贴，解决职工多种多样餐饮选择及免费工作餐的需求问题；逐步建设管理序列、技术序列、技工序列，晋升发展通道以及大力引进外部培训和建设发展公司内部培训师体系来解决各级职工对职业发展、培训及薪酬福利提升的需求问题。

在近几年的企业管理实践中，褚定军得到了人生中最大的锻炼和学习，取得了显著的工作业绩。但是，褚定军常说，"公司的发展离不开各级政府的支持、帮助和全体职工的共同努力。企业的发展离不开员工基础，只有我们管理人员将员工当亲人，处处为员工利益着想，员工才会把我们当亲人，企业才有可持续快速发展的基石"。

一、打破思维，精益求精

1993 年，褚定军进入了浙江工学院，褚定军和许多成功人士一样，在人生最重要的大学阶段，有幸遇到了多位对自己影响深远的老师。从老师崇尚科学、知行合一的教学中，他树立科学精神，传承优良学风，孜孜不倦地追求自己的理想信念。

张长洲老师教的科目是机械制图，这门学科尤为注重个体的空间想象能力。在解答问题时，褚定军有时会拿出多种解答方案。对于这样一个思维发散的学生，张长洲就顺着他的答题步骤思索，一起求证。有时候，张长洲还来到学生寝室里，和大家一起畅聊某一道题，他那多角度、多层次探究科学真谛的做法，打开了大家的思维空间，使大家更加乐于去观察和思考专业话题。褚定军说："在大学中，我很庆幸能遇到这样的老师，他培养了我打破常规思维、大胆创新思考问题的能力。"

学生的成长离不开严师。陈雨生就是一位精益求精、一丝不苟的老师，他教授的是化工工程设计。当时学校的条件相对落后，加之设计软件并不发达，平时的化工工程设计都需学生手绘机械设备。褚定军接到设计一个精馏塔的任务，从前期方案思考、理论计算，再到手绘精馏塔设备，他前前后后花了一个多月时间。当他把图纸交到陈雨生老师手中时，陈老师注重结合实际，在审查时不放过每一个细节，确保这个精馏塔设计性能的绝对安全。对于图纸中用到的每个螺丝钉，陈老师都会重新计算精确度。他说，这种近乎苛刻的自觉与自律，后来逐渐融入他科研、治学、创业的精神与行为中。

二、厚积薄发，在实验室里茁壮成长

褚定军在毕业之后，并没有留在杭州发展，而是选择和堂兄褚义舟一起创业。创业初期，他遇到了知识储备不足、实验技能欠缺、资金不足、设备落后等系列难题。农家的孩子对于"苦"字没有特别的概念，对他来说，没有什么苦是不能适应的。但在运用薄层析法展开来分离药物研究时，褚定军还是尝到了"苦"的滋味。知识储备不足，对于一个专业人士而言，那才是真正的苦不堪言。

在意识到自身的能力欠缺后，1998 年 11 月，褚定军来到中国药科大学的实验室学习研究方法和实验技能。在系统学习了近一个月后，他又马不停蹄地赶往上海有机研究所，潜心钻研了一个多月。在这 2 个月的时间里，褚定军每天的生活基本都是"四点围栏"——宿舍、食堂、图书馆、实验室，有时他甚至就直接吃住在实验室旁边的储物间里。

通过两个月的努力学习后，褚定军回到了创业基地大古化工，并且在和堂兄褚义舟商议后决定对公司进行改革，并更名为奥锐特药业股份有限公司。褚定军在公司中始终保持在实验室里吃苦拼搏的精神，而这种精神很巧又很自然地进入了《浙江日报》的视线。2021年2月17日，该报破天荒地在头版头条位置以横栏打通的方式，图文报道了褚定军带领奥锐特药业科研人员一线攻坚的场景。图片上，褚定军戴着头盔，穿着淡蓝色的工装，那一身朴素的装扮，乍一看，在科研人员中还真的很难分出身份来。《浙江日报》点赞褚定军带领奥锐特药业科研人员攻坚一线，春节前，这家位于八都工业园区的创新型制药企业，着手研发一款激素类新项目，由于时间紧、任务重，多位研发骨干人员就地过年，自愿加入研发攻坚队伍中。当时褚定军原本春节打算和父母一起到江苏探望弟弟的，后来他临时取消行程，加入研发行列中。

有着17年党龄的褚定军，是一位从实验室里成长的企业老总，他曾带着研发团队为企业拿下了多个核心专利。一早，他前往生产车间检查安全工作后，就直接来到实验室，与研发人员探讨起来。实验室外，大红春联、福字透着浓浓的年味。实验室内，身穿白大褂的褚定军和研发人员一道，紧盯着仪器内不断搅动的溶液，不时轻声交流着。2020年，褚定军获评县拔尖人才，也是县人才工作"伯乐奖"获得者，对于实验室里的这些小伙伴，他当好表率，引领大家在攻坚一线担当作为。"我们在讨论如何有效提高催化的性能。""90后"研发人员谢晓强说，公司有许多新研发项目，平台优势很明显，对我们团队相当有吸引力，也很有挑战性。这个被褚定军称为"后起之秀"的年轻人，现为研发负责人，他性情敦厚，意志坚定。今年春节，谢晓强放弃休息时间，以实验室为家，力求早出成果。同时，褚定军所带领的另外一个研发人员正在埋头作业。这个老家在山东的"工科男"，心思全在眼前的化学实验、数据分析和资料比对中。"想到攻坚取得进展，没法回家过年的遗憾就减轻了许多。"研发人员张毅来自湖南，那次春节攻坚，他也是骨干之一。在蓝色的实验灯光旁，他认真做着记录。趁着实验空隙，他说："等疫情防控压力轻一点后，我将回去探亲。公司会给我们安排时间，并报销路费，这些让我感到很温暖。"褚定军说："未来我们将加大研发投入，加大科技创新力度，不断提升企业的核心竞争力。"褚定军带领的企业"工科男"的别样春节，是浙江省天台县实施"创新驱动计划"的一个缩影。褚定军微笑地谈道："我很喜欢待在实验室，也非常喜欢做实验，我会沉浸在做实验的过程中，也欣喜和实验室的伙伴们一同探讨实验原理，这令我感到十分兴奋。"

三、将困难踩在脚下，以平民情怀担当药业复兴之大任

公司创建伊始，褚定军从一名基层技术员做起，在公司产品研发、工艺设计、质量管理等技术及生产经营岗位长期工作。历任公司质量、生产、研发负责人，副总经理，常务副总经理。

一直以来，褚定军保持着朴素的本色和坚忍的拼劲，他将平民情怀融入对卓越品质的

追求中，即便岗位变动，依然坚守初心。2002年进入公司核心管理层后，褚定军以振兴民族制药行业为己任，积极推进技术引领产业升级、资本驱动公司治理变革、安全环保坚守社会责任底线。这一年，奥锐特进入了发展的快车道，此后每年营收一直稳定在5亿多元，利润均过亿元。

创新是企业的原动力。作为"技术＋管理"复合型人才，褚定军曾先后主持并完成国家创新基金、国家新产品、省科技重大专项、省重点技术创新和省级新产品试制计划等项目，获得国家授权的发明专利9项、美国授权的发明专利1项。

建强智慧"大脑"，褚定军一直不遗余力。成长于技术岗位，培养并加速生成一流的人才方阵是他心之所向。该公司不断吸收培养高技术人才，在国内4个研发基地，拥有一支由170余名优秀的科研人员组成的研发团队，专注于小分子药物（化学合成和发酵）、多肽药物、RNA药物、晶型研究、微粉化工程研究等多个领域的研发。

近年来，褚定军还广搭人才创新平台、广揽高层次人才。博士后创新基地建成了，院士工作站落地了，省级研发中心和技术中心、省级企业研究院、省创新型中小企业等也都通过了认定。这几年，奥锐特研发费用占营收比重逐年上升，从2016年的3.03%增加到目前的6%以上，丰富的在研项目为长期成长性注入新动能。

上市后，该公司完成研发项目16项，实现成果转化11项，累计研发经费投入5000多万元，以实力铸就独具竞争力的自主品牌，持续确保在国际市场上的竞争优势。为提高研发实力，接轨国际先进管理，该公司还并购了北美某知名药厂开设在国内的研发机构，研发力量更是由此翻番。

站在时代的风口，褚定军致力于科技创新前沿、产业前沿产品的探索，潜心打造企业发展之重器。目前，奥锐特成功开发出替诺福韦、氟替卡松、依普利酮等医药关键中间体及其原料药的高新产品，在国内外抗艾滋病毒、呼吸类、心血管类药物方面镕铸成了自己的核心竞争力。

生产一代、研发一代、储备一代，是褚定军力推的产品开发策略。在奥锐特，一批为人类带来健康的产品在迭代升级中走上前台。公司API在研项目中，三胎辅助生殖概念的地屈孕酮已部分投产，其制剂项目等已完成申报，有的处于工艺验证阶段，有的已完成工艺验证，也有的处于中试或小试阶段。极大丰富的产品管线，让奥锐特在呼吸系统类、抗肿瘤类、心血管类、神经系统类等多个特色复杂原料药及制剂中实现持续创新。

安全、环保、质量，是褚定军牢抓不放的企业生命线。他强化GMP、EHS体系推进力度，持续致力并不断强化安全环保意识与执行。奥锐特获评市安全生产示范企业、环保绿色企业，通过了省安全生产标准化达标企业验收，还先后通过了世卫组织、欧盟以及美国FDA、德国、英国等国际组织和西方国家的官方检查。

四、积极参与社会工作，聚大爱彰显担当

4月28日，天台突发疫情。紧要关头，褚定军挺身而出，他一手抓迅速筹措防护服、消毒水、医用手套等紧缺物资，一手抓组织党员志愿者组成"特殊战队"，参与清运危险系数较高的医废垃圾。

疫情无情人有情，在群众最需要的时候，褚定军总是和公司员工一起闻令而动，向险而行。2020年年初的疫情，他在全县工业企业中率先提出"带薪休假制"，允许外地员工暂缓返回，避免交叉感染，并从人文关怀角度给予关心关爱。在企业生产的空当，褚定军更多地关注社会上的疫情防控需要。他发现部分村居、社区以及公共场所防疫物资紧缺后，就利用各种渠道联系国内外客户，千方百计筹措紧缺的防疫物资，分批购买了口罩、体温检测仪、消毒液等防疫物资，还组织了5支由20人组成的党员志愿者小分队，及时回应各方需求，主动为相关单位、社区送货上门救急。县流动人口管理局的工作压力比较重，9个基层站所都处于疫情防控一线。不巧的是，库存的防疫物资都已用完。褚定军得知消息后，第一时间安排送货上门。正在发愁的县流动人口管理局局长吴极明转忧为喜，说："你们来得太及时了！真的是雪中送炭！"

紧接着，褚定军又将多方筹措到的15万只口罩、30吨消毒液及一批喷壶、体温检测仪等物资全部捐赠给了县红十字会，以实际行动彰显了民营企业家的社会担当和大爱情怀。强烈的责任感，伴随着褚定军。扎根基层的他，喜欢关注群众身边的烦心事。他把群众的诉求当成了自己的履职方向。一次，褚定军了解到白鹤镇小田村群众因为村口没有公交站点，乘车不方便，他就主动与白鹤镇、县交通运输局协商，通过增设站点，方便了周边群众的出行。

褚定军担任了政协委员，在他看来，这是一份沉甸甸的责任。他发挥好政协委员的桥梁纽带作用，站在本行业的角度，充分将自己在企业经营管理、安全生产、服务员工等所思所想，融入政协建言献策当中，为助力经济高质量发展展现责任与担当。

一次下班途中，褚定军目睹了员工骑的电瓶车与过往车辆相撞的一幕。奥锐特所在的园区有20多家企业，联想起当时园区周边交通事故多发的现象，他不由得陷入了深思。在随后的调研中，褚定军发现这当中既有员工交通意识不强的因素，更有各个道口交通警示标志不全、视线不佳等原因，便将调研情况形成了提案。相关部门在收到提案后，很快制订整改方案，对园区道口的行道树进行修剪，增设了警示标志和爆闪灯。奥锐特还加强了对员工交通法规知识的培训，为骑车的员工配发黄背心。员工队伍安全了，企业的经营发展环境也更加稳定了。

作为一名县政协委员，褚定军积极建言献策，反映社情民意。在他看来，必须多一份心，做个有心人，带着感情、带着责任，广泛了解园区职工生活中的困难和诉求，积极为他们排忧解难。园区离城区有一段距离，公交车运行频率不高，园区内有不少外来员工对公共自行车有一定的需求。与员工交流时，褚定军将了解到的这一信息，悄悄记在心中。

他找到有关单位讲清情况，在短时间内就促成了公共自行车设施的落地，赢得了员工的点赞。褚定军还将调研成果用在公司内部管理中。他深入调研全县上市企业以及全县 20 强规模以上企业的福利待遇，并充分听取员工心声，理顺了员工在用餐需求、职级晋升、薪酬福利提升等方面一系列问题，为企业上市夯实了基础。

在加快企业发展中，褚定军积极投身"消薄"、村庄环境整治、资助困难学生、关爱老兵等社会公益事业，在推动乡村共同富裕的道路上主动作为，勇于担当，倾心倾情，先后投入资金 200 多万元，为乡村振兴、共同富裕伟业贡献了民企力量，在脱贫攻坚行动中亮出了履职风采。

五、情系母校，薪火相传

师恩难忘，母校情深，作为 20 世纪 90 年代浙江工业大学初期建设的毕业生，褚定军提到自己经常会回到学校，关注学校的建设和发展。褚定军谈到对当代大学生的看法，每个时代都会出现每个时代的浪潮儿。希望浙工大的学生可以坚定内心，找准方向，不被外界纷扰嘈杂轻易扰了心神。求学是一个缓慢前进的过程，求学的内容和进度更是应该以自身为标准，找准自己努力的方向。其次要培养自身核心竞争力。大学是一个构建自身知识体系的时期。社会的发展更欢迎那些一专多能的复合型人才。在发挥专业特长的同时，也要掌握其他技能，才能更加凸显一个人的核心竞争力。而核心竞争力，顾名思义就是自身具有一定的优势，这个优势是别人没有的，每个人的能力和特长领域不同，因此需要在自己熟悉的和擅长的领域发光发热，并以此为目标不懈努力，提高自身能力和素养，增强自我价值。

现在全社会有一股"内卷化"的浪潮。但对于"内卷化"这三个字，褚定军提到这可以作为前进的动力，正如做企业一样，它可以促使新产品的诞生，也可以促进公司的转型，转变思维模式，打破产业壁垒，提高产能，扩大产业布局，"我们要做的是提高自身的核心竞争力，'内卷'其实并不可怕，怕的是我们自知，而不做出改变，深陷在'内卷化'的焦虑之中，虚度了光阴。但正如字节跳动前首席执行官张一鸣所说——只有心态越平稳，才能扎根越牢，才能够有魄力有想象力去做更难企及的事情！望当代学子可以脚踏实地，拒绝'躺平'，找准目标，全力以赴。生涯是没有终点的，成长总是伴随着不停地磨炼和捶打。或许你会走上一条不是曾经自己想象的道路，但希望你能找到属于自己的方向"。

最后，褚定军对浙工大的学弟学妹们送上寄语："希望学弟学妹们勇于追梦，无论成功与否，追梦的过程都将成为你一生的财富。愿你们不念过往，不惧将来，活在当下！趁阳光正好，趁微风不燥，怀揣梦想，不负时光。愿所有校友能够在自己人生道路上，用努力证明自强，用毅力成就梦想，用拼搏铸就辉煌！"

扬帆再起航，站在巨人的肩膀上起舞
——记化学工程与工艺专业2001届校友樊彬

魏丽丽

一、情系浙工大，梦想的第一站

樊彬出生在浙江省丽水市东北部的一个小县城——缙云，就读于浙江省一级重点中学缙云中学。虽说学校位居浙江省一流名校行列，他却坦言自己从小就不认为自己是天赋异禀、成绩优异的"别人家的孩子"。

据他描述，就读初中期间由于交友不慎，导致学业荒废。刚读高中时，全年级300多名学生，他的成绩在倒数30名以内。几乎所有的老师和同学都认定他不可能考上大学，连家人也认为他能考上大学的概率很小，但是他却拍着胸脯对父亲说："爸，你放心！我一定会耕耘好自己的一亩三分地，努力考上大学的。"

自此他开始暗暗用功起来，他相信笨鸟先飞，"正如1.01的365次方和0.9的365次方有着千差万别，只要每天比前一天更努力，就一定可以成功。"高中三年，他通过自己惊人的毅力和每日的刻苦学习，成绩突飞猛进，最后以超过当年浙江工业大学本科录取线10分的成绩，得以在1997年9月步入大学学习。这是他人生中第一次真正意义上凭借自己的力量，赢得了老师、同学、家人和亲戚的赞许，也让自己离人生的梦想更近了一步。

谈及为何选择浙江工业大学时，他笑着说道："浙工大在省内名声很不错，特别是化工专业，是浙工大的强项专业，能够进入浙工大学习我当然是很开心的。"而选择化学相关专业不仅仅是因为浙工大化学相关专业的口碑佳，也与其自身的家庭背景有关。

樊彬的父亲——樊培仁先生，通过自身的努力，在过去的30多年的创业征途中，以身体力行的方式向樊彬展示了坚忍不拔、迎难而上的企业家精神。

正是因为有了父亲在化工行业的创业历程，给了樊彬接触化工行业的机会，也在幼年的樊彬心里种下了一颗种子。对他来说，"化学有一种独特的魅力"。他深刻地明白："生活中充满化工，衣食住行离不开化工，这个世界是离不开化工的。"

"化学"带来的魔力，让他对化工行业从最初的好奇变成了浓烈的兴趣。加之平时在父亲公司里与一些从浙江工业大学毕业的学长学姐们的接触，他对浙工大化工专业已经有一些基本的了解。于是，在填报志愿时，他毫不犹豫地选择浙工大化工学院作为他实现自身梦想的第一站。

事实上，在那个被他戏称为"前面黑龙江，后面北大荒"的浙工大朝晖校区，他度过了充实而不平凡的四年光阴。

"化工专业对技能的要求很高，基础知识一定要学扎实。"正是因为深知这一行的难易程度，樊彬整个大学阶段花费时间最多的地方就是图书馆和实验室。

满怀对化学的热情，樊彬在书海中遨游，在实验中探寻真理。他说，浙工大带给他最大的收获就是掌握了适合自己的学习方法。经过大学四年的学习，他才恍然大悟，自己初中时期的成绩不好，并不是因为自己笨，而是学习方法没有找对。"知识是基础，能够有效促进我去吸收其他相关知识；而方法却能抓取别的不知道的知识，融会贯通。"

大学时期的刻苦认真，让他掌握了扎实的理论知识，但他心里明白"基础知识固然是重要的，但是学习方法却是受用终身"。

二、心之所向，素履以往

从高中的暗自努力到大学本科的拼尽全力，樊彬逐步掌握了正确的学习方法，这让他对出国深造充满信心。于是，为了做到更专业、更深刻地理解化学，他选择了继续攀登学业之峰。在 2001 年下半年，他成功进入英国诺森比亚大学继续学习化学专业。

留学期间，樊彬逐渐认识到自己在实践方面的欠缺，而国外的学校比较注重独立自主意识和团队合作精神的培养，这给了他锻炼成长的平台。跳出了原来熟悉的圈层，他慢慢习惯于用另一种角度看待问题。而随着研究钻研的知识更广、更深，他的眼光也越发博大，考虑问题也更加全面深刻。他说，"在走上工作岗位之前静下心来学习、沉淀是很重要的"。

在英国留学期间，樊彬与来自印度尼西亚、巴西、德国、日本等各国的留学生一起生活。大家一起沟通交流、互相帮助，在语言能力提高的同时也改变了他原先内向的性格，变得更加开朗。在一个陌生的环境里，他时常对自己说"樊彬你要放得更开一点"，也开始有意识地逼自己去接受一些挑战，给自己提出更严格的要求，主动寻找自我提升的空间。经过两年的异国生活和学习，他不仅有了更宽的眼界，也掌握了两种不同的思维方式。这让他在回国之后的工作岗位上受益匪浅。

樊彬于 2003 年 9 月回国，从公司最基层的销售岗位开始做起，由于在销售岗位的表现突出，他迅速被提拔为销售经理。毫无疑问，对于一家有国际视野的公司来说，扩展国外业务是不可或缺的。而中国顾客和外国顾客的思维方式又有很大的区别，公司所采取的销售战略也会有所不同。樊彬利用在国外与留学生们生活学习的机会，早已可以做到熟练切换两种思维方式。于是，他在和外国人谈生意的时候更加得心应手，销售业务能力也日益精湛。正如他所说，"了解外国人的思维方式，你才能用合适的方法去说服他"。

然而，事业道路并不是一帆风顺的。樊彬坦言，"因为那会儿的自己年轻气盛，经常为一些琐事对下属大声斥责"，由于办公室隔音效果不好，隔壁办公室职员都能感受到他的怒火中烧。后来，一位已经在公司跟着他父亲工作十几年的老学长对他婉言相劝："樊总，上级的严厉批评对下属来说，那种感觉就如同大山压下来一样，会给他们的心理造成很大的压力。您父亲也会时而批评下属，但是他经常是上午批评了，下午还是会把员工叫回来重新沟通，好好安抚一下，帮助他认识到自己错在哪里，以免将来的工作再犯同样的错误。"

樊彬听了这位老学长的话之后，顿觉"听君一席话，胜读十年书"。从此，他便逐步调整自己的为人处世的方法，处理事情的时候也尽可能多地站在对方的角度去思考，如何更好地与同事、下属进行沟通和交流，而这样的"换位思考"也大大改善了他和同事、下属之间的紧张关系，大家对他也渐渐地更加认可和喜欢了。

在之后的几年时光里，樊彬又辗转于公司的运营和行政等相关岗位进行磨炼和学习。他说，"除了技术研发，销售、经营和行政管理相关的岗位，我基本都接手过"。在 15 年的时间里实现了从基层销售岗位到营销总经理，再到集团公司高管岗位的进阶。

2005 年，樊彬任公司的杭州营销公司总经理，在公司内部首次主导推进了公司的信息化管理软件的上线；2007 年，他推进了外贸管理软件系统的上线；在 2009 年担任集团公司副总裁后，他又将原先的软件系统升级为更加适于集团化管理的系统……

2013 年，他开始在集团公司范围内推行 OA 移动办公审批的理念，引进了通达 OA 办公自动化管理系统（Office Automation System），这大大地提高了公司内部单据审批、信息交流和文档共享的便携性。随着智能手机应用的普及和相关手机 App 软件的应用和升级，通过智能手机进行信息交流和沟通、单据审批、文档共享等，真正实现了有网络就可以移动办公，让工作不会因为某个领导出差而耽误任何订单、付款、报销和会议沟通。

樊彬主导的这套办公自动化理念极大地提高了工作效率，降低了人为失误，加强了业务负责人对公司复杂业务流程的掌握和监控。

为了更好地适应职位变化带来的全新挑战，踏上工作岗位的他在不断地学习，百忙之中不忘给自己"充电"。在这几年里，樊彬相继参加了复旦大学的总裁班、金融班，长江商学院浙商班，目前正在参加北大后 EMBA（高级管理人员工商管理硕士）进修。无论是在本科、硕士的学生阶段，还是参加工作以后的职场阶段，最难能可贵的是他持之以恒的向上的心，不给自己偷懒的机会，一直努力提升自我，不断突破自我，寻找上升和发展的空间。

三、公司上市：新的起点，新的征程

父亲这一辈人，是"扬帆"的创始人和缔造者。改革开放后，听从党的召唤，弃政从商，经历国企改制、产业整合和扩张、股权架构改变，再从股份制改造到成功上市，35 个春夏秋冬，12700 多个日日夜夜的风风雨雨。

1982 年，浙江省政府为扶持欠发达地区发展，以扶贫贷款的形式，支持缙云县创办了一家以开采条石和生产水泥预制板为业务的国有企业——缙云建材厂，这是扬帆控股集团的最早前身。1984 年，县政府委派当时在政府机关工作的樊培仁到企业负责转产，更名为缙云县沸石化工厂。企业当时困难重重，负债累累。

为走出困境，公司于 1992 年 10 月引进外资，与台商合资成立了"浙江寿尔福化学有限公司"，并于 1994 年开始改制，1995 年在政府批准的认股条件下，当时任总经理、现任集团公司董事长的樊培仁，买下了职工认购后余下的全部股份，成为改制后的控股股东，使浙江寿尔福化学有限公司成为真正的民营企业。并于 2003 年组建了集团公司，也就是现在的浙江扬帆控股集团，这家企业被定名为"扬帆"，寄托着全公司人"扬帆起航"的美好愿望。

集团公司先后在江西资溪（2000 年）、浙江上虞（2002 年）、江苏连云港（2005 年）、福建浦城（2006 年）、江西彭泽（2009 年）、内蒙古阿拉善（2018 年）投资建立了多个化工生产基地，并在杭州设立研发中心和贸易公司。同时在浙江长兴、江西资溪投资房地产业务，在云南怒江也有水电站投资。

"扬帆新材"是目前集团公司旗下一家以精细化工为主业的中国 A 股创业板上市公司，"寿尔福化学"是公司在化工领域的专用品牌。公司目前下属机构包括一个营销公司、四个研发中心和三个生产基地（浙江上虞生产基地、江西彭泽生产基地和内蒙古阿拉善生产基地）。

"907，369，TPO，184，ITX，BMS"等是公司主要光引发剂产品，主要用于 UV 涂料、UV 油墨、PCB 抗蚀剂等方面的紫外光固化，它们能使电子线路板绝缘涂料、木器涂料、皮革油墨、丝印油墨、柔性油墨等涂层在特定波长的紫外光灯照射下快速固化，同时避免了溶剂挥发对环境的影响，更加环保和健康。含硫精细化工产品，除了作为光引发剂的关键原料外，还广泛应用于医药、农药、电子化学品等方面。樊彬颇为自豪地说："我们目前可生产的含硫化合物共计 10 个大类，500 多个品种，是目前国内外同类产品规格和品种最齐全的企业之一。"

2017 年，是企业发展历程中重要里程碑的一年：浙江扬帆新材料股份有限公司于 4 月 12 日在深圳证券交易所创业板成功上市，简称"扬帆新材"。这是资本市场对公司过去取得成绩的肯定，更是对公司未来可持续发展的激励。樊彬表示，登陆资本市场成为公众企业，扬帆新材将以更规范的管理、更专业的技术去用心经营，使扬帆新材成为一家可持续增长的优质上市公司，成为扬帆人成就梦想的事业平台，让员工与股东共享企业发展

浙江扬帆新材料股份有限公
司在深圳证券交易所创业板
成功上市

成果。

同年 11 月，樊彬的父亲樊培仁先生宣布正式退休，公司第二届董事会选举樊彬为新一任董事长，这是公司对其专业功底和行业洞见的肯定。

接过"接力棒"，樊彬认为自己所承接的不仅仅是家族的未来，接班也不仅只是为了实现个人的理想和目标。更重要的是，如何以创二代的身份承接父辈们的企业家精神，承担更多、更大的社会责任。除了要努力实现自己个人的理想和目标之外，更要带领一群有着共同梦想的有识之士，在扬帆新材这一企业平台上，在父辈们过去近四十年打下的良好基业上，不忘初心、开拓进取，不断推动企业的持续稳健发展，在成就自我、造福社会的同时，为所有信任和支持扬帆新材的股东和投资人带来更佳的投资回报。

四、"创二代"：站在前人的肩膀上起舞

改革开放后，高速发展了几十年的中国经济已经孕育了无数成功的企业家，他们以敢为人先的胆识、艰苦卓绝的创业精神和穷则思变的商业天赋开创了基业，如何顺利交接、实现基业长青，已不可避免地成为当下中国民营企业转型升级中迫切需要解决的问题。

无论是接班还是独立创业，二代们从父辈的手中接过家族企业的经营使命的同时，也面临着巨大的舆论压力。

正如樊彬所说，"这么高的事业起点和平台，不是一般人能够拥有的"。他深刻地明白父辈们打下"江山"的艰苦卓绝，因而更加珍惜这份来之不易的机遇。"真正的创二代要站在前人的肩膀上，有所突破。"他明白创二代要想成为真正意义上的企业领导者，需要不断挑战自己，也会面临一些舆论压力。他说别人的质疑带来的压力，是他前行的动力。

当时关于是否接班，父亲对他并没有做出明确的要求，只说了一句意味深长的话："你

樊彬有能力，你就接班。"但樊彬坦言，自己这么拼尽全力深耕化学领域的最大动力就是将来要接这个班，他要以最快的速度将自己打磨成最适合的接班人。这就是他拥有浙江工业大学化学工程与工艺（化学制药）专业的工学学士学位和英国诺森比亚大学分析化学专业硕士学位，并且在化工行业历练了近十五年，获得扎实专业功底和深刻行业洞见的根本动力。

很多人可能会对樊彬的这股"拼劲"感到不解，毕竟在世俗评价体系里的"富二代"掌握父辈们的优质资源，可以尽情享受生活。为什么要给自己这么大压力，像每一个普通的打工仔一样全年无休？

樊彬说，我们中国人常说"富不过三代"。而他打心底里不想成为落入俗套的"富二代"，他想做一个能够实现自己抱负的人，他更加喜欢别人称他为"创二代"。

事实上，樊彬并不符合现代社会对"富二代"的刻板印象，他低调勤勉、认真好学，更没有依仗自己的家庭背景挥金如土，目中无人。在他看来，节制是一种高尚的美德，并以自控力强为荣。

他表示，在浙工大度过的四年大学生活，家里给他提供的生活费只有每月 500 元的额度。据他描述，人生中第一个随身听是自己省吃俭用好几个月才换来的。他说："我很享受在某一段时间的节制后，换来自己喜欢的东西那种乐趣。"在学校里行事低调的他从没有和同学们提到过自己优裕的家庭背景，直到大三快毕业的那个暑假，学校安排同学们到他父亲的公司进行社会实践，大家才知道原来平时其貌不扬的他竟然是个名副其实的"富二代"。

无论怎样，"二代们"都是站在前人的肩膀上进行创业的。在已有的基础上做出一番成就，是每个"创二代"想要达成的目标。"对于父辈们来说，实现公司成功上市，他们的历史使命已经完成了。如何让公司进一步发展，是我们应当承担起来的长期责任和义务。"

从总经理职位提升到董事长一职，不仅是头衔的变化，更是思想观念的转变。从管理公司的日常经营和业绩指标的数据分析等方面，转变为考虑公司的整体发展战略思路问题。作为一名掌舵人，想要驾驭这么一艘大的舰队，看问题则需要更加深远，注重整体与局部的把握。不仅要考虑企业现在发展的实际状况，埋头苦干，还要经常抬头眺望远方，放眼未来，把握航向。在樊彬看来，企业要做大，思想上必须与时俱进，必须跟上时代的潮流，紧跟市场和客户的需求。从内部来看，主要是组织架构、工作流程、人员配置和权力分配的优化；从外部来看，注重资源的有效整合和利用，利用资本市场的力量，学会站在巨人的肩膀上去看世界。

公司董事会和经营团队也明显感觉到樊彬和父辈们的做事风格明显不同，他对公司的把控更加严谨，给各个部门和子公司的压力更大，更加注重战略上的配合。

公司成功上市使得公司运营和发展的背景与父辈们那时大不相同。之前 35 年公司的发展相对粗放，现在要做长远而缜密的规划。简单而言，"以前是自己口袋里有多少资源干多少事，现在更多的则是要先考虑好希望达成什么样的目标，需要什么样的资源，以及如何获取这些资源"。

现在樊彬要考虑的主要问题是现有的生产基地新旧产品如何双轮驱动发展，包括内蒙古新建的生产基地该如何发展；现有股份公司体系和将来兼并收购公司的发展规划，选择什么样的标的企业进行兼并收购；如何在纵向和横向延长产业链，提高附加值。

除此之外，樊彬要将集团总部的角色实现从"消防员"和"灭火队员"到"中央战略指挥室和控制室"的转变。"子公司发展战略和规划的制定必须紧跟集团的整体战略发展目标和规划，更加注重与子公司高层之间的配合，以此加强集团和子公司间的凝聚力；要从根本上解决子公司出现的问题，不要头痛医头、脚痛医脚。"

樊彬认为目前公司最大的问题在于做项目的思路偏窄，无论是选择项目，还是做研发和生产都需要扩展思路，最好选择公司在产业链、技术、原材料方面具有优势的项目来发展。此外，要用全球化的眼光去发展公司，不能仅将其定位局限于浙江省或是中国的企业，而要与国际接轨，致力于将公司打造成为全球知名、领先地位的行业领头羊。

五、工匠精神，世代传承

樊彬的父亲樊培仁先生是浙江寿尔福化学公司的创始人，是控股股东浙江扬帆控股集团原董事长。曾当选为浙江省第十届、第十一届人大代表，浙江省企业家协会副会长、浙江省工商联常委、浙江大学 MBA 研究生特聘导师。先后荣获"中国民营科技企业家""浙江省优秀企业经营者""浙江省创业企业家""浙江省第二届优秀中国特色社会主义事业建设者""改革开放三十年 30 位杰出浙商"等荣誉称号。

随着时间的推移，樊彬所要传承的不仅是家族企业的基业，还有父辈们的企业家精神，即所谓的"工匠精神"。扬帆远航 35 载，这是敬业、精益、专注、创新的工匠精神的胜利，企业需要工匠精神，才能在长期的竞争中获得成功。

创新是企业家精神的内核。樊培仁从 1984 年担任欠发达地区的化工厂副厂长、厂长，直到浙江寿尔福公司总经理，对于这家位于浙江欠发达地区的企业，提出了"创巯基伟业，铸世界品牌"的发展战略，利用自己曾经多年从事巯基产品研发的优势，生产巯基产品。作为一名优秀的企业家，他从创新中寻找新的商业机会，延续企业的发展脉搏。

"巯基产品是一个比较冷门的行业，单一产品市场用量不大，大企业看不上，可以避开与实力较强的大企业的正面竞争；而巯基产品技术含量高、生产难度大，小企业做不了，又可以对潜在竞争对手的进入筑起较高的壁垒。"樊彬所说的在细分的行业里找到定位和生存空间，源自对樊培仁独创的"针尖上搭平台"的理论。

樊彬坚持贯彻这一发展战略，在细分的行业里深耕，在特定领域里做到极致，"我们要在夹缝中求生存，在发展中谋机遇。先做强，再做大，不要单纯为了大而大"。

按规模来说，30 亿元都还不到的市值属于"迷你型"上市公司，但正因为在辐射固化行业中，扬帆人将这个特定领域里光引发剂系列产品中的特定几个含硫含巯基的光引发剂产品（如907，ITX，BMS等）做到了极致，使得原本在该行业内名不见经传的"外来者"一下子成为众人皆知的"知名企业"和"知名品牌"，甚至成为这个领域的"隐形冠军"。这为公司将来研发、生产和销售相关系列产品打下了良好的市场和客户基础。

樊彬说："不要一味地去补自己的短板，因为我们的时间、资源和精力都是有限的，我们需要把有限的时间、资源和精力都投入到如何将我们自己的长板做得越来越强这个方面。当你把自己的长板做到极致的时候，你就会发现，其他人也会逐渐被你吸引，向你靠拢。"

执着是企业家精神的底色。在经济处于低谷的时候，其他人也许会选择退出，唯有企业家不会退出。1984年之前樊培仁是一名科研人员，直到被委派到地方化工厂任副厂长，他才转型为企业管理者。1988年、1989年遭遇两次特大洪涝灾害，1989年所做项目又陷入瓶颈期，直到1993年公司已经资不抵债，濒临倒闭边缘。即便如此，他依然在力挽狂澜，想尽办法，最终赢得了台商的信任，组建了合资企业——浙江寿尔福化学有限公司。

樊彬俨然也将"执着"奉为圭臬，他对化学的一腔热血，支撑其度过六年稳扎稳打的知识积累沉淀期，度过十五年行业内艰难摸索期，因而越发稳重和专业，成为值得信赖的公司"掌舵人"。

如果说产品的质量和研发是公司发展的核心竞争力，那么企业文化则是其发展和延续的灵魂所在。三十多年的发展，扬帆新材形成了独特的"仁德文化"，它包含了一个核心价值观和一条企业生态链。

"仁德创富，成己惠人"是企业的核心价值观。"仁德"是灵魂，"创富"是使命，"成己"是动力，"惠人"是责任。这种企业文化早已深深地融入樊彬及扬帆人的世界观和人生观，他说，"如果我是为了自己考虑，我就不接班了。虽然我占有公司的一定股份，但是我不会把钱拿出来为个人享用，个人一辈子能用到的钱是有限的"。他最大的期望是通过努力把企业这个平台做大、做强，让有意在这里发展的同仁们基于这个平台实现自己的梦想，与此同时帮助企业实现自身的战略目标。他认为企业最大的职责是创造社会就业机会、给国家创造税收、给有志者提供发展的平台、给股东创造收益和财富。当然，带领企业实现更好的发展也是其自身的抱负。

"善待员工就是善待企业，善待企业就是善待自己，善待企业家就是善待财富，善待社会就是善待未来"——这"四个善待"组成了一条企业生态链，它也是扬帆人处理企业、员工与社会关系的最高准则。

樊彬说："当我七老八十的时候，有人跟我说，当年跟着你一起做事是一件幸运的事，不仅做出了一番成就，也发了点小财，我就很满足了。"予人玫瑰，手有余香。获得是快乐的，给予更是一种享受。

六、创业因人而异，需理性对待

在浙江这片创新的热土上，像浙江扬帆新材料股份有限公司这样优秀的民营企业数不胜数。

浙江商人以舍得、低调、敢闯等特点著称。即使浙商企业各有各的特点，但努力、积极、拼搏是其共性。樊彬认为浙江商人敢拼敢闯的特质正是由于最初的浙江地区资源匮乏，穷则思变，只有想办法去寻找资源、找机会才能谋求生存和发展。

同时，浙商群体是一支生机勃勃的优秀企业家队伍，是一个比较爱学习的团体，学习氛围浓厚。樊彬透露，浙江的企业家们经常会通过商会和学习班交流讨论企业发展和社会现状相关问题，包括对当下先进的管理理念、新的经济发展形势、政策走向的关注，再加上浙江省政府对创新创业的大力支持，才使得浙商在改革开放的历变中取得成功，在国际舞台上展现浙商的雄姿，走向更加辉煌的未来。此外，浙商具备的高度社会责任感和人文关怀也使得其可以走得更远。

在浙江这片活力无限的土地上，大学生们也在国家政策的支持引导下跃跃欲试。对于大学生创业，樊彬有一些话想说：

首先，他认为一个人的经历积累黄金阶段应该是从大学毕业至35岁之间。在此期间生活压力相对较小，精力旺盛，记忆力好，学习能力相对较高。"虽然不乏辍学创业成功的案例，但是这些人之后还是会继续学习的。"因而，他认为年轻时还是要多学习知识，如果有机会安心读书、潜心深造对以后职业发展会更好。

其次，他表示创业这件事因人而异。对于国家发起的"大众创业，万众创新"号召，他认为对于有心去创业的人来说不失为一个好机会。虽然不是每个人都适合创业，但是有创业想法的人，通过创新创业的项目来尝试一下也未尝不可。毕竟在学校里的实践是一个预演的过程，风险相对较小。在老师或者校友企业家的帮助和指导下，可以对创业的想法和思路进行一些点拨，让他们客观认识到风险和机遇并存的局面，对创业的风险做出理性的评估会对他们的人生有些许帮助。

他认为有些人对创业存在一种误解，"创业不是一定要自己去做老板"。大众创业根本出发点，可能并不是要你去当老板。比如化工行业的投资过大，并不是简单地有厂房和设备就可以做了，还要有一系列的环保处理系统和安全生产管理系统的支持，这些都不可能是一个大学生能负担的压力，更何况无论是原材料的采购、使用，还是产品的生产和销售都需要从政府获得相应的合法手续，从零开始创业的难度较大。因此，樊彬建议大学生应当学会借助一些管理比较规范的企业或组织，利用这些大的平台资源优势去完成组织内部创业，从组建完整的团队到独立完成一个项目，这样的创业更加现实。

最后樊彬表示，公司很欢迎学弟学妹们到扬帆这个平台上来一起共事，共同实现扬帆远航梦想。"我很愿意将自己的理念分享给他们，帮助他们突破思路上的局限性，取得更好的发展。"

编后记

　　编写化学工程学院发展史最初由学院前任书记单伟光提出，当时学院成立了院史编写组：单伟光任组长，许响生任副组长，组员有罗雄军，各学科、研究室、教学组负责人，以及学院退休职工代表来虎钦、姜一飞。编写组成立后召开了3次会议，并确定了院史编写内容及各学科、研究室、教学组的编写任务。由于学院教学、科研工作任务繁重，又逢学院领导班子换届，这项工作只能暂停。但学校的老教授协会从2011年开始就组织力量编写学校学术文化发展史，到2021年已先后编写出版了3本浙江工业大学学术文化研究文集：《大学学术文化与校史文化——纪念浙江工业大学建校六十周年文集》（2013年）、《厚德健行 取精用弘——浙江工业大学文化研究文集》（2017年）、《累积平凡 铸就非凡——浙江工业大学"三创精神"研究文集》（2021年）。这3本书中涉及化学工程学院的文章有20余篇，有些文章是非常珍贵的历史资料，因为有些前辈、名师在完成文章后不久就先后谢世了，如徐崇嗣、马瑞椿、沈德隆、徐如玉……

　　学校领导对化学工程学院发展史的编写工作非常重视，去年5月碰见陈杰副书记，提起院史编写工作，他认为应该借70周年校庆的良好机会，继续把院史编写好。70年来，化学工程学院虽然经历了跌宕起伏的发展，但在教学、科研中沉淀积聚了深厚的学术文化底蕴，无论是教学还是科研都取得了可喜成绩。这些成绩及成果，学院应该好好总结出来，让年轻教师、学生、毕业的校友知道，使得年轻教师、学生和毕业的校友更加关爱学校、宣传学校，为学校进一步发展助力。他建议在书中增加一章介绍校友创新创业的典型例子。校友创新创业的精神和经验，将成为激励在校师生探索创新创业之路的动力，可以让更多的青年学子在这些校友创新创业的勇气和精神鼓舞下，用心去体会他们的思想、言行、经验，学习他们的毅力和精神，从而演绎出更多创新创业的精彩篇章。

　　陈杰副书记委托我把这些意见与建议向学院领导汇报，正逢2022年"七一"庆祝建党101周年，学院退休支部举行不忘初心的宣誓活动，学院党委书记王雷受邀带领退休党员宣誓。我趁会前间隙向王书记做了汇报。他非常重视和支持，并安排学院校友办公室具体负责。学院校友办公室主任毛信表接受任务后迅速行动，积极与学院领导沟通，负责书稿信息往来、技术处理、组织学生记者采写及部分需增补稿件的落实工作，并利用出差机会与校友联系、征集捐款，不久就解决了院史出版的经费问题。

校友们时刻关注着学校发展，对母校所取得的每一项成果都发自内心地感到高兴，并衷心祝贺，而他们若在工作中取得成就也会及时反馈给学校。解决院史出版经费的校友是精细1989届毕业生吕春雷同学，他毕业后就进入新昌制药厂，从车间技术员做起，刻苦钻研业务技术，直到升任厂长，现在是浙江医药股份有限公司首席执行官。这次他听说编写出版院史缺少经费就慷慨解囊。这就是校友对学校的关爱，其实校友回馈学校的例子不胜枚举，如：农药化工专业1982届毕业生石光强、王农跃等捐赠的泰山石，林建华同学捐资建成的福斯特大楼……在此对关心支持学校发展的校友表示衷心感谢！

本书采用文集方式叙述历史，对于各文所述说的历史、经历、人物、文化现象，各人都从自己的经历、思维、理解、感受出发，即使是同一件事也可能有不同看法和认识。在编辑本书时只求叙事的真实性，尊重作者的见解和观点，但文责自负。

本书由姜一飞负责收集资料、编辑、校审。在70年的历史长河中，凡是在化学工程学院工作过的教职员工，都在各自的岗位上勤奋工作，默默奉献着自己的智慧和青春，为化学工程学院的发展添砖加瓦，化学工程学院所取得的每一项成绩都离不开教职工的辛勤耕耘和无私奉献。受限于时间，资料收集尚不全面，加上篇幅限制，仅能选取部分比较典型的例子载入书中，在此深表歉意。借此机会，向全体在化学工程学院工作过的教职工表示衷心感谢！

本书编写过程中得到学院党委书记王雷、院长王建国的亲切关怀和积极支持，在此表示衷心感谢！

谨以此书庆祝浙江工业大学建校70周年暨化工学院成立70周年！

编　者
2023年2月

精韧不怠 盛德日新
浙江工业大学化学工程学院学术文化史